MARC TERRANOVA

COMMENT S'ADAPTER
À L'EFFONDREMENT
DES NATIONS

ou comment survivre
au Nouvel Ordre Mondial

OMNIA VERITAS

MARC TERRANOVA

COMMENT S'ADAPTER À L'EFFONDREMENT DES NATIONS
ou comment survivre au Nouvel Ordre Mondial

PUBLIÉ PAR
OMNIA VERITAS LTD

ⵁMNIA VERITAS

www.omnia-veritas.com

Notion légale :

Certaines recommandations faites dans ce livre ne sont envisageables qu'en période d'effondrement généralisé de société, qui correspond à une situation de non-loi et donc de non-droit. Il est important que le lecteur différencie la période pré-effondrement, où les lois sont encore en vigueur, et les périodes pendant et post-effondrement, où la situation sera probablement une situation beaucoup plus chaotique. Aucune des recommandations faites dans cet ouvrage ne peut engager la responsabilité directe ou indirecte de l'auteur. Seul le lecteur est maître et responsable de ses décisions et des conséquences qui en découleront.

Dans cet ouvrage, l'auteur a fait de son mieux pour partager ses connaissances et son expérience avec le lecteur. Les informations présentées dans cet ouvrage sont d'une importance vitale pour la grande majorité de la population mondiale. Merci de ne pas modifier ou remplacer les informations qui y sont contenues. Merci de respecter le travail de l'auteur et le droit à la vie de chacun !

Si vous respectez les règles précédentes et si vous souhaitez partager cet ouvrage avec ceux que vous aimez ou même avec des inconnus, tout en retirant au passage des profits, je vous invite à vous diriger à la fin de l'ouvrage, à la section : Note sur l'affiliation. En respectant la démarche proposée, vous pourrez dès lors vendre cet ouvrage en toute légalité. Vos ventes vous permettront de retirer des bénéfices importants tout en permettant à l'auteur de continuer son laborieux travail d'enseignement, afin de permettre au maximum de personne de survivre ET de vivre libre à l'avenir. Le fruit des ventes de ce livre servira principalement à sa traduction dans le maximum de langues possibles. D'autres formations plus spécifiques pourront également être réalisées et partagées gratuitement au plus grand nombre, grâce au respect des règles évoquées.

Si vous souhaitez devenir affilié, je vous adresse par avance un très grand merci, au nom des personnes et des familles qui pourront survivre grâce aux informations que vous leur aurez transmises, par l'intermédiaire de ce livre.

Bon apprentissage et bonne préparation !

INTRODUCTION

La rédaction de ce livre se concrétise un beau jour de mai 2016 alors que la stabilité mondiale devient d'une extrême fragilité. Cette fragilité peut à tout moment déclencher un effet domino qui changerait radicalement le mode de vie de chaque individu de cette planète de manière rapide et, pour tous ceux qui ne sont pas préparés, de manière tragique.

Pour comprendre la gravité de la situation, il faut avant toute chose, comprendre que nous vivons dans un monde où les principales ressources utiles à notre survie existent en quantité limitée. En fonction des besoins humains vitaux, certaines ressources sont plus recherchées que d'autres, les plus vitales pour l'Homme étant : l'eau et la nourriture. Pour extraire ou produire ces ressources, l'Homme doit consommer de l'énergie qui elle-même est présente en quantité limitée et, qui se raréfie grandement, avec les technologies et les ressources d'extraction actuelles. Afin de gérer cette rareté, l'Homme a inventé ce que l'on appelle de nos jours : l'économie. L'économie n'est qu'un système de gestion des échanges créé en conséquence de la rareté. La petite sœur de l'économie est : la finance, qui elle gère les valeurs des éléments. L'économie et la finance s'illustrent dans nos vies à travers les monnaies et les prix. Les monnaies sont des « facilitateurs des échanges » alors que les prix sont des « appareils de mesure » de ce qui est rare. En d'autres termes, les monnaies sont à l'économie, ce que les prix sont à la finance.

Il est fondamental de comprendre que <u>la rareté est la base même de l'économie</u>. Par définition, dans un monde d'abondance, la notion de rareté serait nettement amoindrie voire inexistante. Les échanges matériels deviendraient alors fortement réduits et à terme plus aucune notion de « monnaie » et de « prix » ne seraient nécessaire. C'est le principe même de l'offre et de la demande utilisé dans le capitalisme, qui est (à la base) corrélé à la loi physique de la rareté. Plus un produit est disponible et accessible (offre importante), plus son prix diminue et inversement. L'économiste Jérémy Rifkin utilise à ce sujet le terme de : « coût marginal zéro », qui correspond au résultat de la quête du « toujours moins cher ». Voilà pourquoi le capitalisme, à la recherche de la croissance infinie et de toujours plus de productivité, cherche dans le même temps à faire baisser les prix. Ce qui revient à dire que le capitalisme est par nature déflationniste.

Ce modèle économique capitaliste a d'ailleurs été choisi comme modèle de référence par la grande majorité des pays du monde, et même par la plupart des pays dit « communistes ». Cependant, ce modèle fait face à un problème. Ce problème est que le modèle, qui est à la base construit pour mesurer et gérer la rareté des ressources et leurs échanges, est actuellement complètement déréglé et sur le point de s'effondrer principalement à cause d'endettements massifs de la part des principaux pays « riches » du monde. Avec un effondrement du système économique actuel, tout sera chamboulé et les repères de ce que croyons « acquis » et « normaux » voleront en éclat rapidement. Sans confiance dans un support facilitateur d'échange (les monnaies) et d'appareil de mesure de la valeur des éléments vitaux (les prix), la rareté et donc le manque referont surface (pénuries, famines, etc.). Malheureusement, l'Histoire nous apprend qu'une population ayant des difficultés à subvenir à ses besoins primaires a très souvent servi de terreau aux conflits et au chaos.

Ce problème économico-financier est donc un problème important à anticiper. Cependant, il n'est pas le seul qu'il va falloir surmonter à l'avenir. En effet, en ce début de XXIe siècle, il suffirait d'une simple étincelle pour mettre le feu aux poudres. Cette crise-étincelle peut être au départ locale, mais finira à terme par se propager dans le monde entier, à cause de l'interconnexion et surtout de l'interdépendance entre tous les principaux secteurs du monde. Peu importe la crise de démarrage, les conséquences porteront finalement sur des secteurs clés comme :

- La finance
- L'économie
- La production et la distribution énergétique
- La production agro-alimentaire
- Le transport et la logistique
- Le commerce
- La stabilité sociale
- La stabilité politique

Il ne s'agit pas d'être pessimiste sur le futur qui nous attend mais simplement réaliste. Il ne s'agit même pas de croire ou de ne pas croire, car ce qui doit arriver, arrive… Et en réalité, tout dépend de lois physiques ! Par exemple, vous pourriez ne pas croire en la loi de la gravité, pourtant elle vous contraint tous les jours, sinon vous pourriez voler comme Superman ! Que nous le voulions ou non, les lois de la physique, comme celle de la gravité, contraignent nos vies par les simples actions vitales de : respirer, boire, dormir, manger. Ainsi, les faits sont les faits et chaque cause, décidée ou non-décidée, entraine une conséquence. Si vous sautez d'un avion à 1000 mètres d'altitude sans parachute, vous mourrez : cause/conséquence. Si vous ne respirez pas pendant 3 minutes, vous mourrez : cause/conséquence. Et si à cette vérité physique de cause/conséquence, vous faites intervenir la loi de Murphy, qui dit que : *« s'il existe au moins deux façons de faire quelque chose et qu'au moins l'une de ces façons peut entraîner une catastrophe, il se trouvera forcément quelqu'un, quelque part, pour emprunter cette voie »*.

Il n'est donc pas improbable que certaines causes graves entrainent... de graves conséquences. À cause des lois physiques qui contraignent notre survie et de la loi de Murphy, il semble donc judicieux de comprendre un minimum les processus physiques qui nous impactent, voire nous menacent. Prenons simplement deux exemples de cause/conséquence pour bien comprendre certains des problèmes physiques auxquels nous devrons faire face :

➢ Lorsque le modèle économico-financier mondial devient un grand casino où les gains sont privatisés par les banques privées et que les pertes sont « nationalisées » par les États (les Peuples). Lorsque toutes les grandes puissances économiques du monde s'endettent sans aucune intention de rembourser un jour. Alors, il est évident que le manque de gestion des banques privées et l'impression monétaire par les banques « publiques » engendreront obligatoirement soit une ruine directe des épargnants, soit une perte de valeur des monnaies nationales. Ce qui pourra se traduire par une augmentation générale des prix (hyperinflation) et donc une perte gigantesque de pouvoir d'achat pour toutes les personnes utilisant de la monnaie-papier (US$, €uro, £ivre Sterling,...). Ces menaces représentent une attaque directe sur la stabilité économique des pays concernés. Une mauvaise gestion économico-financière ne peut alors qu'inévitablement déboucher sur des problèmes d'ordre politiques, sociaux et humains.

> ➢ Lorsque le regroupement des études scientifiques sur le sujet estime que la limite de production mondiale des pétroles (pic pétrolier), conventionnel et non-conventionnel (sables bitumineux, etc..), se situe entre 2012 et 2020 alors que le transport mondial fonctionne quasi-exclusivement grâce à l'or noir. Lorsqu'en moyenne dans le monde pour 1 calorie alimentaire produite environ 10 calories d'hydrocarbure sont consommées. Alors, il n'est pas fou de penser qu'une pénurie de pétrole et/ou un prix du baril trop important auront obligatoirement des conséquences graves sur les modes de vie et sur l'accès à l'alimentation de la population mondiale, dans les années à venir.

Malheureusement, il serait possible de continuer cette liste de cause/conséquence inquiétante encore longtemps. Sans rentrer dans le détail, nous pourrions par exemple évoquer les problèmes liés :
- à l'écologie/l'environnement (destructions de la biodiversité et des sols, pénuries d'eau, etc.),
- au « changement climatique » et aux migrations de population résultantes,
- aux guerres/conflits et aux migrations de population résultantes,
- au modèle de la croissance économique infinie dans un monde fini,
- à la croissance exponentielle de la population mondiale dans un monde limité en ressources,
- au « terrorisme » international,
- à la mauvaise gestion politique (inaction, incompétence, corruption, volonté cachée, etc.).

Et comme une image illustre toujours mieux que des mots, voici un graphique qui résume bien tout ce qui vient d'être dit :

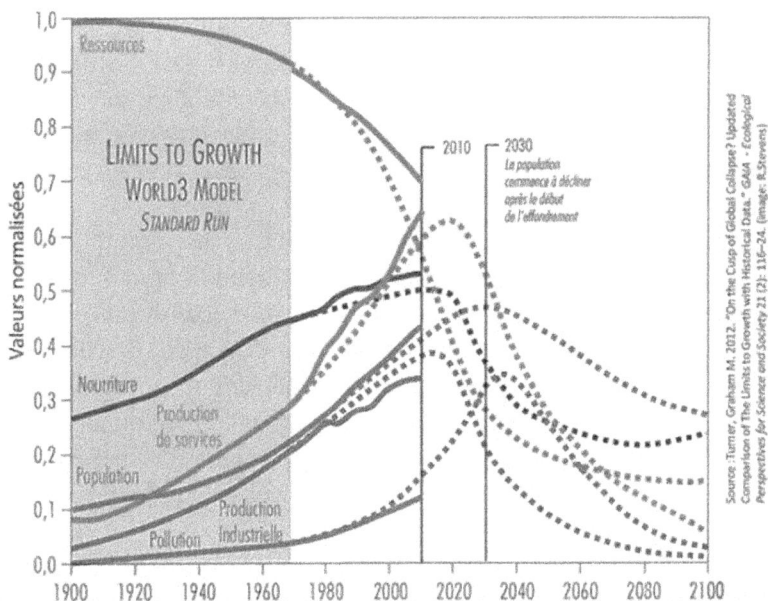

Projections du groupe scientifique Le Club de Rome datant de 1970,
supplées des valeurs réelles jusqu'en 2010 [1]

Dans le graphique précédent, les courbes en pointillés représentent des projections de tendance calculées par simulation numérique alors que les courbes pleines représentent les tendances réelles et physiques. Jusqu'à maintenant, ces deux types de courbe semblent suivre des trajectoires similaires...

Il est alors inutile d'être devin pour comprendre que vivre dans un monde instable, limité en ressource et interdépendant, soumis à des lois physiques (et à la loi de Murphy), est très vulnérable à une petite crise et que la résultante sera inévitablement un effondrement généralisé et mondial ou, tout au moins, un changement majeur et brutal de nos modes vie « avancés ». De très nombreux livres ont d'ailleurs déjà été rédigés afin d'alerter l'opinion publique sur le fait que le Système mondial actuel se dirige droit dans le mur *(cf. bibliographie)*. Pourtant, rien n'a été entrepris sur le plan politique et donc » le mur » se rapproche à grand pas... Il est même déjà trop tard pour l'éviter... Selon le Professeur Paul R. Ehrlich, spécialiste dans l'analyse de tendances depuis plus de 40 ans et co-auteur du livre *The Population Explosion* (1990), la probabilité qu'un effondrement mondial ait lieu est de

---

[1] Source : Comment tout peut s'effondrer, livre de P. Servigne et R. Stevens, 2015

90% !² Pour d'autres « cartographes du monde », mondialement reconnus pour leurs travaux, comme Michael Ruppert, Dennis Meadows ou Safa Motesharri³, cette probabilité serait même plus proche des 100% ! En d'autres termes, d'après les spécialistes ayant très sérieusement étudié le sujet, un effondrement généralisé et mondial est inévitable !

Alors, au lieu de perdre votre temps et votre énergie à comprendre le pourquoi du comment des causes, je vous invite à apprendre dès maintenant les solutions pour survivre aux conséquences de l'effondrement programmé de nos sociétés. Ce livre n'est pas un cours théorique, il est destiné à l'application pratique des recommandations qui y sont faites. Il ne doit donc pas être lu comme un livre de plus, mais bien comme une formation technique et pratique de solutions à reproduire dès maintenant ! Ce guide sera probablement un de vos meilleurs alliés dans les années à venir.

Avant de rentrer dans le vif du sujet, vous devez savoir que le nombre de connaissances et de compétences à avoir pour survivre aux événements futurs est considérable. L'objectif de cette formation est donc d'être efficiente. L'efficience signifie : obtenir un maximum de résultat pour un minimum d'effort, d'argent et de temps dépensés. L'efficacité elle, signifie : atteindre le résultat escompté, peu importe les efforts, l'argent et le temps dépensés. Les solutions présentées ici doivent être intégrées sans tarder pour donner une chance à ceux qui désirent en avoir une. Vous êtes donc à la bonne place : rassurez-vous et respirez profondément trois grandes bouffées : 1... 2... et 3... ! Le fait d'être au maximum détendu vous aidera à intégrer ce que vous allez lire. En outre, sachez que le fait d'anticiper et de se préparer à « l'effondrement des nations », comme je le nomme, ne fait pas de vous quelqu'un de fou, d'anti-social, de solitaire ou de paranoïaque. Au contraire, le fait de se protéger et de protéger sa famille est un acte prudent et responsable que n'importe quel adulte digne de ce nom devrait faire. Après tout, il est tout à fait normal et naturel de vouloir protéger ceux que l'on aime ! Ce n'est pas parce que votre comportement est différent de la masse, que cela signifie que vous avez tort, bien au contraire... Vous avez pris la bonne décision en lisant ce qui

---

² Source (en anglais) : www.theguardian.com/environment/2011/oct/23/paul-ehrlich-global-collapse-warning
³ Source : www.slate.fr/life/84675/notre-civilisation-condamnee-nasa

va suivre. Vous avez eu une attitude responsable et je tiens pour commencer à <u>vous féliciter</u> ! <u>Faire des choix et en être responsable</u> sont les premières qualités à avoir pour survivre ! Enfin, sachez que dans cette formation, je mets un point d'honneur à apporter le fruit de toutes mes recherches et expériences sur le sujet de la survie, au sens large. Commençons tout de suite par bien définir le sujet qui nous intéresse.

I) La survie, qu'est-ce que c'est ?

Traiter du thème de la survie n'est pas une chose aisée. Le premier problème que l'on rencontre lorsque l'on traite de ce sujet est déjà d'arriver à définir le mot en lui-même. Qu'est que la survie en réalité ? Voici une des meilleures définitions que j'ai pu trouver dans un dictionnaire sur ce mot :

« État de celui qui survit à un autre, à un évènement, à un péril. Prolongement de l'existence au-delà de la mort. »

Cette définition est particulièrement intéressante car elle permet de comprendre deux points fondamentaux. Le premier point est que la « sur-vie » consiste à « sur-monter » la mort, autrement dit : à rester en vie. Le deuxième point est que la survie est finalement toujours reliée à un autre élément que l'on pourrait appeler des « obstacles », des « dangers » ou tout simplement des « problèmes ». Pour résumer, survivre c'est résoudre des problèmes mortels ! Pour survivre, soit vous arrivez à résoudre le problème et alors vous vivez, soit vous n'y arriver pas et alors vous mourez !

La première chose à faire est donc : d'identifier les problèmes mortels qu'il vous faudra surmonter. À quoi faut-il se préparer ? Quels seront les problèmes mortels qu'il faudra surmonter ?

Alors bien sûr, les possibles problèmes mortels sont très nombreux et ils diffèrent selon l'environnement extérieur dans lequel vous vous trouvez. Voilà pourquoi la survie est un thème demandant énormément de connaissances car vous pouvez vouloir survivre :

- À une catastrophe naturelle
- À une guerre
- À un effondrement économique
- À la campagne
- En ville
- En plein océan
- Dans les montagnes
- Dans une grotte
- En prison
- À une avalanche
- À une pénurie de pétrole

- À une pénurie d'électricité
- À l'attaque d'une bête (animale ou humaine)
- À la déshydratation
- À la faim
- À une maladie
- ...etc.

Et la liste est encore très longue !

Lorsque l'on traite du thème de la survie, il est donc important de tout de suite définir les bornes de notre sujet. Dans cet ouvrage, vous allez apprendre, d'après mes expériences et les informations que je possède, toutes les principales connaissances qui vous sont nécessaires pour survivre à ce que je qualifie : « d'effondrement des nations » et de « Nouvel Ordre Mondial ». Si ces termes ne vous évoquent absolument rien pour le moment, n'ayez crainte, car par la suite nous les définirons et les détaillerons précisément. Mais pour le moment, dîtes-vous simplement que la stratégie de survie que vous allez apprendre porte sur : » <u>la survie aux probables évènements mondiaux futurs</u> ».

Maintenant que la définition de notre sujet est un peu plus clair, il est fondamental de définir une chronologie des actions à mettre en œuvre pour survivre. En effet, certaines choses sont plus importantes que d'autres et devront ainsi être traitées en priorité. Pour savoir quelles sont les actions prioritaires, il est nécessaire de se recentrer sur le principal référentiel lorsque l'on traite du sujet de la survie, c'est-à-dire : <u>vous</u> ! Et oui, ce constat est tellement évidemment qu'il est bon de le rappeler. En termes de survie, le référentiel de base c'est vous, humain que vous êtes ! Et pour survivre, chaque humain doit assurer certains besoins. Ces besoins sont nombreux mais nous traiterons ici uniquement les « besoins vitaux », aussi appelés « besoins corporels » ou « besoins primaires ».

Les besoins primaires qui vous permettront à votre corps de rester en vie sont :
1) Respirer
2) Boire
3) Dormir
4) Manger
5) Rester en bonne santé
6) Réguler sa température corporelle (ni trop chaud, ni trop froid)
7) Se protéger physiquement (agression animale, humaine, de la Nature ou de soi-même)

Tant que vous parviendrez à satisfaire tous ces besoins, vous survivrez !

Ces besoins vitaux peuvent être décomposés en deux catégories : les besoins physiologiques et le besoin de sécurité. Les besoins physiologiques sont ceux représentant la survie « médicale » de l'individu (n°1 à 6). D'un point de vue plus civilisationnel qu'individuel, la reproduction fait également partie de cette catégorie mais ne sera pas abordé ici car ce sujet sort du cadre de la survie de base. En effet, avant de penser à se reproduire, il faut d'abord être absolument sûr que l'on puisse satisfaire tous les besoins, de survie et même de vie, du nouveau-né. Le besoin de sécurité correspond lui au besoin de protection corporelle vis-à-vis d'un danger extérieur, voire même intérieur (besoin n°7).

Pour arriver à satisfaire tous ces besoins vitaux, il va falloir vous munir « d'outils ». Ces « outils », <u>indispensables</u> pour survivre, sont au nombre de trois :

- <u>La psychologie</u> (gestion mentale et émotionnelle)
- <u>L'intelligence</u> (connaissances, savoir-faire, compétences, créativité,…)
- <u>Le matériel</u> (équipements, objets,…)

Deux de ces outils sont internes à vous-même (la psychologie et l'intelligence) et un seul est externe (le matériel). Ce constat illustre parfaitement la chose la plus importante à retenir lorsque l'on parle de survie qui est de dire que : <u>l'acteur principal de votre survie, c'est vous-même</u> ! Encore une fois, cela semble évident, mais beaucoup de personne ne comprennent pas ce que cela signifie vraiment. Avant de chercher à survivre, vous devez <u>être personnellement apte à survivre</u>. Sans une gestion mentale et émotionnelle optimale, et même si vous savez quoi faire, vous pourriez ne pas arriver à survivre car vous n'êtes pas « programmé intérieurement » pour cela. Pour survivre, il faut avant toute chose, avoir envie de vivre et ensuite, savoir comment prendre de bonnes décisions dans un environnement stressant et hostile. Si vous considérez que vous êtes totalement apte et « blindé » psychologiquement à affronter les conséquences d'un effondrement de société, alors vous pouvez poursuivre votre lecture avec le chapitre suivant. En revanche, si vous pensez être peu enclin à réagir correctement à une situation de crise alors, je vous invite à consulter dès à présent le livre-formation suivant : *Survivre, commence dans la tête* ! À terme, je conseille à tout le monde de lire ce guide de préparation mentale et émotionnelle au choc. Cette étape est absolument fondamentale et est LA priorité absolue de toute bonne stratégie de survie.

Dans la suite de cette formation, les solutions porteront principalement sur les deux derniers outils indispensables à la survie qui sont : l'intelligence et le matériel.

Par ailleurs, bien qu'au départ la survie est une chose individuelle, qui consiste à assurer des besoins physiques personnels, le fait d'appartenir à un groupe peut et doit être envisagé dans votre stratégie de survie, comme nous le verrons par la suite.

Enfin, sachez que le but de la stratégie que vous apprendrez n'est pas simplement de survivre quelques heures de plus que les personnes sans préparation. Le but est de survivre sur le long-terme pour être capable à terme de dépasser le stade de la survie, pour atteindre celui de la « sur-vie », du « mieux-vivre », du « bien-être ». À la fin de votre lecture, en plus de savoir quoi faire pour survivre, vous saurez quoi faire pour vivre en totale Liberté. La Liberté que vous obtiendrez sera le résultat de l'autonomie matérielle et de l'indépendance intellectuelle envers le Système que vous aurez su mettre en place. La philosophie utilisée pour cette stratégie a pour but de <u>vous faire atteindre le « bonheur »</u> (abondance, vie, joie, plaisir,...) plutôt que de chercher à fuir la « douleur » (manque, blessure, mort,...). En orientant vos efforts sur le côté positif plutôt que sur le côté négatif de la (sur)vie, vous allez devenir le créateur de votre vie et surtout votre propre « distributeur officiel de bonheur » ; bonheur que vous pourrez ensuite partager avec qui bon vous semblera. À terme, il est très probable que la mise en place de cette stratégie vous rende plus heureux que vous ne l'êtes actuellement. En tout cas, c'est ce que je vous souhaite de tout cœur !

Avant de partir tête baissée dans la mise en pratique, il est essentiel de connaître la structure théorique de la stratégie à mettre en place. Pour ce faire, je vous propose un petit voyage « galactique »...

II) Recopier l'Univers pour survivre...

Bien que tous les chapitres de ce livre soient indispensables à votre survie, ce chapitre représente la pierre angulaire pour comprendre la stratégie de base à adopter. Je vous invite donc à être doublement attentif aux notions évoquées ici.

Vous êtes surement en train de vous demander quel est le lien entre votre survie aux conséquences d'un effondrement sociétal et... l'Univers. Mais vous allez très vite tout comprendre. Par contre, vous devez accepter de m'accompagner pour un voyage dans le monde de l'infiniment grand et de l'infiniment petit. Vous êtes prêt ? Alors c'est parti !

Tous les éléments que vous voyez autour de vous sont composés de molécules ; molécules qui sont elles-mêmes composées d'atomes. Ces atomes sont composés d'électrons et d'un noyau, lui-même composé de protons et de neutrons. Chacune de ces particules (protons et neutrons) sont composées de quarks, eux-mêmes composés de champs électromagnétiques. À la base, tout est champ électromagnétique même la matière solide. Les seules choses qui différencient la matière solide visible et les champs électromagnétiques invisibles (permettant aux aimants sur votre réfrigérateur de rester accrochés) sont leur interconnexion et leur fréquence de vibration. La fréquence de vibration représente en quelque sorte la vitesse de vibration d'un champ. Il faut savoir également que la gamme de fréquence des champs électromagnétiques est très grande. Par exemple, les lumières visibles par l'œil humain et les sons audibles par l'oreille humaine ne sont qu'une toute petite partie des fréquences de vibration (ou longueur d'onde) des champs électromagnétiques qui existent en réalité dans l'Univers, comme nous le démontre la figure suivante :

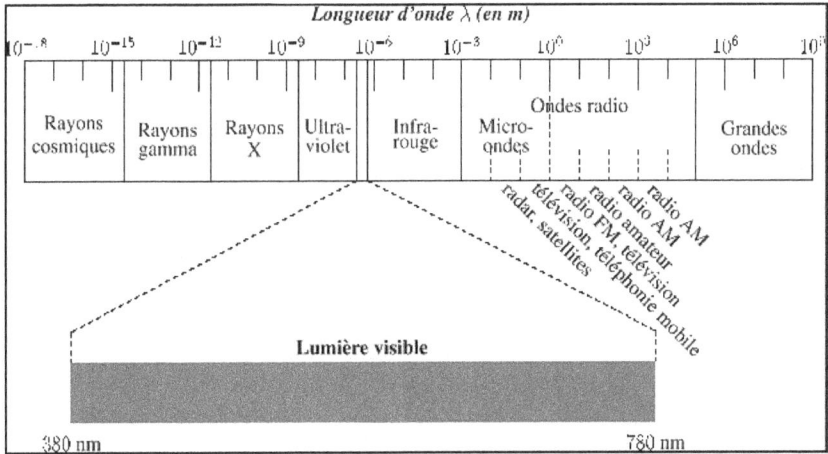

Spectre électromagnétique reconnu par la science officielle en 2016

Pour aider à la compréhension, à partir de maintenant le terme d'Énergie (avec un E majuscule) sera utilisé comme la « Matière Originelle » de la Vie ou la Source de la Vie, si vous préférez. Le terme d'énergie (avec un e minuscule) sera utilisé pour parler de l'énergie utile que nous utilisons pour nous chauffer (chaleur), pour manger (calories), nous éclairer (lumière), etc.

Il faut savoir que l'Énergie est à la base de tout ce qui existe dans notre galaxie et en dehors. Tout ce qui nous entoure est composé d'Énergie, nous y compris ! L'Énergie la plus basique n'est en réalité rien de plus qu'un champ électromagnétique. L'Univers représente donc un très grand ensemble de champs électromagnétiques. Mais ce n'est pas tout, il faut rajouter à cette notion deux découvertes reconnues par la science moderne. La première est que l'Univers est en expansion, c'est-à-dire qu'il augmente naturellement de taille. Cette découverte fût réalisée par deux astronomes américains du nom de Edwin Hubble et Vesto Slipher, en 1929. La deuxième découverte porte sur le fait que non seulement l'Univers est en expansion mais que cette expansion s'accélère : l'espace grandit de plus en plus vite. Cette découverte fût-elle réalisée par trois cosmologistes du nom de Saul Perlmutter, Adam Reiss et Brian Schmidt, tous les trois récompensés par un prix Nobel en 2011 pour cette découverte. L'accélération de l'expansion est due à une Énergie que l'on appelle communément « Énergie noire ». La science moderne officielle n'est pas encore en mesure de calculer précisément ou même de repérer l'origine de cette Énergie.

Pour résumer, nous vivons dans une grande « soupe » de champs électromagnétiques qui augmente de taille de seconde en seconde et de plus en plus rapidement. Dans l'Univers, les distances mises en jeu sont donc d'une absolue immensité. Il est difficile de pouvoir percevoir de telles grandeurs pour les petits terriens que nous sommes. Si vous essayez, je vous mets en garde car cela peut rapidement entrainer… une crampe au cerveau. Donc, pour éviter toute crampe au cerveau tant pour vous que pour moi, nous allons revenir à une échelle plus accessible pour nous. D'ailleurs, afin de comprendre les phénomènes Énergétiques présents dans l'immensité de l'Univers, il est courant d'utiliser en physique un référentiel spécifique, connu sous le terme de : « système fermé ». Pour faire simple, un système fermé est une boîte. À partir de cette boîte, les scientifiques étudient les phénomènes Énergétiques entre la boîte et son environnement extérieur.

Maintenant, jouons ensemble un peu aux scientifiques si vous le voulez bien. Nous prenons donc une boîte (un système fermé) dans laquelle nous mettons de l'Énergie. Pour vous représenter cette Énergie, vous pouvez imaginer qu'elle correspond à de l'eau à la fois sous forme solide (glace), liquide et gazeuse. Et nous observons ce qu'il se passe.

Notre système fermé

Pendant l'expérience, nous pouvons constater plusieurs phénomènes. Le premier est qu'une partie de l'eau (de l'Énergie) sous forme de gaz s'échappe de la boîte, qui n'est pas très étanche. On appelle cela en physique une « déperdition » d'Énergie. Le deuxième phénomène est que la glace à l'intérieure fond et devient de l'eau liquide, l'eau a alors changé de phase, on parle ici tout simplement de

« changement de phase ». Le phénomène qui nous intéresse ici est principalement le premier, celui entre la boîte et son environnement extérieur.

Notre conclusion de l'expérience peut donc être de dire qu'une partie de l'Énergie est sortie de la boîte et est perdue (déperdition) alors que l'autre partie a été conservée dans la boîte (conservation). Finalement, dans un système fermé comme le nôtre (boîte non-étanche), l'Énergie ne peut que rester à l'intérieur ou être échangée avec le milieu extérieur. Aucune autre action ne peut être menée sur eux.

Grâce à notre observation du phénomène de conservation/déperdition entre le système fermé et son environnement extérieur, nous touchons dès lors aux notions physiques suivantes :
- Conservation/Déperdition
- Stock/Flux
- Capital/Échange

Bien que vous devez surement vous demander où est-ce que je veux en venir et que vous ne voyez pas forcément le lien direct avec notre sujet principal, vous devez garder à l'esprit ces notions car elles sont fondamentales pour votre survie.

Maintenant, nous nous imposons une règle du jeu qui est de maintenir le stock d'Énergie dans la boîte. Pour maintenir le stock d'Énergie à l'intérieur de la boîte, il n'y a que deux possibilités :
- soit augmenter les apports d'Énergie,
- soit réduire les déperditions d'Énergie (de l'intérieur vers l'extérieur).

Or, il faut tout de même se rappeler que la boîte n'est pas totalement étanche, et donc arrivé à un certain niveau, les déperditions ne peuvent plus être réduites. Autrement dit, les déperditions ne sont jamais nulles, il y a toujours des fuites d'Énergie régulières. Donc, la seule solution possible pour maintenir la quantité d'Énergie stockée dans la boîte est d'augmenter les apports d'Énergie, ce qui signifie : remplir la boîte !

Ce que vous devez maintenant comprendre c'est que cette boîte... c'est vous ! Pour être plus précis, la boîte représente tout ce qui vous appartient de près ou de loin. Tout ce que vous avez ou pensez avoir est dans cette boîte (corps physique, maison, voiture, connaissances, etc..).

Nous appellerons votre boîte : votre capital global. Votre capital global correspond donc à votre stock global (d'Énergie). Si le capital ou stock présent dans la boîte est à zéro, il n'y a plus de système fermé à étudier, il n'y a donc plus de boîte... pouf... elle s'évapore, elle disparaît ! Si ce n'était qu'une boîte ce ne serait pas grave, mais en l'occurrence la boîte, je vous le rappelle : c'est vous ! Alors, si votre capital global arrive à zéro, vous mourez... <u>Pour survivre, la chose absolument indispensable à retenir est que votre capital global ne doit JAMAIS être vide</u> !

En outre, votre capital global comme la boîte présente des déperditions qui sont dues au fait que vous devez consommer des ressources pour survivre (air, eau, nourriture, énergie utile, etc.). Donc, pour remplir votre capital global, qui se vide naturellement par votre consommation, vous êtes obligé de vous mettre en action et de trouver des solutions. <u>Si vous souhaitez survivre, votre objectif n°1 doit être au minimum de maintenir la taille de votre capital global.</u> Pour maintenir cette stabilité, vous devez compenser la sortie d'Énergie (déperditions) en apportant de l'Énergie à votre capital global.

Il y a encore une chose que je ne vous ai pas dite... Votre boîte est une boîte magique ! Et comme votre boîte, c'est vous... <u>vous avez un pouvoir naturel magique</u> ! En réalité, vous avez le même pouvoir que l'Univers... (respect !!!). En effet, votre pouvoir est de pouvoir agrandir votre capital global. Et oui, plus vous allez mettre de chose dans votre boîte et plus sa taille augmentera. Comme l'Univers qui ne connait pas de limite, la taille de votre capital global peut être illimitée ! Si vous ne savez pas comment augmenter votre capital global, pas de panique, c'est ce que je vous aiderai à faire à travers toute cette formation. Le but de cette formation est de vous permettre <u>d'avoir à terme un capital global illimité, comme l'Univers</u> ! D'ailleurs, dès la fin de votre lecture, la taille de votre capital global (votre boîte) aura déjà certainement été multiplié par 10 au minimum, mais cela ne sera qu'une première étape comme vous le constaterez...

Pour revenir les pieds sur Terre et pour être plus précis dans l'analyse de votre capital global, nous différencierons deux types de capitaux :
- <u>Le capital matériel</u>, qui représente votre stock quantifiable (d'Énergie) extérieur à vous-même
- <u>Le capital immatériel</u>, qui représente votre stock inquantifiable (d'Énergie) interne

Par exemple, un capital matériel peut être : de l'eau, de l'air, une semence, un bidon, un chien, une maison. Un capital immatériel peut être : un savoir-faire, une connaissance, une compétence, un talent. Pour vous souvenir de la différence entre ces deux types de capitaux, dîtes-vous que seul un capital matériel peut être touché physiquement.

Cependant, il existe deux cas particuliers qui sont difficilement classifiables dans une catégorie plutôt qu'une autre. Ces deux éléments sont : la force physique et l'énergie utile (chaleur pour le chauffage, électricité pour l'éclairage,...). Mais comme ces deux éléments sont quantifiables et mesurables, ils seront intégrés à la catégorie des capitaux matériels.

Bien que ces deux familles soient différentes, il vous faudra <u>posséder autant l'une que l'autre</u>, si vous voulez survivre. Contrairement à ce que la plupart des personnes pensent, les capitaux immatériels sont autant voire même parfois plus précieux que les capitaux matériels. En effet, les grandes forces des capitaux immatériels par rapport aux capitaux matériels sont :

- Une fois acquises, vos connaissances/compétences sont à vous à vie, hors cas exceptionnels ; même en la donnant/louant à d'autre, vous la conservez.
- L'effort de production à fournir est unique contrairement à un capital matériel où il est nécessaire d'avoir une production énergétique nouvelle à chaque produit créé. Autrement dit, que vous communiquiez votre connaissance à une seule personne ou à 10 000 personnes, cela demande le même effort pour vous ; à condition bien sûr que les 10 000 personnes assistent au même enseignement au même moment.
- Il est impossible de voler une connaissance/compétence. Même s'il est possible d'être menacé pour vous contraindre d'apporter ou d'utiliser vos connaissances/compétences pour un domaine précis ; exemple : pour opérer quelqu'un de force, si vous êtes chirurgien. Mais, cela reste un événement peu probable et dans tous les cas, vous gardez vos connaissances tant que vous restez en vie.

Les trois seuls risques de perte du capital immatériel sont :
- l'oubli progressif des connaissances non-renouvelées
- l'amnésie sévère suite à un choc
- la mort

L'inconvénient principal du capital immatériel est qu'il ne remplit pas l'assiette directement et rapidement. Sur le court-terme, vous pouvez survivre sans connaissances ou compétences en revanche, vous ne pouvez pas survivre sans respirer, boire ou manger. Par contre, sur le long-terme, avoir des connaissances et des compétences est absolument indispensable pour survivre.

Enfin, il y a une dernière notion fondamentale à comprendre au sujet des capitaux (des stocks) à mettre dans votre boîte. Il faut savoir que tous les capitaux ne se valent pas. En effet, certains ont une plus grande valeur que d'autres car certains vous permettront d'accroître la taille de votre capital beaucoup plus rapidement et facilement que d'autres.

Ces deux sous-catégories de capitaux sont :

- Le capital productif ou renouvelable : qui produit de l'Énergie sur le long-terme
- Le capital improductif et non-renouvelable : qui une fois consommé/utilisé ne produit plus rien

Par exemple, un capital matériel productif ou renouvelable est une semence « bio », une éolienne, une source d'eau potable abondante. Un capital matériel improductif et non-renouvelable est une boîte de conserve, un paquet de pâte, une munition d'arme à feu.

Un capital improductif est toujours à usage unique alors qu'un capital productif est en général une source de flux, une source d'énergie. Ici, le terme d'énergie peut être de l'air, de l'eau, de la nourriture, de l'énergie utile, de la monnaie, des vêtements, des connaissances, des savoir-faire, etc.

Parfois, la frontière entre capital productif et improductif n'est pas évidente à détecter ; comme par exemple pour les serres, les vêtements chauds ou les bocaux. Lorsque vous avez un doute, il vaut mieux considérer le capital comme productif. Pour moi, les trois exemples précédents sont des capitaux productifs « indirects ». En effet, une serre permet d'avoir une production de nourriture en période froide alors que sans serre cela serait impossible, la serre produit donc indirectement de la nourriture à cette période. Un vêtement chaud permet d'économiser du chauffage et de ne pas tomber malade, le vêtement produit alors indirectement une source de chauffage et de soins. Les bocaux servent pour le stockage et la conservation des aliments en période de récolte, afin de pouvoir manger ces aliments en période froide, ils sont donc indirectement une source de nourriture pour cette période de l'année.

L'idée la plus importante à retenir de ce chapitre est que vous devez augmenter ou à défaut maintenir la taille de votre capital global. Votre capital global comprend des capitaux matériels (extérieurs) et immatériels (intérieurs), productifs et improductifs. Pour maintenir ou augmenter votre capital global, il faut faudra obligatoirement produire

de l'Énergie. Pour revenir à des termes plus habituels, nous dirons qu'il faut produire de la valeur. Cette valeur ne peut être créée qu'uniquement par deux méthodes :
- L'auto-production interne (méthode n°1)
- L'échange avec l'extérieur (méthode n°2)

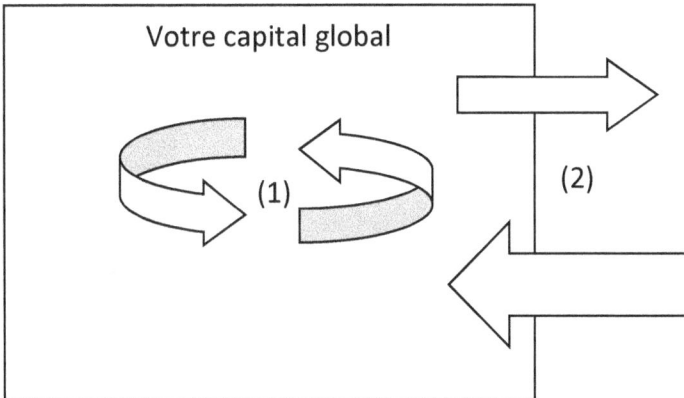

Méthodes pour accroître la taille de votre capital global

- ## Méthode n°1 : L'auto–production interne

Le gros avantage de l'auto-production est que cela permet de vous enrichir (d'augmenter la taille de votre capital) gratuitement. En d'autres termes, vous n'avez aucune dépense à faire. La seule dépense est le coût d'achat du capital de départ, dans le cas d'un capital matériel. Le fait d'auto-produire les éléments utiles à sa survie permet de ne pas dépendre des échanges extérieurs. La solution d'auto-production est INDISPENSABLE à mettre en œuvre pour survivre sur le long-terme.

Pour auto-produire des capitaux matériels, vous n'avez pas le choix, vous devez posséder des capitaux matériels productifs. Les plus importants à posséder sont toutes les sources et équipements utilisant des ressources renouvelables. Par exemple, une source d'eau potable abondante, une terre cultivable et des semences, des équipements producteurs d'énergie renouvelable. Les trois grandes catégories de capitaux matériels productifs sont : les Hommes (salariés), la Nature (récoltes), les machines (extraction d'énergie renouvelable).

Pour auto-produire des capitaux immatériels, vous n'avez pas le choix non plus, vous devez utiliser votre tête. Vous devez faire les liens entre les connaissances que vous avez déjà à l'intérieur de vous. Vous devez connecter les points et donc faire preuve d'Intelligence. Par votre compréhension et votre réflexion, vous serez alors capable de trouver de nouveaux « trésors » intérieurs qui peuvent être des connaissances en agriculture, en réparation, en construction, etc. Vous pourrez à la fois utiliser vos nouvelles connaissances pour vous-même et pour vous enrichir en proposant vos services aux autres.

Prenons des exemples pratiques et concrets pour illustrer ce qu'est l'auto-production.

Exemple 1 : *Dans votre jardin, vous avez la « chance » d'avoir un arbre fruitier (que vous avez planté plusieurs années auparavant). Chaque année, cet arbre vous donne de beaux fruits. Jusque-là tout va bien. Le problème est le suivant : votre cuve de fioul est vide. Cet hiver, vous allez avoir froid, très froid. Vous vous demandez alors pourquoi ne pas couper l'arbre et se chauffer avec le bois... Ici, la notion de capital (l'arbre) donne annuellement des flux (les fruits). Faut-il alors couper le capital producteur de flux ? La réponse, vous la connaissez déjà... Évitez à tout prix de couper l'arbre fruitier, il est votre assurance-vie sur le long terme !*

Exemple 2 : *Les personnes libres financièrement n'échangent pas leur temps contre de l'argent comme le font les salariés qui sont payés à l'heure. Leur stratégie est de faire fructifier leur capital. Ainsi, leurs revenus (flux), qui dépendent de la taille de leur capital (stock) et de leur stratégie de placement, tombent régulièrement et automatiquement. Ils mettent en place un capital producteur de flux. Ils créent ainsi un système producteur d'argent décorrélé de leur temps et de leurs efforts, qui avec le temps augmente leur capital de départ et leur revenu régulier, sans effort.*

Selon Albert Einstein : « *les intérêts composés sont la 8e merveille du monde* » et c'est exactement de quoi nous parlons ici. Vous devez non seulement avoir du capital mais du capital productif de flux renouvelables. Donc pensez long terme et pensez toujours accumulation de capital productif !

• **Méthode n°2 : L'échange avec l'extérieur**

Une fois que votre capital auto-productif sera en place, vous aurez certainement besoin d'obtenir des biens ou des compétences que vous n'avez pas personnellement. Vous serez donc contraint d'effectuer des échanges de valeur avec une autre personne. Pour comprendre comment fonctionne les échanges, il est important de connaître deux principes suivants.

Le premier principe est celui du donner/recevoir qui consiste à donner de la valeur pour pouvoir en recevoir en retour. En effet, personne ne vous donnera du capital gratuitement. Pour acquérir du capital de l'extérieur, vous serez obligés de l'échanger contre un autre capital (matériel ou immatériel) de même valeur perçue qui vous appartient. C'est le principe du commerce ou du troc.

Le deuxième principe est celui de la différence entre valeur réelle et valeur perçue. Le plus important lors de vos échanges commerciaux n'est pas tant la valeur réelle mais la valeur perçue de vos biens ou services. Par exemple, une pomme n'a absolument pas la même valeur perçue pour un homme affamé que pour un homme rassasié, alors que sa valeur réelle (vitamines, nutriments, etc..) est la même. Comme vous le voyez, la valeur perçue est quelque chose de très subjectif et encore plus que d'habitude en période de survie.

Pré-effondrement, il est relativement facile de comparer valeur réelle et valeur perçue parce que chaque chose a un coût et chaque chose a un prix de vente. En revanche, en cas d'effondrement économique, ces références n'existeront plus, du moins pendant un temps. Le système de mesure (les prix) étant cassé, l'estimation de la valeur des produits se fera « au pif » en fonction de l'offre et de la demande générale. Un produit ou une compétence utile et rare a et aura toujours une valeur perçue importante et donc un gain de valeur important pour son propriétaire, en cas de vente ou de location.

Si vous souhaitez vous enrichir par les échanges en période d'effondrement, vous devez vendre des capitaux (matériels et immatériels) à forte valeur perçue, c'est-à-dire des capitaux de première nécessité pour l'ensemble de la population. Pour ce faire, il est important de toujours se rappeler des besoins primaires humains du chapitre précédent car les capitaux « vitaux » seront les seuls qui auront une valeur perçue importante. Il faut savoir également qu'en période d'effondrement, la valeur réelle et la valeur perçue des capitaux productifs seront toujours bien plus importantes que celles des capitaux improductifs.

En résumé, pour s'enrichir en échangeant des capitaux matériels en période de survie, il est nécessaire d'échanger des produits de première nécessité (eau, nourriture, vêtement, etc.) et de préférence productif (semences, terrain, équipements producteurs d'énergies renouvelables, etc.).

Pour s'enrichir en échangeant des capitaux immatériels, les connaissances/compétences « louées » ou « troquées » doivent permettre de résoudre un « problème vital » (boire, manger, se soigner, etc.) et doivent, dans l'idéal, être productives sur le long-terme tant pour vous que pour votre « client » ; exemple : formations/enseignements à des techniques agricoles, de soins, de tissage, de gestion d'entreprise, que votre client pourra « revendre » à son tour par la suite. Mais avant de pouvoir « revendre » des connaissances/compétences, encore faut-il en avoir :

➢ Phase d'apprentissage :

Pour obtenir des connaissances et compétences utiles en cas de survie, vous devez apprendre soit d'une personne extérieure, soit par l'intermédiaire d'un autre support (comme ce que vous êtes en train de faire par l'intermédiaire de ce livre). Dans tous les cas, vous devez débourser du capital matériel (objet, nourriture, monnaie) pour payer votre formateur/enseignant ou acheter votre livre/formation. Si ce que vous apprenez est utile et productif à votre survie, vous ne devez pas voir cet achat comme une dépense mais comme un investissement que vous pourrez rapidement rentabiliser, grâce à la phase de production.

➢ Phase de production :

De manière générale, les capitaux immatériels productifs servent à augmenter le capital matériel. Par exemple si vous êtes plombier, il est possible de vous faire payer en monnaie-papier, en pièces d'or ou en kilos de pomme de terre, qui sont tous les trois des capitaux matériels. Les deux seuls cas où un capital immatériel productif permet d'obtenir directement un autre capital immatériel sont :
- Par le lien extérieur : l'échange de connaissances avec un(e) autre (le troc intellectuel)
- Par le lien intérieur : faire le lien entre des connaissances internes déjà acquises (notions d'intelligence et de compréhension, qui correspond à la méthode n°1 d'auto-production).

Les capitaux immatériels ne doivent pas être minimisés par rapport aux capitaux matériels, car l'échange des connaissances représente l'un des plus puissants leviers de richesse au monde. Prenons deux exemples pour mieux comprendre l'efficience de la notion de troc intellectuel, vu précédemment.

Exemple 1 : Deux personnes souhaitent faire un échange d'objet physique. La personne A possède un objet A et la personne B possède un objet B. Les deux objets ont des valeurs réelle et perçue identiques. Les deux personnes procèdent donc à l'échange. Au final, la personne A se retrouve avec l'objet B et la personne B se retrouve avec l'objet A. Aucune des personnes ne s'est enrichie. Le capital global des deux personnes est resté identique. Personne ne s'est enrichi ou appauvri, il y a simplement eu un changement de nature (changement de phase) de la richesse pour chaque personne.

Exemple 2 : Deux personnes souhaitent faire un échange mais immatériel cette fois (troc intellectuel). La personne A possède une connaissance A et la personne B possède une connaissance B. Les deux connaissances ont des valeurs réelle et perçue identiques. Les deux personnes procèdent donc à l'échange. Au final, la personne A se retrouve avec la connaissance B en plus de sa connaissance A de départ, qu'il n'a pas perdu dans l'échange. Même chose pour la personne B qui se retrouve au final, avec les connaissances A et B. Dans ce cas, les deux personnes se sont enrichies. Le capital global des deux personnes a doublé.

Comme nous le démontre les deux exemples précédents, lorsque vous échangez des capitaux ayant des valeurs, réelle et perçue, identiques, le seul moyen de vous enrichir est d'échanger des capitaux immatériels.

Pour conclure sur la méthode n°2 d'enrichissement avec les échanges, vous devez avoir :

- Des capitaux matériels « vitaux » et de préférence productifs
- Des capitaux immatériels « vitaux » et de préférence productifs

En conclusion de ce chapitre, la phrase essentielle à retenir est que : <u>sans capital global, vous êtes destiné à être soit dépendant (esclave), soit mort</u> !

L'importance d'avoir du « stock » (matériel et immatériel) est vraiment une chose fondamentale à comprendre. Sans capital, à consommer ou à échanger, vous n'aurez ni de lieu où dormir, ni de quoi manger, ni rien d'autres. Autrement dit, dans ce cas, la probabilité de survie sur le long-terme est nulle ! Si vous voulez avoir du contrôle sur votre survie en cas d'effondrement, intéressez-vous grandement à la stratégie d'accumulation de capital (matériel et immatériel). Plus vos capitaux seront importants, plus vous aurez de « chances » de survivre sur le long terme. Si votre capital est non-renouvelable alors, conservez-le le plus longtemps possible. Si votre capital est producteur de flux alors, réutilisez vos flux pour augmenter petit à petit votre capital de départ.

La taille de votre capital global et sa performance (productif ou non) sont proportionnelles à la durée de votre survie. Plus votre capital est important et productif et plus longtemps vous survivrez !

Certaines personnes s'imaginent que pour survivre à un effondrement, il faut stocker 1 million de boîte de conserve chez soi. En dehors du fait que ce choix est très difficile et risqué à mettre en œuvre, ces personnes ne comprennent pas qu'il est absolument nécessaire d'avoir du capital productif pour survivre sur le long terme. De plus, comme en Occident nous vivons dans la satisfaction des plaisirs immédiats, d'autres personnes, qui ont des moyens financiers relativement importants, pensent qu'elles pourront survivre uniquement parce qu'elles ont plus d'électrons (chiffres) sur leur compte en banque que les autres. Or, c'est totalement faux ! En période de survie, avoir des compétences personnelles utiles est absolument essentiel. Ne tombez pas dans ce piège ! Si vous comprenez l'importance d'avoir des connaissances/compétences à vous, vous pourrez augmenter votre capital global de manière importante même si vous partez avec un capital global de départ très faible.

Cas particulier : *Si vous disposez d'un très faible capital global alors, la seule chance de vous en sortir est d'accroître votre capital immatériel (connaissances/compétences utiles) pour alors <u>vendre</u> vos services pour pouvoir augmenter votre capital matériel et ainsi pouvoir acheter de quoi boire et manger. Il vous faudra ensuite rapidement acheter des capitaux matériels productifs comme par exemple des semences pour auto-produire votre nourriture et pourquoi pas, à terme, vendre votre surproduction.*

Dans tous les cas, pour accroître la taille de votre capital global, que cela soit par les échanges ou par l'auto-production, il vous faut déjà posséder au minimum un bien vital productif ou une compétence utile à la survie. Pensez à recevoir, avant de donner car, vous ne pourrez échanger que ce que vous avez. N'oubliez jamais que votre but est d'agrandir la taille de votre capital global (votre boîte) jusqu'à l'infini ! Mais avant tout, vous devez déjà avoir un capital qui vous permette de combler vos propres besoins vitaux… Comme le dit le proverbe :

« charité bien ordonnée, commence par soi-même ». Voyons tout de suite comment transformer toute cette belle théorie en pratique...

III) MISE EN ŒUVRE DE LA STRATÉGIE DE SURVIE

POINT 1 : LA BASE AUTONOME DURABLE (BAD)

La <u>Base Autonome Durable ou BAD</u> est le plus grand et plus important capital matériel à posséder pour survivre. La BAD permet d'assurer tous les besoins humains directs ou indirects sur le court, moyen et long terme. Elle est une « mini-société » qui permet de palier à tous les manquements de la « grande société ».À minima, la BAD sert à promouvoir l'autonomie en air, en eau, en nourriture, en « soins » et en énergie pour tous ses occupants. Elle sert également de toit pour s'abriter des conditions météorologiques, de refuge pour se chauffer en hiver et de lieu confiné pour se protéger des pollutions et diverses agressions extérieures. La BAD correspond aussi à une zone de sécurité, indispensable pour le maintien de la vie, qu'il sera néanmoins utile de défendre. Nous verrons par la suite comment faire.

Les critères de choix

Les quatre critères indispensables d'une BAD sont d'avoir :
- un abri relativement éloignée des grandes zones urbaines
- une source d'eau <u>naturelle</u> à proximité et de préférence potable
- une source de nourriture (terre fertile ou espace suffisant pour une culture hors-sol)
- une ressource d'énergie renouvelable (bois, cours d'eau, soleil, vent et/ou géothermie)

Pour visualiser ce qu'est une BAD, vous pouvez vous imaginer une ferme à la campagne ou à la montagne. La notion de BAD est cependant très large et n'est pas obligatoirement une ferme. Cela peut être une maison de campagne ou même un ensemble appartement/jardinet/puit.

Pour de très nombreuses raisons, il est fortement déconseillé d'avoir une BAD en ville ou proche d'une ville importante. Préférez toujours un lieu isolé ou semi-isolé à la campagne, à la mer ou à la montagne. La montagne est la destination idéale d'un point de vue de l'isolement mais comporte les inconvénients des faibles températures et éventuellement des fortes chutes de neige en hiver. Rappelez-vous qu'en cas avéré de famine, le premier réflexe des personnes habitant en ville sera de voler et de piller les autres citadins. Dans un deuxième temps, le réflexe des citadins fuyant les agressions et cherchant de la nourriture sera d'aller dans la campagne la plus proche pour à leur tour voler et piller. Les premières maisons visées seront alors les grandes maisons luxueuses. Faites donc attention au type de quartier que vous visez, éloignez-vous des quartiers dit « riches » ou reflétant une image bourgeoise. Évitez également les BAD situées en bordure des littoraux ou des fleuves, ces zones seront des axes de passage importants et donc susceptibles aux pillages. Si possible, rentrez dans les terres à une distance d'au minimum 20 kilomètres.

De manière générale, une Base Autonome Durable ne satisfait pas un besoin vital en particulier. Il faut considérer la BAD comme étant « le chef d'orchestre » de votre survie. Elle permet à tous les besoins vitaux d'être comblés en même temps. Comme son nom l'indique, la BAD doit être ancrée dans un lieu sécurisé, être totalement autonome dans son fonctionnement et être établie avec une vision sur le long terme.

Oubliez tout de suite le fait de survivre sans posséder de BAD. Sans BAD, la survie sur le long-terme devient extrêmement difficile voire impossible. Pour quelqu'un qui n'a pas d'expérience de la survie de plusieurs dizaines d'années en milieu sauvage et une connaissance parfaite de la chasse, de la pêche, des plantes et des champignons comestibles de sa région, il est illusoire de croire qu'il est possible de survivre dans un milieu naturel sur le long terme sans posséder une BAD.

Une BAD ne doit pas être quelque chose de figé. Elle doit être flexible et doit être adaptable en fonction de son environnement et des nouvelles menaces extérieures. L'idéal est même de posséder plusieurs BAD dans des zones différentes et éloignées les unes des autres. Avoir deux ou trois BAD est un chiffre optimal car il ne faut pas perdre de vue qu'une BAD demande beaucoup de préparation et d'entretien. La stratégie d'avoir une BAD de secours est particulièrement pertinente lorsque la première est hors d'état de fonctionnement. Cette stratégie permet d'avoir plusieurs cordes à son arc. Il est donc recommandé plutôt que d'avoir une immense BAD d'en avoir au moins deux de taille moyenne. L'important est que chacune d'entre elles soit composée des équipements que nous verrons par la suite. Une autre solution plus exotique est de construire une BAD flottante, par l'intermédiaire d'un bateau-voilier. Dans ce dernier cas, il est important de bien choisir vos zones de transit en fonction des ressources (poissons) et des zones météorologiques traversées. Bien que cette solution soit envisageable pour des séjours de courte ou moyenne durée, je la déconseille comme solution première dans une démarche de survie longue durée. Dans tous les cas, il est préférable d'avoir en priorité une BAD terrestre.

Il peut être également pertinent de diversifier les pays d'implantation de vos BAD et de ne pas les concentrer dans une zone géographique trop restreinte. Si vous faites le choix d'une ou plusieurs BAD hors de votre pays de naissance ou de résidence, il vous faudra être doublement vigilant. En période de crise majeure et pour éviter les mouvements migratoires de masse, les pays sont capables de fermer leurs frontières à tout ressortissant étranger. Pour éviter le fait de ne pas pouvoir accéder à votre BAD, il est nécessaire d'être dans le pays en question, ou à défaut de vous y rendre rapidement, dès la première alerte de chaos social.

L'argent étant le nerf de la guerre, la question du budget ne permettra pas à la plupart des personnes d'être propriétaire de plusieurs BAD. Mais il faut savoir qu'il n'est pas forcément utile d'être propriétaire de vos BAD. Vous pouvez en effet disposer de plusieurs BAD sans être propriétaire d'aucune d'entre elles. Il vous suffit de connaître ou de rentrer en contact avec d'autres personnes, amis ou famille, qui eux possèdent un habitat susceptible de devenir une BAD. À chaque fois qu'il sera question de votre BAD, comprenez qu'il s'agira en réalité de « votre » BAD (entre guillemets), ce qui signifie qu'elle peut très bien appartenir à une de vos connaissances et non à vous directement. Mettre en œuvre une telle démarche intellectuelle, vous évitera de rester bloqué au simple fait de croire que le manque d'argent vous empêche de « posséder » une ou plusieurs BAD. Toutefois, avant de penser à en avoir plusieurs, focalisons notre attention sur la première qui est la plus importante, car elle vous entrainera pour les suivantes.

Le choix de votre future BAD est le choix le plus important de votre stratégie de survie car de là découleront tous les autres éléments nécessaire à la survie. L'idéal est de construire sa propre BAD pour la rendre la plus optimale possible mais, faire construire peut s'avérer couteux et l'auto-construction demande beaucoup de temps et de compétences, en plus du fait que le temps de préparation avant l'effondrement est relativement court.

Les trois options qu'il vous reste sont donc :
- l'optimisation d'un bâtiment dont vous êtes déjà propriétaire (résidence principale ou secondaire)
- l'achat d'un bâtiment existant (neuf ou à rénover légèrement),
- le choix d'un habitat dont le propriétaire sera un de vos proches ou une connaissance.

Dans le cas, où vous n'êtes pas propriétaire de votre future BAD, vous devez <u>obligatoirement apporter de la valeur tant matérielle qu'immatérielle à la communauté propriétaire des lieux</u> ; c'est toujours du donnant-donnant et encore plus en période de survie ! Vous devrez tout faire pour avoir un contrat moral oral, et dans l'idéal écrit, avec le propriétaire des lieux. Ce contrat doit porter sur l'engagement à accueillir les membres que vous aurez choisi dans votre communauté, en cas d'effondrement de société. Présentez sereinement au propriétaire des lieux vos craintes de l'avenir et la démarche que vous souhaitez mettre en place pour sauver votre famille et, au passage, la sienne. Pour convaincre votre interlocuteur, il vous faudra apporter les preuves et justifications de vos craintes à travers des ouvrages ou des études traitant du thème de l'effondrement. Montrez que la situation est grave et qu'il faut s'y préparer sans attendre. Ensuite, vous devrez fortement le rassurer sur l'effort à fournir, dîtes-lui que vous vous occupez de tout et qu'il reste le chef à bord. Soyez sincère dans votre demande, montrez que c'est important pour vous ! Instaurez une relation de confiance entre vous et le propriétaire des lieux. Le plus important est de faire la demande ! Vous n'avez rien à perdre à demander ! Qui ne tente rien n'a rien alors, <u>osez faire cette démarche essentielle à votre survie</u> !

Pour savoir si un logement peut être devenir une BAD, vous devez regarder en priorité les points suivants :
- <u>le lieu d'implantation</u> : risques naturels et industriels (sécheresse, inondation, centrale nucléaire,...), météo/climat, qualité des accès, proximité d'une grande ville, isolement, etc.
- <u>l'accès aux ressources de base</u> : présence d'une source d'eau naturelle abondante, surface à cultiver, qualité des sols, masques solaires, forêts à proximité, etc.

- <u>la pérennité du bâtiment</u> : âge du bâtiment, gestion des eaux et présence d'humidité, etc.
- <u>l'orientation et la qualité des ouvrants</u> : préférer des vitrages au Sud, à l'Est et à l'Ouest (dans l'hémisphère Nord), double vitrages récents, etc.
- <u>les équipements installés</u> : équipements de chauffage, présence d'une cheminée/d'un poêle à bois, type de ventilation, volets manuels, etc.
- <u>le potentiel d'optimisation du bâtiment</u> : création d'une serre/véranda, ajout d'isolation, installation d'une cuisinière à bois, etc.

<u>La taille de la BAD</u> est également un critère important car il faut que le nombre de pièce soit suffisant pour permettre à une communauté de peut-être plus de 10 personnes de vivre en communion, tout en respectant la solitude et la sphère privée de chacun. Le nombre de pièce et la surface de vie doivent donc être adaptés au nombre total et final d'occupant prévu. Le plus important est d'avoir un nombre de lit, ou à défaut de matelas, en adéquation avec le nombre d'occupant. La BAD est un refuge tant pour les corps que pour les esprits, il est donc très important de pouvoir y faire de gros dodos, sur un matelas digne de ce nom !

Le sommeil

Le simple fait de posséder une BAD permet de totalement résoudre un besoin physiologique en particulier qui est le sommeil. Le sommeil est le troisième besoin vital le plus urgent à résoudre, après l'accès à l'air et à l'eau. Il est donc important d'avoir quelques connaissances sur le sujet afin de comprendre les dangers d'un manque de sommeil prolongé.

Au départ, le manque de sommeil crée une sensation de force et d'énergie interne, entrainant un comportement plus impulsif qu'à l'accoutumée. Ensuite, la fatigue arrive. Le cerveau se dégrade rapidement, rendant la prise de décision irrationnelle et les réflexes très lents. Après un jour ou deux sans dormir, le corps ne métabolise plus efficacement le glucose (le sucre) et le système immunitaire s'arrête de fonctionner. Au bout de trois jours sans dormir, vous pourriez avoir des hallucinations. La science a prouvé que le manque de sommeil peut également causer des troubles cardio-vasculaires et la dépression. Il est fortement conseillé de ne pas dépasser 72 heures (3 jours) sans dormir même si la plus longue période sans sommeil officiellement reconnue est de 264 heures d'affilées (11 jours) ; un conseil : évitez de battre ce record !

La durée de sommeil nécessaire diffère d'un individu à l'autre mais, en moyenne, il est recommandé de dormir entre 6 à 10h par nuit. En cas de ronde de surveillance, il vous faudra mettre en place des tours de garde de 2 ou 3 sessions chaque nuit. Sur le long-terme, un manque de sommeil répété, même s'il est faible, crée un affaiblissement du système immunitaire, ce qui engendrera des conséquences physiques graves par la suite.

Par ailleurs, le manque de sommeil est utilisé comme instrument de torture dans le camp américain de Guantanamo. Des flashs lumineux intenses et de la musique type hard-rock, avec un niveau sonore extrêmement élevé, sont alors diffusés dans les cellules des prisonniers pendant plusieurs jours, sans interruption. Toutefois, hors cas de torture, il est rare de mourir directement d'un gros manque de sommeil en tant que tel car, lorsque vous serez vraiment fatigué, vous vous endormirez. En revanche, il est très courant de mourir des effets secondaires de la fatigue. Les deux effets secondaires principaux sont le manque de réactivité vis-à-vis d'un danger immédiat et l'endormissement dans une zone non-sécuritaire. Encore une fois, ne minimisez surtout pas le manque de sommeil qui est le troisième grand obstacle physiologique à votre survie, après le manque d'air respirable et la déshydratation.

Après avoir vérifié que la surface de la BAD et le nombre de matelas qui s'y trouve sont en adéquation avec le nombre d'occupant, il vous faudra ensuite porter votre vigilance sur votre dépendance aux équipements électriques, électroniques ou encore numériques, présents dans votre BAD. En effet, pour optimiser vos probabilités de survie, vous devrez vous prémunir d'un danger important, et pourtant trop peu connu de la plupart des personnes.

La menace EMP

Au XXIe siècle, nous occidentaux, vivons dans des habitations le plus souvent hyper-connectées. Tous les appareils électriques/électroniques que nous possédons sont sensibles aux champs électromagnétiques. Cependant, il existe un scénario « catastrophe » qui pourrait mettre hors d'usage tous les appareils électriques que vous possédez, cet ennemi s'appelle une EMP.

Une impulsion électromagnétique (IEM en français ou EMP en anglais) est une émission d'onde électromagnétique brève mais de très forte amplitude. Les conséquences d'un tel événement seraient catastrophiques en particulier dans nos sociétés modernes basées sur l'électricité, l'électronique et le numérique. Une éruption solaire plus importante que d'habitude, l'explosion d'une bombe nucléaire ou tout simplement une bombe EMP peuvent instantanément désactiver et détruire tous les appareils électromagnétiques d'un pays ou d'un continent entier. L'explosion d'un transformateur électrique de quartier peut également créer des effets similaires de manière moins importante et plus localisée.

Pour vous donner un ordre d'idée, le Dr Peter Vincent Pry, directeur exécutif des comités consultatifs du Congrès sur la sécurité intérieure et la stratégie nucléaire aux États-Unis, a estimé les conséquences d'une EMP, due à l'explosion d'une bombe nucléaire à 100 kilomètres d'altitude au centre des États-Unis, à environ 230 millions d'américains morts, soit plus de 70% de la population américaine. Dans ce cas de figure, les personnes meurent principalement des effets secondaires dues au manque d'électricité qui causent rapidement des problèmes de famine, de violence et d'hygiène.

En cas d'attaque, tous vos équipements électriques non-protégés deviendront hors-service (pompe à eau, chaudière, ventilation, TV, machine à laver, panneaux photovoltaïques, etc.). Il est essentiel de dors-et-déjà visualiser la vie au sein de votre BAD, sans aucun équipement électrique en fonctionnement. Pour vraiment vous rendre compte des conséquences d'un tel scénario, vous pouvez même couper votre compteur d'électricité général ou débrancher tous les appareils électriques de chez vous, éclairage compris, pendant quelques jours... Si un tel scénario devait arriver et si vous habitez dans un immeuble, vous ne pourriez peut-être même pas rentrer chez vous ou sortir votre voiture du garage ; voiture qui, au passage, ne devrait plus fonctionner (batterie à plat) !

Vous l'aurez compris, il est essentiel de prévoir ce cas de figure particulièrement rapide et violent dans votre stratégie de survie. La première des choses à faire est de ne pas baser toute votre survie ou votre sécurité sur des systèmes électroniques et électriques. Ensuite, pour se protéger physiquement d'une EMP ou de tous les champs électromagnétiques en général, il est nécessaire d'avoir une tente/barnum composé d'un tissu en fibre métallique, qui aura pour but de protéger un minimum les personnes les plus sensibles aux ondes électromagnétiques. Cette tente sert de cage de Faraday et évite d'être en contact avec les forts champs électromagnétiques produite par l'EMP. Enfin, le fait d'avoir un caisson anti-EMP permet de protéger les équipements qui y sont entreposés. Dans ce caisson anti-EMP, vous devez avoir au minimum :

- des piles et batteries rechargeables
- des chargeurs de piles et de batteries
- des lampes torches ou lampes frontales
- des chargeurs solaires photovoltaïques
- une radio portative à pile ou à dynamo
- un compteur Geiger
- un petit chauffage électrique d'appoint
- des petits transformateurs électriques type téléphone ou ordinateur portable
- *cas particulier :* appareils médicaux vitaux (ex : défibrillateur, appareil respiratoire, dialyseur, pacemaker + piles de rechange en quantité)

Toujours en gardant à l'esprit cette menace potentielle qu'est l'EMP, vous devrez ensuite vous munir des équipements traditionnels utiles pour réparer votre BAD par vous-même.

Les équipements/outils

Ne sachant pas combien de temps les magasins seront fermés ou même s'ils rouvriront un jour, il est important de posséder des équipements pour le bricolage et les petites et grosses réparations de votre BAD. Voici une liste des principaux outils de bricolage à posséder :

- sacs poubelle de 100L,
- grandes bâches en plastique opaques et transparentes,
- gros scotch,
- échelles,
- escabeaux,
- seaux,
- brouettes,
- scies à bois,
- marteaux,

- clous,
- pinces monseigneur,
- pinces multifonction,
- tournevis (cruciformes et plats),
- vis,
- mètre-mesureurs,
- niveaux,
- équerres,
- perceuses,
- ficelles,
- cordes paracord,
- fil de fer galvanisé,
- câble électrique,
- scie à métaux.

Une liste plus complète vous est proposée en annexe n°1.

Dans le cas où vous possédez une BAD mais que vous n'y vivez pas à l'année, il vous faudra prévoir des équipements de transport (remorque et coffre de toit) et la quantité d'essence nécessaire pour réaliser le déplacement domicile actuel-BAD, avant que la situation extérieure ne devienne trop instable. L'idéal étant bien sûr d'entreposer le maximum d'équipement dès le départ dans votre BAD.

Pour la plupart des personnes, il peut être très difficile psychologiquement de quitter une maison ou un appartement dans lequel il est possible d'avoir beaucoup investi pour « *être à l'abri en cas de coup dur* » ou « *pour être chez soi lorsque les vieux jours arriveront* ». Toutefois, il ne faudra pas hésiter à opter pour un habitat correspondant d'avantage aux critères de sélection d'une BAD. Vous devrez toujours opter pour le lieu idéal pour votre survie, avant de penser à des éléments secondaires. Encore une fois, un mauvais choix de BAD est l'une des pires choses que vous pouvez faire en termes de survie. Bien choisir votre BAD permettra de protéger votre corps, qui est votre premier « habitat » et qui est le plus précieux à protéger, le reste n'étant que matériel. Gardez bien à l'esprit que l'effondrement des nations que nous allons subir changera drastiquement la face du monde en quelques années. Des guerres et des conflits éclateront entrainant de nombreuses destructions matérielles. Ces destructions bouleverseront la face du monde et notamment le secteur de l'immobilier dans son ensemble.

Le secteur de l'immobilier

D'un point de vue plus global, le secteur de l'immobilier sera frappé de plein fouet par l'effondrement des nations à cause de la valorisation excessive des prix de l'immobilier pré-effondrement et à cause du fait que le secteur de l'immobilier soit le plus gros consommateur d'énergie au monde, avant même les secteurs de l'industrie et du transport. Ce constat se vérifiera dans la majorité des pays occidentaux. Au démarrage, les prix de l'immobilier urbain chuteront fortement. En ville, les locataires ne pourront sans doute plus payer leur loyer, car le coût de la vie (inflation) sera devenu trop important. Le peu d'argent que les gens auront sera dépensé rapidement dans des biens de première nécessité. À terme, la grande majorité des personnes fuiront les villes pour s'installer comme agriculteur à la campagne ou à la montagne. Cela aura pour conséquence de maintenir les prix de l'immobilier en ville très bas. Seuls les prix de l'immobilier en dehors des villes seront susceptibles d'augmenter car la demande sera de plus en plus croissante.

D'un point de vue de la construction même, les problèmes de transport liés à la hausse du prix des matières premières rendront difficiles les constructions d'immeuble et de gratte-ciel comme nous les avons connues jusqu'à maintenant. De manière générale, les constructions en béton seront très rares, les constructions se feront majoritairement avec des matériaux locaux comme le bois et la pierre. Une fois le gros de l'effondrement passé, les charpentiers et les maçons débrouillards ayant des connaissances et compétences dans la construction d'ouvrage en bois, en torchis (mélange terre/paille), en béton de chanvre et en pierres auront de beaux jours devant eux. Le nombre de nouvelle construction sera bien moins important qu'avant l'effondrement. Les nouvelles constructions seront principalement des logements. Les nouvelles habitations conçues seront passives ou à énergie positive. À terme, un large marché de maisons en kit, produites en usine par impression 3D et vendues à des prix très accessibles, pourrait également voir le jour.

Post-effondrement, les systèmes de production seront nettement moins productifs qu'auparavant. Comme les choses deviendront plus rares, elles prendront de la valeur et il deviendra très peu commun de jeter quelque chose. Même si un objet est abimé ou cassé, les personnes préféreront réparer plutôt que de jeter. Les connaissances liées au bâtiment porteront d'avantage sur la réparation de l'existant que sur la construction de nouveau édifice ou la fabrication de nouveau équipement. De manière générale, les métiers de demain seront avant tout déterminés sur l'utilité qu'ils apportent à la population pour améliorer leur survie de base. Le temps des fastes et paillettes sera terminé et nous arriveront dans une ère où seules les connaissances et compétences, vraiment utiles à la survie, seront génératrices de richesse.

Les métiers

Les principaux métiers post-effondrement du bâtiment seront en lien avec :
- la maçonnerie traditionnelle
- l'électricité
- la plomberie/chaufferie
- la fauche de paille et de foin (pour l'isolation)
- la plantation et la coupe du bois (pour la structure, l'isolation et le chauffage)
- la culture et la coupe du chanvre (pour la structure, l'isolation et le chauffage)
- la charpenterie
- la couverture/l'étanchéité des toits
- la fabrication du verre et des fenêtres
- la fabrication et la transformation d'objet en bois (ébénisterie, menuiserie, etc.)
- la confection et la réparation de pièces en métal (forgeron, soudeur, etc.)
- la promotion du recyclage d'équipements de construction divers
- la conception de bâtiment bioclimatique
- la conception de bâtiment passif ou à énergie positive
- les connaissances des techniques Haute Qualité Environnementale (HQE°) des bâtiments
- la conception et la fabrication de bâtiment en kit préfabriqué (impression 3D, container, etc.)
- la formation aux métiers cités précédemment

Si votre métier actuel ou celui que vous choisirez post-effondrement est en lien avec le bâtiment, il est important de prévoir les équipements spécifiques qui vous permettront de pouvoir exercer votre métier. Prévoyez donc de prendre plusieurs exemplaires des équipements indispensables à la réalisation de votre profession pour pallier à tout risque de casse, panne et pour pouvoir exercer, même lorsque les magasins de bricolage ou les fournisseurs seront fermés. Préparez-vous au fait que la plupart des entreprises du secteur pourront faire faillite et mettre la clé sous la porte.

POINT 2 : L'AIR

L'air est le premier besoin physiologique de l'Homme. Il est un mélange de gaz constituant l'atmosphère de la Terre. Il est normalement incolore, invisible et inodore. L'air sec est un mélange gazeux homogène qui est approximativement composé de :
- 78 % de diazote (N_2),
- 21% de dioxygène (O_2),
- 1 % d'autres gaz.

La plupart du temps, l'air de l'environnement terrestre est humide car il contient de la vapeur d'eau. Au voisinage du sol, la quantité de vapeur d'eau est très variable. Elle dépend des conditions météorologiques et en particulier de sa température. Le fonctionnement respiratoire de l'humain est d'utiliser le dioxygène de l'air (O_2) et de relâcher du dioxyde de carbone (CO_2). Pouvoir respirer de l'air est une question critique à la survie humaine et bien trop souvent oublié du fait que l'on respire de manière inconsciente et automatique. En cas de manque d'air respirable, il est important d'agir rapidement. Le temps d'apnée est très différent selon la physiologie et l'entrainement de chacun. Bien que le record du monde d'apnée statique soit de 22 minutes et 32 secondes, pour des performances moyennes, l'Homme devient en général inconscient après seulement 2 minutes. À partir de 4 minutes sans oxygène, le cerveau peut subir de graves séquelles. À partir de 10 minutes, vous êtes en général considéré comme cliniquement mort.

L'air reste la seule ressource du monde totalement gratuite (pour le moment)...

La qualité de l'air est un point fondamental car il peut être souillé, irradié ou vicié par de la pollution d'origine naturelle (éruption volcanique) et industrielle (bombe et centrale nucléaire, industrie chimique, etc.). L'air peut également servir de véhicule à la propagation de virus et de bactéries mortels pour l'Homme.

De manière générale, les éléments choses à vérifier en priorité au sujet de l'air sont : sa quantité et sa qualité. Pour s'assurer de pouvoir respirer de l'air sain en quantité, les équipements à posséder sont de deux types. Il y a les équipements « court-terme » et les équipements « long-terme ».

Les équipements « court-terme »

Les équipements « court terme » sont des équipements de protection à une pollution de l'air. Autrement dit, ces équipements permettent de se protéger d'une pollution déjà présente dans l'air.

Pour survivre à une pollution de l'air de type nucléaire, il est nécessaire d'avoir des pastilles d'iodure de potassium. Elles serviront principalement en cas de bombe ou d'explosion d'une centrale nucléaire dans votre région ou dans une région voisine, présentant des vents dominants en direction de votre zone.

Ensuite, il est utile de prévoir un masque à gaz par personne, adapté à la taille du crâne de chacun. Il est important de savoir comment les utiliser et donc de s'entrainer régulièrement à les mettre en simulant des alertes. Il est également recommandé d'avoir des filtres de rechange et là aussi de savoir comment les changer rapidement. Le taux de changement des filtres dépend de la pollution extérieure. Lorsque vous sentez que la respiration devient difficile ou que vous avez la tête qui tourne alors il est temps de changer votre filtre. Lors du changement de filtre, vous devez rester en apnée. Pour le choix du masque à gaz et des filtres, tous ne se valent pas. Il vaut mieux miser sur la qualité du produit et avoir un faible nombre de recharge que l'inverse. L'injection par voie respiratoire de particules nocives peuvent entrainer la mort en quelques minutes et donc vos nombreux filtres restants ne vous serviront plus à grand-chose dans ce cas. Si vous n'avez pas la possibilité d'obtenir de masque à gaz, vous devez au minimum avoir des masques de chantier en feutre englobant le nez et la bouche ainsi que des lunettes de protection étanche à l'air. Dans le pire des cas, pour la protection des yeux, des lunettes ou un masque de plongée peut faire l'affaire. Il est recommandé de prévoir également une combinaison intégrale NBC (Nucléaire-Bactériologique-Chimique) par personne de votre BAD. Ces combinaisons peuvent s'obtenir pour un coût relativement modeste dans les surplus militaire provenant des pays de l'Est de l'Europe ou sur internet. Prenez des combinaisons de taille adulte même pour les enfants. Dans l'idéal, il peut être utile de posséder des bouteilles d'oxygène ; elles serviront dans le cas où l'air est totalement irrespirable et toxique, en complément de l'utilisation des masques à gaz.

Exemple : Lors d'une explosion industrielle chimique avec retombées chimiques, le simple fait de respirer quelques bouffées pourrait avoir des conséquences désastreuses sur votre métabolisme et entrainer une mort rapide.

Pour résumer, les principaux éléments pour se protéger sur le court-terme d'une pollution de l'air sont :

- Des pastilles d'iodure de potassium
- Des masques à gaz
- Des combinaisons intégrales NBC (Nucléaire Bactériologique Chimique)
- Des bouteilles d'oxygène de plongée pleines

Gardez-bien à l'esprit que ces dispositions sont uniquement pour le court-terme, quelques jours au maximum. Dans tous les cas, la première chose à faire en cas de pollution de votre zone d'habitation est de se confiner à l'intérieur de votre habitat. Les équipements suivants sont les équipements destinés à optimiser votre confinement et à reconnaître les éventuels menaces transportées par l'air.

Les équipements « long-terme »

L'approche long-terme est à la fois préventive et protectrice.

Les équipements « long-terme » protecteurs vous permettront de vous confiner à l'intérieur de votre BAD en cas de pollution extérieure. Pour réaliser un bon confinement, il y a deux méthodes efficaces. La première méthode est celle du confinement dit « actif ». Cette méthode nécessite au préalable d'avoir un système très performant de ventilation et de filtration. Ensuite, le bâtiment doit être mis en surpression afin de réduire les entrées d'air non-contrôlées. La surpression signifie que le débit d'air entrant dans l'habitat est plus important que le débit d'air sortant. Cette méthode est la plus efficace pour réaliser un confinement, mais elle est relativement complexe à mettre en œuvre et rapidement onéreuse. De plus, cette stratégie nécessite d'avoir obligatoirement une production d'électricité autonome.

Nous nous attarderons donc d'avantage sur la deuxième méthode qui est la méthode de confinement dite « passive ». Cette méthode est rapide, économe et simple à mettre en œuvre. Le principal équipement dont vous avez besoin pour mettre en place cette méthode est : du gros scotch ! En cas de pollution extérieure, il est en effet, préférable de minimiser les débits d'air pollué entrant, en calfeutrant toutes les entrées d'air (filtrées, non filtrées et non contrôlées) de votre BAD (serrures, pas de porte, contour de fenêtre, etc.). En revanche, il est important de ne pas choisir n'importe quel type de scotch, vous devez choisir des scotchs étanches à l'air. Grâce aux nouvelles réglementations thermiques visant le domaine du bâtiment, il est devenu facile de trouver ce type d'équipement. Les scotchs des marques Illbruck®, Barnier® et Siga® sont de très bonnes références parmi d'autres. Pour les trous de tailles importantes comme le trou de cheminée ou les grandes bouches d'aération et afin d'économiser du gros scotch, il est recommandé d'utiliser des panneaux OSB qui sont des panneaux de bois présentant une forte étanchéité à l'air. Dans l'idéal, vous devez vérifier que la perméabilité (étanchéité) à l'air du matériau n'excède pas 0,1 m³/(h.m²) pour une différence de pression de 50 Pascal (Pa).

Panneau OSB

À défaut d'avoir des panneaux OSB, des planches en bois traditionnel ou des panneaux métalliques peuvent être utilisés pour boucher les gros trous donnant sur l'extérieur. Dans le pire des cas, utilisez des cartons voire des linges (serviettes de bain, draps, etc.). Évidemment, les jointures entre panneaux et murs doivent se faire avec du scotch étanche à l'air. Si cette méthode de confinement est mise en œuvre, il est bien sûr très important de stopper tout système de ventilation. Dans un deuxième temps, il peut être intéressant de posséder un purificateur électrique de l'air intérieur de type :

- ioniseur à plasma
- incinérateur
- purificateur par traitement Ultra-Violet (UV)

L'ioniseur à plasma permet de modifier les compositions chimiques des polluants présents dans l'air. L'incinérateur lui va capter puis chauffer l'air de votre habitat avant de le refroidir et de le rejeter. Le fait de chauffer l'air à 200°C tue tous les polluants présents dans l'air. L'inconvénient de l'incinérateur est sa consommation énergétique relativement élevé. Le traitement UV va également brûler les micro-organismes pathogènes présents dans l'air. Ces trois types d'équipement fonctionnent à l'électricité. Aucun filtre n'est à changer avec ces technologies, seule la lampe UV est à changer environ tous les ans, pour les autres, seul un nettoyage est nécessaire. Si vous optez pour le traitement par UV alors vous devrez donc prévoir des lampes de rechange. Contrairement aux filtres traditionnels, ces technologies permettent de détruire même les virus, qui sont les plus petites particules polluantes à traiter.

Pour le rangement de votre équipement, il est fortement recommandé d'entreposer le purificateur d'air dans un caisson anti-EMP. Pour information, le souffle d'une explosion de centrale nucléaire et l'explosion d'une bombe nucléaire émettent une forte impulsion électromagnétique qui pourrait détruire instantanément tous vos équipements électriques et électroniques. Il serait dommage que votre purificateur soit inopérant au moment où son utilisation serait optimale.

Enfin, le dernier point à prendre en compte est que, par définition lors d'un confinement, l'air intérieur ne sera pas renouvelé. Or, l'un des buts principaux de la ventilation est de réduire l'humidité de l'air intérieur. L'humidité de l'air est provoquée par notre respiration, notre transpiration et par toutes les activités intérieures en rapport avec l'eau (lave-linge, douche, cuisine, lave-vaisselle, etc.). Afin de maintenir un taux d'humidité convenable dans votre habitat, vous devez disposer de charbon de bois, d'argile verte, de gros sel ou encore de bouchons en liège qui sont tous les quatre de grands absorbeurs d'eau. Il suffit alors de les disposer à l'air libre dans les locaux présentant une forte humidité.

Dans l'idéal, il s'avère également utile de posséder des appareils de mesure de la qualité de l'air extérieur et intérieur afin d'analyser par soi-même les pollutions de l'air. Le problème principal est que ces types d'équipements coûtent très vite chers et que leurs niveaux d'analyses sont souvent limités à quelques polluants. En revanche, le compteur Geiger est un appareil de mesure plus abordable et il permet de détecter la radioactivité présente dans l'air de manière précise et efficace. Il est d'ailleurs un des appareils de mesure à avoir en priorité dans votre BAD. Dans un autre registre, un appareil de détection de CO (monoxyde de carbone) peut être utile, principalement en cas de confinement. Un appareil de détection des fumées est également important à avoir pour éviter des intoxications importantes, voire même l'incendie total de votre BAD. Ce type de détecteur est normalement obligatoire dans chaque logement. Pour rappel, pour tous vos appareils fonctionnant à piles ou sur secteur, il est important de prévoir un stock important de piles rechargeables et plusieurs chargeurs solaires, au cas où vous vous retrouviez sans électricité du réseau ; ce qui est un scénario plus que probable.

Pour résumer, les équipements « long-terme » à posséder sont :
- Du gros scotch étanche à l'air
- Des panneaux de bois OSB
- Du charbon de bois, de l'argile verte, du gros sel, des bouchons en liège
- Un appareil de détection des fumées
- Un appareil de détection du CO (monoxyde de carbone)
- Un compteur Geiger (pour mesurer la radioactivité)
- Un purificateur d'air intérieur
- Un appareil de mesure de la composition chimique de l'air (optionnel)

De manière générale, vous devrez adapter vos stratégies préventives et protectrices, concernant la qualité de l'air, en fonction de votre habitat et de votre budget. Si votre budget et votre temps de préparation sont fortement limités, vous devez partir dans l'idée d'utiliser la méthode de confinement passive et d'obturer toutes les entrées d'air avec du gros scotch étanche à l'air et des panneaux OSB, en cas de pollution extérieure. Ensuite, munissez-vous en priorité de pastilles d'iodure de potassium et d'un compteur Geiger.

La gestion du confinement

Les causes de pollution de l'air sont nombreuses. Elles peuvent être d'ordre naturel ou industriel. Ce qui va nous intéresser pour notre survie est de quantifier le degré de toxicité de l'air que l'on respire. Pour cela, il nous est nécessaire de mesurer certaines données de composition de l'air. À défaut de pouvoir mesurer directement à l'aide d'un appareil, vous devrez faire confiance aux médias ou à votre propre analyse de la situation.

Au niveau de la pollution de l'air, deux cas de figure sont envisageables :

➢ La qualité de l'air est bonne :

Aucune pollution de l'air n'est à déclarer, l'air est respirable, tout va pour le mieux. Vous pouvez continuer à vivre dans votre zone d'habitation.

➢ La qualité de l'air est moyenne ou médiocre :

Votre compteur Geiger ou une autre source d'information vous indique que la qualité de l'air de votre zone se dégrade. Dans ce cas, il est recommandé d'appliquer le principe de précaution, sans pour autant sur-réagir à la première nouvelle indiquant une pollution de l'air. Il est donc conseillé de rester confiné à l'intérieur de sa BAD et de rester informé pour voir comment la situation évolue. Si la concentration des polluants de l'air diminue, tout va bien et vous pourrez ressortir dehors. Mais si elle empire ou se prolonge dans le temps alors, l'air extérieur deviendra toxique et/ou irrespirable. Dans ce cas, vous devez encore rester confiné chez vous et réduire au maximum les entrées d'air dans votre habitat.

Les principales pollutions de l'air auxquelles vous pourrez faire face sont les suivantes :
-   Incendie de forêt
-   Pollution chimique (industries et épandages par avion militaire)
-   Bombe nucléaire
-   Explosion de réacteur nucléaire
-   Éruption volcanique
-   Épidémie (virus / bactérie)

Afin d'estimer au mieux la durée de confinement nécessaire, vous devrez estimer la dangerosité et la durée de la pollution. Pour ce faire, il faudra prendre en compte les variables suivantes :

- Fiabilité de la source d'information (appareil de mesure, internet, télévision,...)
- Nature de la pollution (chimique, radiation, cendre, maladie,...)
- Élément déclencheur (explosion, fuite, inconnu,...)
- Intensité de la pollution (forte, moyenne, faible)
- Durée estimative du rejet des émissions polluantes (5 jours, 3 semaines, 10 mois,...)
- Distance entre la source de pollution et la zone de la BAD (5 km, 200 km, 10 000 km,...)
- Direction et puissance des vents dominants de la zone d'émission (forts vents contraires, vents légers toutes orientations,...)

Lors de votre confinement, il est essentiel de rester informé de l'évolution de la situation extérieure. Dans tous les cas, votre durée de confinement dépendra de vos stocks intérieurs d'eau et de nourriture. Dans l'idéal, attendez au minimum les trois premières grosses pluies après le gros de la pollution, pour que l'air et les sols soient un minimum lavés, avant de ressortir. Si vous disposez d'appareil de mesure, votre diagnostic de la gravité de la situation sera plus précis qu'avec les autres moyens d'information. Une fois le gros de la pollution passé et les trois premières grosses pluies, il vous faudra largement aspirer/laver l'intérieur de votre BAD et arroser/nettoyer vos plantations pour y réduire les concentrations de polluants. Si la pollution a été importante et que vos stocks de nourriture le permettent, il est recommandé de ne pas consommer la récolte qui a poussé pendant la phase de pollution.

Habituellement, les fortes pollutions « classiques » de l'air sont de 3 à 4 mois tout au plus. Si vous avez la possibilité d'intégrer une autre BAD qui est beaucoup moins impactée par la pollution extérieure que la vôtre, si et seulement si les conditions de déplacements sont toutes réunies et si vous avez de quoi vous protéger de la pollution pendant le trajet (masques à gaz et combinaisons NBC) alors, il peut être intéressant de changer de BAD. Ce cas de figure doit être étudié principalement dans le cas d'une pollution (très) long-terme située proche de votre zone ; exemple : explosion d'une centrale nucléaire. Dans tous les autres cas et si le danger ne vous impacte pas de manière directe, préférez toujours le confinement aux déplacements. Dans le cas d'une pollution de l'air sur un territoire important (pays, continent, etc.), le confinement reste la solution la plus sécuritaire.

Le point suivant est crucial pour votre survie en cas de confinement.

Si votre confinement est bien réalisé le débit de renouvellement d'air intérieur sera proche de zéro. Le problème étant que certains de vos équipements ont obligatoirement besoin d'un renouvellement d'air suffisant pour fonctionner correctement. Ces équipements sont les équipements « à flamme » nécessitant une combustion. Les équipements et objets suivants font partie de cette catégorie :
- Génératrice à essence/diesel
- Chaudière au gaz, fioul/mazout et bois
- Chauffe-eau individuel au gaz, fioul et bois
- Poêle à bois et cheminée
- Cuisinière au gaz et au bois
- Bougie et lampe à flamme (à huile, à pétrole,...)

Pour comprendre le danger des combustions en période de confinement, il faut savoir qu'une combustion, pour qu'elle puisse fonctionner, a besoin de trois éléments :
- un combustible : bois, gaz, fioul, mèche,...
- une source de chaleur : flamme, étincelle,...
- un comburant : O_2 (dioxygène) de l'air

Ensuite, il y a deux types de combustion possibles :
- La combustion complète, produisant du CO_2 (dioxyde de carbone)
- La combustion incomplète, produisant du CO (monoxyde de carbone)

Une combustion complète s'effectue lorsque la quantité d'O_2 est suffisante, autrement dit lorsque l'apport d'air neuf est suffisant au niveau de la flamme. La première chose à comprendre est que de l'O_2 consommé par la flamme est le même que celui que vous devez respirer pour vivre. Voici, la première raison pour laquelle il faut éviter de faire du feu dans un endroit confiné. Le deuxième point important porte sur le fait que si le débit d'air neuf apporté à la flamme est insuffisant la combustion complète devient... incomplète. Une combustion incomplète émet du CO qui est inodore et invisible mais mortel pour l'Homme.

Pour éviter cet ennemi invisible, équipez-vous d'un appareil de détection. Sans équipement de détection, il est quasiment impossible de repérer ce gaz. Dans une démarche de prévention, vous devrez donc faire fonctionner vos appareils « à flamme » au strict minimum ; que cela soit pour faire cuire la nourriture à l'aide d'une cuisinière, chauffer la pièce à l'aide d'un poêle ou d'une chaudière, ou vous éclairer à l'aide de bougies. En cas de confinement en période froide, vous devrez donc trouver le juste milieu pour éviter de mourir soit de froid soit intoxiqué.

En cas de confinement, soyez particulièrement vigilant aux symptômes avant-coureurs d'une intoxication au CO qui peuvent être :

➤ Pour une intoxication légère :

- maux de tête
- fatigue
- nausées
- vomissements

➤ Pour une intoxication moyenne :

- étourdissements
- douleurs dans la poitrine
- troubles de la vision
- difficultés de concentration

➤ Pour une intoxication grave :

- problèmes de coordination des mouvements
- paralysie musculaire
- perte de connaissance

Une intoxication grave, même pour une durée limitée, peut entraîner des séquelles permanentes. Les séquelles suivantes peuvent apparaître pendant une période de 2 à 40 jours après une intoxication, même si elle a été traitée rapidement :
- migraines chroniques
- troubles neurologiques pouvant causer des problèmes de coordination des mouvements
- problèmes de mémoire et de personnalité
- changements d'humeur : irritabilité, agressivité verbale et/ou physique, violence.

Une intoxication grave au monoxyde de carbone peut entraîner un coma et même la mort, en quelques minutes seulement. Avec une concentration en CO trop forte dans votre habitat, vous pourrez vous coucher le soir et ne pas vous réveiller le matin, ni aucun autre matin d'ailleurs… L'intoxication au monoxyde de carbone engendre chaque année 5000 intoxications et environ 300 décès, dans un pays comme la France ; il s'agit de la première cause de mortalité toxique accidentelle du pays.

Le problème du CO est largement amoindri avec des appareils de chauffe se trouvant hors de l'habitat confiné, comme le garage ou une cave annexe par exemple. Par ailleurs, si les cheminées d'évacuation des fumées ne sont pas obstruées ou trouées et que vos équipements de combustion fonctionnent correctement, vous ne devrez pas avoir de soucis d'intoxication. Mais restez toujours vigilant envers cet ennemi invisible, surtout avec des équipements à flamme dans un volume confiné.

Repérez dès à présent tous les équipements de votre BAD que vous utilisez qui nécessitent une flamme pour fonctionner. Si votre appareil de détection de CO se déclenche ou au premier doute alors que vous êtes confiné, arrêtez immédiatement tous les équipements à flamme et confiné la pièce où l'équipement se trouve. Surveillez l'évolution de la concentration. Personne ne doit s'endormir avant un délai de 10 heures suite à cette alerte. En temps normal, la solution idéale serait bien sûr d'aérer en grand votre habitat pour faire évacuer le gaz et rester dehors pendant plusieurs heures, mais cette solution est inenvisageable en cas de confinement. Dès les premiers signes avant-coureur ou à la première alerte, l'important est d'agir rapidement et de maintenir le gaz dans sa pièce d'émission.

Si lors d'un confinement long-terme, vous commencez à avoir la tête qui tourne, à ressentir de fortes fatigues et que vous avez vérifié que cela ne venait pas du monoxyde de carbone alors, cela est surement due au manque de dioxygène dans l'air. Dans ce cas, l'idéal est de faire une petite entrée d'air contrôlée dans votre habitat. Pour ce faire, soit vous disposez d'un filtre adapté à la pollution environnante que vous pouvez placer sur l'orifice d'entrée d'air, soit vous pouvez vous bricoler un filtre avec un tissu sur lequel vous pourrez verser de l'eau de Javel ou dans l'idéal de l'argent colloïdal.

Dans le cas d'une pollution long-terme, le seul moyen de survivre confiné sans aucune réserve de nourriture est la production de nourriture à l'intérieur du bâtiment. Si vous disposez d'une source de nourriture intérieur (serre intérieure, mur végétal, système de culture hors sol, etc.), il vous sera possible de cultiver quelques légumes. Vous pourrez également produire des champignons dans la cave ou le sous-sol de votre BAD. Le gros avantage de la plupart des champignons est qu'ils n'ont pas besoin de la lumière du soleil pour pousser. En revanche, leur fonctionnement « respiratoire » est le même que celui de l'être humain, c'est-à-dire qu'ils absorbent de l'O_2 (dioxygène) et rejette du CO_2 (dioxyde de carbone) en permanence, contrairement aux plantes qui elles alternent leur émission/absorption d'O_2, entre le jour et la nuit. Le fait de cultiver des champignons réduira donc plus rapidement la présence de dioxygène dans l'air intérieur non-renouvelé. Veillez donc à ne pas avoir de production de champignon trop importante en cas de confinement. De plus, je vous mets en garde car les légumes et particulièrement les champignons sont de grands absorbeurs de polluants de l'air et de la radioactivité ambiante. Donc, si vous avez une production intérieure de champignons ou de légumes, vous devez vous assurer que l'air de votre local de culture soit correctement traité. Pour ce faire, vous pouvez :

- faire en sorte que les infiltrations d'air non-contrôlées soient réduites au maximum
- utiliser un purificateur d'air dans le local de production
- utiliser des filtres à air adaptés à la pollution extérieure sur les entrées d'air contrôlées

Dans tous les cas, en cas de confinement sur le long-terme, les premiers aliments à consommer sont ceux de votre stock de secours ou de votre production intérieure. Les productions d'aliments frais extérieurs, encore en terre lors de la pollution, sont à consommer en dernier recours et uniquement après lavage, nettoyage et épluchage.

Le risque nucléaire

En cas d'explosion de bombe nucléaire ou de réacteur, la première chose à faire est de prendre un comprimé d'iodure de potassium contenant de l'iode 127 stable. Pour comprendre l'utilité de la prise d'iode stable, il faut savoir qu'un accident nucléaire peut s'accompagner d'une émission d'iode 131 qui lui est instable et donc radioactif. Cette iode radioactive pénètre dans le sang par les voies respiratoires, par la peau ou par l'absorption d'aliments contaminés. La glande thyroïde, un organe régulateur très important dans notre organisme, accumule l'iode radioactif jusqu'à saturation. L'irradiation prolongée de cet organe augmente le risque de cancer et d'autres affections de la thyroïde. Ce sont les fœtus, les bébés, les jeunes enfants qui courent le plus grand risque. La thyroïde ne faisant pas la différence entre les deux types d'iode, la prise de comprimé d'iode 127 stable permet de saturer la thyroïde d'iode « sain » plutôt que d'iode radioactive. Ainsi, l'iode radioactive ne sera pas fixer dans le corps et sera évacuée dans les selles et les urines. Cette solution est préventive, il faut donc la prendre dès le début de l'incident.

Les quantités à utiliser sont différentes selon les cas : adulte, enfant, femme enceinte, femme qui allaite et bébé. Pour administrer de l'iode à un bébé, écrasez un comprimé proportionnel à la dose indiquée que vous ferez dissoudre dans son biberon. Lisez la notice pour plus de détails. Les comprimés d'iode sont déconseillés pour les personnes allergiques, pour les personnes ayant des problèmes de santé au niveau de la thyroïde et au niveau cardio-vasculaire. L'effet protecteur du comprimé est de 24 heures et sa date de péremption varie de 5 à 7 ans en général. Attention cependant car l'iode n'est pas le seul élément radioactif émis lors d'un incident nucléaire, il y a également principalement du strontium et du césium qui eux ne sont pas traités par la prise de médicament préventif. Dans tous les cas, le confinement reste la meilleure solution pour réduire les risques pour votre santé, en cas d'incident nucléaire.

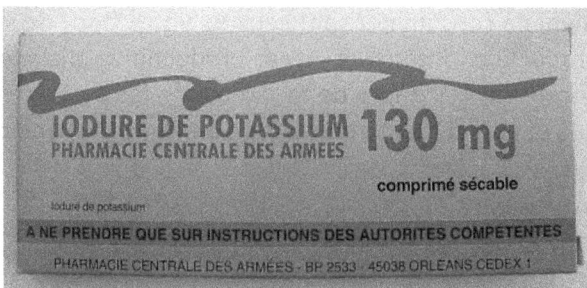

Boîte d'iodure de potassium fournis par l'armée française

Le pire des scénarii

Le pire des scénarii est lorsque votre BAD est endommagée, mais il y a encore pire situation. Le scénario « catastrophe » n°1 correspond à celui d'une BAD endommagée ET d'une pollution majeure de l'air extérieur. Dans le cas où votre BAD est partiellement ou totalement hors d'usage (destruction, incendie,...etc.), associé à une pollution extérieure sur le long terme, comme par exemple une pluie de cendre de plusieurs (dizaines) années à cause d'un volcan, l'impact de météorites sur Terre ou une pollution radioactive prolongée (explosion centrale nucléaire) alors, vous avez deux choix :

- soit les dégâts sont réparables rapidement et vous pouvez de nouveau obtenir un confinement correct,
- soit les dégâts sont trop importants et vous devrez <u>rapidement</u> trouver un abri clos et confinable dans lequel vous pourrez vous protéger de la pollution extérieure.

Dans ce dernier cas, vos équipements de survie « court-terme » vous permettront de vous sauver la vie. Vous devrez également prendre en compte les remarques sur les déplacements faites dans une partie suivante (cf. point 10).

Les métiers

Les métiers de demain en rapport avec l'air seront :
- liés au diagnostic de la qualité de l'air (laboratoires)
- liés à la fabrication et la vente de matériel de protection (filtres, pastilles,...)
- liés à la fabrication et la vente d'appareil de mesure et de détecteur
- liés à la formation/l'enseignement des risques de pollution et des solutions correspondantes

POINT 3 : L'EAU

L'eau est le deuxième besoin physiologique de l'Homme, après l'air.

L'eau est vitale pour l'organisme, tant d'un point de vue quantitatif que qualitatif. Non seulement l'eau représente 60% de la masse totale du corps d'un adulte, mais c'est l'élément dont on se passe le moins, après l'air. La déshydratation est une des premières causes de mortalité en période de survie. Il est alors essentiel de bien s'hydrater, surtout en période de stress et d'effort physique intense. En temps normal, il est recommandé de boire 2 à 3 litres par jour et par personne. Au bout de 3 jours sans boire une seule goutte, d'importantes séquelles neurologiques (cerveau) et physiologiques (corps) peuvent apparaître. Le manque d'eau altère grandement les facultés de réflexion. En cas de stock d'eau réduit, il est important de boire de petites gorgées et de garder l'eau le plus longtemps possible dans la bouche afin de la maintenir humide. D'ailleurs, le manque de salive est l'indicateur clé pour connaître l'avancement de votre déshydratation. Le mental et l'imagination jouent un rôle essentiel en cas de stress hydrique, car votre sensation de manque sera atténuée en focalisant votre esprit sur autre chose que votre manque. Le meilleur moyen pour cela est d'occuper son esprit par une réflexion intellectuelle quelconque.

Pour être sûr de ne pas manquer d'eau, vous devez construire votre stratégie comme s'il n'y avait plus d'alimentation en eau de ville à la sortie de votre robinet. Et même si elle était disponible, il faudrait grandement se méfier de sa qualité. Les causes de non-alimentation en eaux de ville sont nombreuses. Les principales causes sont la pollution de l'eau et la rupture d'approvisionnement, à cause d'une coupure de courant généralisée qui empêcherait les pompes à eau de fonctionner. Miser sur l'eau de ville est une attitude irresponsable et passive car cela vous rend dépendant de quelqu'un d'autre (le gouvernement) et dans ce cas l'Histoire nous montre à de nombreuses reprises, que cela fera de vous une victime. Dans toute votre stratégie de survie, vous devez rechercher à tout prix l'indépendance matérielle totale envers le système extérieur.

Tout comme l'air, les deux points importants à retenir au sujet de l'eau sont : sa quantité (son accès) et sa qualité.

L'accès à l'eau

Vous l'aurez compris l'eau est l'élément qui rend la survie en ville très difficile voire impossible. À long terme, il est vital d'avoir accès à une source d'eau naturelle. L'eau ne peut pas être créée, vous devez donc installer votre BAD à proximité d'une source naturelle. La question de l'alimentation en eau est la question à se poser en priorité lors de l'installation de votre BAD.

Voici la liste des sources d'eau naturelles existantes associées à leurs équipements de puisage respectifs. Les solutions sont présentées par ordre de pertinence et de coût ; la première étant la plus pertinente et la plus économe des solutions.

> **L'eau de source et les cours d'eau**

Pour récolter l'eau d'une source ou d'un cours d'eau qui se situe à proximité de chez vous, il y a deux cas de figure possible :
- Votre point d'eau est situé en hauteur par rapport à votre lieu de consommation

Dans ce cas, il vous suffit d'installer un tuyau entre la source et votre lieu de consommation et la gravité fait le reste.
- Votre point d'eau est situé en contrebas par rapport à votre lieu de consommation

Dans ce cas, vous devrez pomper l'eau et donc utiliser de l'énergie. Le moyen traditionnel pour cela est d'utiliser une pompe à eau électrique. Le principal inconvénient de cette technique est que pour que la pompe fonctionne, vous devez avoir de l'électricité dans votre BAD.

Heureusement, il existe une alternative pour pomper de l'eau sans pompe électrique et sans utiliser une source d'énergie à produire. Pour ce faire, vous devez utiliser ce que l'on appelle un bélier hydraulique. Cet équipement utilise le « coup de bélier » qui est le changement brutal de pression dans un tuyau. C'est d'ailleurs pour cela qu'il est appelé ainsi. Ce phénomène mécanique permet de pomper l'eau grâce à un différentiel de pression. Pour pouvoir faire fonctionner un bélier hydraulique, vous devez disposer d'un débit d'eau suffisant et d'un dénivelé minimum d'un mètre entre l'entrée et la sortie de l'eau dans le bélier. Il est très intéressant de posséder un ou plusieurs béliers hydrauliques dans vos BAD, si vous êtes dans le cas de figure précédent. Le rendement de ce genre d'équipement est très variable selon les modèles, il peut aller de 20 à 80%. Pour un rendement de 50% par exemple, il faut faire passer 50L dans le bélier pour en remonter 25L. En outre, certains modèles permettent de pomper de l'eau sur des distances de près de 100 mètres sur des dénivelés importants. Ce type d'équipement est extrêmement robuste et a une durée de vie supérieure à 20 ans. Le bélier hydraulique se compose d'une cloche étanche en métal et d'un jeu de clapets, comme nous le montre le schéma suivant :

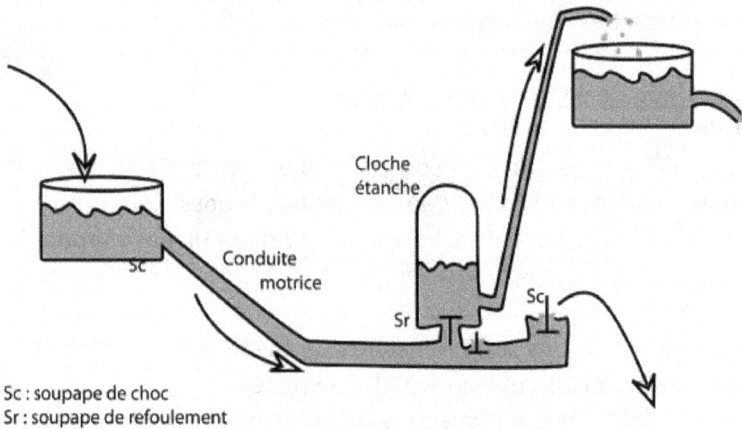

Sc : soupape de choc
Sr : soupape de refoulement

Schéma de fonctionnement d'un bélier hydraulique

> **Les puits**

Vous devez de préférence utiliser un puit déjà existant. Vous pouvez toujours en faire construire un mais vous devez être absolument certain que de l'eau se trouve en profondeur. Pour le diagnostic, vous pouvez faire appel à un sourcier compétent et ayant des références précises. Vous devez savoir que les forages de ce type sont relativement onéreux.

Pour récolter l'eau d'un puit, vous avez trois options :

- une pompe à eau électrique
- une pompe à eau manuelle (par piston)
- une corde attachée à un seau (associé à un système de poulie de préférence)

> **Les précipitations**

Les quantités de précipitation sont très variables d'une région à une autre.

L'eau de pluie est buvable mais à long terme vous devrez prévoir des moyens de la potabiliser, en la reminéralisant. Sa filtration est obligatoire pour tous les usages du quotidien. L'inconvénient principale de cette source est qu'elle n'est pas régulière, il est donc nécessaire de la stocker en grande quantité. Pour ce faire, l'idéal est de raccorder les gouttières qui récupèrent l'eau de vos toits à un réservoir de grand volume de préférence en béton. Après, il existe des techniques de récupération plus artisanale, comme la récupération par tout type de récipient (bassines, casseroles, bâches étendues,...etc.). Le deuxième inconvénient majeur de cette solution est qu'en période chaude, lorsque les besoins en eau sont importants, les précipitations elles, se font souvent rares.

Selon la région dans laquelle vous vous trouvez, la neige fondue peut également être une source d'eau buvable temporaire importante.

> **L'humidité de l'air**

L'atmosphère terrestre est chargée d'humidité. Elle est une immense réserve d'eau douce d'environ 13 000 km^3. Il existe des techniques pour récupérer l'eau présente dans l'air sous forme de vapeur. Cette source d'eau présente de nombreux avantages. Son premier avantage est d'être présente dans toutes les régions du monde. Le deuxième avantage principal est qu'avec les bons équipements, il est possible d'utiliser cette eau comme eau de boisson. Selon les régions l'humidité de l'air est plus ou moins importante et donc sera plus ou moins facile à capter. L'inconvénient principal de cette source est que l'eau doit changer de phase. Elle doit passer de vapeur à liquide pour que l'on puisse l'utiliser.

Pour effectuer la condensation de l'humidité de l'air, il est possible d'utiliser deux techniques :

- la technique active :

La technique active utilise un condenseur électrique qui permettra de produire des quantités d'eau importantes. La quantité d'eau produite dépendra de la zone de captage et de la puissance du condenseur utilisé. Les deux plus gros inconvénients de cette technique est qu'elle a besoin d'une source d'électricité pour fonctionner et qu'en cas de panne ou de casse, votre BAD n'est plus alimentée en eau. Pour pallier à ces deux inconvénients, il est nécessaire de prévoir une alimentation via des sources d'énergies renouvelables, comme le soleil ou le vent, et de prévoir au minimum un équipement de remplacement en cas de panne ou de casse. Pour mieux illustrer et comprendre ce concept, vous pouvez vous rendre sur le site de l'entreprise EoleWater® spécialisée dans ce domaine : www.eolewater.com

- la technique passive :

La technique passive est une technique plus artisanale et beaucoup moins performante que la précédente. En revanche, si les quantités d'eau récupérées sont bien inférieures à la technique active, cette technique ne requiert aucune source d'énergie. L'idée ici est de simplement déposer un matériau capable d'absorber l'eau présente dans l'air. La condensation de l'eau étant le résultat de la transformation de la vapeur d'eau contenue dans l'air en gouttelettes d'eau liquide, le but est de rechercher le « point de rosée » de l'air. Pour ce faire, il suffit que la température de l'air diminue rapidement soit au contact d'une surface plus froide, soit naturellement (changement de température jour/nuit). Le potentiel de condensation dépend des conditions climatiques et météorologiques, du taux d'humidité de l'air, du matériau du condenseur et de sa disposition (orientation, inclinaison, etc.). Les rendements sont donc très variables d'une région à l'autre. Pour illustrer ce fonctionnement, vous pouvez vous imaginer une éponge ou un linge que vous laisseriez sur le sol, la nuit. Le matin, grâce à la rosée l'éponge ou le linge serait totalement imbibée d'eau. Les condenseurs passifs les plus performants sont des éléments inclinés recouverts d'un film spécial qui recueillent la rosée et l'acheminent vers un réservoir. Il est également possible de réaliser des tranchées recouvertes d'un isolant thermique ou d'utiliser le toit d'une maison, si celui-ci est en pente. Il existe également une autre alternative qui a pour but de récupérer d'avantage l'eau de l'évapo-transpiration des végétaux plutôt que de l'air ambiant. En effet, à l'aide d'une simple bâche ou d'un sac plastique, il est possible de récupérer la vapeur d'eau relâchée par les végétaux *(cf. puit solaire ci-après)*. Ce dernier procédé de chauffage solaire permet également de distiller des eaux impropre et salée (eau de mer), et donc les rendre potables.

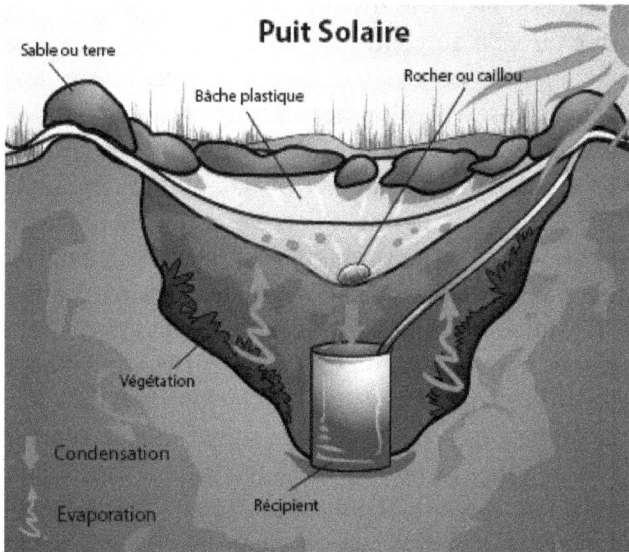

Exemples de condenseurs/distillateurs passifs

➢ **L'eau des mers et des océans**

L'eau des mers et des océans représente la plus grande source d'eau sur Terre. Sa quantité représente 97.3% de toute l'eau de la planète. Le gros inconvénient pour nous Humain, est que cette eau n'est pas

directement potable. Il est nécessaire de dessaliniser l'eau de mer avant de la boire. Pour ce faire, il existe principalement deux techniques :
- L'osmose inverse, qui consiste à utiliser des filtres très fins,
- La distillation, qui consiste à faire évaporer uniquement l'eau et non les sels.

Les osmoseurs sont souvent coûteux et leur usure est relativement rapide à cause de la corrosion due au sel. De plus, la consommation énergétique de ces équipements est importante en plus du fait qu'ils sont souvent volumineux.

La technique présentant le meilleur rapport efficacité/prix, pour une utilisation domestique, est la distillation. Comme nous l'avons vu, cette technique peut être utilisée par un puit solaire mais il est possible de réaliser une distillation également grâce à un four solaire. Les deux principes sont relativement voisin et tous les deux aussi simple d'utilisation car la seule chose à faire est d'entreposer un premier réservoir d'eau de mer à l'intérieur d'un four solaire et d'insérer un deuxième réservoir vide au centre du premier. Le four, à l'aide de son miroir parabolique, concentre les rayons du soleil sur le premier réservoir. L'eau du réservoir s'évapore et est recueillis dans le second récipient, grâce à la condensation sur la bâche de l'eau évaporé. L'eau ainsi recueillis est débarrassée du sel et des autres impuretés qu'elle contenait. Le four solaire permet d'accélérer le phénomène naturel d'évaporation de l'eau et d'ainsi obtenir des volumes d'eau traités plus importants par rapport au puit solaire. L'idéal est d'acheter un four solaire dans le commerce, mais il est également possible de le fabriquer soi-même. Pour ce faire, utiliser un très grand récipient parabolique qu'il vous faudra soit recouvrir de miroir convexe soit de papier aluminium. L'idée est que les rayons solaires reflétés soient dirigés au centre de la demi-sphère. Bien entendu, pour que ces techniques fonctionnent, vous avez besoin de l'acteur principal qui est… le soleil ! Plus le rayonnement solaire sera important, plus votre quantité d'eau distillée sera importante.

Il est fortement recommandé d'avoir une BAD proche d'une source d'eau potable abondante. Si la distance est trop importante entre votre BAD et le point d'eau, qui peut être une source ou une grande zone de stockage, vous serez obligé d'aller chercher l'eau vous-même et de remplir des bidons. Sachant qu'il y a de forte chance d'avoir des pénuries d'essence, vous devrez transporter tous les jours, sur vous ou en vélo, les bidons d'eau. Cela est possible, mais pour optimiser votre stratégie, il est préférable d'avoir une source ou une zone de stockage de l'eau potable à proximité de votre BAD. Ainsi, vous serez également plus à même de protéger votre point d'eau des éventuelles attaques extérieures.

La priorité au niveau de l'accès à l'eau est d'avoir de l'eau potable pour éviter que le corps se déshydrate. Mais, la boisson n'est pas la seule utilité de l'eau pour l'Homme. En effet, l'eau est également utilisé pour :

- la boisson des animaux
- l'agriculture (arrosage)
- la cuisson des aliments (pâtes, riz, etc.)
- l'hygiène corporelle (douches, brossage des dents, etc.)
- le nettoyage des espaces intérieurs et extérieurs (ménage)
- la santé (nettoyage d'une plaie, brûlure, etc.)
- le lavage de la vaisselle
- le lavage du linge

En se basant sur la consommation d'un occidental moyen, il vous faudra compter environ <u>entre 50 et 70 litres d'eau par jour et par personne</u>, pour ne jamais en manquer. Cela représente environ <u>18,25 tonnes d'eau (ou 18 250 litres) par an et par personne</u>, ce qui est considérable !

<u>Votre stratégie de survie générale sera totalement différente selon si vous avez accès à beaucoup ou peu d'eau</u>. Plus votre accès à l'eau sera limité et plus il vous faudra l'économiser et optimiser son utilisation. Ce point se vérifiera surtout au niveau de votre future production alimentaire. Les besoins en eau des végétaux n'étant pas les mêmes pour tous, vous devrez adapter vos choix de plantations en fonction de l'eau que vous avez à disposition pour les arroser et en fonction de la zone géographique et météorologique de votre BAD. Dans tous les cas, il vous faudra gérer au mieux l'arrosage de l'eau au sein de votre BAD. Pour ce faire, il est important de savoir qu'en moyenne 95% de l'eau de pluie captée par un sol vivant part en profondeur et est « perdu » en tant qu'eau d'arrosage. Pour remédier à cette perte des eaux de pluie, il existe une solution assez révolutionnaire inventé il y a seulement quelques années. Cette solution s'appelle <u>le Polyter</u> et se présente sous forme de petites billes biodégradables qui permettent de stocker jusqu'à 200 fois de leur poids en eau. Cette substance permet donc de conserver l'eau de pluie sous forme solide au plus proche de vos végétaux pour assurer leur croissance. Il peut être très intéressant d'utiliser le Polyter

dans vos cultures, surtout si votre BAD se situe dans une zone où l'accès à l'eau est difficile. Sa mise en œuvre est enfantine car il suffit de positionner les billes de Polyter aux pieds de vos végétaux, en contact avec les racines. Une alternative moins onéreuse que le Polyter est de recouvrir vos cultures de <u>BRF</u> (Bois-Raméal-Fragmenté). Le BRF correspond à de petits morceaux de bois déchiqueté de quelques centimètres. En plus de nourrir les sols, cette technique permet d'optimiser la rétention des eaux de pluie en surface. Le BRF permet également de réduire le taux d'évaporation de l'eau présent dans le sol de surface. Le gros avantage du BRF est qu'il peut être auto-fabriqué à l'aide d'outils mécanique (broyeur à végétaux) ou manuel (couteaux, machettes, rabots).

Finalement, il existe une multitude de solution pour avoir accès à l'eau. Toutes les solutions présentées ici sont à étudier dans votre stratégie de survie, mais toutes les solutions ne se valent pas. Par exemple, le fait d'avoir un accès direct à une eau de source, sortant directement de la Terre et branché sur le réseau de votre BAD, est un élément à privilégier. Cette solution est particulièrement utile dans le cas d'un confinement à cause d'une pollution de l'air causant également une pollution de l'eau extérieur. Bien qu'à terme, vous deviez choisir une solution principale, il est tout de même fortement recommandé de prévoir une voire deux solutions de secours d'accès à l'eau, dans le cas où votre première source venait à être improductive et/ou polluée.

La qualité de l'eau

Il est primordiale de s'assurer que l'eau que vous buvez soit bien potable car le fait de boire de l'eau non-potable a des conséquences plus terrible sur votre santé que la déshydratation elle-même. La solution optimale est de puiser son eau d'une source ou d'un petit cours d'eau type ruisseau. Plus les distances entre la source de production et le point de puisage sont importantes, plus la probabilité que l'eau soit polluée augmente. Préférez toujours le puisage au plus près possible de la source. Préférez également toujours les petits cours d'eau comme les ruisseaux aux grands comme les rivières ou fleuves. Faites néanmoins attention aux activités des zones surplombant les cours d'eau. Les déjections des animaux de culture, les produits chimiques d'épandage et les divers rejets d'industries peuvent se retrouver en contact avec le cours d'eau en aval. Soyez très vigilant si vous puisez l'eau d'un fleuve car ils sont malheureusement souvent pollués par les rejets chimiques des industries. Enfin, préférez toujours des sources d'eau naturelle en mouvement plutôt que des sources d'eau stagnante (lac, étang, marais,...).

Pour s'assurer de la potabilité de l'eau, la manière la plus sûre reste encore son analyse chimique en laboratoire. Il peut donc être utile de faire une analyse chimique de votre source d'eau avant effondrement. En revanche, il est bien sûr inenvisageable et improductif de créer un laboratoire d'analyse de l'eau dans votre BAD. La solution intermédiaire serait d'opter pour un « laboratoire terrain » composé entre autre d'une trousse d'analyse dureté totale, d'une trousse d'analyse alcalinité, d'un testeur pH/EC/TDS/°C, d'un turbidimètre hautes performances et d'un photomètre portatif chlore libre et total. Ce package d'analyseur/testeur peut permettre de connaître les principales informations à connaître sur la qualité de votre eau, mais il sera insuffisant pour répertorier tous les polluants susceptibles de rendre l'eau impropre à la consommation ; l'analyse approfondie en laboratoire étant la plus précise. En outre, tout comme les appareils de mesures de l'air, la somme de tous ces équipements atteint rapidement des sommets. Posséder un « analyseur chimique » de l'eau n'est donc pas une priorité en soi, bien que sans celui-ci, vous n'aurez que très peu de certitude sur la potabilité de votre eau. Le plus sage restera alors encore d'utiliser la démarche suivante de traitement de l'eau :

1) Pré-filtrage
2) Filtration fine ou ébullition ou assainissement chimique

Voici un descriptif des actions possibles à mettre en œuvre en phase 2 :

> **La filtration**

Il existe trois grands types de filtre ayant chacun des tailles de pores différentes :
- Les filtres à sédiment (pré-filtrage)
- Les filtres en céramique ou en charbon actif (filtration fine)
- Les osmoseurs (filtration très fine)

Tout d'abord, les filtres à sédiments sont des filtres à grands pores permettant de filtrer les boues, argiles, rouilles. Les filtres à sédiment sont à utiliser en priorité avant tout autre traitement. Si vous ne disposez pas de filtre à sédiment, vous pouvez utiliser un linge ou une serviette de bain à travers lequel vous faîte couler l'eau. Du sable et du petit gravier peuvent également servir de filtre à sédiment. Ensuite, les filtres en céramique ou en charbon actif sont des filtres ayant des tailles de pore intermédiaires qui permettent de contenir les chlores et les composés organiques. Les marques les plus connues de ce genre de filtre sont : Katadyn, Sawyer, Berkefeld, BigBerky, Steripen. Enfin, les osmoseurs sont équipés de filtres ayant des pores très fins qui permettent d'éliminer 99% des composants présents dans l'eau, pour n'avoir en sortie presque uniquement la molécule d'H_2O.

L'association des filtres à sédiments et en filtre en céramique ou à charbon actif suffit pour tous les polluants de nature organique en revanche, ils ne sont pas assez performant pour les polluants inorganiques. En effet, le gros avantage de l'osmoseur est qu'il est le seul à pouvoir éliminer 99% des polluants organiques (bactéries, virus) et inorganiques de l'eau (nitrates, pesticides, métaux lourds et sels minéraux). Dans tous les cas, pour utiliser un osmoseur, il est obligatoire d'utiliser des pré-filtres à sédiment et à charbon actif ou céramique pour éviter le colmatage du filtre de l'osmoseur. L'inconvénient principal de l'osmoseur est qu'il filtre également les sels minéraux présents dans l'eau, il est donc nécessaire de reminéraliser l'eau sortant de l'osmoseur (eau osmosée) à l'aide d'un reminéralisateur. Le système global d'ensemble nécessaire à l'utilisation optimale d'un osmoseur coûte relativement cher (au-delà des 1000€/$).

Dans le cas d'un traitement de l'eau par filtration, il est nécessaire de prévoir des réserves de filtres en quantité. La maintenance des filtres doit se faire au minimum tous les ans, dans le cas d'une faible pollution ; plus souvent, si la pollution de l'eau est importante. La plupart des filtres d'aujourd'hui peuvent être réutilisé après lavage.

> **L'ébullition**

Le traitement par ébullition consiste à faire bouillir l'eau pendant 5 à 10 minutes voire d'avantage en montagne où l'eau bout à une température inférieure à 100°C. Le fait d'augmenter la température de l'eau permet de détruire une grande partie des bactéries et des agents pathogènes présents dans l'eau. L'utilisation d'un four solaire permet de faire bouillir son eau gratuitement. Pour éliminer les odeurs encore présentent dans l'eau, faites tremper un morceau de charbon de bois dans l'eau pendant la cuisson. Une fois le traitement terminé et l'eau refroidie, il faut la battre et la remuer pour l'aérer. L'aération permet de la rendre plus digeste. Les inconvénients principaux de ce traitement est sa consommation d'énergie et sa durée de réalisation.

> ### L'assainissement chimique

L'assainissement chimique consiste à détruire les parasites de l'eau.

La première solution à privilégier est l'assainissement par les sels d'argent (Ag). Le traitement peut se faire à l'aide de comprimés de type Micropur (1 comprimé dosé pour 1L, 5L, 20L, etc.) ou par une cuillère à soupe d'argent colloïdal par litre d'eau. Le fait d'ajouter des particules d'argent dans de l'eau impropre à la consommation permet de rendre l'eau potable rapidement. Le gros avantage de cette technique est qu'une fois que l'eau est traitée, l'eau reste potable pour une très longue durée (plusieurs mois), contrairement aux solutions suivantes, où l'eau reste potable seulement pendant quelques jours. Le simple fait de laisser tremper un objet en argent dans l'eau a des effets purificateurs. Nous reparlerons en détail de l'argent colloïdal prochainement qui est un produit incroyable, notamment dans la partie sur la santé.

Les autres traitements chimiques possibles sont :
- Eau de Javel non-parfumée (2 gouttes pour 1L pour une Eau de Javel avec une concentration de 3%) : goût désagréable de chlore
- Hydroclonazone (1 comprimé dosé pour 1L) : goût de chlore un peu moins prononcé
- Teinture d'iode (10 gouttes pour 1L) : l'eau se colore en brun, puis redevient claire au bout d'une demi-heure. Une dose trop forte (2-4g) d'iode est toxique et mortel. À éviter pour les personnes ayant des problèmes thyroïdiens.
- Permanganate de potassium (4-5 gouttes pour 1L) : l'eau prend une curieuse coloration violette, qui disparaît en moins d'une demi-heure.

Il vous faudra faire très attention à la quantité de produit de traitement introduite en fonction de la quantité d'eau à traiter, des doses trop importantes peuvent être plus nocives que de ne pas traiter l'eau. Lisez bien les notices d'utilisation des produits.

Dans tous les cas, vous devez être très vigilant sur la qualité de l'eau que vous buvez. Chaque jour 22 000 personnes meurent des conséquences d'une consommation d'eau non potable. Il faut savoir également que l'eau n'est pas qu'une molécule de H_2O. L'eau regroupe de nombreuses caractéristiques qu'il est bon de connaître. Il vous faut également connaître les problèmes de santé qui découlent de la consommation d'une eau insalubre.

Avant toute chose, l'eau que vous buvez ne doit pas être trop acide ni trop basique. Son PH doit se situer entre 6.5 et 9. Il vous faut également savoir si l'eau que vous buvez est une eau dure ou douce. Une eau est dit dure ou calcaire, si sa concentration en sels dissous (magnésium et calcium) dépasse les 0.5 gramme par litre. Une eau est dit douce, si sa concentration en sels est inférieure à 0.2 gramme par litre. Si vous êtes en bonne santé le fait de boire une eau dure (calcaire) n'est pas grave. La seule conséquence sera un léger asséchement de la peau. En cas de problème de santé, principalement, pour les personnes ayant des problèmes rénaux, il vous faut être vigilant. Cependant, une eau trop dure peut présenter des inconvénients d'utilisation. L'eau dure diminue en effet les propriétés détergentes des lessives et savons qu'il faut utiliser en plus grande quantité.

Par ailleurs, son usage en agriculture augmente la concentration de sels dans les sols et favorise leur stérilisation. Enfin, certains sels, en particulier le calcaire, peuvent se déposer, sous une forme solide appelée tartre, sur les parois des canalisations, des ballons d'eau chaude ou des chaudières. À l'inverse, une eau trop douce est une eau corrosive qui ronge les parois des canalisations favorisant la formation de fuites. Or les bactéries se développent préférentiellement aux points de fuite et de corrosion. En outre, la corrosion augmente la concentration en cuivre, étain ou plomb de l'eau, suivant le matériau composant vos conduits ; toutes ces substances sont nocives à la consommation. Une eau trop douce est donc une eau qui contribue à la dégradation de la qualité de l'eau dans les canalisations. Pour à la fois protéger les équipements de l'encrassement et maintenir la qualité de l'eau lors de sa distribution, l'eau doit donc être juste assez dure pour qu'une couche protectrice de carbonate de calcium se dépose sur les parois des canalisations.

En général, les eaux extraites à la source sont potables à moins que les nappes phréatiques soient fortement polluées. En cas de doute sur la qualité de votre source, vous pouvez demander une analyse en laboratoire.

D'une manière générale, voici les grands groupes qui rendent l'eau impropre à la consommation :

Les principaux groupes de polluant de l'eau		
Type de contamination	Caractéristiques	Symptômes / Conséquences
Bactéries	Invisible (hors analyse chimique)	Choléra, fièvre typhoïde, paratyphoïde, dysenterie,...etc.
Virus	Invisible (hors analyse chimique)	Hépatite infectieuse, Ébola, H1N1, ...etc.
Vers parasites	Larves de surface (ingestion par la boisson, ou par introduction sous cutanée lors de baignade)	Bilharziose, douleurs abdominales, éruptions cutanées, anémie, fatigue chronique
Pollutions chimiques	Nitrates, métaux lourds, pesticides, hydrocarbures, produits chimiques divers / généralement invisible (hors analyse chimique)	Intoxications, vomissements, neuro-toxicité, cancer
Radioactivité	Invisible (hors prise de mesure avec compteur Geiger)	Intoxications, fièvres, diarrhées, vomissements, irritation de la gorge, des yeux et de la peau
Algues et micro-organismes parasites	Petites algues et organismes en suspension dans l'eau (principalement dans les eaux stagnantes)	Intoxications, fièvres, diarrhées

En cas de doute sur la potabilité de l'eau et sans autre information plus précise, il est fortement recommandé de traiter l'eau par une ou plusieurs méthodes vu précédemment. En cas d'alerte sur la propagation d'un virus, vous devrez préférer consommer d'abord vos stocks d'eau potable de secours et lorsque vos stocks de secours seront vides, vous devrez traiter au maximum votre eau, avec les équipements dont vous disposez. Évidemment, chaque cas est particulier et chacun doit s'adapter en fonction de sa zone géographique, de sa source d'eau, de son degré de préparation et des informations qu'il possède sur la propagation du virus en question.

De manière générale, les eaux de pluie et les eaux obtenues par condensation de l'humidité de l'air doivent au minimum subir une filtration par filtre en céramique ou en charbon actif. En cas de doute sur la potabilité, il faut mettre en œuvre le principe de précaution et donc traiter l'eau de votre source. De plus, même si vous puisez votre eau directement à une source, il est tout de même recommandé de posséder au minimum un équipement de traitement de l'eau pour pallier à n'importe qu'elle éventualité. Rappelez-vous que ce n'est pas parce qu'une eau est claire qu'elle est bactériologiquement pure.

Pensez également qu'une grande quantité d'eau qu'un être humain est censé absorber se trouve en réalité dans les aliments qu'il consomme. Pour contrecarrer la déshydrations tout en savourant un bon repas, il est donc nécessaire de consommer en priorité des fruits et des légumes fraichement cueillis issus du potager et du verger de votre BAD. L'eau étant une entité vivante et « énergétique » (comme toute chose), elle peut être « dynamisée ». Cela permet notamment d'accroître la santé des personnes qui l'a boivent et la production agricole des terrains qu'elle arrose.

Pour conclure, souvenez-vous qu'en cas de pollution ou de pénurie généralisée de l'eau, la situation sociale d'un pays peut changer radicalement en quelques heures. L'eau, quand elle est rare, gaspillée, polluée ou inaccessible, est une source de tension voire de conflit majeur. Ce constat se vérifie à toutes les échelles, tant au niveau des individus que des nations.

Le stockage de l'eau

L'eau représente 60 % du poids d'un adulte et 75 % de celui d'un nourrisson. En règle générale, une perte de seulement 8% de l'eau de notre corps (environ 4 litres pour un adulte) suffit à déclencher une réaction pathologique. Pour compenser ses pertes hydriques, il est conseillé de boire au minimum 2 litres d'eau par personne adulte et par jour. Si nous effectuons le calcul <u>pour trois mois, cela représente 186 litres par personne</u>, ce qui équivaut à environ 124 bouteilles de 1.5 litre de capacité à stocker. <u>Pour une famille de 4 personnes, cela fait 496 bouteilles pour trois mois d'eau de boisson.</u> L'image des bouteilles d'eau est utilisée car cela permet de se rendre compte des quantités nécessaires. Mais il est tout à fait possible de stocker l'eau soit dans des bidons fixes de grosses contenances avec robinet, soit dans des bidons ou jerricans transportables. Pour des raisons de poids, les récipients utilisés pour le transport doivent être au maximum de 30 litres.

La recommandation de stocker de l'eau doit bien sûr être adaptée à votre propre stratégie. Si votre BAD se situe à la campagne proche d'un point d'eau abondant été comme hiver (ce qui doit être le cas) alors, vous pouvez ne stocker que des quantités équivalentes à une consommation de trois mois. Toutefois, ne sachant pas combien de temps vous devrez rester confiné, l'idéal est d'avoir <u>au minimum un stock d'eau de 6 mois à l'intérieur de votre habitat</u>. Par exemple, vous pourriez stocker une quantité d'eau pour 3 mois et prévoir d'avoir des récipients vides à disposition pour <u>rapidement</u> augmenter vos stocks de trois mois supplémentaires, à la première crainte ou alerte de pollution de l'air et/ou de l'eau.

En cas de confinement, votre stock d'eau vous sera d'un grand secours car il vous permettra d'éviter la déshydratation, sans avoir à sortir de chez vous. Il est également intéressant de prévoir une gourde métallique par personne pour pallier à d'éventuels déplacements.

Cas particulier hors BAD

Dans le cas où vous ne résidez pas (encore) dans une BAD et que vous ne disposez pas d'une source d'eau naturelle, la nécessité de stocker de l'eau doit être votre priorité absolue. Faites des réserves chez vous dès maintenant !

Au démarrage de l'effondrement, il faudra penser à augmenter vos stocks de départ. Peu de gens y penseront mais ce choix peut s'avérer plus que stratégique. Vous pourrez remplir des bidons ou jerricans (30L de capacité maximum) avec l'eau du robinet. Pour le stockage ou la récupération de l'eau (humidité de l'air, eau de pluie, etc.), vous devez disposer d'un grand nombre de récipient. Si les conditions extérieures le permettent, vous devrez vous rendre au supermarché du coin et acheter le maximum d'eau en bouteille possible. Vous pourrez également augmenter vos stocks à la source d'eau naturelle la plus proche de chez vous, mais dans ce cas, assurez-vous bien de la potabilité de l'eau que vous avez décidé de stocker. Si vous avez le moindre doute, traitez-la. L'eau de Javel est un produit ambivalent, très économique et très efficace pour le traitement de l'eau, prévoyez-en des stocks importants dans votre BAD.

Repérez dès maintenant la source d'eau naturelle la plus proche de chez vous. Pour le transport de l'eau, l'idéal est le transport en voiture. Au niveau des quantités, il faut prendre le maximum ! Il est recommandé d'avoir au grand minimum un stock d'eau permettant de tenir 3 mois sans sortir de chez soi. Dans l'idéal, ce stock doit rapidement être augmenté pour une période de 3 mois supplémentaires en cas de première alerte. Hors cas de pandémie ou de pollution majeure et tant qu'il y a de l'eau du robinet, consommez-la. Cela permettra de maintenir la taille de vos stocks le plus longtemps possible. Méfiez-vous toutefois de sa qualité, il vaut mieux ne pas boire d'eau du tout que de boire de l'eau impropre. De plus, n'oubliez pas qu'à partir du moment où il y aura une pénurie d'électricité, l'eau de ville ne pourra plus être acheminée jusqu'aux logements connectés au réseau. À partir de là, des instabilités sociales vont rapidement apparaître et si la pénurie perdure, la situation deviendra totalement incontrôlable pour les autorités.

Si vous habitez en ville et que votre stratégie est de vous rendre dans une BAD à la campagne. Dans ce dernier cas, ne prenez que le minimum d'eau pour le trajet. Les packs de bouteilles d'eau ou les bidons remplis sont très lourds et encombrants, il faut donc éviter leur déplacement et donc les stocker en priorité dans « votre » BAD et non dans votre domicile actuel. Le gros de votre stock d'eau doit être entreposé dans « votre » BAD. Vous aurez bien d'autre chose à emporter en cas d'évacuation d'urgence au démarrage de l'effondrement.

Dans tous les cas, sans une source d'eau abondante, la survie sur une échelle de temps moyen-terme (quelques mois) est <u>impossible</u>. Le meilleur conseil que je puisse vous donner est donc de <u>trouver une source d'eau abondante NATURELLE</u>, à laquelle vous êtes assuré d'avoir accès sur le long-terme. <u>Tant que ce point n'est pas résolu, il est inutile d'aller plus loin</u> dans la mise en place de votre stratégie de survie.

Les métiers

Les principaux métiers de demain en rapport avec l'eau seront liés :
- à la recherche de l'eau (quantité) et son accessibilité : sourcier, entreprise de forage, vente de matériel d'irrigation, de condenseur (actif et passif) de l'humidité de l'air, vente de cuve de stockage d'eau de pluie, etc.
- à l'analyse de la potabilité de l'eau (qualité) : diagnostic de potabilité, laboratoire d'analyse, etc.
- au commerce et au transport de l'eau dans les zones sèches ou difficilement alimentées comme les villes.
- à la fabrication et la vente de rétenteur d'eau (ex : Polyter, BRF, etc.)
- à la fabrication et la vente d'équipement de traitement de l'eau (eau de Javel, argent colloïdal, etc.)
  -aux connaissances et à la vente d'équipement « dynamiseur » d'eau pour accroître la santé humaine et les productions agricoles.

POINT 4 : LA NOURRITURE

La nourriture est le quatrième besoin physiologique de l'Homme, après l'air, l'eau et le sommeil. La nourriture est le deuxième élément central permettant la création d'une société ou d'une communauté durable. Pour l'Homme, la nourriture est « multi-casquette » car elle permet principalement :

- D'obtenir l'énergie et les nutriments nécessaires à son fonctionnement global
- De rester en bonne santé
- De se faire plaisir
- De compenser un choc ou un trouble émotionnel (tristesse, manque, etc.)
- De maintenir un bon lien social (agriculture, commerce, repas)
- D'apporter une identité culturelle à une nation ou à une région

Le thème de la nourriture est très vaste à étudier car il touche à des sujets aussi variés que : l'alimentation, la santé, l'agriculture, la psychologie, le lien social et la culture. Dans ce chapitre, bien que nous traitions de tous ces sujets, nous étudierons principalement les méthodes pour savoir comment gérer une production de nourriture autonome et comment gérer les différents stocks sur le long-terme. Mais avant tout, commençons par le principal.

Une bonne nutrition

En priorité, l'alimentation sert à apporter au corps les éléments énergétiques et nutritifs dont il a besoin. Ces éléments nécessaires pour la vie humaine sont généralement dissocier en deux catégories qui sont :

- **Les macronutriments :**

Composés des protides (protéines), des lipides (graisses) et des glucides (sucre), les macronutriments forment les ingrédients essentiels de l'alimentation. Ils représentent à la fois la ressource énergétique nécessaire à son fonctionnement et la matière dont le corps est fait (les protides et les lipides constituent respectivement environ 44% et 36% du poids du corps déshydraté).

Un homme de corpulence moyenne, ayant une activité physique modérée, a besoin d'environ 2 500 kilocalories (kcal) chaque jour pour maintenir sa masse corporelle. Une femme moyenne a elle environ besoin de 2 000 kcal/jr quotidiennement (sauf pendant les périodes de grossesse ou d'allaitement, lors desquelles son organisme peut avoir des exigences énergétiques supérieures). La demande en calories varie également fortement en fonction des efforts physiques faits dans la journée. Pour un effort supérieur à une heure par jour, la demande peut rapidement monter à 3500 kcal/jr pour un homme et 2800 kcal/jr pour une femme.

D'un point de vue diététique, le pourcentage de macronutriment par rapport à la somme totale des calories ingurgitées chaque jour devrait être :

- Pour les glucides : 50%
- Pour les lipides : 30%
- Pour les protides : 20%

Sachant qu'en moyenne 1g de glucide contient 4 kcal, que 1g de lipide contient 9 kcal et que 1g de protide contient 4 kcal. Nous pouvons maintenant connaître la masse que cela représente en grammes afin de mieux se rendre compte des quantités de nourriture mises en jeu.

Si nous effectuons le calcul, nous obtenons environ une consommation journalière :

- pour un homme moyen (2500 kcal/jr) : 312g de glucides, 125g de protides, 83g de lipides,
- pour une femme moyenne (2000 kcal/jr) : 250g de glucides, 100g de protides, 67g de lipides.

Ces résultats permettent d'avoir un ordre d'idée de la répartition des aliments à consommer au cours d'une journée, pour à la fois avoir l'énergie nécessaire (les calories) et la bonne répartition en macronutriments.

Les protides représentent ce que l'on appelle plus communément les protéines. Elles se trouvent aussi bien dans les viandes et poissons que dans les végétaux. Les protides ou protéines végétales, elles, proviennent de deux grandes sources : les céréales (blé, avoine, riz, mais, etc.) et les légumineuses (lentilles, haricot, pois, soja) mais ont en trouvent également en quantité dans certaines algues (spiruline, nori) et certaines plantes (ortie, amarante, etc.). Les lipides se trouvent dans les corps gras, les graisses et les huiles végétales ou animales (noix, huiles, margarine, beurre). Les glucides eux se retrouvent en quantité dans le riz, les lentilles, les pâtes et le pain.

- **Les micronutriments :**

La deuxième catégorie d'éléments nutritifs à connaître est celle des micronutriments. Les micronutriments sont essentiellement les vitamines (A, B, C, D, E et K), les sels minéraux (tels le calcium, le phosphore, le fer, le zinc, et le manganèse). Contrairement aux macronutriments, ils ne procurent pratiquement aucune énergie mais sont des co-facteurs essentiels pour le métabolisme. Les micronutriments ne sont nécessaires qu'à faibles doses, mais leur rôle est primordial. La croissance, la production d'énergie ainsi que de nombreuses fonctions physiologiques ne pourraient s'effectuer sans eux. On les retrouve principalement dans les aliments naturels non-transformés.

Détaillons chacune des sous-catégories de micronutriment qui existe :

➢ *Les vitamines :*

Les principales sources de vitamines sont les fruits, les légumes et les céréales.

La vitamine C abonde dans les fruits et les légumes (agrumes, tomates, poivrons, etc.) ; les vitamines du groupe B dans les céréales ; la provitamine A (β-carotène), qui se convertit en vitamine A dans l'organisme, dans les légumes (carottes, épinards, persil, cresson, etc.) ; la vitamine K dans les légumes verts ; les vitamines E et F dans les graines oléagineuses.

Dans les vitamines, deux cas sont à étudier particulièrement : celui de la vitamine D et de la vitamine B12.

Notre corps synthétise la vitamine D lorsqu'il est exposé au soleil. Elle est indispensable à l'assimilation du calcium et est particulièrement importante au cours de la croissance. S'exposer modérément au soleil permet d'en synthétiser en quantité suffisante. Une carence en vitamine D peut conduire au rachitisme. En vivant dans une BAD, vous ne devriez avoir aucune carence en vitamine D normalement. La vitamine B12 elle, se trouve essentiellement dans les produits d'origine animale. Le lait, le fromage, le yaourt et les œufs en contiennent en quantité suffisante puisque la quantité journalière requise est infime (1 microgramme).

Même si l'apport alimentaire est minimum, on ne constate que rarement des carences en cette vitamine. Ce qui semble indiquer que le corps s'adapte en augmentant son niveau d'absorption ou en la recyclant dans l'organisme. Cependant, comme une carence peut n'apparaître qu'après plusieurs années (la vitamine B12 stockée dans le foie représente une réserve pour une période allant de 3 à 6 ans) et que ses conséquences sont graves, il est préférable pour les végétaliens (personnes ne consommant pas de produits d'origine animale) de prendre un supplément en vitamine B12, nous reviendrons sur ce sujet dans la partie sur l'élevage animal.

> *Les sels minéraux* :

Les sels minéraux sont les constituants qui restent sous forme de cendres après calcination des tissus organiques. Selon les quantités mises en jeu dans l'organisme, les sels minéraux sont couramment divisés en 2 groupes :
- les « éléments principaux » ou macro-éléments : calcium (Ca), phosphore (P), potassium (K), chlore (Cl), sodium (Na), magnésium (Mg) ;
- les « éléments traces » ou oligo-éléments: fer (Fe), zinc (Zn), cuivre (Cu), manganèse (Mn), iode (I), molybdène (Mo), etc..

Arrêtons-nous sur deux micronutriments importants qui sont le calcium et le fer.

Le calcium est nécessaire pour la formation et le maintien des os ainsi que pour l'équilibre nerveux. Les produits laitiers en contiennent beaucoup, mais les viandes presque pas, et de plus, leur consommation en accentue les besoins. En effet, leur richesse en phosphore augmente la perte de calcium dans les urines. Un excès de protéines diminue l'absorption du calcium et contribue pour beaucoup à l'apparition de l'ostéoporose (fragilité osseuse) qui affecte de façon endémique les sociétés occidentales. Les végétaux sont également de très bonnes sources de calcium (persil, brocolis, etc..) Toutefois certains d'entre eux (épinards, rhubarbe, oseille) contiennent des quantités non négligeables d'acide oxalique qui en diminue l'absorption. Et, comme nous l'avons mentionné précédemment, il faut veiller à s'exposer au soleil pour synthétiser la vitamine D qui régule le mouvement du calcium entre le sang et les os.

Le manque de fer est un mal très courant. Il affecte en particulier les enfants et adolescents en pleine croissance, les femmes enceintes ou pré-ménopausées. On distingue le fer selon qu'il est héminique (présent dans l'hémoglobine du sang, donc dans la viande) ou non héminique (provenant des végétaux, des œufs ou des produits laitiers). Le fer héminique est bien absorbé par l'organisme tandis que le fer d'origine végétale a pour sa part besoin de vitamine C pour être aussi bien absorbé. Le régime végétal étant toujours très riche en vitamine C, cette association (fer/vit. C) ne demande aucune attention particulière et explique pourquoi les végétariens ou végétaliens ne souffrent pas plus de carence en fer que les autres.

Outre le côté purement nutritif, il faut savoir que l'alimentation permet également de compenser des troubles émotionnels majeurs. Pour s'en rendre compte, il suffit d'observer le comportement alimentaire des personnes désirant arrêter de fumer. Il est essentiel de se rappeler ce point lorsque vous commencez à faire vos stocks de nourriture : manger permet de calmer l'esprit ! Des émotions négatives comme le stress, la tristesse, la culpabilité, la soumission peuvent donc être en partie résorbées par une alimentation spécifique.

Enfin, il est difficile de parler de l'alimentation sans déjà mettre un pied dans le chapitre suivant qui est celui de la santé. La santé dépend d'un apport optimal en macro et micronutriments. Tout apport insuffisant ou excessif peut engendrer des problèmes. Aujourd'hui, les grands problèmes nutritionnels sont principalement liés à une alimentation trop riche en macronutriments ou trop pauvre en micronutriments. L'alimentation est donc la principale clé de votre santé. Cette connaissance n'est pas nouvelle, mais nous l'avons largement oubliée. Même Hippocrate, ayant vécu 400 ans avant J-C et considéré comme le père de la médecine moderne (tous les médecins modernes signent le serment d'Hippocrate pour pouvoir exercer) avait totalement connaissance de l'importance de l'alimentation pour la santé humaine, lorsqu'il déclara : « *Que ton alimentation soit ta première médecine* ». Il semblerait même que les anciens égyptiens ayant vécu 3800 avant J-C avait également de telles connaissances. Les archéologues ont retrouvé l'inscription suivante dans une pyramide : « *Les humains vivent sur un quart de ce qu'ils mangent ; sur les autres trois quart vivent leur médecin* ».

Bien que l'étude des mécanismes biologiques se déroulant dans l'intestin soit un sujet tout à fait passionnant, c'est un très vaste sujet et qui est donc bien trop long à détailler dans un seul chapitre. Toutefois, voici quelques règles de base pour s'assurer d'avoir une bonne nutrition :

- Consommer des aliments de qualité et de préférence non-transformés
- Consommer des fruits et légumes frais de saison « bio » et provenant de préférence de votre jardin
- Avoir une alimentation variée
- Consommer de grandes salades composées de feuilles/plantes traditionnelles (laitue, mâche, etc.) et/ou sauvages (pissenlit, plantain, etc.)
- Manger régulièrement du riz, des lentilles, des pâtes ou du pain pour les glucides
- Manger régulièrement des céréales et des légumineuses (lentilles, haricots, pois) pour les protides
- Grignoter régulièrement des noix, noisettes et autres graines (tournesol, courge, etc.) pour les lipides
- Utiliser de préférence de l'huile d'olive sans oublier de varier avec les autres variétés d'huile (colza, tournesol, noix, argan, etc.)
- Penser aux soupes de légumes et de plantes (courge, poireaux, ortie, etc.)
- Ne pas faire cuire les légumes à trop hautes températures (cocotte-minute)
- Utiliser largement des herbes aromatiques (basilic thym, romarin, etc.)
- Manger occasionnellement des œufs « bio » ou provenant de votre poulailler
- Pour les omnivores, manger occasionnellement de la viande et du poisson
- Saler de temps à autre vos plats avec du sel iodé, de manière raisonnable
- Éviter les sucres raffinés et toutes les nourritures et boissons contenant du sucre raffiné

Il est important de s'attarder sur la première et la plus évidente des règles qui est celle de consommer des aliments de qualité. En effet, pour avoir une bonne santé et donc avoir une bonne alimentation, il est indispensable d'avoir de bons aliments. Pour ce faire, l'idéal est de mettre les mains dans la terre ! Or, pour s'assurer que vos aliments cultivés soient des aliments nutritifs qui ont du goût, il vous faudra avoir des sols fertiles et vivants. En effet, tous les nutriments contenus dans les aliments cultivés proviendront principalement du sol dans lesquels ils auront poussé. Même s'il existe des techniques de culture hors-sol (sans terre) performantes et de qualités (elles seront présentées par la suite), disposer de sols de culture vivants doit être une de vos principales préoccupations pour assurer votre survie sur le long-terme. Malheureusement à notre époque, la grande majorité des sols cultivés à travers le monde perdent chaque année de la matière organique, autrement dit les sols meurent petit à petit. Il est donc essentiel de savoir quelles sont les bonnes méthodes à mettre en œuvre afin d'avoir des sols riches et vivants. La première des choses qu'il vous faudra éviter sera alors de tomber dans certains pièges dressés par l'agriculture dite « moderne ».

L'agriculture moderne et ses limites

Pour faire un état des lieux de l'agriculture pré-effondrement, il faut savoir que notre modèle agricole moderne consomme en moyenne 10 calories d'hydrocarbure (tracteur, pesticide, engrais et transport) pour produire... 1 seule calorie alimentaire. Le rendement énergétique du modèle agricole mondial actuel est donc très mauvais. De ce simple constat, il est aisé de comprendre qu'une petite pénurie de pétrole ou une hausse de prix trop importante mettrait à genoux l'accès à la nourriture pour les peuples du monde. Étrangement, ce problème majeur n'est absolument débattu par les dirigeants politiques actuels...

Alors certes, ce problème peut être résolu facilement par la promotion d'une agriculture locale et biologique. Mais malheureusement, un changement de modèle agricole mondial ne se fait pas en un claquement de doigts, cela prend des années voire des dizaines d'années. Le changement est déjà en marche mais il est lent, trop lent ! Cette lenteur est principalement due aux mentalités, aux décisions politiques et au modèle économique basé sur la croissance. Le deuxième gros problème issu du modèle agricole actuel est la mort des sols. Le fait d'avoir « balancé » des produits chimiques toxiques sur nos terres pendant plus de 50 ans a complétement détruit la faune et la flore du sol. Autrement dit, nous sommes en train de tuer les sols. Les sols sont devenus des « junkies » qui ont besoin de leurs doses de drogue chimique (pesticides et engrais) pour produire encore un petit peu, avant de mourir totalement. Le problème est que la drogue ne provient que d'énergie non-renouvelable (pétrole et gaz naturel). Mais, imaginons tout de même que, par miracle, ce deuxième problème soit résolu et que nous arrivons encore à produire sur des sols morts. Comment faisons-nous pour transporter la marchandise (qui n'existe normalement plus) par avion, camion et bateau, s'il n'y a plus de pétrole ou que le prix des denrées est immensément élevé ? La réponse est que… c'est impossible !

Pour résumer grossièrement le scénario précédent : Prix du baril élevé = 0 nourriture produite et transportée = 0 nourriture mangée.

Ce constat n'est aucunement fait dans le but de juger ou de condamner les agriculteurs qui ont été embarqués dans ce modèle agricole malgré eux. Les agriculteurs sont d'ailleurs les premières victimes de ce système tant physiquement, émotionnellement que financièrement. Les chiffres sont malheureusement là pour nous le rappeler. Le taux de suicide chez les agriculteurs à bondit depuis quelques dizaines années. Par exemple, en France, un agriculteur se suicide tous les deux jours alors qu'en Inde, plus de 280 000 agriculteurs se sont donnés la mort entre 1995 et 2012. Cette situation est juste insupportable et ne sera donc plus supportée encore longtemps…

Vous l'aurez compris, pour connaître l'abondance alimentaire, un nouveau modèle plus sain et plus durable doit naître. Pour auto-produire votre propre nourriture, vous allez devoir vous former sur des techniques d'agriculture bien spécifique qui diffèrent du modèle agricole actuel. Ce nouveau modèle devra être basé sur le respect de la Nature, par la non-utilisation de produit consommable nécessitant du pétrole ou du gaz, et par la localité entre production et consommation. Autrement dit, le nouveau modèle doit être simple, local et laisser la Nature faire son travail. Avec ce nouveau modèle, il est inutile d'avoir des hectares et des gros équipements fonctionnant au pétrole. Seulement quelques mètres carrés (une vingtaine minimum pour une famille de 4 personnes) et quelques équipements suffisent à être autonome en nourriture toute l'année. Ce nouveau modèle s'illustre sous des appellations comme : agriculture biologique, permaculture, agroécologie, biodynamie, agroforesterie et peut-être même à l'avenir : agriculture énergétique.

Selon la localisation de votre BAD, votre accès à la nourriture pourra être plus ou moins facile. Si vous habitez proche d'un plan d'eau (océan, mer, étang, rivière) et posséder une parcelle de sol vivant, vous pourrez disposer d'une source abondante de nourriture. Idem si vous vivez proche d'un milieu sauvage où le gibier et les végétaux comestibles sont fortement présents. Il ne vous manquera plus qu'à acquérir des compétences spéciales (connaissances des végétaux comestibles, pêche, chasse) et à avoir les équipements adaptés. Cependant, vous ne devrez pas dépendre exclusivement des ressources « passives » que la Nature vous donne. Vous devez visez l'autonomie et l'indépendance la plus totale envers toutes les ressources extérieures tant sauvages qu'humaines. Autrement dit, <u>vous devrez devenir agriculteur</u> !

L'auto-production et le stockage des semences

Lorsque l'on évoque les termes de « survie » ou de « préparation à l'effondrement », l'inconscient collectif nourrit, par les médias de masse, vous amène à visualiser des tonnes de boîtes de conserves dans un bunker. Cette solution est en effet pertinente dans une vision court-terme. Or, avec une vision long-terme, l'auto-production de nourriture est une <u>option obligatoire</u>. N'essayez pas de la contourner ! Vous devrez cultiver votre propre nourriture, si vous souhaitez survivre sur le long terme.

La première chose à stocker pour assurer votre auto-production est : <u>des semences, des graines</u> ! Il est essentiel de posséder des semences « bio » non-OGM, car les semences OGM sont stériles. Elles sont des semences à usage unique, alors que les semences « bio » produisent des fruits et des légumes dont les graines, pépins ou noyaux peuvent être replantés.

Au niveau des quantités de semence à stocker, vous devez posséder un stock conséquent. Ne vous freinez vraiment pas sur ce point car les semences se conservent relativement bien dans le temps si elles sont conservées à l'abri de l'humidité, de la lumière et des rongeurs. Si vous disposez d'une production qui vous permet d'être auto-suffisant chaque année alors, vous pourrez également vous servir des semences comme monnaie d'échange, et croyez-moi, cela vaudra très cher ! Il est évident que vous devrez également récupérer chaque graine, pépin ou noyau de tout ce que vous mangerez, pour les replantez soit immédiatement, soit la saison prochaine. La plupart des graines sont également des aliments bourrés de nutriments et de calories, et encore plus au moment de leur germination (graines germées). Elles pourront donc aussi directement vous servir de nourriture.

Sur le choix des semences à posséder, vous devez adapter vos variétés à l'environnement dans lequel vous souhaitez les planter (type de sol, ensoleillement, arrosage possible,…etc.). Préférez surtout les légumes et plantes que vous et vos proches aimez particulièrement. Pensez aussi à varier les variétés des semences choisies. Optez pour des sources de protéines végétales comme : le sorgho, le haricot, le pois, le quinoa, l'amande, la fève, la lentille, le chanvre, l'amarante, le soja, l'ortie, entre autres... Sans oublier les haricots verts, courgettes et autres tomates qui sont en général très productifs en période estivale et pour lesquels il est facile de récupérer les graines. Les pommes de terre sont aussi un passage quasiment obligatoire pour être autonome en nourriture toute l'année. Pour accroître vos rendements par mètre carré, l'utilisation de tour à pommes de terre ou « tour à patates » peut être une bonne solution surtout si votre BAD possède une faible surface de culture. Pour réaliser une tour à patates, vous pouvez utiliser du grillage, des bidons, des troncs creux ou même des pneus.

Prévoyez aussi des légumes récoltables en automne et en hiver comme les :

- Légumes-feuilles : épinard, laitue d'hiver, mâche, chicorée, choux, poireau d'hiver,...
- Légumes-racines : carotte, panais, navet, rutabaga, betterave, radis noir, topinambour,...
- Cucurbitacées : courge, potiron, potimarron, citrouille,...

D'un point de vue du rendement énergétique, une semence correspond au capital matériel idéal, il n'y a pas mieux ! Imaginez que chaque arbre de plusieurs dizaines de mètres est au départ une simple graine. Imaginez qu'avec du temps et une seule et unique semence, vous pourriez nourrir la planète entière. Je vous laisse méditer sur ce dernier point...

Pour clore le sujet des semences : stockez, stockez, stockez ! Les durées germinatives dépendent des variétés utilisées, mais sont en général d'au moins 4 ans. Les semences doivent toujours être conservées dans un lieu sec et à l'abri de la lumière. Encore une fois, le surplus de semences que vous ne pourrez pas utiliser à temps pourra vous servir pour le troc. Les semences seront les biens les plus recherchés et donc ceux ayant le plus de valeur pendant et après l'effondrement.

Une fois votre stock de semences initié, vous devrez être capable de produire lors de toutes les saisons. Les saisons les moins productrices pour l'agriculture sont l'hiver et le printemps. Cela dépendra de la zone où votre BAD sera située, mais vous devez vous équiper pour produire également en période froide. Pour cela, vous devez avoir plusieurs serres auto-fabriquées ou achetées dans le commerce, en verre ou en plastique. Dans tous les cas, il est préférable de choisir plusieurs serres de petite ou moyenne taille plutôt qu'une seule grande. Pour les grandes serres : vigilance, car elles sont visibles de loin et sont de très bons indicateurs pour les pilleurs. De plus, le fait de diversifier vos productions dans plusieurs serres vous permettra également de ne pas avoir tous vos équipements hors-service en cas de tempête notamment. Dans la mesure du possible, il vous faudra prévoir de quoi protéger vos serres et/ou vos récoltes en cas de vents violents, de grêles et d'inondations. Les serres sont les équipements de production à posséder en priorité, après les semences pour une autonomie alimentaire totale.

Il vous faudra prévoir les outils de jardinage de base *(cf. annexe n°4)* et anticiper les casses et donc tripler voire quadrupler vos outils, ou à défaut, prévoir des éléments de rechange (manche en bois, tête d'outil,...). Les tamis, chinois ou autres passoires à maille fine sont indispensables pour la récupération des graines. Munissez-vous également de semoir et de moulin à moudre (le blé). Le labour n'étant pas nécessaire avec notre nouveau modèle agricole, il est inutile de prévoir des charrues, des motoculteurs ou autres tracteurs. En revanche, vous pouvez optez pour des outils manuels comme une grelinette, afin de préparer vos sols de culture avant la plantation. Oubliez bien sûr l'utilisation de tout ce qui est pesticide, fongicide, insecticide car ce sont des produits qui détruisent la vie végétale et animale du sol. De toute manière, tous ces produits sont fabriqués à partir du pétrole et donc ne sont pas utilisables dans notre stratégie de survie long-terme.

Pour commencer votre auto-production, il est important de ne pas partir tête baissée en se disant qu'il suffit de jeter trois graines et que cela poussera tout seul. Il est nécessaire d'avoir un minimum de connaissance en agriculture et d'utiliser des méthodes éprouvées. Voici les principales connaissances/compétences à avoir au sujet de l'agriculture par ordre de priorité, du plus important au moins important :

-   Connaître les périodes de semis et de récolte
-   Savoir faire des semis (fabrication de terreau (terre/sable), semis en godets, etc.)
-   Connaître le fonctionnement de la vie du sol et qui sont les vrais jardiniers (micro-faune sous-terraine et abeilles)
-   Choisir un sol de culture riche et vivant
-   Choisir le lieu idéal pour implanter son potager (emplacement et orientation)
-   Adapter le positionnement des variétés entre elles au sein de son potager

- Adapter les rotations des cultures sur un même sol
- Utiliser les techniques d'agroécologie/permaculture de base (serre, paillage des sols, BRF, etc.)
- Utiliser les équipements et techniques d'agriculture énergétique adéquates (pyramide, dynamisation des semences et de l'eau d'arrosage, etc.)

Il faut bien comprendre que le jardinier n'est qu'un sous-traitant de la production agricole de sa BAD. La faune sous-terraine et principalement les vers de terre sont les principaux acteurs de la réussite de votre auto-production alimentaire. Un sol vivant est en effet une des clefs indispensables à votre réussite. Rappelez-vous que les nutriments et calories des aliments que vous mangerez proviendront du sol dans lesquels ils auront poussé. Un bon sol de culture doit donc grouiller de vie (petits insectes microscopiques de toutes sortes), ne doit pas être trop compact et doit être capable d'éponger les eaux de pluie rapidement. Afin de maintenir vos sols en vie, l'intégration de vos vergers au sein même de vos potagers est une technique efficace. Les feuilles des arbres, une fois mortes, servent alors de nourriture à la micro-faune du sol. Cette technique n'est pas indispensable mais est fortement recommandée, si aucun système de compostage n'est mis en place dans le but de régénérer les sols.

Afin de savoir si le sol dans lequel vous souhaitez produire est un bon sol de culture, vous pouvez tout d'abord analyser l'environnement culturel et social autour de votre terrain. Observer l'environnement (culture de la région, nombre de paysan,...etc.) et rechercher les traditions locales (fêtes de village, plat traditionnel,...etc.) peuvent être de bons indicateurs généraux. Ensuite, vous devez observer l'environnement direct de votre champ (cultures voisines, forêts ou déserts). Enfin, creusez un trou ! Dans ce cas, les éléments à regarder en priorité sont :

- la vie du sol (vers de terre, petits insectes)
- la granulométrie du sol (sol pas trop compacte)
- l'absorption de l'eau dans le sol (l'eau doit pénétrer dans le sol et non ruisseler).

Une fois que vous avez trouvé un terrain riche et suffisamment vivant. Vous devrez commencer à planter ! Votre but doit être de produire de la nourriture toute l'année. L'idéal est de pouvoir récolter le plus de mois possible dans l'année. Pour ce faire, il va vous falloir mettre en place des cultures sous serre. Pour chauffer gratuitement vos serres en période froide, il existe cinq techniques spécifiques différentes. Par exemple, il peut être efficace de semi-enterrer ces serres dans un trou de 50 cm à 1 mètre de profondeur. La terre ainsi exposée au soleil gardera la chaleur la journée pour la restituer la nuit. Les fluctuations de températures dans votre serre seront alors atténuer et la température moyenne sera plus élevée. En semi-enterrant vos cultures sous serre, votre but doit être d'augmenter la surface d'exposition de terre au soleil.

Vous pouvez faire de même avec des grandes cuves d'eau située à l'intérieur et au Nord de vos serres. Cette deuxième solution est encore meilleure que la précédente car la capacité thermique de l'eau ($4\,200$ kJ.m^{-3}.K^{-1}) est plus importante que celle de la terre ($1\,350$ kJ.m^{-3}.K^{-1}).

La troisième méthode est d'intégrer des pierres dans votre serre car leurs capacités thermiques se situent entre celles de l'eau et de la terre. Si votre BAD le permet, vous pouvez adosser votre serre sur mur en pierre ou en béton de votre BAD. Cette technique permettra également de réduire les déperditions de votre BAD.

La quatrième méthode pour chauffer gratuitement votre serre en hiver est de disposer d'un compost extérieur ou intérieur à votre serre, plus communément appelé compost « Jean Pain », du nom de son inventeur. Un compost est un ensemble pouvant contenir vos déchets biodégradables de cuisine (épluchures, coquilles d'œufs, os), des végétaux, des branches d'arbre et également des excréments humains et animaux. Bien qu'il existe différent style de compost, le compost de base est un ensemble composé de trois couches : une couche de végétaux (foin, paille, feuilles), une couche de broyat de petit branchage et une couche d'excrément. Chaque couche doit faire environ 10 cm d'épaisseur. Le compost doit respirer et ne pas être trop compacte. Vous devez penser à bien humidifier chaque couche. Il est préférable que les éléments des couches soient de très petites tailles. Par exemple, il est préférable de mettre des copeaux de bois plutôt que des branches de gros diamètre. Les copeaux de bois étant difficile à obtenir sans machine fonctionnant au pétrole ou à l'électricité, la meilleure option est de casser des petites branches à la main ou au sécateur de manière à avoir des morceaux de taille équivalente à de petites allumettes. Le processus qui nous intéresse ici est celui de la fermentation. Cette réaction chimique est une réaction exothermique (qui produit de la chaleur). Et c'est cette chaleur qu'il est utile de récupérer ici pour chauffer des serres. Avec un système de tuyauterie bien pensé, il est tout à fait possible de réutiliser cette chaleur pour également chauffer gratuitement la BAD (chauffage ou eau chaude sanitaire).

La cinquième et dernière méthode correspond au fait de faire cohabiter le monde animal et le monde végétal. En d'autre terme, si vous disposez d'animaux comme des poules, des lapins, des pigeons, des cochons vous pouvez les loger dans le même édifice que vos plantations. Les animaux dégageant de la chaleur de par leur corps et de par leurs excréments, ils chaufferont gratuitement votre serre. Attention cependant à bien délimiter vos deux zones avec une séparation infranchissable pour éviter que vos animaux se régalent de vos plantations et que les excréments animales rentrent en contact avec la nourriture. Si vous utilisez cette solution soyez très vigilant quant à la propreté des sols des animaux. Il est évident que cette solution présente des risques de santé et d'hygiène plus importants que les techniques précédentes. En effet, les maladies des animaux peuvent se transmettre aux végétaux et leurs excréments frais peuvent attirer des insectes porteurs de maladie. Il est toutefois utile de se rappeler qu'il est possible de récupérer la chaleur dégagée par les animaux pour chauffer sa serre ou même sa BAD.

Si nous résumons, vous avez cinq techniques pour chauffer vos serres gratuitement en période froide :
- Les serres semi-enterrées exposées au soleil
- Les serres intégrant des bidons d'eau exposés au soleil
- Les serres intégrant des pierres exposées au soleil
- Le compost « producteur de chaleur » (intérieur ou extérieur aux serres)
- Le « chauffage animal »

Il est également possible de mettre en place une culture de nourriture à l'intérieur même de votre BAD. La première culture intérieure peut être celle de légumes situés dans une serre, exposée côté soleil (au Sud dans l'hémisphère Nord) et accolée et/ou intégrée à votre BAD. La deuxième possibilité est la culture de champignon, qui peut s'avérer plus qu'utile. Les champignons ont un processus biologique totalement opposé à celui des plantes. En effet, les champignons ne fonctionnent pas grâce à la photosynthèse et n'ont donc pas besoin d'accès à la lumière du soleil pour pousser, voilà pourquoi il est possible de les cultiver dans une cave obscure. Les champignons ne poussent pas grâce à des graines mais grâce à des spores, qui sont des entités microscopiques. La germination d'une spore produit ensuite un filament blanc de mycélium primaire, puis la fécondation entre deux mycéliums permettent d'obtenir un nouveau champignon. Je vous avertit cependant car la culture de champignon est l'une des plus complexes et exigeantes en revanche, ces avantages sont énormes. Le fait d'avoir une production alimentaire intérieure permet de survivre à un confinement long-terme même lorsque que vos stocks de nourriture de secours sont vides. Mais vous savez également déjà que les végétaux et particulièrement les champignons sont de grands absorbeurs de polluants de l'air et principalement de la radioactivité ambiante. Au départ, il vous faudra donc veiller à ce que votre local de production ne présente pas une radioactivité naturelle trop importante. Dans le cas d'une cave peu ventilée par exemple, le principal polluant à surveiller est le radon, qui est un gaz radioactif incolore, inodore et… mortel à forte dose.

Pour aller encore plus loin, il vous sera même possible d'utiliser à terme : l'agriculture énergétique. Cette science regroupe à la fois les connaissances biologiques, physiques et chimiques de l'agroécologie/permaculture et les connaissances électromagnétiques de l'électroculture. Ainsi, vous pourrez décupler vos productions et améliorer la qualité de vos récoltes de manière significative, sans utiliser aucun produit toxique consommable.

Une autre casquette de l'agriculteur, qu'il peut être intéressant de développer dans une BAD, est la culture de la spiruline. La spiruline est une algue d'eau douce considérée comme étant un « super-aliment ». En effet, sa composition en fait l'un des aliments les plus riches en macronutriment et micronutriment au monde. Cette algue est même cultivée pour pallier à la malnutrition et à la famine dans des pays d'Afrique, comme le Burkina Faso. Pour cultiver la spiruline, il faut posséder des bassins d'eau douce sous (moyenne) serre. L'eau des bassins doit rester en mouvement, ce qui nécessite une consommation énergétique. Ensuite, il est nécessaire d'avoir des équipements pour la récupération de la micro-algue (filtrage) ainsi que pour son séchage. La culture de la spiruline demande un apprentissage précis, cependant il existe de plus en plus d'association proposant des formations pour devenir spirulinier. La culture de la spiruline est un métier d'avenir porteur car ce produit sera fortement recherché par les personnes malnutries et ayant peu de moyen financier dans le futur. Toutefois, comme les contraintes et infrastructures sont plus importantes que pour une agriculture paysanne classique, la culture de la spiruline ne devra être envisagée qu'une fois que vous serez déjà autonome en nourriture, grâce à votre potager : chaque chose en son temps !

Bien qu'il a été trop largement délaissé et maltraité ces dernières années, le métier d'agriculteur reste de loin le métier le plus important au monde. Le modèle d'agriculture choisi aujourd'hui orientera de manière directe l'avenir de l'Humanité. Sans une nouvelle agriculture locale et au minimum autonome et indépendante (biologique), pratiquée par un grand nombre de personne, le monde connaîtra la rareté. La rareté et le manque ne créent que toujours plus de dépendance, de conflit et d'autorité. Alors, gardez bien à l'esprit qu'en étant <u>agriculteur et commerçant de semences « bio »</u>, même à l'échelle d'une petite BAD, vous œuvrez de manière directe pour offrir un avenir libre et lumineux aux générations futures ! Planter et échanger des graines est donc en réalité un sacré pouvoir que vous devrez optimiser régulièrement. Par la suite, l'autre « super pouvoir » qu'il vous faudra acquérir sera celui de savoir comment conserver ce que vous aurez su faire pousser par vous-mêmes.

Le stockage des aliments frais et périssables

Afin de pouvoir conserver vos récoltes, vous devrez tout d'abord disposer d'un grand nombre de bocaux simples (à vis) et de bocaux sous-vide. Les bocaux sous-vides se présentent le plus souvent avec une fermeture mécanique et un joint d'étanchéité en caoutchouc de couleur orange. Comme ce type d'objet sera très recherché dans les années futures, ils pourront permettre à ceux qui ont été prévoyant de les échanger avec d'autres choses de grande valeur. Alors, <u>stockez-en en grande quantité</u> !

Le choix du mode de conservation va énormément dépendre du type d'aliment que vous souhaitez conserver. Par exemple, les fruits secs (noix, noisettes), les graines et légumineuses (pois chiches, haricots, lentilles, etc.) ne demandent pas d'attention particulière, il suffit de les entreposer dans un endroit sec et frais (garage, cave, etc.). Les fruits charnus comme les pommes ou les poires peuvent se conserver plusieurs mois suspendus dans un filet et dans un fruitier (pièce fraiche, sombre, bien aérée et maintenue à une température constante). Dans ce cas, il faut tout de même surveiller régulièrement l'état des fruits car leur durée de maturation peuvent varier grandement d'une variété à l'autre.

Voyons maintenant quelles sont les principales techniques pour conserver les aliments de vos récoltes :

> ➢ La lacto-fermentation

La lacto-fermentation est une des meilleures méthodes pour conserver vos aliments. Elle permet de conserver les aliments frais pour une durée d'un an à deux ans. Cette méthode est très peu utilisée alors qu'elle est d'une simplicité et d'une efficacité déconcertante. En fait, vous connaissez déjà certainement cette technique sans le savoir. En effet, la choucroute est le produit de la lacto-fermentation du chou. La lacto-fermentation produit des bonnes bactéries qui vont produire de l'acide lactique (d'où le nom), du CO_2, des enzymes et des vitamines.

Les seuls capitaux matériels à posséder pour réaliser la conservation par lacto-fermentation sont plusieurs récipients type bocaux sous-vides et des sacs de gros sel. Avec une telle technique, vous pouvez même conserver de grande quantité de nourriture dans des récipients hermétiques en plastique ou en céramique de 5L, 10L ou même 20L, comme des marmites ou des bidons.

Pour mettre en œuvre cette méthode, il suffit de conserver les aliments frais dans un récipient hermétique remplis d'eau salé et... c'est tout ! Le sel utilisé doit être de préférence gris, mais il doit surtout être sans additif et sans traitement. L'iode et le fluor contenu dans certains sels sont des antiseptiques et empêchent la conservation des aliments. L'eau elle, ne doit pas être chlorée, donc l'eau de ville ne convient pas sauf si elle est auparavant traitée par ébullition, filtration ou décantation (le chlore dans l'eau s'évapore presque totalement après 3 heures à l'air libre). En cas de doute sur l'eau, utilisez de préférence de l'eau de source.

Pour comprendre, le fonctionnement de cette méthode, il faut savoir que pour qu'un aliment puisse pourrir, il doit être en contact avec l'oxygène contenu dans l'air. Pour supprimer le contact oxygène/aliment, vous devez alors totalement immerger les aliments dans le bocal, ainsi vous ralentissez le processus de pourrissement. Le plus important est que vos légumes ne soient pas en contact avec l'air. Donc bien tasser et remplir d'eau jusqu'à 3 centimètres du bord du bocal. Cet espacement permet d'éviter les « débordements » car le volume de liquide intérieur va augmenter au début de la réaction. Pour éviter que vos légumes ne remontent à surface, vous pouvez mettre un caillou recouvert d'un tissu ou tout autre objet permettant aux légumes d'être totalement immergés. L'intérieur du récipient doit être anaérobie (sans présence d'air) pour que la fermentation soit effective. Voilà pourquoi, il est important d'utiliser des récipients hermétiques comme les bocaux sous-vides que l'on trouve dans le commerce. Il est toutefois possible de faire des lacto-fermentations simplement avec des bocaux à vis de type confiture. Dans ce cas, ne fermez pas le bocal à fond, pour ne pas qu'il explose à cause de l'élévation de la pression due au l'augmentation du volume du liquide et du dégagement de CO_2 dans le bocal. La solution est de fermer à fond le couvercle puis rouvrez d'un quart de tour.

La lacto-fermentation est particulièrement bien adaptée à la survie car elle ne nécessite pas de source d'énergie extérieure. La lacto-fermentation fonctionne avec tous les légumes et plantes hormis les pommes de terre, qui se conservent de toute manière bien dans un lieu avec une température fraîche. La plupart des fruits peuvent également être lacto-fermentés.

Le plus incroyable avec cette méthode reste le fait que la majorité des aliments deviennent plus nutritionnel après la lacto-fermentation qu'avant. Par exemple, la choucroute présente environ 10 fois plus de vitamine C que le choux lui-même, pour une même quantité donné. Mais il y a encore plus fort ! La lacto-fermentation est similaire à la réaction chimique de digestion qui se déroule dans nos propres intestins. Pendant la réaction, des « bonnes » bactéries que l'on appelle « probiotiques » sont créées. Ces probiotiques permettent de régénérer la flore intestinale et ainsi d'éviter de tomber malade. La lacto-fermentation est donc à la fois utile pour conserver vos aliments que pour rester en bonne santé toute l'année ! Plutôt sympa, n'est-ce pas ?

Pour la préparation de vos aliments, découpez-les en fines lamelles, en fins morceaux ou râpez-les. Au niveau des quantités de sel, il faut compter 10g par kilo d'aliment ou 30g de sel par litre d'eau. L'eau ainsi salée est appelée « saumure ». Pour les durées, prévoyez 7 jours à température ambiante (entre 15 et 25°C), puis 3 semaines au frais (entre 4 et 15°C), enterré ou dans une cave par exemple. Pendant les 3 premières semaines, la saumure peut se troubler et réagir chimiquement de manière intense (pétillement). Après 3 semaines, vous pouvez consommer vos aliments lacto-fermentés. Le signal pour savoir s'il est possible de les consommer est quand le mélange redevient clair. La durée de conservation moyenne est de 1 à 2 ans. Aucun cas d'intoxication alimentaire n'a été répertorié depuis 10 000 ans d'utilisation de cette technique. Il n'y a également aucun risque de botulisme avec cette méthode. Alors bien sûr, la lacto-fermentation peut échouer. La cause première de « ratage » est le contact de l'air avec au moins un morceau d'aliment du bocal. Mais ne vous faites pas de soucis car vous ne pourrez pas vous tromper pour savoir si votre lacto-fermentation à fonctionner ou non. Si elle a échouée et que les mauvaises bactéries ont repris la main alors, de la moisissure apparaîtra en plus d'une odeur horrible de pourriture à l'ouverture du bocal. Il ne viendrait à l'idée de personne de consommer des produits issus d'un échec de lacto-fermentation !

Il est même possible de faire de la lacto-fermentation sans sel, ni eau ! Par contre, ce cas de figure fonctionne uniquement pour les aliments produisant une assez grande quantité de jus comme les carottes ou les pommes par exemple. Il faut alors les râper, bien les tasser dans le bocal pour éviter les bulles d'air et y apposer deux-trois feuilles de choux au-dessus. Le choux remplace le sel pour réaliser la réaction chimique.

Vous pourrez également varier les saveurs en mettant dans vos bocaux de l'ail et de l'oignon, cela donnera du goût et vous maintiendra en bonne santé. La lacto-fermentation est un excellent moyen pour faire consommer de l'ail et de l'oignon aux personnes qui ne sont pas « fan », car les goûts puissants de ces aliments sont largement amoindris grâce à la lacto-fermentation. Vous pourrez également mettre des herbes, des aromates et des épices. Les possibilités sont quasi-infinies alors vous avez de quoi trouver votre bonheur !

Cette méthode permet également de conserver les œufs, cru ou cuit, à l'air libre, pendant 4 à 5 mois, après les 3 semaines en bocal dans la saumure. Les viandes et les poissons peuvent également être conservée dans une saumure pendant 4 à 5 mois. Pour les œufs, les viandes et les poissons, la quantité à prévoir est de 200 grammes de sel par litre d'eau.

Astuces : *Pour savoir si un œuf est consommable ou pas, il faut savoir que plus un œuf est « âgé », plus il contient d'air. Voici quelques petites techniques qui vous permettront de savoir si votre conservation à fonctionné. Première technique : il faut le mettre dans un récipient d'eau froide sans sel, s'il reste au fond il est bon, s'il remonte à la surface, il ne doit pas être consommé. Deuxième méthode : agitez-le à coté de votre oreille, s'il fait du bruit, cela signifie que la « chambre à air « est importante, il sera alors bon uniquement pour le compost. Troisième méthode : qui nécessite de le casser, si le jaune reste ferme et rebondi et si l'odeur n'est pas nauséabonde, c'est qu'il est consommable.*

> ➢ La mise sous-vide

La mise sous vide consiste à retirer l'air en contact avec l'aliment. Cela permet de réduire la vitesse de maturation des aliments conservés. Pour ce faire, vous devez disposer d'un sac plastique et d'un équipement « aspirateur d'air » (aspirateur, pompe à air,...). Placez votre aliment dans le sac plastique et retirez-y l'air à l'intérieur. Cette technique permet de prolonger la durée de vie de conservation de quelques mois.

> ➢ La déshydratation

Le fait de retirer l'eau des aliments augmente sensiblement leur durée de consommation. La technique la plus simple pour déshydrater des aliments est de les faire sécher. Pour ce faire, il suffit de les couper en fine lamelle et de les laisser au soleil. Veillez à apposer un tissu au-dessus de vos aliments, pour éviter les insectes et les poussières. Le séchage est souvent utilisé pour les fruits comme les raisins, les pruneaux, les figues, les abricots et les dattes. Le fait de faire sécher certain aliment leur donne une durée de conservation de plusieurs années en plus d'apporter certains nutriments bons pour la santé, qui n'étaient pas présent dans l'aliment avant le séchage. Le séchage peut également être réalisé avec un four électrique, à gaz ou un four solaire. L'idéal étant que le séchage se fasse sur une grande durée à une température assez faible (inférieures à 50°C), pour conserver au maximum les nutriments des aliments. Après le séchage les fruits se conservent dans un bocal hermétique à l'abri de la lumière et de l'humidité. L'utilisation de filet pour sécher la nourriture en hauteur peut être une autre solution pour les fruits et les légumes.

Le séchage peut également être réalisé uniquement en stockant l'aliment dans du sel. Ce principe est principalement utilisé pour la conservation des viandes et des poissons (salaison), qui est de temps en temps associer à une technique de fumage notamment pour le saumon, le hareng saur et le jambon (fumé). Conservez toujours vos aliments séchés dans un endroit à température constante et surtout à faible taux d'humidité.

> ➢ La mise en conserve

La mise en conserve ou appertisation (du nom de son inventeur Nicolas Appert) est un procédé nécessitant trois éléments principaux :

- Des bocaux étanches à l'air (avec fermeture mécanique et joint en caoutchouc)
- Des équipements de stérilisation des récipients (autocuiseur, marmite, stérivite)
- Des équipements pour la cuisson des aliments (marmite, casserole)

Le principal avantage de cette technique est que les conserves peuvent être conservées plusieurs années. Dans la pratique, elles se conservent en général correctement jusqu'à 10-15 ans. Certains cas ont même démontré qu'au-delà de 50 ans, certaines conserves étaient encore consommables ! Attention cependant car cette méthode peut s'avérer dangereuse, si elle est mal réalisée. Une mauvaise stérilisation des bocaux peut entrainer le botulisme ou la fièvre typhoïde. Pour s'assurer que la stérilisation a bien fonctionné et que le vide d'air est effectif dans le bocal, vous devez entendre le fameux bruit : « pop » ou « clac » (selon les bocaux et les oreilles) à l'ouverture du bocal. Si vous ne l'avez pas entendu, il vaut mieux éviter le pire et jeter le contenu du bocal ! Dans l'idéal, vos conserves doivent être stockées dans une pièce ne dépassant pas les 23°C et être à l'abri de la lumière.

➢ La conservation par le sucre

Dans cette catégorie, on retrouve toutes les confitures, gelées, marmelades, sirops, fruits confits et pâtes de fruits. La confiture est la méthode de conservation par le sucre la plus courante. Elle consiste à mélanger des aliments découpés et cuits, qui sont le plus souvent des fruits, avec du sucre. Pour les quantités, prévoyez 750g de sucre pour 1kg de fruit. Tout comme pour la mise en conserve, les bocaux doivent être ébouillantés avant d'être remplis jusqu'à ras-bord. Pendant qu'ils sont encore chaud, retournez-les afin de chasser l'air à l'intérieur. Pour faire des confitures, de simple bocaux à vis sont envisageables.

➢ La conservation par le froid

Les méthodes de conservation par le froid ont pour but de ralentir le processus de pourrissement par diminution de la température de l'air ambiant en contact avec les aliments. Ces méthodes sont au nombre de trois :

- La réfrigération (entre 4 et 8°C) : conservation pour quelques (dizaines de) jours,
- La congélation (entre 0 et -18°C) : conservation pour 3 à 12 mois,
- La surgélation (inférieur à -18°C) : conservation pour plusieurs années.

À noter qu'il existe des procédés tant passifs qu'actifs pour mettre en place cette méthode de conservation.

Procédés passifs :
En période chaude ou mi-chaude, vous pouvez entreposer vos aliments :
- Dans une cave. Les caves sont des endroits qui gardent des températures constantes toute l'année, elles permettent donc de ralentir le processus de maturation des aliments périssables. Attention cependant à l'humidité ainsi qu'aux rongeurs et aux insectes.
- En contact avec de l'eau fraîche. Les rivières et les puits possèdent également une température relativement basse en période chaude. Il ne faut pas hésiter à se servir de ces réfrigérateurs naturels et gratuits. Pour ce faire, il suffit d'entreposer vos aliments dans un récipient fermé et étanche et de déposer votre récipient au contact de l'eau fraîche.

En période froide, le simple fait de laisser des aliments à l'air libre permet de ralentir leur maturation. Dans ce cas, faites attention aux gelées, à l'humidité de l'air, au contact avec l'eau de pluie, aux rongeurs et aux insectes.

Procédés actifs :
Le réfrigérateur et le congélateur traditionnels restent des moyens efficaces pour conserver les aliments. Mais comme ils consomment de l'électricité, il est nécessaire de connaître d'autre technique de conservation des aliments et surtout de prévoir, si vous optez pour cette option, une production électrique indépendante et autonome. Dans ce cas, faites également attention à l'éventualité d'une EMP, qui aurait pour conséquence de détruire totalement tous vos équipements électriques dont les réfrigérateurs et congélateurs. Le réfrigérateur

permet de conserver des aliments frais quelques jours tout au plus alors que le congélateur permet de conserver des aliments plusieurs années.

➤ La conservation par l'alcool

Quelques fruits, cerises, mirabelles, quetsches, raisins muscat, abricots, framboises, clémentines peuvent se conserver dans de l'alcool dans des bocaux de stérilisation à fermeture hermétique ou des bocaux à large ouverture, munis de bouchons en liège. Dans ce cas, les bocaux doivent être correctement stérilisés et les bouchons ébouillantés. L'alcool est un antiseptique remarquable lorsqu'il est utilisé en proportion suffisante par rapport à la quantité de fruits mis en œuvre. Vous pouvez utiliser une eau-de-vie blanche au goût neutre, ou un alcool pour fruits, pour privilégier le goût des fruits mis à conserver, ou un autre alcool (rhum, alcool de pays, armagnac, cognac) mais celui-ci changera le goût de votre préparation. Vous pouvez également utiliser de l'alcool à 90° en le coupant avec la même quantité d'eau bouillie. En général, les fruits sont souvent additionnés de sucre. Prévoyez 250 g de sucre par kilogramme de fruits et litre d'alcool. Secouez de temps en temps vos bocaux pour bien mélanger le sucre. Ces conserves ne sont consommables qu'après deux à trois mois et peuvent se garder plusieurs années.

➤ La conservation par le vinaigre

L'acide acétique contenu dans le vinaigre empêche le développement des microbes, c'est un excellent antiseptique. Vous pourrez conserver par le vinaigre : des cornichons, des câpres, des oignons, des carottes, des choux-fleurs, des pâtissons, des courgettes, des betteraves, des mangues, des citrons verts,...etc. Le vinaigre est souvent utilisés pour réaliser des mélanges divers et variés de légumes, épices et autres condiments pour la réalisation de recettes appelées pickles ou chutneys. Les pickles et chutneys ne se conservent que 3 à 4 mois, ou plus si les conserves sont stérilisées. Le vinaigre peut être de vin rouge ou blanc, d'alcool, de cidre et il doit titrer au minimum 7°. En général, au-delà de 12 mois, les condiments gorgés de vinaigre et ramollis n'ont plus aucun intérêt gustatif.

➤ La conservation par l'huile

Il est possible de conserver certains aliments crus, cuits, séchés dans l'huile, telles que les tomates, poivrons, champignons et autres condiments. Attention cependant car, contrairement aux alcools et aux vinaigres, l'huile n'a aucune propriété antibactérienne. Il faut donc stériliser soigneusement votre conserve afin d'éviter le risque de botulisme qui est une maladie neurologique grave. Pour la viande, entreposer des tranches dans un bocal d'huile permet de conserver la viande plusieurs années.

Pour conclure sur le stockage des aliments frais, l'idéal est de connaître les différentes possibilités de stockage pour pouvoir palier à toutes éventualités comme une coupure de courant généralisée. Pensez toujours à étiqueter vos bocaux et à indiquer les types d'aliment, la méthode de conservation utilisée et la date de mise en bocal. Ce conseil est à prendre en compte à chaque fois que vous faites une mise en bocal ou une conserve. Restez vigilant quant à l'hygiène et la stérilisation des bocaux que je conseille dans tous les cas, hormis peut-être pour la lacto-fermentation. Certaines techniques demandant un peu d'entrainement, je vous conseille de les « pratiquer » sans plus attendre afin de bien les maîtriser au moment venu.

À vos bocaux !

L'élevage

L'élevage n'est pas quelque chose d'indispensable à votre survie. L'avantage de l'élevage est qu'il permet de vous apporter une source de nourriture décorrélé des conditions météorologiques et des saisons. L'élevage n'est pas à considérer comme étant une compétence particulière, en revanche, l'activité secondaire liée à l'élevage en est une ; faire du fromage ou du beurre par exemple est une compétence.

De manière ironique, j'aime dire que le premier élevage à avoir dans une BAD est « l'élevage » de vers de terre et de petits insectes dans son sol de culture. En effet, vous savez maintenant l'importance d'avoir un sol vivant pour cultiver des aliments de qualité et en quantité. L'avantage de cet « élevage », c'est qu'il n'y a pas à s'en occuper directement. En revanche, il est important d'employer des méthodes pour maintenir l'équilibre nutritif du sol comme avec un compost, pour apporter la nourriture nécessaire à ces petites armées de travailleurs. Les animaux du sol composent l'élevage le plus rentable énergétiquement et en terme de quantité de travail à fournir.

Examinons maintenant l'élevage plus traditionnel. Les objectifs de faire de l'élevage d'animaux sont divers. Voici une liste de toutes les utilisations propres à l'élevage, de la plus utile à la moins utile :
- Utiliser leur miel (abeilles)
- Utiliser leurs œufs (poules, canes, oies, cailles)
- Utiliser leur déjection pour fertiliser des zones de culture (quasiment tous)
- Utiliser leur force pour le déplacement (chevaux, ânes, bœufs)
- Utiliser leur force pour le travail de la ferme (chevaux, ânes, bœufs)
- Utiliser leur caractéristique naturelle (ex : cochons pour retourner la terre de surface)
- Utiliser leur chair (quasiment tous)
- Utiliser leur peau, leur pelage, leurs plumes (animaux en « cuir », à poils et à plumes)
- Utiliser leur lait (vaches, chèvres, juments, ânesses)

Avant toute chose, il faut garder à l'esprit que la grande majorité des animaux d'élevage sont voraces. L'élevage n'est donc possible que si vous avez suffisamment de nourriture en période chaude ET en période froide pour vos animaux. L'élevage d'herbivores n'est possible que si vous êtes propriétaire de grandes surfaces de prairies et si vous avez les moyens de faire ou d'acheter du fourrage et des céréales pour l'hiver. Pour l'hiver, vous pourrez également acheter des pierres de sels disponibles en magasin d'équitation et prévoir de cultiver des betteraves fourragères ; la majorité des herbivores et omnivores en raffolent !

Il y a plusieurs points essentiels à connaître pour comprendre que l'élevage n'est pas un point de passage obligatoire pour votre survie :

➢ Point n°1 : Consommer de la viande ou du poisson n'est pas indispensable à la survie de l'être humain.

D'une manière générale, le fait de consommer de la viande n'est absolument pas une nécessité vitale et pose même de nombreuses difficultés vis-à-vis de la conservation et du stockage de la viande, si votre BAD n'est pas approvisionnée en électricité. Il est donc préférable d'opter pour des protéines de type végétales qui seront par ailleurs plus facilement stockable et pérenne dans le temps. Certaines plantes comme l'ortie, des graines comme le quinoa ou des légumes secs comme les lentilles et les pois chiches comportent plus de protéines et de nutriments que la viande rouge ou blanche ou que le poisson, en termes de quantité et de qualité, pour une même quantité d'aliment donnée. Donc, si vous avez l'habitude de manger de la viande et du poisson, ne vous inquiétez pas du fait de moins ou plus en manger pendant plusieurs mois ou plusieurs années, cela ne vous tuera pas, bien au contraire.

> Point n°2 : Consommer du lait d'animal n'est pas indispensable à la croissance et à la survie de l'être humain.

Lorsque l'on y pense tous les animaux de la Nature, une fois sevrés du lait maternel, cessent de boire du lait pour manger comme le font les adultes. Seuls l'Homme fait exception à cette règle. De plus l'Homme n'utilise pas le lait qui lui est normalement destiné (le lait maternel) mais le lait d'autres espèces animales, qui lui est normalement destiné aux bébés animaux de l'espèce en question.

En réalité, le calcium présent dans les aliments que l'on consomme est largement suffisant à la croissance des enfants humains sevrés. Sachez également que de nombreuses études médicales montrent maintenant qu'un excès de calcium sans apport de vitamine D suffisant, qui a pour but de fixer le calcium sur les os, accroît les risques d'ostéoporose et de fracture des os. Si vous pensez encore que le lait est nécessaire à votre santé et à la croissance de vos enfants ou à votre bien-être, je vous invite à faire des recherches approfondies par vous-mêmes sur ce sujet.

Toutefois, si vous estimez que vous ne pouvez pas vivre sans produits laitiers tels que le fromage ou les yaourts alors, il est préférable d'avoir des chèvres plutôt que des vaches dans votre BAD, car elles sont moins consommatrices en calorie. Sachez également que de nombreux laits végétaux existent et peuvent être fabriqués dans votre BAD, comme notamment le lait de soja, d'amande, de noisette et de riz.

Le seul problème à résoudre lorsque vous pratiquez une alimentation végétalienne (sans produits d'origine animale) est le manque en vitamine B12 que l'on trouve majoritairement dans les produits d'origine animaux (viande, poisson, œuf). Le manque de vitamine B12 peut entrainer des risques accrus de maladies cardiovasculaires, maladies neuropsychiatriques et de fractures. À ma connaissance, la seule solution végétale naturelle permettant d'apporter cette vitamine au corps est la spiruline, que vous cultiverez peut-être au sein de votre BAD d'ici quelques années. Après, il existe bien sûr des compléments alimentaires artificiels qui permettent d'apporter spécifiquement cette vitamine au corps.

Sans spiruline et sans complément alimentaire, vous devrez au minimum consommer des œufs de volailles. En effet, après les animaux du sol, les animaux les plus efficients énergétiquement sont les volailles pondeuses (poules, canes, oies et cailles). En plus d'apporter cette fameuse vitamine B12, les œufs sont une source nutritive importante et très utile surtout en hiver, quand les récoltes agricoles sont faibles. En général, ces animaux sont rustiques et demandent peu de soin. Si vous avez des volailles, il est essentiel de leur construire un enclos fermé pour éviter les attaques de prédateur pendant la nuit (renard, rapace, fouine et rongeurs de toutes sortes). Il est important de prendre soin de ces volailles pour qu'elles produisent des œufs sur le long-terme. Les poules peuvent se nourrir des déchets de cuisine de type épluchure, pain rassie, etc., mais leur repas préféré reste les vers de terre et autres insectes de votre sol ; voilà une raison supplémentaire pour avoir un sol vivant !

Dans le monde de demain, l'apiculture devra faire partie intégrante de l'agriculture. Ce ne seront plus deux techniques séparées mais des techniques complémentaires et interdépendantes l'une de l'autre. Ce constat est une nécessité car les populations d'abeille sont décimées à travers le monde. De nombreuses études pointent désormais du doigt les pesticides épandus sur les champs et principalement la famille des nanocotinoïdes comme étant responsable de cette hécatombe. La disparition des abeilles, qui s'accélère d'années en années, devrait être LE problème majeur, à résoudre pour nos élites politiques, mais comme la priorité du moment est d'avoir de la croissance économique… Ce sera à vous de vous y coller ! En effet, le problème de la disparition des abeilles doit être pris en compte dans votre stratégie de survie, car sans abeille, il est difficile d'être autonome en nourriture. Leur travail est indispensable au maintien de la biodiversité générale et donc, de manière directe, à la survie de votre communauté sur le long-terme. Pour être sûr d'avoir des abeilles à proximité de votre BAD, il vous faudra installer des ruches. Une ruche est un capital matériel productif d'une très grande valeur pour deux raisons principales. La première raison est le fait que les abeilles sont les vrais jardinier de votre potager et la seconde est la production de miel. Bien que cela représente une charge de travail supplémentaire, vous verrez que ce sera du « donnant-donnant » car le travail de pollinisation de ces petites bêtes est considérable ! L'apiculture ne doit donc pas être considérée comme une exploitation de l'humain sur l'animal mais plutôt, comme un échange de bon procédé, un échange gagnant-gagnant entre vous et les abeilles. Le miel produit pourrait d'ailleurs vous permettre de sauver la vie d'un membre de votre BAD en cas de maladie ou de plaies ouvertes, ne l'oubliez pas (nous en reparlerons bientôt) ! En outre, une ruche étant un capital matériel productif, elle doit être conservée le plus longtemps possible en bon état de fonctionnement.

À terme, si la production de miel est suffisante pour que les abeilles puissent tenir la saison froide, vous pourrez ainsi récupérer une partie du miel pour votre propre consommation. Mais, encore une fois, il vous faudra, avant de penser à consommer le miel de vos ruches, penser à protéger les abeilles qui y logent des attaques extérieures (pollution, animaux, intempéries, froid, exploitation de l'Homme, varroa). Pour ce faire, l'utilisation de ruche en forme circulaire ou cylindrique, en paille ou en vannerie, est une solution idéale car la forme circulaire correspond d'avantage à la forme d'un essaim naturel. Des études réalisées par des apiculteurs ont en effet démontrés que ces types de ruche permettent d'améliorer la santé des abeilles et donc de réduire leur taux de mortalité. Les ruches carrées traditionnelles peuvent également très bien faire l'affaire. À noter aussi la toute nouvelle génération de ruche proposée par l'entreprise Honey Flow (www.honeyflow.com) qui semble grandement faciliter le travail de récolte.

En résumé, les deux principaux élevages à avoir dans votre BAD sont l'élevage des volailles pondeuses (principalement les poules, canes, oies et cailles) et celui des abeilles (apiculture). Ces deux élevages nécessitent d'avoir des équipements bien spécifiques. Pour le poulailler, vous pouvez soit l'acheter soit le fabriquer, dans ce dernier cas, il vous suffit de monter une armature en bois et de la grillager. Il est nécessaire que les volailles aient un abri fermé pendant la nuit pour les protéger du soleil, du froid et des agresseurs extérieurs. Pour l'apiculture, il vous faut au préalable des ruches ainsi que tous les équipements pour la récupération du miel (hausse, enfumoir, raclette, etc.) et pour la protection des piqures (combinaisons et gants). Après les abeilles et les volailles pondeuses, les autres types d'élevage sont à traiter uniquement lorsque vous serez déjà autonome en nourriture, grâce à votre potager et votre verger.

En règle générale, la taille de votre élevage dépendra de la surface d'herbe dont vous disposez. Toutefois une solution existe qui permet d'avoir un élevage sur une petite surface et qui peut être associée de manière très intelligente à une culture végétale, il s'agit de l'aquaponie. L'aquaponie est l'association de l'hydroponie (culture sans terre, dans l'eau + solution nutritive) et de l'aquaculture/pisciculture (élevage de poisson). Cette solution est notamment utilisée pour cultiver sur les toits des habitations dans la bande de Gaza, en Palestine, qui est un des endroits les plus densément peuplé au monde, en plus d'être une zone de guerre permanente. Le fonctionnement de l'aquaponie est simple. L'eau du bassin des poissons contenant leurs déjections fait office de solution nutritive pour les plantes. Cette solution est donc transmise aux bacs de culture des végétaux. L'eau est alors filtrée par les végétaux et retourne dans le bassin des poissons. Cette technique permet de créer un circuit fermé et donc <u>une consommation très réduite en eau</u> ; environ 90 à 95% moins d'eau est utilisée par rapport à l'agriculture conventionnelle, pour une surface équivalente. Il est également possible de cultiver sur de petites surfaces à hauteur d'Homme dans des bacs en plastique hors sol, à l'intérieur ou à l'extérieur, avec ou sans serre, dans une cave ou sur un toit, sans engrais et sans pesticide. En plus de l'élevage, les rendements agricoles obtenus par mètre carré sont souvent supérieurs à celui de l'agriculture traditionnelle. Sans oublier le fait, que dans ce cas la culture murale ou sur des tours verticales est possible, ce qui a pour conséquence d'encore accroître le rendement au mètre carré. En revanche, l'aquaponie nécessite l'utilisation d'électricité pour faire fonctionner au minimum une pompe à eau, une pompe à air (oxygénateur/bulleur) et éventuellement un éclairage artificiel pour les cultures intérieures. Il est essentiel de prévoir également de la nourriture pour les animaux, qui peuvent être des tilapias, des truites, des poissons rouges (très résistants au froid et à la faim) ou même des écrevisses. Toutefois, il est possible d'utiliser des panneaux photovoltaïques pour la production électrique et de nourrir les poissons avec des déchets alimentaires ou des vers de terre, issus de votre « premier élevage ». Bien que cette solution requière un minimum de connaissance et d'entrainement, elle permet à des familles entières d'être totalement autonome en nourriture à l'année, même avec une petite surface de culture et dans une zone d'oppression et de chaos permanent. L'aquaponie est donc une solution de culture hors-sol particulièrement intéressante que vous pourrez étudier à court ou moyen terme pour assurer l'autonomie alimentaire de votre BAD.

À terme, si vous avez la possibilité et si vous estimez vraiment nécessaire le fait d'avoir un autre type d'élevage, vous pourrez élever les animaux suivants : lapins, pigeons, cochons, moutons, chèvres, chevaux, bœufs, vaches.

Après les animaux dits « d'élevage », il y a la catégorie des animaux dit « domestique » ou « de compagnie ». En cas d'effondrement, l'animal de compagnie à privilégier est le chien. Le chien a l'avantage d'avoir la double casquette d'animal de compagnie et de défenseur de la communauté. Par exemple, les bergers malinois ou bergers allemands sont d'excellents chiens « de garde » relativement facile à dresser. Les chiens de petites tailles sont forcément moins dissuasifs que les grands, mais présentent l'avantage de moins manger. Par leurs aboiements, tous les chiens jouent un rôle « d'alarme » important pour la défense de la BAD. De plus, un chien qui n'a que des soucis de chien (manger, protéger sa famille et aller chercher la balle) saura apaiser votre peine et vous rappeler que la joie ne se trouve que dans les petites choses de la vie. Les chiens ont une fidélité envers « leur meute » extraordinaire ! Les chats sont également des partenaires de survie efficaces, principalement pour éviter que vos récoltes soient entamées par des rongeurs. Les animaux sont des êtres vivants qui ont des émotions comme vous et moi. En plus de leur simplicité et de leur utilité pratique, ils sont des partenaires de galère fidèles. D'une manière générale, ne minimisez pas l'attachement émotionnel établi entre l'Humain et l'Animal, surtout en période de chaos extérieur. <u>Pensez bien à prévoir de très grande quantité de nourriture pour eux</u> !

Le stock artificiel de secours

Le stock artificiel doit toujours être considéré comme étant une source de nourriture secondaire et comme un capital improductif, bien que ce ne sera pas tout à fait le cas, vous comprendrez pourquoi bientôt…

Pour créer votre stock de secours, vous devez regarder en priorité trois éléments : la qualité, la quantité et la technique de stockage.

D'un point de vue de <u>la qualité</u>, les aliments que vous choisirez dépendront de votre budget. Bien que tous les labels ne se valent pas, les produits issus d'une agriculture biologique sont généralement plus nutritifs et de meilleure qualité que les autres, mais ils sont également souvent plus chers. Pour construire votre stock alimentaire de secours, préférez les produits d'épicerie et de supermarché. En général, les produits de supermarché proposent un rapport qualité-quantité/prix optimal. Vous pouvez également acheter les produits plus spécifiques à la survie comme les produits lyophilisés sur internet. Attention cependant, car certains sites vendent des produits de qualité très médiocre voire trompeuse et nocive pour votre santé ; exemple : sac de riz en plastique provenant de Chine. En période de pénurie et d'effondrement avéré ce type d'arnaque sera courant donc restez vigilant.

Les produits contenant des nanoparticules doivent aussi être évités au maximum. D'après le Centre International de Recherche sur le Cancer[4], les nanoparticules ou « colorants » prénommés E551 (dioxyde de silicium) et E171 (dioxyde de titane) sont respectivement classés comme « *cancérogène* » (groupe 1) et « *cancérogène probable* » (groupe 2B). Étant donné les conséquences sur la santé des nanoparticules, il est judicieux de se renseigner sur ce sujet. Pour commencer, vous pourrez consulter en annexe 5 la liste des principaux éléments à éviter de consommer.

Lors de la création de votre stock, il est important de garder à l'esprit que les besoins en nutriments diffèrent en fonction de l'âge et du stade de développement des personnes. Par exemple, l'alimentation d'un adolescent en pleine croissance ou d'une femme enceinte devra être plus riche en protides et en sel minéraux qu'en moyenne. Par ailleurs, il vous faudra connaître toutes les compositions des aliments que vous introduirez dans votre stock afin d'éviter les allergies ou toutes autres complications alimentaires et ceux pour tous les membres de votre communauté. Vous devrez donc faire un sondage de chacun des futurs membres de votre BAD à propos de toutes leurs allergies et intolérances, pour ensuite adapter votre stock en fonction. Enfin, comme il est nécessaire d'effectuer un renouvellement de vos stocks en continue optez pour des produits que vous et vos proches aimez. Souvenez-vous : stockez ce que vous mangez et mangez ce que vous stockez !

D'un point de vue de la quantité, si votre budget actuel le permet, achetez un stock initial pour plusieurs mois et complétez-le en achetant un peu plus que nécessaire chaque semaine. Si votre budget ne le permet pas, oubliez le stock initial et commencez petit à petit chaque semaine à accumuler du stock. Dans les deux cas, il est fortement recommandé de prévoir une épargne financière d'urgence (stock d'argent liquide chez vous) en cas d'annonce majeure (crise, effondrement, rupture d'une chaîne logistique, catastrophe naturelle, etc.) pour compléter votre stock initial rapidement. D'ailleurs, petit retour d'expérience anecdotique au sujet de votre stock initial, répartissez au maximum vos boîtes de conserve sur le tapis roulant de la

---

[4] Source www.iarc.fr:

caisse de votre supermarché, sous peine qu'il ne puisse plus avancer sous la charge, ce qui aura tendance à faire sourire votre caissière...

Maintenant, je vous propose deux approches pour arriver à composer votre stock alimentaire de secours.

La première approche est généraliste et permet de vous rendre compte des quantités de nourriture mises en jeu. Pour connaître la quantité de nourriture à stocker, reprenons les résultats de nos calculs de tout à l'heure. En additionnant les quantités journalières de macronutriments (glucides, protides et lipides) nous obtenons : 520g pour un homme et 417g pour une femme. Si nous faisons une moyenne homme/femme, nous obtenons 468.5g. Pour simplifier les calculs, nous arrondirons à 500g/jour/personne. Ainsi, pour que toutes les personnes de votre BAD mangent à leur faim, vous devez donc prévoir <u>un minimum de nourriture stockée de 500g/jour/personne</u>. Voyons maintenant ce que cela représente sur le long-terme.

Les trois durées de consommation à garder à l'esprit pour la préparation de votre stock sont :
- ➢ La durée minimale : 3 mois,
- ➢ La durée acceptable : 6 mois,
- ➢ La durée recommandée : <u>12 mois</u>.

Il est recommandé de commencer avec un stock de 3 mois afin de comprendre le fonctionnement de la rotation des aliments : placez les aliments les plus récents au fond de vos rangements et les plus anciens devant. Ensuite, augmentez régulièrement votre stock de manière afin d'atteindre un délai de 6 mois. Chaque semaine, lors de vos courses, achetez 3 ou 4 boîtes de conserves ou paquets de pâte supplémentaire. À terme, assurez-vous d'avoir toujours un stock alimentaire qui vous permettra de tenir 12 mois <u>uniquement avec celui-ci</u> !

Si nous effectuons le calcul pour une personne, cela représente pour un :
- ➢ Stock de nourriture de 3 mois : 0.5kg * 31 jours * 3 mois = 46.5 kg
- ➢ Stock de nourriture de 6 mois : 0.5kg * 31 jours * 6 mois = 93 kg
- ➢ Stock de nourriture de 12 mois : <u>186 kg</u>

Pour une famille de 4 personnes, cela représente pour un :
- ➢ Stock de nourriture de 3 mois : 4 personnes * 0.5kg * 31 jours * 3 mois = 186 kg

> ➤ Stock de nourriture de 6 mois : 4 personnes * 0.5kg * 31 jours * 6 mois = 372 kg
> ➤ Stock de nourriture de 12 mois : <u>744 kg</u>

Afin de visualiser ce que représente ces quantités il faut vous dire que 744 kg correspond environ au poids d'une voiture de la marque Smart ou au poids de 3 à 4 motos cumulées. D'un point de vue volumique, il faut savoir qu'un caddie de supermarché dispose d'un bac de 240 litres en moyenne. <u>Une année de nourriture pour une famille de 4 personnes</u> stockée représente donc environ <u>5 caddies remplis à ras-bord</u> (uniquement en comptabilisant les boîtes de conserve, les légumineuses sèches, les huiles, les sacs de pâtes/riz et sans compter l'eau et les objets volumineux tels que papier toilette, essuie-tout, pain, etc.). Grâce à ces petits calculs, nous nous rendons bien compte que la quantité de nourriture que nous avalons est colossale ! Vous comprenez également mieux l'urgence et l'importance de faire des stocks de nourriture, même s'ils sont minimes.

La deuxième démarche décompose plus en détail les différents éléments à privilégier dans votre stock alimentaire. Vous pourrez bien sûr adapter cette liste à votre convenance. Les quantités indiquées ici sont volontairement majorées pour prévoir toutes éventualités (vols, dégâts, réfugiés, etc.). Voici donc quels sont les principaux aliments à avoir dans un stock de secours artificiel ainsi que leur quantité respective :

> ➤ **Les boîtes de conserve** : 15 kilos / personne / mois

Les boîtes de conserves désignent toutes les conserves de légumes, fruits et viande/poisson. Pour la répartition, prévoyez environ 10kg de légumes, 3kg de fruits et 2kg de viande/poisson. Si une de vos boîtes de conserve est bombée, c'est que la stérilisation n'est plus opérationnelle. Dans ce cas, ne la consommez surtout pas et jetez-la immédiatement ! Si elle est juste cabossée sans être bombée, elle est encore consommable mais restez vigilant, fiez-vous à vos sens (moisissures, mauvaise odeur, mauvais goût). Les boîtes de conserve se conservent entre 10 et 15 ans facilement, bien que les dates de péremption officielles indiquent en général une durée de 2 à 3 ans. Le gros avantage des boîtes de conserve est qu'elles peuvent être consommées même sans cuisson. Alors certes ce n'est pas très bon, mais c'est toujours plus digeste que du riz ou des pâtes crus.

➤ **Les pâtes et semoules de blé** : 10 kilos / personne / mois

Si possible, préférez des pâtes et des semoules au blé complet. Les pâtes et semoules se conservent quasiment à vie. Pour les pâtes, diversifiez les formes et les saveurs en fonction de vos goûts et de vos idées recettes !

➤ **Le riz** : 5 kilos / personne / mois

Le riz est un aliment très riche en glucide qui prend très peu de place à stocker. Dans l'idéal, préférez du riz complet au riz blanc, mais variez les saveurs avec les différents riz qui existent : chinois, indien, thaïlandais, italien, etc.. Le riz n'a pas de durée de péremption s'il est conservé dans un endroit sec.

➤ **Les légumineuses sèches** : 5 kilos / personne / mois

Les lentilles sont une des meilleures sources de glucides et de protéines qui existe. Vous pouvez également opter pour les fèves, les haricots (blancs et rouges) et les pois (petits pois, pois chiche, pois gourmand, etc.). Dans un endroit sec, les légumineuses sèches ont une durée de conservation pratiquement illimitée.

➤ **Les graines** : 5 kilos / personne / mois

Ce sont les graines qui rendent « vivant et productif » votre stock artificiel de secours. Les graines ou semences sont des alliées de taille en période de survie car elles sont multifonctions. Les graines stockées pourront être au choix plantées, consommées (comme telles ou après trempage) ou germées avant d'être consommées. La plupart des graines, une fois germées, présentent plus de nutriments que la graine sèche elle-même. Les graines germées sont de véritables « bombes nutritifs » et sont parfaites pour accompagner la plupart des plats. Il est possible d'utiliser presque toutes les graines germées dans l'alimentation. Évitez bien sûr d'utiliser des graines de plantes toxiques et faites très attention à ne pas acheter des graines stériles (OGM) et ayant subi des traitements chimiques pour leur conservation.

Pour vous donner un ordre d'idée, les graines le plus souvent utilisées pour être consommées germées sont :

- les légumineuses : alfalfa (ou luzerne), fenugrec, haricot mungo, lentille, pois chiche ;
- les céréales : avoine, blé, maïs, quinoa, millet, orge (non mondée), sarrasin, seigle, riz ;
- les oléagineux : sésame, tournesol, dont les fruits oléagineux : amandes, noisettes ;
- les légumes : courge, brocoli, carotte, céleri, choux, épinard, fenouil, navet, oignon, poireau, persil, radis ;
- les mucilagineux : cresson, lin, roquette, moutarde.

Pour le processus de germination, il y a deux étapes à connaître :
- Le trempage : faire tremper les graines dans un récipient quelques heures, dans un récipient avec de l'eau de source ou de l'eau filtrée. La durée dépend du type de graines.
- La germination (croissance) : pendant quelques jours, regarder pousser les graines qui doivent être humidifiées et rincées chaque jour. Elles ont besoin d'eau, d'air, de chaleur et de lumière. Attention à ne pas laisser les graines en plein soleil directement.

Au niveau matériel, il suffit de mettre les graines dans une assiette avec un fond d'eau. Vous pouvez opter pour d'autres équipements spécifiques (germoirs, coussins de ouate, assiettes, etc.). La germination des graines sera un bon exercice pour vos débuts en tant qu'agriculteur. Les durées de conservation de vos graines doivent tenir compte de leurs durées germinatives. Bien qu'en moyenne la majorité des graines puisse se conserver pendant 4 ans, les durées germinatives peuvent fortement varier, allant de quelques jours à quelques dizaines d'années. Pour certaines graines, si les conditions sont optimales (endroit sombre et sec), les durées peuvent même atteindre plusieurs centaines d'années. Mais plus la durée de conservation est longue et moins le pouvoir germinatif est présent. Renseignez-vous bien sur les durées germinatives des graines que vous achetez, surtout si elles ont pour but d'être germées ou plantées.

Si vous souhaitez fabriquer votre pain ou vos propres pâtes, prenez de préférence des graines de blé complet. Le blé entier peut être moulu à l'aide d'un petit moulin, pour en faire de la farine (qui se conservera maximum 3 ans). Le pain lui à une durée de conservation de quelques jours. Le blé est l'élément le plus utilisé pour faire les farines mais il est tout à fait possible de choisir d'autre type de graines pour faire vos farines comme le lin, le maïs, le seigle et l'épeautre par exemple. Ce conseil est à prendre en compte essentiellement si certaines personnes de votre BAD sont intolérantes au gluten.

Une bonne nutrition et une bonne alimentation requièrent de la diversité. Ainsi, les graines choisies, tant par leur technique de préparation que par le nombre des variétés existantes, devront permettre d'encourager cette diversité nutritionnelle et gustative. Par exemple, vos 5 kg de graines par personne et par mois pourront être décomposés en : 1 kg de Blé, 1 kg d'Avoine, 1kg de Maïs, 1kg de graines de Tournesol et 1 kg d'autres graines à Germer au choix (moyen mémo-technique : BAMTG). Cet exemple permet d'obtenir une diversité nutritive et gustative intéressante pour un rapport coût/durée de conservation optimal.

Pour avoir une gestion précise de vos stocks, il est important de différencier les graines de votre stock artificiel et les graines à planter, destinées à la culture. Même s'il peut y avoir des transferts d'un stock à l'autre, en termes de quantité, faites-bien la différence entre ces deux stocks. Les quantités indiquées ici ne prennent en compte que le stock de graines comestibles immédiatement. Les quantités de graines totales doivent représenter, au strict minimum, le double des quantités présentées ici ; autrement dit, 10 kg de graines par personne et par mois (5 kg à consommer directement et 5 kg à planter). Votre surplus de graines, si surplus il y a, pourra servir pour le troc.

> **Le sel** : 5 kilos / personne / mois

Pour la lacto-fermentation, nous avons vu que le sel à utiliser devait être du sel gris sans additifs tels que l'iode ou le fluor. En revanche, l'iode des aliments peut parfois manquer dans l'alimentation. Voilà pourquoi il peut être intéressant de prendre également du sel iodé. Bien que le corps n'ait besoin que d'une très faible quantité d'iode pour fonctionner, une carence en iode a de graves conséquences notamment sur le cerveau.

Pour résumer, prévoyez 4 kilos de sel gris nature et 1 kilo de sel iodé par personne et par mois. Le sel servira également pour le troc. Après tout, le mot « salaire » provient étymologiquement du mot sel. Alors voyez l'achat de sel comme un investissement sur l'avenir !

> **Les huiles** : 2 litres / personne / mois

Privilégiez l'huile d'olive, mais vous pouvez varier les plaisirs avec des huiles d'argan, de noix, de colza, de tournesol, de lin, etc.. En général, les huiles se conservent au maximum pendant 5 ans avant de perdre leur qualité nutritionnelle.

➢ **Les condiments** : 2 kilos / personne / mois

Pour les condiments, choisissez surtout ce que vous aimez. La moutarde est un condiment important à avoir, qui vous permettra de faire de la mayonnaise et qui a l'avantage de se conserver plusieurs dizaines d'années. Idem pour les sauces tomates en conserve qui vous permettront de mettre de la couleur dans vos assiettes de riz et de pâtes. Sans oublier les épices (curry, curcuma, piment,…) et les herbes aromatiques (herbes de Provence,…).

➢ **Le chocolat noir** : 2 kilos / personne / mois

Le chocolat noir est l'aliment « confort » et « antidépresseur » de votre stock. Il servira de dessert à la fin de vos repas ou pour les goûters. Toujours très utile en période de baisse de morale, il est indispensable si vous avez des enfants. Le chocolat noir peut se garder ad vitam aeternam alors, ne vous privez pas !

➢ **Le sucre** : 2 kilos / personne / mois

Le sucre servira principalement pour la conservation de vos fruits et légumes sous forme de confiture notamment. Il sera utilisé également pour les boissons chaudes (café, thé, etc.). En règle générale, la consommation de sucre doit être maintenu faible pour éviter le risque de carries. De préférence, optez pour des sucres non-raffinés comme le sucre brun ou roux. Le sucre se conserve pratiquement indéfiniment à l'abri de l'humidité et pourra servir également au troc. Afin de varier les saveurs, la moitié de votre stock de sucre peut contenir des aliments alternatifs comme : le sirop d'agave, le sirop d'érable, le miel ou les mélasses.

➢ **Les compléments alimentaires** : quantités au choix

Les compléments alimentaires sont des « médicaments » censés palier toute carence alimentaire spécifique. Normalement, si vous suivez la liste précédente, vous ne devrez manquer de rien en terme nutritif, mais il faut prévoir le jour où votre stock sera nettement diminué. Dans ce cas, il peut être judicieux de prévoir des aliments/compléments qui vous permettra d'éviter la famine ou les carences.

La spiruline est l'un des aliments les plus nutritifs qui existe au monde. Il se trouve sous forme de copeaux, de comprimés ou sous forme liquide. Dans un autre registre, les protéines de soja ou de whey (à base de lait) sont des produits hyper-protéinés initialement utiliser pour la musculation. Ils se vendent sous forme de poudre dans des bidons. Il peut être utile d'en avoir un ou deux au cas où !

Si certaines personnes de votre BAD ont des besoins nutritifs spécifiques, vous devez anticiper le manque et prévoir les compléments alimentaires associés.

> **Les pommes de terre** : 5 kilos / personne / mois

Les pommes de terre sont des supers aliments. Les « légumes des pauvres » sont riches en glucides, protéines, vitamines et sont faciles à cultiver. De plus, elles apportent une sensation de satiété rapide. Il faut en prévoir 5 kg par personne et par mois. Leur inconvénient principal est qu'elles ne se conservent que 1 à 2 ans à l'abri de la lumière et au frais. Ne stockez pas tous vos sacs de pommes de terre les uns sur les autres. Le pourrissement des pommes de terre dégage un gaz appelé glycoalcaloïde qui est mortel par simple inhalation. Dès les premiers signes de pourriture sur des pommes de terre, il est nécessaire de les jeter et d'aérer le local de stockage. Les pommes de terre germées doivent être replantées d'une année sur l'autre.

À terme, il vous faudra cultiver suffisamment de pommes de terre pour tenir à l'année. À cause de leur courte durée de conservation, elles sont les derniers aliments à rentrer dans votre stock. Mais le jour J, il est essentiel dans posséder une très grande quantité dans votre stock pour permettre cette auto-production long-terme.

Bien qu'il puisse être personnalisé, voilà à quoi doit ressembler un stock alimentaire de survie dans une BAD digne de ce nom. Ce stock de secours vous sera particulièrement utile en période froide lorsque les récoltes deviendront moins abondantes. Progressivement, la diminution du stock devra être compensée par la conservation des aliments de votre propre auto-production. Si les conséquences de l'effondrement durent plusieurs dizaines d'années, votre stock de secours ne sera, à terme, composé presque exclusivement de vos propres aliments récoltés !

En annexes n°4 vous trouverez une liste beaucoup plus complète d'aliments à prévoir dans votre stock alimentaire de secours. Vous pourrez modifier cette liste selon vos envies. Une fois que vous aurez les indispensables, prenez surtout ce que vous aimez !

D'un point de vue des <u>techniques de stockage</u>, le rangement de vos stocks doit se faire de façon stratégique et réfléchie. Vous ne devez surtout pas tout stocker au même endroit. Laissez des quantités minimales de nourriture dans les coins « évidents » comme les placards de la cuisine. Mais stockez le plus gros de votre stock dans des endroits difficiles d'accès et peu commun (ex : caves, combles, sous les lits, dans les penderies, sous la niche du chien, dans une malle,…). Attention cependant aux zones humides comme la cave et trop chaudes comme les combles et le grenier, selon les aliments que vous y stockerez. Une vigilance toute particulière doit être portée envers vos « petits colocataires gourmands » (insectes, rongeurs,…). Dans la mesure du possible, changez ou camouflez les contenants évidents. Laissez libre court à votre imagination (ex : pots de peintures ou bidon de produit chimique, chaussures inutilisées,…). Attention de ne pas utiliser de contenant « utile » dans une autre mesure, tel que des bidons d'essence par exemple. Le gros de votre stock visible dans des endroits facilement accessible (cave, garage,…) doit être au minimum verrouillé (chaînes, cadenas, antivol, serrures,…). Si vous avez des stocks importants, vous pourrez également en enterrer dans votre jardin ou dans la forêt environnante. Dans ce cas, entreposez vos aliments dans des récipients étanches et refermables (malles, bidons, réfrigérateurs usagés, etc.). Stockez-y des produits sans contenants métalliques (ex : boîtes de conserve) pour éviter qu'ils soient repérés par les détecteurs de métaux. Les camouflages visible ET invisible doivent être parfaits !

Ne prenez pas ces conseils à la légère car en cas de famine, les séquestrations à domicile sont fréquentes. Ne faites pas non plus de liste avec toutes vos cachettes qui pourrait être trouvée mais « révisez » vos cachettes souvent pour ne pas oublier où elles se trouvent. Toutes ces techniques de stockage vous éviteront de perdre la totalité de vos stocks en cas de cambriolage, de séquestration à domicile ou même de réquisition gouvernementale, ce qui est en définitive la même chose. Le plus grand ennemi de vos stocks de nourriture en période de famine, n'est en effet pas le reste de la population, mais le gouvernement lui-même. Les meilleurs exemples historiques sont les réquisitions de nourriture des paysans indépendants russes et ukrainiens (koulaks) par le Système « collectiviste » d'URSS dans les années 1930. Cela c'est déjà vu dans le passé et cela se reverra dans le futur : <u>préparez-vous à cette éventualité</u> !

En plus, de vous permettre de ne pas mourir de faim, votre stock alimentaire peut être perçu comme étant un placement financier d'avenir. Comme le dit l'analyste économique Charles Sannat, créez-vous un PEB (Plan Épargne Boîte de conserve) ! En effet, avoir un stock alimentaire est une solution d'épargne plus sûre que de laisser son argent à la banque ou dans une assurance-vie. Sans oublier le fait que cela protège également la valeur de votre patrimoine en cas d'inflation (augmentation des prix des matières premières, dont la nourriture).

Lorsque les conséquences de l'effondrement commenceront à être vraiment visible par tous, il faudra profiter du démarrage de l'effondrement pour compléter votre stock de secours. Après, il faudra rapidement oublier cette option car de toutes façons les supermarchés seront dangereux pour votre sécurité avant d'être totalement et rapidement vidés. En effet, faites très attention d'arriver avant la foule pour éviter les agressions et les vols. Si vous pensez que c'est trop juste pour votre sécurité alors, n'y allez pas ! En cas de rupture d'approvisionnement des supermarchés, la durée estimative avant que les rayons de tous les supermarchés d'une grande ville comme Paris se vident est de… 3 jours ! Pour les villes de tailles inférieures, c'est un peu supérieur (5 ou 6 jours). Ces durées estimatives sont dans le cas d'une pénurie avec des comportements de consommation « normaux ». Rajoutez à cela une panique généralisée et je vous assure qu'il vaut mieux que vous soyez très réactif ou que vous oubliez totalement cette option. Un supermarché peut facilement être vidé en moins d'une heure si la panique s'installe… Voilà pourquoi il est fondamental de commencer votre stock de secours dès <u>maintenant</u> ! Avec des supermarchés vides et sans stock artificiel de secours, l'une des seules autres solutions pour avoir de la nourriture, sans la produire par vous-même, sera d'utiliser le « stock naturel ».

Le stock naturel de secours

Le stock alimentaire naturel comprend : les plantes, les racines, les baies, les fruits et les champignons sauvages comestibles, ainsi que les animaux provenant de la chasse et de la pêche.

Pour les récoltes de végétaux, seules des connaissances vous sont nécessaires. En revanche, pour la chasse et la pêche, vous devez avoir des équipements spécifiques bien que certaines techniques avancées peuvent se faire sans équipements de chasse ou de pêche.

Pour la chasse, prévoyez : des fusils et des munitions, du fil pour les collets (fil de pêche, corde à piano, fil en inox, ficelles, crin de cheval,…) et d'autres armes à projectile avec des munitions renouvelables (arc/flèches, lance-pierre/projectiles).

Pour la pêche, prévoyez : des hameçons, du fil de pêche, des plombs, des mouches, des bouchons, des épuisettes, des bourriches et des cannes à pêche.

Les connaissances à avoir pour subvenir à vos besoins grâce au stock de secours naturel portent sur :
- les plantes et champignons comestibles de votre région
- la pêche (avec et sans équipements)
- la chasse (avec et sans armes/pièges)

A défaut de suivre une bonne formation pratique et en immersion, achetez des livres sur ces sujets. Rappelez-vous toujours que « les mauvaises herbes » de votre jardin peuvent peut-être vous apporter les nutriments que vous n'avez pas/plus dans votre stock artificiel. En cas de doute sur leur comestibilité, mettez en œuvre le principe de précaution : abstenez-vous ! Ne mangez jamais ce que vous ne connaissez pas afin d'éviter les indigestions, les allergies ou même les intoxications mortelles.

En termes de prévision, la saisonnalité est l'indicateur premier à prendre en compte lorsque que vous comptez sur la Nature pour vous nourrir. L'hiver est sans nul doute la pire des périodes, la production végétale y est rare et la plupart des animaux hibernent ou ont migrés dans une zone du globe plus chaude. D'ailleurs, le plus gros inconvénient du stock naturel est que vous ne maîtrisez pas la quantité de nourriture qui s'y trouve. Souvenez-vous qu'un événement imprévu peut contaminer les végétaux et tuer tous les animaux sauvages de votre zone alors, si la Nature est votre source alimentaire principale, vous vous retrouveriez sans rien à manger. Le stock naturel, tout comme le stock artificiel, doit donc toujours être considéré comme une source de nourriture secondaire. Pour rappel, la source alimentaire à utiliser en priorité est l'auto-production au sein de vos potagers et vergers.

Maintenant, que vous savez comment vous nourrir, il vous suffira de vous équiper d'ustensiles et d'équipement afin de pouvoir cuisiner et manger d'une manière semblable à ce que vous aviez l'habitude de faire avant l'effondrement.

Les ustensiles et équipements de cuisine

Ne sachant pas combien de temps les magasins seront fermés, il est important de posséder des ustensiles et des équipements fonctionnels pour la cuisine. Voici une liste des principaux équipements à avoir dans votre BAD :

Cuisinière à bois, pierre à feu, briquets, allumettes, papier journaux, bocaux simples, bocaux sous-vide, gros bidon étanche (pour la lacto-fermentation, cf. partie suivante), carafe d'eau, verres, fourchettes, couteaux, grand couteau de cuisine, cuillères (petites et grandes), assiettes, bols, tasses, récipients, poêles, grandes casseroles, marmites, hachoir/mixeur manuel (pour pouvoir faire des soupes et des purées, même sans électricité), cocotte-minute (attention à la température de cuisson pour ne pas perdre les nutriments des aliments), boîtes à biscuit, papier aluminium (à éviter en contact directe avec la nourriture), ouvre-boîte, tire-bouchon, décapsuleur, bouteilles de gaz + gazinières (à défaut type camping), plaques électriques et fours solaires.

Une liste encore plus détaillée vous est présentée en annexe n°4.

La gestion du manque

Pendant et après l'effondrement, vous n'aurez très certainement plus accès à une abondance de nourriture comme avant. Tous les supermarchés seront vidés en quelques jours ou heures et vous devrez survivre avec votre propre auto-production et sur vos stocks. Vous serez alors obligé de gérer d'une manière ou d'une autre le manque de nourriture. Il vous faudra donc adapter vos fréquences de repas et les quantités ingurgitées.

Les conséquences d'un manque de nourriture varient énormément d'une personne à l'autre. Les personnes les plus fortes physiquement, ayant une forte masse musculaire, sont les premières à subir les méfaits de la faim. Les personnes ayant l'habitude de beaucoup manger sont également plus rapidement vulnérables au manque de nourriture que les autres, du fait de leur grand diamètre d'estomac. En revanche, les personnes ayant l'habitude de jeûner et de manger peu tiendront plus facilement la distance. Pour des performances moyennes, le corps humain peut se passer totalement de nourriture jusqu'à trois semaines (21 jours). Une fois ce délai passé, le corps devient très affaibli et il devient difficile de se déplacer à pied.

En cas de manque ou en prévision de celui-ci, vous devrez apprendre à jouer avec la faim. Voici quelques recommandations essentielles pour éviter le manque de nourriture ou savoir comment réagir face à lui :

- *« L'appétit vient en mangeant »*, ne pas manger lorsque l'on n'a pas faim
- Boire beaucoup d'eau
- Réduire les efforts physiques au maximum
- Éviter le stress
- Occuper son esprit pour ne pas se focaliser sur sa faim
- Passer à deux repas par jour (sautez le petit-déj), voire un seul repas par jour (le soir)
- Avant de manger, visualisez la satiété et l'abondance (imaginez manger jusqu'à en vomir)
- Manger dans des petites assiettes
- Mâcher très longtemps
- Faire une pause de 10 minutes au milieu de chaque repas, finir le reste de l'assiette lorsque la faim revient
- Lorsque vous avez trop faim hors des repas, buvez un thé ou un café faiblement sucré
- Vos placards de cuisine doivent être vides (le « syndrome du placard vide » fait comprendre inconsciemment à votre corps la notion de manque, le corps s'adapte alors naturellement)
- Essayer de manger un minimum de 150g d'aliment par personne, le plus régulièrement possible
- Consommer des plantes que vous connaissez ou boire des infusions de celles-ci
- Manger des salades d'herbe verte
- Boire des mélanges d'eau et d'argile verte (ou de terre)
- *Dernier recours :* manger une galette de terre (coupe-faim utilisé par la population haïtienne suite au tremblement de terre de 2010)

Pour gérer au mieux le manque, il faut savoir que les habitudes alimentaires sont une cause importante du déclenchement de la faim. D'ailleurs, le principe des trois repas par jours (matin/midi/soir) est une habitude culturelle principalement due aux horaires de travail. D'après

Paul Freedman, professeur d'histoire à l'Université de Yale aux États-Unis et auteur de *Food: The History of Taste (Nourriture : l'Histoire du Goût)*, prendre trois repas par jour est une habitude purement culturelle *« qui ne repose sur aucun argument biologique »*. Il est tout à fait possible de très bien vivre en ne prenant que deux repas par jour voire même un gros repas unique. Un tel régime est tout à fait naturel, même s'il demande un peu d'entrainement au départ. Une fois, la modification des horaires de repas admise par votre corps, il modifiera ces « horaires de faim » de lui-même. En période de manque ou de rationnement, la faim doit devenir « l'état normal ». Pour que le changement d'habitude alimentaire se fasse en douceur, le corps a besoin de temps. Je vous conseille donc de commencer dès maintenant à modifier vos habitudes alimentaires comme par exemple en sautant le petit-déjeuner très régulièrement.

Gardez à l'esprit que vous devrez adapter votre alimentation à la situation que vous vivrez. Malgré votre préparation, il est probable que vous allez rencontrer le manque, que cela soit par des restrictions imposées ou des pénuries subies. Il est préférable que vous contrôliez la faim au lieu que ce soit elle qui vous contrôle. Pour ce faire, vous devez entrainer votre corps à vivre cette situation avant que l'effondrement du système ne vous l'impose. C'est une compétence et un entrainement indispensable à maîtriser à toute personne désirant survivre sur le long terme. De plus, une maîtrise intérieure du manque et une gestion du stress optimale vous permettront d'éviter de tomber dans des excès et des addictions (alcool, cigarette, drogue) qui sont bien sûr des produits à éviter au maximum. Seul un verre de vin rouge de temps à autre, si votre cave à vin le permet, doit être autorisé.

Vous devrez toujours anticiper « l'extérieur par l'intérieur » principalement par une gestion optimale de la faim. Vous serez alors capable de faire d'une difficulté (le manque de nourriture), une force. Car le jeûne vous permettra à la fois d'améliorer votre santé et d'économiser de vos stocks. Aujourd'hui, de nombreux scientifiques ont clairement démontré les bienfaits d'un jeûne intermittent sur l'ensemble du corps et surtout sur le cerveau. Ce constat est notamment mis en avant par les travaux de recherches du Dr Mark P. Mattson, chef du laboratoire de neuroscience à l'Institut National sur le Vieillissement des États-Unis. Bien que la science actuelle soit maintenant capable de constater les bienfaits du manque de nourriture sur le corps humain, ces connaissances sont en réalité connues depuis très longtemps. En effet, les bienfaits du jeûne étaient déjà d'actualité au temps du philosophe Platon, 400 avant J-C.

Pour conclure, bien qu'il puisse être utile de disposer d'une réserve de graisse de 4 à 5 kilos supplémentaires au démarrage de l'effondrement, je vous invite à vous renseigner sur la pratique du jeûne, intermittent et/ou longue période, et à vous entrainer ponctuellement à gérer le manque de nourriture dès à présent. Bien sûr chaque cas est particulier, il est donc préférable de consulter un spécialiste de la nutrition pour savoir si un tel régime est adapté à votre physiologie, à votre niveau de santé actuelle et à votre mode de vie actuel.

Les métiers

Les métiers en lien avec ce qui comestible et consommable seront liés à :
- l'agriculture et le commerce de ses récoltes
- la récolte et le commerce de semences bio
- la fabrication et la vente de serre
- l'hydroponie et la fabrication de solutions nutritives de synthèse
- l'aquaponie
- la connaissance des plantes et champignons comestibles naturels
- la culture et la vente de champignons
- la culture et la vente de spiruline
- la vente d'œufs « bio »
- l'apiculture
- la pêche
- la chasse
- la fabrication et la vente d'outils agricoles
- la récupération et la vente de sel
- la fabrication et la vente d'alcool
- la fabrication et la vente d'éléments pour la conservation de la nourriture (bocaux, vinaigres, sucres, huiles, etc.).
- la préparation et à la transformation des céréales (meuniers, boulangers)
- la fabrication d'ustensile de cuisine (potier, souffleur de verre, etc.)
- la culture et la vente de chanvre
- la culture et la vente du tabac
- la culture et la vente de café et de thés

- le travail des produits d'origine animale
- la formation aux métiers énoncés ci-dessus

Il est important de se former à l'agriculture ou à défaut d'avoir des livres sur le sujet. Dans tous les cas, il est fortement recommandé de « pratiquer » l'agriculture pour s'entrainer dans le but d'avoir une production régulière. Commencez petit mais surtout commencez maintenant ! Une fois que vous vous rapprocherez de votre autonomie alimentaire et que votre stock de secours sera presque finalisé, vous pourrez apprendre des compétences faisant référence aux métiers ci-dessus.

Mise en situation réelle

En cas de rupture des chaînes logistiques mondiales et si votre stock artificiel de secours est vide, il ne vous reste que les quatre options suivantes pour vous nourrir :

- l'auto-production de nourriture : nécessite un terrain cultivable ou système de culture hors-sol (type aquaponie) sécurisé.

- l'échange entre particulier : très rare au démarrage et nécessite d'avoir quelque chose de plus grande valeur que de la nourriture, à échanger. La prostitution deviendra une option envisageable pour certaines personnes comme vu en Grèce au début des années 2010, suite à l'effondrement de leur système bancaire.

- le stock naturel : nécessite de vivre à proximité d'une forêt, d'une rivière ou de la mer ; la quantité est incertaine selon la période. Des connaissances et/ou des équipements spécifiques sont nécessaires.

- la soupe populaire : option très incertaine et quantité de toute façon insuffisante pour tout le monde.

Pour conclure sur le thème de la nourriture, produire sa propre nourriture est une obligation vitale pour chacun en période d'effondrement. Gardez bien à l'esprit que la période froide est une période où la production alimentaire est faible voire quasi-nulle. Pour remédier à ce problème, il vous sera nécessaire d'anticiper et de stocker des provisions en période de récolte pour combler les manques de production en période froide. Il est donc fondamental de savoir comment stocker et conserver vos propres récoltes. La première des choses à stocker pour survivre sont des semences. Afin d'avoir des récoltes en période froide, vous devez également investir dans des serres. De plus, un stock (artificiel) de secours doit être prévu dès le départ. Les quantités de production et de stockage sont bien sûr à adapter en fonction du futur nombre de résident de votre BAD et à majorer afin de pallier à toutes les éventualités (mauvaises récoltes, réfugiés additionnels, etc.).

Bien évidemment, la soupe populaire et la prostitution ne sont pas considérées comme des options valables dans un plan de survie digne de ce nom. Votre préparation vous permettra d'avoir le choix alors que, les personnes non-préparées devront s'adapter d'une manière ou d'une autre et, à terme, en assumer les conséquences. Gardez toujours en tête que pour avoir la meilleure stratégie de survie possible, vous ne devez compter que sur vous-même. <u>La survie est votre responsabilité</u>, à vous et à vous seul ! En survie, vous n'avez aucun droit, rien ne vous est dû ! Ancrez ce principe en vous maintenant. Demain, lorsque vous appellerez à l'aide... personne ne viendra pour vous sauver...

POINT 5 : LA SANTÉ

À ce stade, vous êtes déjà bien avancé dans la mise en place de votre stratégie de survie. Vous disposez d'une BAD, vous êtes équipé pour vous protéger d'une pollution de l'air extérieur et vous êtes déjà autonome en eau et en nourriture. Le point à étudier maintenant est celui de la santé, qui est extrêmement vaste à étudier. D'ailleurs, d'une manière générale, il est même possible de dire que toutes les informations de cette formation ont pour but d'améliorer votre santé. La santé représente en effet la pierre angulaire de toute bonne stratégie de survie. Ce thème de la santé est le thème « leader » en plus d'être le thème central de cette stratégie. Cela signifie également que vous êtes à mi-parcours dans la mise en place de votre stratégie de survie... Félicitations pour tout ce que vous avez déjà appris et accomplis jusqu'ici ! On continue !

Dans cette partie, la démarche présentée consiste à augmenter la probabilité d'être en bonne santé et ce, même en période d'effondrement de la société. Vous apprendrez comment anticiper et comment réagir en fonction des principaux risques de santé que vous pourrez rencontrer. Mais avant toute chose, il est important de bien cerner le sujet.

D'après la définition de l'Organisation Mondiale de la Santé (OMS) de 1946, la santé est : « *un état de complet bien-être physique, mental et social, et ne consiste pas seulement en une absence de maladie ou d'infirmité* ». Cette définition est particulièrement intéressante car elle implique que tous les besoins fondamentaux de la personne doivent être satisfaits, qu'ils soient affectifs, sanitaires, nutritionnels, sociaux et culturels ; du stade de l'embryon à celui de la personne ayant un âge avancé.

Tous les experts du domaine s'accordent sur le fait que le meilleur moyen de rester en bonne santé reste encore de ne pas tomber malade ! En d'autres termes, la prévention est le moyen le plus efficace pour rester en bonne santé. Bien qu'il semble évident, ce constat n'est pas appliqué au sein de la médecine occidentale (« *je vais chez le médecin lorsque je suis déjà malade* ») alors qu'elle est, par tradition, d'avantage pratiquée dans les médecines orientales. Dans les parties précédentes, de nombreuses techniques préventives ont déjà été énoncées, notamment lorsqu'il était question de qualité de l'air, de l'eau et de la nourriture. Souvenez-vous qu'en période de survie vous devrez mettre en œuvre des démarches avant tout préventives. Gardez toujours en tête le fameux dicton: » *mieux vaut prévenir que quérir* ».

La démarche de santé proposée ici se décompose donc en deux méthodes qui sont :
-   La méthode de santé préventive
-   La méthode de santé curative

Commençons par la prévention.

La méthode de santé préventive

S'il fallait un seul mot pour définir la méthode préventive à appliquer pour rester en santé, ce serait très certainement : l'hygiène.

Lorsque l'on évoque le terme d'hygiène, il est usuel de penser directement à la propreté et au nettoyage de l'habitat alors qu'en réalité l'hygiène touche des domaines bien plus nombreux. En effet, l'hygiène correspond à l'ensemble des comportements concourant à maintenir les individus en bonne santé. Elle requiert de pouvoir notamment faire la part entre les bons microbes et ceux qui sont pathogènes ou peuvent le devenir dans certaines circonstances ; circonstances que l'hygiène cherche à rendre moins probables, moins fréquentes voire même à les supprimer. Autrement dit, l'hygiène correspond à tout ce qui touche aux comportements, aux attitudes et aux habitudes qui permettent de réduire les probabilités de rencontrer le « Mal » (maladies, infections, chocs, etc.).

Pour mettre en place de bonnes habitudes hygiéniques dans votre BAD et pour faire en sorte que toutes les personnes de votre communauté adoptent ces habitudes, il vous faudra créer des règles. Ces règles devront être écrites sur un papier que tous les membres de votre communauté signeront et qui sera affiché dans la pièce principale de votre BAD. Inutile de chercher des règles complexes ou exotiques, contentez-vous des règles d'hygiène de base du type :
1) Faire ses besoins à l'endroit prévu
2) Se brosser les dents au strict minimum une fois par jour
3) Maintenir un niveau d'hygiène corporel minimum
4) Laisser les salles d'eau propres après chaque utilisation
5) Participer régulièrement au maintien de la propreté de l'habitat

6) Éviter de faire des choses nocives pour soi, par respect envers la communauté
7) Écouter son corps, prendre soin de soi
8) Ne jamais dissimuler un mal-être, une maladie ou une blessure, même minime
9) Montrer l'exemple dans ses comportements hygiéniques de tous les jours

Ces règles ne sont que des exemples que vous pourrez bien sûr modifier ou adapter selon vos désirs. Le fait de remémorer des règles de base évidentes sous forme de contrat permet de rappeler à tous les membres de la BAD l'importance de l'hygiène en période de survie. De plus, cela rend chaque membre de la BAD responsable de sa santé et de la santé des autres, ce qui permet de renforcer le sentiment d'appartenance.

Le problème avec les règles et les habitudes, c'est qu'il est facile de les abandonner lorsqu'elles sont contraignantes. Ce constat se vérifie encore plus en période d'effondrement. En effet, lorsque le désordre prédomine à l'extérieur, il a tendance, par mimétisme, à rapidement s'immiscer à l'intérieur de l'individu, notamment par des changements de comportements, même les plus basiques. Alors, afin de toujours s'assurer que tous les comportements hygiéniques soient optimaux au sein de votre BAD, il faudra que chacun fasse preuve de <u>vigilance</u>. Si la vigilance est indispensable, il n'est toutefois pas nécessaire de devenir totalitaire envers les autres pour appliquer votre démarche de prévention des maladies. Vivre dans un lieu aseptisé n'est pas un but à rechercher en soi car dans ce cas, le corps devient incapable d'effectuer lui-même sa prévention, par la création de certains anticorps ; anticorps qui ne peuvent être créés que par la présence de certaines bactéries et virus extérieurs. En outre, désirer avoir une hygiène absolument parfaite peut engendrer un fort niveau de stress qui sera lui-même néfaste pour la santé. À contrario, un manque d'hygiène personnel et volontaire peut être un signal important pouvant illustrer un état psychologique fébrile, pouvant à terme mener à la dépression voire au désespoir. L'idéal reste donc de trouver un équilibre raisonnable en termes de comportements hygiéniques : <u>être vigilant, sans être parano ou rigide</u>. Évidemment, la vigilance des comportements hygiéniques doit porter tant sur ceux des autres que sur les vôtres.

Lorsqu'une vigilance mentale se concrétise dans la réalité physique, par des comportements, on parle alors de <u>discipline</u>. Être discipliné, lorsque c'est un choix, n'est pas une mauvaise chose, bien au contraire. Être discipliné, vous permet d'être efficient dans la réalisation de vos différents projets de vie. En plus du fait que la discipline personnelle vous fera atteindre vos objectifs, elle aura pour but d'impacter les autres. Cette discipline personnelle est donc indispensable, surtout si vous êtes le leader de votre BAD. En effet, en tant que leader, vous devez faire les choses que vous dîtes, pour connecter les personnes autour de vous et autour de votre projet commun. Ce constat se vérifie dans beaucoup de domaine et même dans les plus basiques tels que l'hygiène. Une bonne hygiène requiert donc, par définition, de la discipline personnelle. Ce n'est d'ailleurs pas par hasard que l'hygiène est l'une des premières notions enseignées dans toutes les armées du monde. C'est cette discipline personnelle qui vous permettra au final de montrer l'exemple. Et, comme l'a dit Gandhi : *« L'exemple n'est pas le meilleur moyen de transmettre une idée, il est le seul »*.

De manière plus concrète et pratique, l'hygiène de base peut être décomposé en trois grandes catégories :

-   L'hygiène de vie :

L'hygiène de vie correspond à la satisfaction des besoins primaires humains tant en terme de quantité que de qualité. Cela commence donc par respirer de l'air sain, boire suffisamment de l'eau saine et avoir un bon équilibre entre repos et activité physique. En effet, avoir une activité physique régulière, même minime (ex : marche à pied), est nécessaire pour optimiser le fonctionnement du corps humain, au même titre que le fait de dormir suffisamment.

Ensuite, il faut savoir que le stress ou le fait de ressentir une émotion négative impacte fortement le niveau de santé, en affaiblissant le système immunitaire. Lorsque l'on y pense, il paraît évident de se nettoyer l'extérieur du corps mais, personne ne nous a jamais appris à en nettoyer l'intérieur. Ce n'est parce que nous ne pouvons pas voir ou toucher les pensées et émotions qu'elles n'impactent pas directement notre état de santé physique. En toutes circonstances, soyez calme, serein, détendu et prenez du temps pour vous relaxer. Pensez à rire régulièrement ! Dans la mesure du possible, soyez le plus en accord possible entre ce que vous dîtes, faites et pensez ! Réalisez régulièrement un bilan sur vous-même, votre évolution. Philosophez et méditez régulièrement !

Enfin, l'alimentation tient un rôle clé pour avoir une bonne hygiène de vie. Pour traiter ce sujet en détail, il faudrait plusieurs livres mais, vous connaissez dors-et-déjà les bases pour avoir une bonne alimentation. En période de stress important, une attention particulière doit être portée sur les addictions. Vous devrez absolument éviter de tomber dans l'alcool, le tabac, le sucre raffiné ou dans d'autres drogues illégales. Comme vous n'aurez peut-être plus accès à tous ces produits dans le commerce, les seuls moyens de devenir accro seront d'auto-produire ou d'utiliser ceux de vos stocks ou encore de troquer des objets que vous possédez contre des produits addictifs pour noyer, fumer ou manger votre désespoir psychologique. Si l'envie vous prend, souvenez-vous qu'il y aura des choses plus constructives à faire et surtout que votre communauté a besoin de vous en pleine possession de vos moyens ! D'un point de vue physiologique, l'alimentation est d'autant plus importante que la digestion est un phénomène « invisible » à l'œil nu et qu'une mauvaise digestion peut entrainer des conséquences physiques graves et difficile à soigner. Pour prévenir d'éventuels troubles digestifs, il vous faudra boire régulièrement un mélange d'eau et d'argile. L'argile permet de créer une double paroi au niveau des intestins et ainsi de réduire en quantité les infections intestinales et les conséquences d'une intoxication alimentaire. L'argile est également particulièrement utile pour l'hygiène corporelle. Bien que l'argile verte est la plus couramment utilisée et la plus connue, il existe différentes variétés d'argile (verte, blanche, rouge, jaune, etc.), présentant toutes d'incroyables vertus, qui se distinguent légèrement selon la variété choisie.

-   L'hygiène corporelle :

Le point le plus important de l'hygiène corporelle est certainement l'hygiène bucco-dentaire. En effet, la bouche et les dents sont des parties très sensibles aux maladies ou aux infections de toutes sortes. Pour maintenir une hygiène bucco-dentaire satisfaisante, il est essentiel de se brosser les dents quotidiennement et dans l'idéal après chaque repas. Pour ce faire, vous devrez posséder un stock important de brosses à dent et savoir comment auto-fabriquer votre dentifrice à l'aide de matières premières que vous aurez pris le soin de stocker. Pour auto-fabriquer son dentifrice, il faut remplir une tasse à café d'argile, y ajouter quelques grammes de bicarbonate de soude alimentaire ainsi que 4 à 5 gouttes d'huile essentielle au choix, comme le citron ou la menthe poivrée par exemple. Avant l'effondrement, prenez le temps de soigner tous les petits bobos comme les carries ou les gingivites, avant qu'il devienne plus difficile de trouver un dentiste. Si vous avez des dents dévitalisées et/ou des amalgames au mercure, renseignez-vous sur leurs méfaits potentiels et sur les conséquences qu'ils peuvent occasionner sur votre santé sur le long-terme. Demandez l'avis de plusieurs spécialistes sur ces questions. De manière générale, diminuez au maximum la consommation d'aliments et de boissons sucrés.

Après l'hygiène bucco-dentaire, les zones du corps à surveiller en particulier sont <u>les yeux et les pieds</u>. L'œil est une des parties du corps la plus sensible et vulnérable. La pupille est la seule partie du corps qui ne se renouvelle pas naturellement au cours de la vie humaine. Les pieds eux sont indispensables pour se déplacer. Avec un problème aux pieds, vous serez grandement handicapé dans vos déplacements or vous devez toujours être assez flexible et mobile, en cas de fuite face à un danger par exemple. Lavez-vous régulièrement les pieds et pensez à bien les sécher après, sans oublier de passer entre les orteils. Il est en effet essentiel que vos pieds soient au maximum au sec pour éviter la prolifération de champignons. Protégez-les également des chocs grâce à des chaussures fermées et des champignons présents sur le sol, grâce à des souliers souples ou ouverts (pantoufles, claquettes, tongs, etc.). Laissez vos pieds respirer régulièrement, soignez rapidement toutes les petites plaies et surveillez les conséquences des échardes, même les plus petites ; retirez-les si possible.

Enfin, vous devrez surveiller particulièrement <u>le nettoyage du reste du corps</u> et spécifiquement les « zones humides » ou « zones à poils », c'est-à-dire les aisselles et les organes sexuels. Sans oublier de se laver les mains régulièrement et principalement après les passages aux toilettes et avant de faire la cuisine ou de manger. Du savon, du bicarbonate de soude ou encore de l'argile vous serviront grandement pour toutes ces tâches, prévoyez-en de très grandes quantités !

Après avoir optimisé votre hygiène de vie et votre hygiène corporelle, il ne vous restera plus qu'à améliorer votre « hygiène extérieure ».

-   <u>L'hygiène extérieure ou la réduction des nuisances extérieures</u> :

L'hygiène extérieure correspond à la protection envers toutes les nuisances présent dans votre environnement plus ou moins proche, allant de l'intérieur de votre logement au choix de votre zone d'habitation. Les nuisances extérieures sont nombreuses car elles comprennent :

-   Toutes les sources de pollution « invisibles à l'œil nu » d'ordre chimique, nucléaire, radiologique, bactériologique, virale et électromagnétique,
-   Toutes les sources de nuisance « visibles à l'œil nu » pouvant occasionner un traumatisme physique important (chute, coupure, coup, etc.)

Bien que le prix du plus grand scandale de santé public soit difficile à décerné dans nos sociétés modernes tant le nombre de nominés à ce titre est important (corruption/lobbying entre les industries pharmaceutiques et les instances de médecine nationale, présence de métaux lourds dans les vaccins (entre autres), fluor dans l'eau de ville et les dentifrices, etc.), il est certain que l'influence des ondes électromagnétiques sur la santé se révélera être l'un des plus grands scandales de santé public dans les années à venir. Bien que pour l'OMS (Organisation Mondiale de la Santé), les ondes hautes et basses fréquences ne sont que « _peut-être_ _cancérogènes_ _pour_ _l'Homme_ »[5], la pollution électromagnétique générale pré-effondrement (Wi-Fi, 4G, téléphones portables, radios, etc.), aussi appelée « électrosmog », atteint globalement des valeurs nettement supérieures à ce qu'elles devraient être pour assurer une pleine santé humaine. Ce scénario étant susceptible de s'amplifier à l'avenir, il est judicieux de pouvoir mesurer et se protéger des champs électromagnétiques présents au sein de votre zone de vie _(cf. annexe 5)_. Une fois que vous aurez évalué les différents risques de pollutions majeures de votre zone, vous aurez déjà grandement réduit la probabilité de tomber malade.

Ensuite, il vous faudra minorer les risques de traumatisme physique comme les chutes dans les escaliers, les entorses à cause du trou dans le jardin, les perforations dues au clou qui dépasse, etc.. Ce point est particulièrement essentiel à traiter si vous avez des « cascadeurs » en bas âge. Pour les moins jeunes, pensez à bien protéger vos yeux lors de travaux de coupe de bois ou de métal par exemple. Portez des chaussures lors de tous vos déplacements. Et portez des vêtements de

---

[5] Source et liens de téléchargement : www.iarc.fr / www.iarc.fr/fr/media-centre/pr/2011/pdfs/pr208_F.pdf / www.social-sante.gouv.fr/IMG/pdf/Champs_electromagnetiques_extremement_basse_frequence_DGS_2014.pdf

protection et des chaussures de sécurité lors de tous les travaux à risque.

Enfin, l'hygiène extérieure porte évidemment sur le <u>nettoyage et à la propreté du lieu de vie</u>. Pour nettoyer votre habitat, vous pourrez utiliser de l'eau de Javel, du vinaigre blanc ou encore du bicarbonate de soude. Prévoyez également un grand stock d'éponge et de produits ménagers type liquide vaisselle. Disposer de balai brosse et balai-serpillère ainsi que d'un aspirateur est indispensable. Les pièces d'eau (cuisine, salle de bain et WC) sont les pièces à surveiller en priorité, le plus important étant <u>la gestion des excréments et des déchets</u>. Ce point doit être étudié en détail selon le cas de figure dans lequel vous vous trouvez.

La gestion des excréments et des déchets ménagers

L'évacuation des selles de son espace de vie est un point central à traiter en cas d'effondrement généralisé. Vivre proche d'une zone où il y a présence de selles est un moyen rapide et efficace pour tomber malade et mourir. L'ingrédient principal qui vous permettra de maintenir l'hygiène, tant pour le corps que pour le nettoyage de la BAD, est : <u>l'eau</u>. Bien qu'il existe des solutions pour maintenir un certain niveau d'hygiène sans eau, l'eau devient quasiment indispensable pour l'hygiène générale, sur le long-terme. Après, il n'est pas nécessaire d'avoir l'eau courante directement dans la BAD mais, au minimum, avoir de quoi remplir un seau d'eau régulièrement pour faire sa toilette personnelle ou le ménage de la BAD. En revanche, pour l'évacuation des selles, votre stratégie sera totalement différente selon si vous avez un accès direct et abondant à l'eau ou non, depuis votre BAD.

En règle générale, il existe deux solutions pour être assuré de ne pas avoir de problème d'évacuation des selles. La première solution n'est possible que si votre BAD est proche d'un point d'eau naturel (ce qui doit être le cas dans l'idéal). Vous pouvez alors brancher l'alimentation en eau de votre source naturelle sur vos WC. Si votre auto-production et stockage d'électricité est suffisant, vous pouvez acheminer l'eau par des pompes. Dans le cas contraire, vous devrez soit utiliser la gravité pour acheminer l'eau jusqu'à votre logement, soit utiliser un bélier hydraulique si les conditions d'utilisation le permettent. Attention, cette solution est à envisager <u>uniquement si l'évacuation des selles se fait via fosse septique ou par un bassin de phyto-épuration</u>. Si votre évacuation se fait directement dans les égouts publics, il est possible que cette solution trouve ses limites rapidement lorsque les pompes des égouts ne fonctionneront plus. À la première pénurie généralisée d'électricité par exemple, il est en effet probable de rencontrer des problèmes de refoulement. Si cela devait arriver, il est urgent de boucher l'accès principal aux égouts de votre logement sous peine « *d'être dans la merde jusqu'au cou* ». En plus d'être dangereux pour la santé, vous en conviendrez que cela reste peu agréable.

La deuxième solution possible est l'utilisation de toilettes sèches, aussi appelé toilettes à compost. Cette solution fonctionne peu importe le cas de figure et elle est la seule qui permette de respecter les cycles naturels des éléments. En effet, les selles se dégradent beaucoup mieux dans la terre que dans l'eau, elles sont d'ailleurs utiles à la régénération de la terre alors qu'elles souillent l'eau. Avec cette méthode, les cycles naturels à la fois de l'eau et de la terre sont donc respectés. Cette solution vous permettra également d'économiser plusieurs dizaines de litres d'eau par jour, ce qui n'est pas négligeable en période de restriction notoire. Pour mettre en place cette solution, vous devez acheter un WC spécial ou fabriquer le vôtre. Il peut être fabriqué très facilement, par exemple, vous pouvez faire un trou dans une chaise avec un seau en-dessous remplis de sciure de bois. Pour cette solution des toilettes à compost, pensez à stocker également d'importante quantité de sac de sciure de bois ou à défaut des sacs de feuilles d'arbre mortes, qui auront la même utilité. Si le temps vous manque pour préparer des toilettes sèches à l'intérieur de votre BAD, vous devrez construire des toilettes sèches au fond de votre jardin à au moins vingt mètres de la première habitation, du potager/verger et d'une source d'eau potable. Cette technique n'a rien de nouveau car elle a été la seule méthode « saine » utilisée jusqu'à l'apparition de l'électricité. Cette méthode est la plus sûre, la plus simple et la moins onéreuse à mettre en place. Le principal inconvénient des toilettes sèches est qu'il faut vider le récipient régulièrement. Même si cela n'est pas forcément agréable, gardez à l'esprit qu'ainsi vous disposerez d'une matière première de qualité pour votre compost. Préférez ainsi toujours du papier toilette rapidement biodégradable.

En revanche, en cas de confinement, le fait de devoir vider ses toilettes sèches intérieurs devient un sérieux problème, mais il y a pire encore... Le pire des cas serait de disposer uniquement de toilettes sèches à l'extérieur de l'habitat. Dans ce cas, une solution envisageable serait de rapatrier vos toilettes sèches à l'intérieur de l'habitat, dans le lieu de plus excentré possible des lieux de vie et d'alimentation, comme par exemple la cave ou le garage. Vous devrez également disposer de gros bidon étanche et refermable afin de stocker les selles pendant toute la durée du confinement. À défaut, déposez-les sur une bâche en plastique et afin d'éviter les odeurs désagréables, il vous faudra recouvrir les selles de chaux ou d'une couche de terre. Avant votre confinement, assurez-vous d'avoir au minimum entreposé des sacs de terre à l'intérieur de votre habitat.

En cas de fermeture des magasins prolongés ou de pénurie totale, l'achat de papier toilette sera une chose impossible. Pour remédier au manque de papier toilette, il faut savoir qu'il existe également des toilettes à bidet, aussi appelés toilettes japonais. Dans ce cas, l'hygiène se fait par l'intermédiaire d'un jet d'eau intégré au WC. Ce type de toilette fonctionne obligatoirement avec la première solution d'évacuation présentée. À savoir que pour fonctionner, il est nécessaire d'avoir de grande quantité d'eau à disposition, une production électrique indépendante et un système d'évacuation autonome de type fosse septique ou phyto-épuration.

Pour les toilettes traditionnelles ou sèches, une fois vos stocks de papier toilette consommés, les solutions restantes seront :
- Les gants de toilette lavables
- Les feuilles d'arbre
- Les feuilles de livre (inutile à la survie)
- Les mains (à condition d'avoir un accès à l'eau)

Dans tous les cas, il est utile d'avoir au minimum une bassine ou un seau à disposition. Le récipient pourra servir soit à entreposer les gants de toilette, soit s'il est remplit d'eau, à participer au nettoyage. Bien entendu, pour éviter la prolifération de bactérie et de virus dans l'habitat, il faut veiller à bien se laver les mains après chaque opération et à désinfecter très régulièrement les objets touchés à la main (loquets, poignée de porte, robinet, interrupteur, etc..).

La deuxième catégorie de déchets à évacuer est : les déchets ménagers.

En cas de pénurie de pétrole prolongée ou de chaos généralisé, les camions poubelles ne pourront plus faire leur travail. La gestion de vos déchets alimentaires doit donc être prévue à l'avance. Si vous habitez en ville, vous devrez déposer vos déchets le plus loin possible de votre domicile et dans une zone verte comme un parc par exemple. Mais à long terme cette solution n'est pas vivable car la quantité de déchets en zone urbaine ou semi-urbaine deviendra vite colossale comparée aux surfaces de zone verte. Si vous habitez à la campagne, vous devez utiliser vos déchets organiques pour faire du compost que vous épandrez sur vos terres de culture, une fois par an.

Maintenant que les principales questions d'hygiène sont traitées et que la gestion des déchets est finalisée, vous aurez réduit au maximum les probabilités de tomber malade. Cependant, malgré tous vos efforts, il se peut que cela ne suffise pas. Le principal problème sera alors de savoir quoi faire face à un problème de santé. Et, dans un monde post-effondrement, où les institutions médicales seront soit délabrées, soit surchargées, soit inexistantes, vous serez très certainement amené à vous débrouiller uniquement par vous-même. Il vous faut donc mettre en place dans votre BAD, les principales actions et posséder tous les équipements qui vous permettront d'être au maximum autonome et indépendant de la société, d'un point de vue de la santé.

L'autonomie sanitaire

En période d'effondrement, la médecine occidentale moderne atteindra rapidement ses limites car, elle est principalement basée sur la prise de médicament ; médicaments qu'il faut fabriquer et transporter. Or, l'utilisation du pétrole dans la fabrication des médicaments est prépondérante tant pour la fabrication des gélules en plastique que dans les médicaments eux-mêmes, sous forme de principe actif de synthèse comme le benzène (C_6H_6) utilisé notamment pour faire du paracétamol et de l'aspirine. Le pétrole est également utilisé sous forme d'excipients dans la fabrication du médicament, lui donnant alors une couleur, un goût ou une forme spéciale, permettant une meilleure digestion ou encore permettant d'avoir un effet plus rapide sur l'organisme. Sur le long-terme, l'utilisation de médicament n'est donc pas une option durable pour votre santé dans un monde où le pétrole va venir à manquer ou à coûter très cher, trop cher !

La deuxième casquette principale de la médecine moderne est la chirurgie qui est efficace et qui traite la conséquence du problème physique à sa source. Cependant, tous les blocs opératoires consomment de l'électricité pour l'éclairage et le fonctionnement des équipements. La stérilisation des outils est primordiale pour toute opération or, cette stérilisation n'est possible que grâce à des machines fonctionnant à l'électricité. De plus, le chaos social suivant l'effondrement causera de nombreux blessés et tout ce petit monde remplira les services d'urgence des hôpitaux et des cliniques. Sans oublier le fait que les médecins et infirmières, qui sont déjà surmenés en temps normal, seront soit absents soit largement en sous-effectif. En d'autres termes, pendant l'effondrement, il faudra donc éviter les hôpitaux et cliniques le plus possible et probablement oublier le fait de pouvoir y subir une opération chirurgicale. À plus long terme, la situation pourra redevenir plus calme et certains centres de soin publiques pourront ré-ouvrir mais au départ, évitez le plus possible ces endroits.

Voilà pourquoi, à l'avenir, vous serez grandement livré à vous-même pour vous soigner ou soigner quelqu'un de votre communauté. De plus, afin d'être un minimum fidèle à notre stratégie d'autonomie et d'indépendance, vous devrez être capable de produire vos propres médicaments. Alors bien sûr, vous n'aurez pas à devenir chimiste ou à créer un laboratoire dans votre BAD. Les médicaments ou remèdes que vous allez devoir créer/cultiver seront naturels ou artisanaux et donc ne nécessiteront pas d'installation d'équipements hors-norme.

Le premier « médicament-maison » à avoir et à savoir fabriquer en quantité est l'argent colloïdal. L'Argent Colloïdal (AC) est une solution d'eau distillée contenant des particules très fines d'argent-métal en suspension ; colloïdal signifie « en suspension ». À travers l'Histoire, son efficacité a été démontrée sur plus de 650 agents pathogènes et son action est, dans la plupart des cas, rapide (quelques minutes seulement). Il peut être utilisé pour guérir et soigner un nombre impressionnant de maladies et d'infections et agit comme bactéricide, fongicide, antiviral, parasiticide et germicide et est, à ma connaissance, l'antibiotique le plus puissant et complet au monde. Il s'emploie également pour un usage vétérinaire ou pour désinfecter et nettoyer la maison. Actuellement, les particules d'argent-métal sont également largement utilisées à travers le monde dans des filtres à air et à eau, et notamment dans les navettes spatiales russes et américaines.

Des milliers de personnes utilisent chaque jour de l'AC et aucune étude épidémiologique n'a pu démontrer scientifiquement un risque pour la santé humaine. Sa durée moyenne de conservation est d'environ deux ans. Avec le temps, les particules d'argent perdent leur charge électrique et les qualités du produit se dégradent. La lumière fait également perdre ses qualités à la solution plus rapidement, c'est pour cette raison que les bouteilles d'AC sont conçues en verre teinté. Les flacons doivent être conservés à l'abri de la lumière, des rayons ultra-violets, de la chaleur et des champs magnétiques (micro-ondes, radio,...etc.). La solution étant électromagnéto-sensible, il semble prudent de conserver une partie de vos réserves dans votre caisson anti-EMP.

Dans son livre, U*ne Arme Secrète contre la Maladie : l'Argent Colloïdal*, Frank Goldman recense plusieurs cas extraordinaires de guérison. L'AC a pu guérir complètement une Hépatite C, des cancers, une sclérose en plaque et des brûlures aux troisièmes degrés. Certains praticiens comme le Dr Becker, auteur du livre *The Electric Body*, ont poussé leurs recherches et ont obtenus des résultats phénoménaux comme une « régénération » d'organes internes. Voici une liste non-exhaustive de problèmes de santé qui semblent pouvoir être guéris avec l'AC : Abcès, Acné, Allergies, Amygdales, Angines, Aphtes, Arthrite, Asthme, Plaies, Bronchite, Brûlures, Coups de soleil, Cancer, Candida albicans, Cellulite, Colite, Conjonctivite, Maladie de Crohn, Soins du cuir chevelu, Dents (carries), Diarrhée, Eczéma, Fatigue chronique, Infection de l'estomac, Fibromyalgie, Gale, Hépatite C, Herpès, Hidrosadénite, Ulcères d'estomac, Diabète, Choléra, Malaria, Peste bubonique, Lèpre, Infections des poumons, Infections cutanées, Problèmes de foie, Yeux, Oreilles, Reins, Vessie, Voies urinaires, Intoxication alimentaire, Kystes, Levures, Moisissures, Mycoses, Pancréatite, Pellicules, Pneumonie, Rhumes et Grippes, Saignements, Sclérose en plaques, Sinusite, Stérilité, Teigne, Varicelle, Verrues, Zona, etc..

Bref, si vous avez un problème de santé, il y a de forte chance que l'AC en vienne à bout !

En plus de toutes ses très nombreuses qualités, l'AC peut aussi être auto-fabriqué ! En effet, avec un matériel adapté, il est tout à fait possible de fabriquer son propre AC. Dans ce dernier cas, faîte attention à la qualité et à la pureté des deux éléments principaux utilisés qui sont : l'eau distillée ou déminéralisée et des plaques ou lingots d'argent. L'eau doit être distillée plusieurs fois ou déminéralisée (dé-ionisée) et l'argent-métal utilisé doit être pur à 99.99%. Le procédé en lui-même est assez simple car il consiste à faire une simple électrolyse, c'est-à-dire faire passer un courant électrique continu dans un récipient d'eau distillée où deux morceaux de métal sont trempés. Le courant va permettre à de très petites particules d'argent (de l'ordre du nanomètre) de se retrouver dans le liquide. La fabrication peut simplement être réalisée à l'aide de piles 9V, de pinces crocodiles et d'un appareil de mesure de densité/concentration. La solution d'AC alors obtenue doit être incolore et translucide. Quand vous observez le flacon, vous pourrez apercevoir un effet Tyndall, c'est la réflexion de la lumière sur les nanoparticules d'argent en gravitation. Cet effet indique une bonne qualité de la solution. Si la teinte est jaunâtre, bleuâtre, rougeâtre ou brunâtre, cela indique que la taille des particules d'argent est trop importante. Le produit est impropre à la consommation : jetez-le et recommencez !

Lorsque le produit est bien réalisé, aucun effet néfaste n'a jamais été démontré sur la santé, bien que des effets secondaires puissent apparaître comme un mal de gorge, un mal de tête, un écoulement nasal. Ces symptômes sont dus à la purification intégrale du corps par les ions argent. Ces « symptômes de guérison » sont temporaires et peuvent être atténués par une diminution des doses ingérées. Les seules causes de maladie liées à l'AC sont dues à une mauvaise fabrication. En effet, les particules d'argent de tailles trop importantes (alors appelés sels d'argent) peuvent entrainer des intoxications et/ou une maladie du nom d'argyrisme. Cette maladie a la particularité de rendre la peau entièrement bleue.

Vous l'aurez compris, fabriquer de l'AC ne s'improvise pas. Cela s'apprend à travers des formations de personnes expérimentées et, encore une fois, avec des équipements et des matières premières de qualité. La qualité du produit auto-fabriqué et sa durée de conservation dépendront de la qualité des équipements utilisés et du respect des règles de préparation. Sans un apprentissage sérieux, le matériel adapté et un peu d'expérience, il est recommandé d'acheter un produit fait par des professionnels. En cas d'achat, vérifiez que le produit ne contienne ni conservateur, ni adjuvant. Demandez toujours l'avis d'un médecin généraliste pour savoir si la prise d'AC est compatible avec votre état de santé actuel (allergies, traitements, etc.).

En règle générale, il est recommandé de stocker 1 bouteille d'un litre d'AC par personne et par mois dans votre BAD. Il peut être utilisé à la fois pour la prévention, pour la guérison ainsi que pour le troc. Si vous achetez une bouteille à un particulier, vérifiez toujours la qualité du produit avant de le consommer. Dans tous les cas, il est essentiel de se munir des équipements de fabrication et surtout des matières premières qui sont : l'argent-métal pur à 99,99% et l'eau distillée/déminéralisée.

Le second produit à savoir produire en temps de survie est le miel. Le miel a en effet des vertus thérapeutiques assez incroyables, il peut notamment servir d'antibiotique, de désinfectant et de cicatrisant. Pour plus de détails, le sujet de l'apiculture a déjà largement été détaillé dans la partie précédente, réservée à l'élevage. En attendant que les récoltes issus de vos ruches, il est pertinent de prévoir un stock. Procurez-vous de préférence du miel médical commercialisé sous le nom de Manuka (qui provient de Nouvelle-Zélande) ou de Medihoney (qui provient d'Allemagne). Si vous n'en trouvez pas, un miel brut organique et non filtré fera parfaitement l'affaire. N'utilisez pas le miel ordinaire qui se vend en supermarché, à moins qu'il soit produit de manière artisanale et locale. Le miel industriel provient en grande partie de Chine et sa qualité est médiocre, voire nocive, sans parler des conditions d'élevage sur place qui sont désastreuses. Dans tous les cas, évitez d'utiliser le miel de Rhododendron car il peut contenir des toxines comme des grayanotoxines. Il est d'ailleurs souvent qualifié de « mauvais miel » parce qu'il cause des hallucinations et un effet d'étourdissement. Dans le même esprit, si une culture de chanvre se situe proche de vos ruches, sachez que le miel produit aura des bienfaits thérapeutiques exceptionnels mais présentera des effets secondaires notoires (perte de réflexe, lenteur de réflexion, crise de rire, hallucinations, etc.) ; le chanvre étant la plante utilisée pour créer le cannabis.

La troisième catégorie de « médicament-maison » à privilégier correspond aux plantes et aux aliments médicinaux que vous devrez faire pousser dans votre potager et votre verger. Il faudrait un livre entier pour citer tous les végétaux utilisables en fonction du mal à guérir. D'ailleurs, il existe d'excellent livre sur ce sujet qu'il sera utile de posséder. Choisissez des livres avec des photos qui vous permettront de reconnaître la plante étudiée. Voici une liste des principaux antibiotiques naturels que vous pourriez cultiver au sein de votre BAD :

- ail,
- oignon,
- curcuma,
- gingembre,
- piment de Cayenne,
- raifort (racine à râper),
- pamplemoussier (extrait de pépins),
- pommier (vinaigre de cidre),
- citronnier (fruits),
- olivier (feuilles),
- origan (huile),
- astragale,
- thé vert,
- sauge,
- échinacée.

Les antibiotiques naturels ont l'avantage d'être plus précis et moins destructeurs des « bonnes bactéries » du corps principalement présentes dans l'intestin. De plus, d'après Jean Bruneton, spécialiste de phytochimie et professeur de pharmacognosie à la faculté de pharmacie d'Angers en France : « *Les médicaments à base de plantes induisent beaucoup moins d'effets secondaires ou de maladies dues aux médicaments [industriels]* ». Cultiver ses propres aliments ou plantes médicinales peut donc vous aider à rester en pleine forme toute l'année tout en vous régalant. Il vous faudra également être capable de conserver vos récoltes de médicaments-maison. Pour l'ail, le curcuma et le gingembre, leur durée de conservation est de plusieurs mois et ne nécessite donc pas de technique de conservation particulière.

Toujours dans la catégorie des remèdes naturels, une autre solution déjà mentionnée est : le chanvre qui permet de combattre : virus, bactéries, manque d'appétit, insomnies et d'atténuer les crises d'asthme et d'épilepsie. Le chanvre peut servir également d'antalgique (antidouleur) voire d'anesthésiant. Toutefois, le chanvre étant l'ingrédient principal du cannabis, il est considéré comme une drogue dans un grand nombre de pays. Sa vente est donc en général fortement réglementée, même s'il est de plus en plus utilisé dans des secteurs du bâtiment (béton de chanvre, isolation, etc.) ou de la pharmacopée. Renseignez-vous sur la législation de votre pays pour savoir si sa culture et sa vente sont autorisées. Les feuilles de chanvre fraîches peuvent être consommées directement ou intégrées dans des préparations culinaires (gâteaux, pains, etc.) ou encore infusées dans de l'eau chaude ou même fumées, une fois qu'elles sont séchées. Soyez très vigilant aux effets secondaires qui peuvent fortement varier d'un individu à l'autre. Dans tous les cas, veillez à ne pas en abuser afin d'éviter le sentiment d'addiction et une dégénérescence neurologique accélérée.

Le quatrième élément à savoir auto-fabriquer n'est pas à considérer comme un médicament car il ne devra surtout pas être ingérer, ni même rentrer en contact avec le corps (peau, yeux, muqueuses, etc.). La seule et unique option qui nécessitera une ingestion de ce produit sera dans le but d'assainir une eau de boisson polluée mais, il faudra alors être vigilant quant au dosage. Vous l'aurez surement deviné, il s'agit de l'eau de Javel. Le procédé de fabrication de l'eau de Javel est relativement simple car il consiste, comme pour l'argent colloïdal, à faire une électrolyse. Les équipements nécessaires sont : un récipient en verre ou en plastique, de l'eau (distillée de préférence), du sel pur, des fils électriques, des pinces crocodiles, deux électrodes en graphite (carbone) et un générateur à courant continu de 3V à 12V (transformateur de téléphone portable, piles, etc.). Au départ, il vous faut donc de l'eau de préférence distillée, mais de l'eau de source ou de robinet peut aussi faire l'affaire. Ensuite, vous devrez saler votre eau. Prévoyez 25 grammes de sel (environ 2 cuillères à soupe) par litre d'eau. Mélangez et patientez jusqu'à ce que le sel soit bien dissout. Enfin, immergez les électrodes de 4-5cm et branchez les fils au générateur ou aux piles. Si vous n'avez pas d'électrodes en graphite alors, vous pouvez à défaut plonger directement les fils dénudés dans le liquide. Laissez l'électrolyse se faire quelques minutes. Remuez légèrement le mélange pendant l'opération. Vous savez que votre solution est prête lorsqu'une forte odeur de chlore se dégage. Si vous placez un papier coloré dans la solution, il doit se décolorer sous l'effet du chlore. La solution auto-fabriquée possèdera une concentration en chlore qui se situera entre 0.3 et 1% et qui sera donc bien plus faible que l'eau de Javel vendu dans le commerce. Cependant, la fabrication d'eau de Javel présente de fort risque d'intoxication par voie respiratoire ou de brûlure chimique par contact avec les yeux ou la peau. Voilà pourquoi, il est fortement recommandé de réaliser l'opération dans un lieu fortement ventilé loin des zones de vie, voire même à l'air libre. Éloignez également toute source de chaleur ou éléments produisant des étincelles à proximité pendant la réaction. Pendant la réalisation vous devrez être équipé de lunette de protection et de gants et ne jamais mettre votre tête au-dessus du récipient. L'eau de Javel auto-fabriquée commence à perdre ses caractéristiques à partir de 6-9 mois. Bien d'autres produits ménagers peuvent être auto-fabriqués notamment à l'aide d'eau, de sel, de vinaigre blanc et d'huiles essentielles. Sans produit ménager, vous pourrez à défaut utiliser un mélange d'eau et de cendres pour nettoyer l'intérieur de votre habitat.

Enfin, la cinquième et dernière catégorie de « médicament-maison » correspond aux « générateurs d'ondes » comme par exemple les générateurs de type Zappers ou Pulser. De nombreuses études scientifiques et de nombreuses médecines dite « parallèles » ont démontrées l'efficacité des traitements par les ondes, qu'elles soient électromagnétiques, sonores ou lumineuses, sur différentes maladies et même sur des maladies graves comme les cancers. Parmi les chercheurs les plus connus ayant travaillé sur ces techniques de guérison, il est possible de citer entre autres : Royal Rife, Bob Beck ou encore Hulda Clark. Sans rentrer dans les détails techniques, ces chercheurs ont développé des appareils permettant de diffuser dans le corps une fréquence de résonnance provoquant la destruction des cellules malades. Bien que ce genre de traitement semble très efficace, l'utilisation de générateurs de ce type requière une formation bien spécifique que vous pourrez suivre auprès de spécialistes qualifiés. Ne minimisez pas l'importance de la formation car si les ondes peuvent soigner, elles peuvent également détruire, si elles sont employées n'importe comment. À cause de la durée de formation nécessaire et de l'investissement financier que l'achat d'un générateur peut représenter, il est recommandé de se pencher sur cette catégorie, une fois les quatre techniques précédentes acquises et mises en place dans votre BAD.

En ajoutant à cette liste les principaux médicaments industriels et équipements présentés en annexe n°5, vous mettrez toutes les chances de votre côté pour maintenir votre communauté en bonne santé sur le long-terme. Cependant, gardez à l'esprit que même si tous les médicaments et équipements stockés vous permettront d'augmenter grandement la probabilité d'être en bonne santé, leur utilité sera secondaire dans certains cas spécifiques, comme une intervention chirurgicale ou la gestion d'un traumatisme psychologique, par exemple. Dans tous les cas, plus vous saurez quoi faire et comment réagir face au mal rencontré et plus la probabilité de survie sera élevée pour la personne victime. Dans le domaine de la santé, avoir des compétences/connaissances et savoir comment les utiliser rapidement est une priorité.

La méthode de santé curative

Si l'hygiène symbolise le mieux la méthode de santé préventive alors, la méthode de santé curative peut être représentée par ce que l'on appelle : la médecine. La médecine est un très vaste sujet car il y a différentes approches de médecine à travers le monde ; différentes selon les cultures et les avancées technologiques de chacun. D'ailleurs, en l'espace de quelques dizaines d'années, les progrès de la médecine occidentale, propulsés par les avancées biologiques et technologiques, ont été gigantesques. Cependant, au risque de vous surprendre, les progrès médicaux du début du XXIe siècle sont encore bien loin de ce qu'ils pourraient être. La médecine occidentale dite moderne n'est en effet qu'une « amatrice » par rapport au meilleur médecin du monde qui est : vous-même ! Vous, par l'intermédiaire de votre corps, disposez en effet d'une mécanique incroyablement « bien pensée », qui frôle dans certains cas la perfection, et ce dans le seul but de vous maintenir en santé.

Ce constat nous amène directement à la première étape de guérison à mettre en œuvre pour rester en bonne santé qui est : être au

maximum à l'écoute de son corps. D'ailleurs, la plupart des symptômes que la médecine moderne essaye de masquer, par la prise de médicaments, sont pour la plupart des voyants de danger, tout comme les émotions, à prendre en compte ou la simple auto-élimination naturelle de la maladie par le corps lui-même. Par exemple, la fonction première de la fièvre est de « brûler » les cellules malades présentes dans le corps. Les furoncles et autres abcès sont dans la majorité des cas dues à une purification naturelle de toxines par le corps. La deuxième étape à suivre est d'ordre psychologique car elle est : <u>de rester positif et de croire en sa capacité de rétablissement total</u>. Pour ce faire, il faut orienter ses pensées et ses émotions de manière à se visualiser en pleine santé. Retenez bien que l'esprit humain, grâce à sa puissance incroyable, peut grandement impacter la santé du corps humain dans sa totalité. Ce constat est officiellement reconnu par la médecine moderne, il s'agit de l'effet placebo. À contrario, lorsque l'on est malade, la pire des choses à faire est de se complaire dans le rôle de victime-souffrante, même si cela permet d'attirer un peu plus l'attention sur soi... Enfin, malgré tous vos efforts de prévention, d'observation et de conditionnement psychologique, certains problèmes de santé ne pourront que difficilement être éliminés naturellement par le corps. Il faudra alors l'aider à évacuer le Mal en mettant en place la démarche suivante :
1) <u>Le diagnostic</u>
2) <u>La guérison des causes</u>
3) <u>L'atténuation des conséquences/symptômes</u> (optionnel)

Si la prévention et si l'auto-guérison n'ont pas été suffisantes, vous devrez donc donner « un coup de pouce » à votre corps. Pour ce faire, le diagnostic est la première étape à mettre en œuvre lorsque vous êtes face à un problème de santé, qu'il soit minime ou grave. Pour émettre un diagnostic, analysez d'abord les symptômes pour ensuite trouver qu'elles pourraient en être les causes. Pour faciliter votre diagnostic, il faut savoir que 100% des cas de problème de santé sont dues à <u>un problème énergétique</u>. Cette cause, ce mal énergétique peut se traduire sous forme biologique et/ou chimique (bactéries, virus, etc.), parfois sous forme physique (choc, traumatisme, etc.) ou encore même sous forme psychologique (dépression, anxiété, etc.). Une fois que votre diagnostic sera posé et que vous pensez avoir cerné les causes du mal-être, vous devrez en priorité réduire ou stopper ces causes. Recherchez la source du Mal dès son origine et ne vous contentez pas d'atténuer les symptômes (les conséquences) du mal-être. Pour réduire les causes, vous devrez utiliser en priorité les médicaments-maison vu précédemment. Si les douleurs sont trop insupportables ou mettent trop de temps à s'estomper alors, vous pourrez réduire les symptômes, notamment par la prise de calmants.

Dans la majorité des cas, les causes du Mal seront réduites par la simple prise de remèdes et par du repos. Mais, pour des cas plus spécifiques, la prise de remèdes ne sera pas suffisante, en particulier si des <u>actions chirurgicales</u> sont requises.

Si subir une opération chirurgicale en temps « normal » n'est déjà pas une promenade de santé alors, imaginez la situation avec des hôpitaux et des cliniques potentiellement débordés ou tout simplement hors-service. Dans un tel cas de figure, il vous faudra trouver une solution par vos propres moyens. Disposer d'une pièce, facile à nettoyer à la Javel, qui pourra servir de bloc opératoire de fortune est un bon début. Après, le métier de chirurgien ne s'improvisant pas du jour au lendemain, l'idéal serait bien sûr d'avoir un chirurgien de métier au sein de sa BAD. Mais, si vous ne disposez pas de chirurgien ou d'une personne issus du corps médical ayant des notions de chirurgie dans votre BAD alors, vous devrez trouver un praticien digne de ce nom dans une BAD voisine de la vôtre ou dans un centre de soin à proximité. Repérez donc dès à présent tous les cabinets vétérinaires, les pharmacies, les cabinets de médecine généraliste et les casernes de pompier à proximité de votre BAD. Renseignez-vous également sur les adresses personnelles de praticiens potentiels vivant proche de votre zone. En période de chaos, les compétences chirurgicales seront très recherchées, elles couteront donc très chères : prévoyez de quoi payer (cash, nourriture, pièce d'or/d'agent-métal, produits médicaux, etc.) ! Donnez un quart de « la somme » avant l'opération et les trois autres quarts une fois l'opération achevée et le patient réveillé. Restez en bon terme avec le praticien et sa communauté, vous aurez peut-être encore besoin de lui à l'avenir. Apprenez un maximum des compétences de cette personne.

Si vous n'avez ni bloc de fortune, ni « chirurgien » prêt à vous aider, vous devrez vous en charger par vous-même ! Dans ce genre de cas, un peu de matériel, beaucoup de connaissances et surtout énormément de sang-froid vous seront nécessaires. Veillez à porter des gants en plastique, des lunettes de protection, un masque, une charlotte pour les cheveux et un tablier. Lavez-vous les mains avant et après l'opération. Pour les fortes douleurs ou pour les anesthésies, qu'elles soient locales ou totales, utilisez de préférence des <u>anesthésiants/antidouleur</u> tels que la <u>lidocaïne, la procaïne</u> ou encore la <u>morphine</u>. Le dosage à suivre se fait en fonction du poids. Par exemple, dans le cas de la morphine et pour une anesthésie générale, il faudra prévoir pour une personne de 50kg, 5 milligrammes (mg) alors que, pour une personne de 100kg, ce sera 10 mg. Administrez la morphine par piqûre dans une zone graisseuse ou par intraveineuse, par dose de 1 à 2 mg à la fois, attendez 2 minutes, puis continuez. Ne dépassez jamais les 10 mg ! Dans tous les cas, gardez-bien à l'esprit que chaque cas est différent. Pensez à toujours vérifier les allergies ou les antécédents médicaux de la victime avant toute prescription. Par exemple, anesthésier une personne ayant des problèmes cardiaques ou pulmonaires représente un risque supplémentaire qu'il vous faudra prendre en compte, avant d'administrer les doses. L'autre moyen efficace largement utilisé pour endormir quelqu'un sans même l'anesthésier est : l'hypnose. À défaut d'avoir ou de trouver un bloc parfaitement stérile, les instruments utilisés pour l'opération eux, devront l'être parfaitement ; trempez-les dans l'alcool et passez-les à la flamme. Si nécessaire, utilisez des garrots pour éviter les hémorragies. Une fois l'opération terminée, effectuez une suture avec une aiguille et un fil stériles, puis désinfectez, tartinez la plaie de miel si possible et pansez-la. Prévoyez un traitement antibiotique d'environ 7 jours, trois fois par jour, et surveillez de près la cicatrisation et les éventuelles conséquences d'une infection (plaie boursouflée noire ou blanche pouvant contenir du pue, fièvre, bouffée de chaleur, fatigue, teint pâle, diarrhée, malaise, etc.). En cas d'infection avérée, doublez les doses d'antibiotiques jusqu'à ce que les effets disparaissent.

La chirurgie n'est qu'une petite partie des connaissances médicales globales à posséder. Les sources de mal-être étant nombreuses, et encore plus en période de survie qu'en période « normale », il vous sera très difficile voire impossible de soigner un mal-être sans des connaissances spécifiques en fonction du Mal rencontré. Bien que tous les membres de votre communauté n'auront pas les compétences d'un professionnel tel qu'un chirurgien, un hypnotiseur, un magnétiseur ou un coupeur de feu, en revanche, tous, enfants comme adultes, devront savoir comment réagir lorsqu'un mal-être survient. Pour ce faire, voici une liste non-exhaustive présentant les principaux risques médicaux que vous pourriez être amené à rencontrer :

> **Les traumatismes psychologiques :**

La psychologie est un sujet bien trop souvent oublié lorsqu'il est question de survie alors que ce sujet est le premier à traiter. Ne pas maîtriser sa psychologie peut en effet représenter un handicap « invisible » du même ordre qu'une blessure physique grave. À l'avenir, les troubles psychologiques seront très nombreux pour toutes les personnes non-préparées. Mais, même les personnes bien préparées au sein d'une communauté résiliente ne seront pas épargnée par les conséquences psychologiques d'un effondrement comme celui-ci. L'émotion principale qui sera alors ressentie par la plupart des personnes sera : la dépression.

Pour éviter un état de déprime et d'impuissance, une solution efficace existe, il s'agit de : <u>ne pas trop penser</u>. Pour ce faire, il faut avant tout éviter l'ennui. Toutes les actions utiles à la survie ou même simplement divertissantes permettent d'occuper l'esprit sur quelque chose de positif et/ou de constructif, plutôt que sur ce qui se passe à l'extérieur de la « bulle BAD ». À terme, il ne s'agira pas de fuir ou combattre vos émotions et pensées négatives mais de les comprendre pour mieux les soigner.

Une personne ne sachant pas comment remonter la pente psychologiquement est à la fois dangereuse pour elle-même et pour les autres. Sans envie de vivre, il est en effet très compliqué de survivre. Le malade sera donc beaucoup plus sujet aux autres blessures physiques potentielles. De plus au niveau de la communauté, les personnes déprimées impacteront négativement le lien social. Le leader de la BAD (que vous serez surement) devra alors gérer rapidement les cas particuliers. La plupart du temps, le simple fait de montrer de l'attention et de l'écoute à une personne peut lui faire beaucoup de bien. Vous devrez en quelque sorte jouer le rôle du psychologue. Si l'écoute n'est pas suffisante, il vous faudra isoler au maximum la personne du groupe jusqu'à ce qu'elle comprenne que <u>devenir maître de sa psychologie</u> n'est pas une option mais <u>une obligation</u>, au nom du bien collectif et de la communauté !

D'une manière générale, ne perdez jamais de vue, qu'en cas de période d'effondrement, la plupart des personnes seront amenées, à un moment ou l'autre, à « péter les plombs » ! Certains parviendront à accepter le changement et à vivre avec, d'autres n'y parviendront pas, jamais… Ces derniers pourront décidés de se donner la mort et/ou de faire partager cette expérience à d'autres, et même à des proches qu'ils aiment. Vous devrez surveiller les comportements suicidaires et empêcher, de gré ou de force, que ces personnes se fassent du mal et qu'elles en fassent aux autres membres de votre BAD... Vous trouverez plus de détails sur ce sujet dans le point n°9, sur le lien social.

> **Les évanouissements :**

Les évanouissements peuvent par exemple être causés par une chute, un choc accidentel à la tête ou simplement à cause d'un malaise dont on ignore à priori l'origine. Les origines d'un évanouissement sont donc très nombreuses et diverses et il vous sera parfois difficile de savoir quelle en est la cause originelle. Sans traumatisme apparent, le manque d'énergie due à un manque d'eau, de sommeil et/ou de nourriture pourrait faire partie des causes principales. Après, des infections ou des virus mal-soignés peuvent également à terme pousser le corps à totalement lâcher physiquement et ainsi engendrer un malaise.

La victime qui « tombe dans les pommes » est KO, sonnée et soit elle revient progressivement à elle, soit elle est devient totalement inconsciente. La première chose à faire en présence d'une personne inconsciente est de la mettre en PLS (Position Latérale de Sécurité). Ensuite, il faut vérifier si la personne respire. Si ce n'est pas le cas, il vous faudra immédiatement procéder à un bouche-à-bouche ou utiliser un défibrillateur, si vous en avez un. Il faut faire très attention lors de la manipulation de la personne inconsciente car son corps devient « élastique » et il faut éviter à tout prix d'empirer son état de santé. Une fois la personne à nouveau conscient, équipez-la si nécessaire d'une minerve et manipulez-la encore une fois avec beaucoup de précaution. Pour ce faire, vous pourrez utiliser une civière que vous pourrez auto-fabriquer très simplement avec des T-shirt et deux longs morceaux de bois. Suite à un évanouissement, beaucoup de repos est nécessaire. Une recherche approfondie de la cause originelle devra être menée pour éviter que cela se reproduise. Un évanouissement entraine en général une chute, qui elle-même peut rapidement engendrer des traumatismes physiques graves.

> **Les traumatismes physiques par choc :**

Les traumatismes physiques par choc seront certainement des pathologies fréquentes au sein de votre BAD. L'origine des chocs peuvent être très variées : chute dans un escalier, entorse en marchant, choc à la tête, glissade sur l'herbe humide, etc. La gravité des traumatismes peut également fortement varier selon le type de choc, son intensité et les équipements et/ou comportements préventifs (utilisés pour réduire les conséquences de celui-ci). Les familles de traumatisme par choc étant nombreuses, voici une liste non-exhaustive des principales conséquences qu'il est possible de rencontrer :

- <u>Les blessures fermées bénignes</u> : elles correspondent à toutes les entorses, foulures, torticolis, bleu et hématome. Il faudra bien veiller que les hématomes, qui sont des mini-hémorragies internes, se résorbent sans causer d'autres troubles. En général, la seule chose à faire dans ce cas de blessure est d'immobiliser et de reposer le membre touché afin d'éviter d'aggraver le problème.

- <u>Les plaies ouvertes</u> : elles représentent typiquement les blessures par objets perforants, contondants ou tranchants (coupures, écorchures, entailles, etc.). La première chose est de vérifier si un corps étranger est présent dans la plaie. Si c'est le cas, il vous faudra le retirer à l'aide d'une pince, préalablement stérilisée. Si besoin, utilisez des écarteurs pour maintenir la plaie ouverte. Si le corps étranger est trop petit ou s'il est proche d'un organe que vous pourrez endommager lors de l'extraction alors laissez-le à l'intérieur et mettez le blessé sous traitement antibiotique. Le plus important est d'éviter l'infection de la blessure. Pour cela, il faudra appliquer directement un désinfectant sur la plaie et y apposer un pansement à changer régulièrement, en veillant toujours à bien désinfecter la plaie jusqu'à ce qu'elle soit cicatrisée. Pour toutes les grosses plaies, un traitement antibiotique devra être suivi.

- <u>Les fractures fermées ou ouvertes</u> : un choc violent peut également entrainer une cassure au niveau des os. Si la fracture est fermée, installez sur le membre touché une attelle. Ensuite, seul du repos permettra la guérison. En cas de fracture ouverte et si vous ne pouvez sous-traiter la tâche à plus expérimenté que vous, il vous faudra avoir le cœur bien accroché car, nous tombons dans la chirurgie pure et dure ! L'idée principale est de remettre l'os en place et de retirer le maximum de fragments possible. Dans un tel cas, une anesthésie générale, ou à défaut locale, est fortement d'usage. Sans anesthésie, la douleur sera telle, que le blessé perdra surement conscience et il faudra alors veiller à ce qu'elle respire toujours jusqu'à son réveil. Si toutes les méthodologies et précautions d'usage propre à la chirurgie (détaillées précédemment) sont respectées, tout se passera pour le mieux.

Le plus simple reste encore de ne pas être confronté à de telles situations, en utilisant les méthodes de prévention déjà vues. Peu importe ce que vous faites, ne prenez jamais de risque inutile. Votre communauté a besoin de vous pour survivre ! Prenez soin de vous avant tout !

➢ **Les brûlures :**

Les brûlures peuvent être causées par :
- une source chaude (solide, liquide ou gazeuse)
- une substance chimique (produit caustique)
- un frottement (serrage d'une corde, chute sur le sol, etc.)
- une combustion (flamme)
- un rayonnement (coup de soleil, laser, etc.)
- un courant électrique (électrocution)
- le froid (gelure)

Les brûlures présentent trois degrés de gravité :
- Les brûlures au premier degré sont les plus courantes et se matérialisent par une rougeur de la peau. L'exemple le plus répandu est le coup de soleil. Ce type de brûlure n'est pas grave car ce type de brûlure est superficiel et dans ce cas la peau ne perd pas son pouvoir de régénération.
- Les brûlures au deuxième degré sont plus graves et plus profondes que celles au premier degré. Elles se matérialisent par une rougeur et des cloques, qu'il faut éviter de percer. La peau se régénère d'elle-même, mais il faut veiller à éviter les infections.
- Les brûlures au troisième degré sont les plus graves et détruisent toutes les couches de la peau. Elles peuvent avoir une coloration blanche, crème ou noir et présenter des plaies ouvertes. La partie touchée perd toute sensibilité et devient très sujette aux infections. La solution traditionnelle pour régénérer la peau avec une brûlure de ce type est la greffe. Une brûlure étendue peut provoquer une douleur très forte entrainant un malaise. Les pires conséquences d'une brûlure au troisième degré sont un endommagement

des organes vitaux, un disfonctionnement nerveux et des problèmes de circulation sanguine. Dans ces cas, l'opération chirurgicale est indispensable.

Dans le cas d'une brûlure causée par une source de chaleur ou un frottement, laissez couler de l'eau froide sur la zone touchée. Ne faites pas tomber le jet d'eau directement sur la zone mais un peu en amont. Le contact direct pourrait ouvrir ou léser votre peau et ainsi permettre aux bactéries de s'infiltrer sur une zone stérilisée par la chaleur. L'arrosage d'une brûlure diminue son extension et apaise la douleur.

En cas de brûlure chimique, la première chose à faire est d'enlever ses vêtements et ses bijoux. Ensuite, rincez abondamment votre peau afin d'éliminer le produit. Mais faites très attention que les produits chimiques ne soient pas à base de chaux sèche ou d'éléments métalliques comme le sodium, le magnésium, le phosphore, le lithium, etc. ; cela pourrait faire réagir le produit chimique et empirer la brûlure. Enfin, il faut éviter d'empirer la situation. Isolez le produit chimique, nettoyez la zone et évitez tout contact avec les yeux et les muqueuses avant d'avoir nettoyer vos mains. En cas de contact avec les yeux, rincez-les abondamment.

En cas de gelures, le seul moyen de guérir la blessure est de l'exposer à une source de chaleur, de manière progressive. Au bout de quelques jours, la gelure disparaît.

En cas de brûlures graves, le plus important à retenir est <u>d'éviter les infections</u>. Pour ce faire, il faut désinfecter la brûlure à l'aide de désinfectant non-alcoolisé et prendre des antibiotiques artificiels ou de l'argent colloïdal régulièrement pendant quelques jours après le jour de la blessure.

Une fois l'infection contrôlée, vous pouvez aider à la cicatrisation et réduire les démangeaisons, par l'application de produit hydratant type Biafine, vaseline, gel d'aloe vera, soja, dentifrice, lait, etc. Pour éviter les démangeaisons, vous pouvez également prendre des antihistaminiques. De manière générale, il est important de beaucoup s'hydrater.

Les deux solutions les plus efficaces pour éviter les infections, guérir des brûlures et aider à la cicatrisation restent : l'argent colloïdal et le miel. En plus des avantages précédents, ces remèdes peuvent aider à la régénération de la peau, même en cas de brûlure au troisième de degré !

➤ **Les bactéries et parasites :**

Une bactérie ou un parasite est un micro-organisme qui se développe dans certaines conditions spécifiques. L'air et l'eau sont d'ailleurs leurs deux principaux « domaines de jeux ». Les bactéries sont la cause des infections suite à une coupure ou une brûlure par exemple, on parle alors » d'infection bactérienne ». Les parasites eux ont des caractéristiques très similaires aux bactéries, ils vont en général s'attaquer à la peau, comme les champignons par exemple.

En appliquant correctement les solutions proposées dans les points principaux précédents (BAD, air, eau, nourriture) et dans la section sur l'hygiène, vous réduirez grandement les risques d'attraper une bactérie ou un parasite.

Si toutefois la prévention n'a pas été suffisante et que vous tombez malade, il faudra rester bien attentif. Pour les infections minimes, un système immunitaire performant pourra facilement et rapidement traiter le problème. Pour les infections plus importantes, un traitement antibiotique de 7 jours minimum, 3 fois par jour, devra être suivi. Le traitement antibiotique pourra se faire via la prise de remèdes naturels, artisanaux ou au pire des cas, industriels. Il est en effet préférable de ne pas abuser des médicaments industriels et d'autant plus s'il s'agit d'antibiotiques. De toute manière, votre stock de médicaments industriels étant limité, il sera question de l'économiser au maximum. Restez toujours très vigilant sur la gestion de vos stocks de remèdes, en particulier si vous n'êtes pas un minimum en autonomie sanitaire (cf. partie précédente). Préférez toujours la prise d'argent colloïdal, de miel, d'un cocktail d'antibiotiques naturels pouvant être « explosif » (ail, oignon, curcuma, gingembre, piment) et/ou de chanvre avant la prise de médicaments industriels, hors cas d'allergie bien sûr. En cas de diarrhée importante, un mélange d'eau et d'argile sera également très bénéfique pour le malade.

➤ **Les virus :**

Un virus est une entité biologique qui ne peut survivre qu'en infectant une cellule vivante, qui est alors appelée : « cellule hôte ». Cette particularité représente la principale différence entre une bactérie et un virus. La grippe saisonnière, le rhume, la varicelle, la rougeole, la mononucléose sont les virus les plus fréquemment rencontrés au cours d'une vie humaine. Après, la variole, l'Ébola, le Sida, la grippe H1N1 sont également des virus qui eux sont plus rarement rencontrés mais qui sont bien plus dangereux pour la santé.

Les virus sont probablement les ennemis « invisibles » les plus complexes à traiter car un virus peut tuer de trois manières différentes, par :

- La méthode directe : le système immunitaire est trop faible ou ne dispose pas des anticorps pour traiter le virus. Le virus se multiplie à travers toutes les cellules saines du corps, jusqu'à la mort du malade.

- La méthode indirecte : le système immunitaire est toujours trop faible ou ne dispose toujours pas des anticorps pour traiter le virus. Mais cette fois, le virus ne va pas être la cause première de la mort, il va simplement affaiblir les défenses immunitaires jusqu'à ce que le corps ne soit plus capable de se défendre du tout, contre aucune autre maladie. À la première grippe ou bactérie rencontrée, le corps, ne sachant plus se défendre, succombe.

- La méthode « vicieuse » : ici, le système immunitaire est très efficace. Le corps va détecter le virus et va se mettre au travail pour l'éliminer, par l'intermédiaire d'une forte fièvre par exemple. Mais, dans ce cas, c'est le système immunitaire qui va sur-réagir et alors tuer le malade, en essayant de détruire le virus. Une sur-réaction du système immunitaire à un virus peut en effet être plus nocive pour l'organisme que le virus en lui-même. L'exemple le plus connu de cette méthode est la grippe dite « espagnole » de 1918-1919 qui causa un maximum de mort chez les jeunes adultes, qui sont pourtant à l'âge où le système immunitaire est censé être très performant. En réalité cette grippe s'attaqua particulièrement au gène RIG-1, responsable de la gestion de la réponse immunitaire. Avec ce gène endommagé, la détection du virus par l'organisme entraina une réponse immunitaire non-maîtrisée et inhabituelle du corps. Ainsi, les personnes qui avaient un système immunitaire performant, capable de réagir rapidement et efficacement au virus, ont alors d'avantage succombé, que les personnes ayant un système immunitaire peu performant, qui n'a pas réagi (trop) rapidement et (trop) efficacement au virus. Je vous avais prévenu, ça peut être très vicieux un virus !

En résumé, bien que la solution d'avoir un système immunitaire résistant ne suffise pas toujours, elle reste la solution le plus pertinente pour guérir d'une infection virale. Dans tous les cas, il vous faudra être très vigilant à la fois aux causes des virus et à leurs conséquences sur le corps : les symptômes. Pour atténuer des conséquences/symptômes causés par le travail du système immunitaire, qui pourraient ne plus être maîtrisés (méthode « vicieuse »), vous pourrez utiliser des antalgiques classiques à base d'aspirine ; cela permettra au minimum d'éviter que la fièvre devienne trop importante. De plus, il faut savoir que les antibiotiques industriels ne sont pas efficaces contre les virus mais seulement contre les bactéries. En revanche, le miel et surtout l'argent colloïdal peuvent traiter efficacement aussi bien les causes directes du virus que ses conséquences/symptômes. Il vous sera également possible d'opter pour des médicaments industriels antiviraux. Dans la majorité des cas, beaucoup s'hydrater aidera à la guérison.

Bien que les origines des virus causant les pandémies soient parfois difficiles à repérer, elles sont souvent attribuées à la mutation d'un virus transmis à l'Homme par l'Animal. Les élevages en batterie sont d'ailleurs particulièrement montrés du doigt à ce sujet, notamment pour les derniers cas de grippe aviaire (H5N1) et grippe porcine (H1N1). Alors, si vous en mangez, il est recommandé de consommer des animaux issus d'élevages locaux et labélisés « bio », ceci afin de réduire les risques de contaminations virales évitables. En cas de pic pandémique, il est d'ailleurs préférable de stopper toute consommation de viande et de poisson.

En cas de pandémie, le dernier élément à respecter pour éviter la contamination de toute votre communauté est : la quarantaine. La quarantaine s'applique aussi bien pour les nouveaux arrivants dans votre BAD pendant une pandémie, que pour les personnes présentant des symptômes, déjà présentes. Une quarantaine évite que le virus se répande aux autres membres de la communauté et vise à isoler au maximum la personne potentiellement infectée. La personne en quarantaine ne doit jamais respirer « le même air » que les personnes hors quarantaine et donc elles ne doivent pas fréquenter les même locaux. La durée d'isolement de la personne « à risque » dépendra fortement de son état de santé mais, la période minimum à respecter, même si aucun signe de maladie n'est visible (nouvel arrivant), est d'au moins 15 jours, question de prévention !

En plus de la quarantaine, il est fortement recommandé de respecter les règles de confinement déjà vues dans le Point n°2. Selon la densité de population de votre zone d'habitation et la nature de la souche virale, le port de masque en feutre ou de masque à gaz peut être approprié. Par prévention, un traitement à l'argent colloïdal ou à l'eau de Javel de l'eau consommée, pour la boisson et pour l'hygiène, devra être également effectué. L'isolement, le confinement et éventuellement la mise en quarantaine resteront vos armes les plus efficaces en cas de pandémie.

> **Les risques naturels :**

- Les allergies :

Profitez du calme avant la tempête pour faire un test chez l'allergologue pour découvrir à quoi vous êtes allergiques. Ce point est important car il peut vous sauver la vie et orienter totalement différemment votre lieu de vie et le choix de vos stock de nourriture par exemple. Toutes les personnes destinées à faire partie de votre communauté, adultes comme bébé, devront avoir fait ce test avant le démarrage de l'effondrement.

- Les naissances :

Donner naissance en dehors des hôpitaux est possible, bien que cela présente des risques accrus tant pour la mère que pour l'enfant, en cas de complications. L'idéal reste donc d'éviter de se retrouver face à une telle situation en pleine période d'effondrement. Pour ce faire, le plus simple est d'utiliser des moyens de contraception comme des préservatifs et au pire des cas et s'il vous en reste, des pilules contraceptives.

En règle générale, la plupart des accouchements se passe très bien. Pour un accouchement à domicile, l'idéal est d'avoir au sein de sa communauté une sage-femme ou une personne ayant une expérience dans ce domaine. Une personne débrouillarde ayant déjà vécu ou été présent à un accouchement pourra également très bien s'en sortir. Toutefois, posséder un livre avec des images, présentant la démarche à suivre, peut s'avérer utile. Il vous faudra également un minimum de matériel pour optimiser les conditions d'accueil du nouveau-né. Prévoyez principalement de l'eau chaude, du savon, du désinfectant, du coton, des bandages propres, une lampe de poche, des ciseaux stérilisés, des seringues et aiguilles stérilisés, des gants en plastique, du matériel de suture stérilisé, des pinces hémostatiques (pour pincer le cordon ombilical) et des pailles (pour extraire le mucus hors de la bouche et des narines du nouveau-né).

En cas de complications, si vous ne disposez pas d'un matériel adapté pour une opération de césarienne ET d'un chirurgien, dans l'idéal obstétrique, la seule chose à faire sera de vous rendre rapidement au centre de soin le plus proche de votre BAD. Au préalable, vous aurez pris le temps de repérer, de contacter et de vous déplacer au centre de soin en question, qui devra à minima permettre de réaliser une opération de césarienne. Normalement une clinique, un hôpital, un cabinet vétérinaire, un cabinet de médecine générale ou une caserne de pompier doivent avoir un minimum de matériel adapté pour une opération de ce type. Gardez à l'esprit que vous devez toujours espérer le meilleur mais aussi, toujours anticipez le pire. Dans ce cas, le pire est l'évacuation d'urgence dans un centre de soin.

- L'enfance et l'adolescence :

Surveiller la santé des enfants doit être une priorité pour tous les adultes de votre BAD. L'enfance est la période où les défenses immunitaires se mettent en place, le corps est donc particulièrement sensibles aux maladies chroniques pendant cette période. En outre, les enfants présentent la particularité de rencontrer des maladies dites infantiles comme la rougeole, la rubéole, la varicelle et les oreillons, entre autres.

Avant de faire vacciner vos enfants, renseignez-vous grandement et longuement sur ce sujet. Prenez le temps de varier vos sources d'informations au maximum. Évitez les vaccins-cocktails de type ROR (Rougeole-Oreillons-Rubéole) qui, d'après un grand nombre d'études scientifiques indépendantes, s'avère être une cause majeure de l'autisme à travers le monde. Si vous prenez la responsabilité de tout de même faire vacciner vos enfants, préférez toujours des vaccins individuels et non des cocktails, bien qu'étrangement, ils soient de plus en plus difficiles à trouver. Mais surtout, la chose la plus importante est d'attendre que votre enfant ait au strict minimum 3 ans avant de le faire vacciner, afin que ses défenses immunitaires soient un minimum créées. Le lobbying et les scandales sur les effets dit « secondaires » des médicaments et des vaccins étant de plus en plus fréquents ces dernières années, il est prudent de rester très vigilant envers tous les produits provenant de l'industrie pharmaceutique, en particulier lorsqu'ils sont destinés aux enfants en bas-âge ou aux femmes enceintes.

En cas de maladies infantiles pendant et après l'effondrement, l'argent colloïdal et/ou le miel devraient permettre d'accélérer la guérison de l'enfant et d'apaiser ses douleurs. Dans le même temps, beaucoup de repos est nécessaire pour permettre aux défenses immunitaires de faire leur travail. À l'adolescence, certaines douleurs peuvent également subvenir à cause de la croissance osseuse et de l'activation des hormones. Pour les croissances douloureuses, prévoyez des suppléments alimentaires, principalement en vitamine D et C. Pour les demoiselles sujettes aux menstruations douloureuses, prévoyez des suppléments en fer et en magnésium. Dans tous les cas et peu importe l'âge, veillez à ce que les enfants et adolescents mangent de manière la plus équilibrée qui soit et qu'ils aient une propreté exemplaire !

- Les handicaps :

Bien qu'il existe un cas pratiquement infini d'handicap, nous différencierons ici principalement les handicaps physiques et les handicaps mentaux. La deuxième notion importante à prendre en compte est la date « d'apparition » du handicap. Pour toute personne présente dans votre BAD handicapée physiquement, déjà handicapée avant l'effondrement, vous pourrez aménager vos pièces pour simplifier la vie de la personne : chambre avec lit mécanisé, rampe d'accès pour fauteuil roulant, système d'alarme, etc.. En revanche, si le handicap physique survient pendant ou post-effondrement, la situation ne vous permettra probablement pas d'équiper votre BAD ou de prévoir une solution pour toutes les éventualités de blessure grave rencontrées. L'idéal reste encore une fois de ne pas se retrouver face à une telle situation alors, il vous faudra tout miser sur la prévention des risques d'accident.

Pour les personnes avec un handicap mental léger, la survie sera tout à fait possible pour eux au sein d'une BAD, bien qu'une attention supplémentaire doive leur être portée. Prévoyez tous les équipements médicaux spécifiques en fonction de le handicap (appareils auditifs, couches lavables, etc.).

Pour les personnes subissant un handicap très grave comme les handicapés mentaux lourds ou les personnes dans un coma prolongé nécessitant une aide extérieure permanente, la survie devient nettement plus compliquée voire dans certains cas impossible. Pour que ces personnes survivent, elles devront être fortement encadrées au sein de votre BAD et il faudra prévoir tous les équipements sur le long-terme pour permettre leur survie. Pour les personnes dans le coma, les premières choses à prévoir sont des bouteilles d'oxygène et de quoi faire des intraveineuses. Sans une aide volontaire de toute la communauté et le matériel adapté, leur survie devient malheureusement impossible sur le moyen-terme.

- La vieillesse :

La vieillesse entraîne avec elle de nombreuses complications physiques. En plus, des pertes de mémoire et des difficultés de déplacements que peuvent subir la majorité de nos aïeux, d'autres problèmes plus spécifiques peuvent être répertoriés. Si des personnes âgées font partie de votre communauté, vous devrez tout d'abord adapter l'habitat pour leur faciliter la vie (évitez les chambres à l'étage) et leur porter une attention toute particulière. Prévoyez également de grand stock des médicaments qui leur sont prescrit et intéressez-vous à leur trouver une alternative naturelle ou auto-fabricable, pour pallier à l'après-stock.

- La mort :

Ce sujet est sans doute le plus difficile à gérer dans une vie humaine. Bien que pour la plupart des personnes, la vue d'un cadavre peut déjà être une chose émotionnellement difficile à gérer, elle le sera d'autant plus lorsqu'il s'agira de l'un de vos proches. Néanmoins, la mort physique fait partie de la vie et il faut l'accepter et s'y préparer.

En plus, des troubles psychologiques que peuvent engendrer la mort d'un proche, il va vous falloir gérer également la question du corps. La méthode la plus hygiénique et la plus simple qui soit reste l'enterrement. Prévoyez un lieu relativement éloigné de votre zone de vie (habitat, source d'eau, potager) et creusez un trou d'au minimum 2 mètres de profondeur, pour éviter que les animaux ne viennent le déterrer. Disposer de la chaux ou du bicarbonate de soude sur le cadavre permettra de masquer les odeurs. La deuxième méthode possible reste l'incinération. Mais faîte attention dans ce cas, à ce que le brasier ne puisse pas se propager à votre bâtiment ou à la végétation alentour et que le feu soit suffisamment discret pour ne pas indiquer votre position à d'éventuels pilleurs.

En règle générale, enterrez ou brûlez le corps de préférence avant les 3 premiers jours qui suivent le décès. Ne sachant jamais la cause réel de la mort, tous les contacts directs avec le corps doivent être absolument évités. En cas de déplacements de celui-ci, utilisez des gants, un masque à feutre et des lunettes de protection. Dans l'idéal, portez un tablier étanche que vous prendrez le soin de laver immédiatement après utilisation. Une autre technique est de recouvrir le corps de grands sacs poubelle scotchés entre eux. Dans tous les cas, lavez-vous correctement les mains après toute manipulation.

De manière plus formelle et administrative, il est important d'effectuer un rite funéraire à chaque mort d'un proche. Apposez une marque sur la tombe (croix, pierre gravée, etc.). Notez également précisément le jour et l'heure de la mort ainsi que ses causes (mort naturelle, chute, etc.) dans un carnet car, un jour peut-être, l'État pourrait être amené à vous questionner...

> **Quelques cas spécifiques :**

- Les pacemakers en cas d'EMP :

Selon moi, les personnes ayant un pacemaker (stimulateur cardiaque) sont particulièrement en danger en cas d'EMP. Malheureusement, il n'existe quasiment aucune information officielle sur le sujet. Le seul document sur le sujet date de novembre 1991, a été rédigé par l'armée US et s'intitule : *Les effets d'une EMP sur les pacemakers cardiaques*. Les conclusions de ce rapport restent très floues bien qu'elles indiquent tout de même que les risques semblent faibles. Cette question étant totalement esquivée par la sphère scientifique et médicale, les suggestions que je vous donne sont théoriques et je n'ai aucune certitude sur leur efficacité dans la pratique, il s'agit ici de « faire au mieux avec ce que l'on a et ce que l'on sait ». Premièrement, le meilleur moyen de protection d'une EMP serait de porter un gilet en fibre métallique, afin de stopper ou de réduire les dégâts causés au pacemaker. En cas d'arrêt du pacemaker, il est recommandé de rapidement se rendre aux urgences (si l'EMP est localisée et que la situation extérieure le permet). Si vous avez un pacemaker, je vous invite fortement à posséder un défibrillateur dans votre BAD et à le stocker dans votre caisson anti-EMP. La dernière solution est une solution extrême qui nécessite une opération chirurgicale qui consiste à accéder à l'appareil afin de changer ces piles ou de le remplacer totalement. Toutefois, il semble très compliqué d'acheter un pacemaker et/ou des piles de rechange en dehors du circuit médical. Si vous arrivez tout de même à vous procurer ces équipements alors, stockez-les bien dans votre caisson anti-EMP, munissez-vous d'équipements chirurgicaux et faites en sorte que vos proches sachent exactement quoi faire, si cela devait arriver !

- La maladie de Lyme :

Sujet important et trop peu connu, concernant la survie à proximité d'un milieu naturel. La maladie de Lyme est une maladie causée par la morsure de tique qui est gravement handicapante pour la personne victime, en plus d'être très difficilement diagnostiquée et soignée par la médecine traditionnelle et sa médication. Pour prendre l'exemple de la France, les autorités sanitaires estiment que 30 000 personnes par an contractent la Borrélia, qui est le nom de la bactérie incriminée. Cependant, beaucoup de chercheurs et docteurs pensent que le nombre de cas rapportés est largement sous-évalué. Bien qu'elle soit généralement contractée par une morsure de tique, de nouvelles études montrent qu'il est aussi possible de contracter cette bactérie via un moustique, une araignée, une morsure de mouche, par l'intermédiaire de l'utérus de la mère à l'enfant, ou via des rapports sexuels non protégés.

Pour éliminer cette bactérie, il semble d'ailleurs que vous possédiez déjà (ou sous peu) dans votre pharmacie, le médicament qui vous permettra de guérir totalement de cette maladie. Le grand vainqueur est, vous devez vous en douter : l'argent colloïdal, encore lui ! De nombreuses études scientifiques sur le sujet indiquent que l'utilisation d'argent colloïdal élimine totalement cette bactérie par la prise quotidienne de deux cuillères à soupe, pendant seulement trois mois. Le docteur Dr Paul Farber, qui a lui-même été contaminé, en parle plus précisément dans son livre intitulé : *The Micro-Silver Bullet*. Il semblerait également que la prise régulière et respective d'oignon, d'ail et d'extrait de feuille d'olivier serait efficace pour venir à bout de cette bactérie. La prise de spiruline, dans l'idéal sous forme liquide, permettrait d'atténuer elle ses symptômes chroniques, sans toutefois éliminer la cause du problème.

- Les intoxications aux (nanoparticules de) métaux lourds :

Plomb, arsenic, mercure, cadmium,... À notre époque, les risques d'exposition aux métaux lourds sont beaucoup plus élevés que par le passé. D'ailleurs depuis quelques années, certaines analyses de sols réalisées à travers le monde démontrent des augmentations en concentration de certains métaux lourds comme l'aluminium, le strontium et le barium. Même minime, une intoxication aux métaux lourds peut avoir de graves conséquences sur la santé humaine. Bien qu'il n'existe pas de remède miracle pour ce genre d'intoxication, il semblerait que certains aliments, ayant des propriétés chélatantes (qui s'associent aux métaux lourds et les chassent du corps humain), soient efficaces pour purifier le corps de ces substances. Parmi ces solutions, il serait possible de citer notamment : l'algue chlorella, l'ail, l'oignon, la coriandre, le pissenlit, l'eau d'artichaut, le jus d'orange/de pamplemousse, les épinards crus, l'avoine, le brocoli, la pêche, le riz complet, la noix du Brésil et la spiruline. Certains minéraux peuvent également désintoxiquer l'organisme des métaux lourds. C'est le cas de la zéolithe qui possède en plus une forte capacité d'absorption des particules radioactives (césium, etc.). À ce titre, elle a été utilisée pour les traitements des eaux post-catastrophe nucléaire sur les sites de Tchernobyl (1986) et Fukushima (2011). De nombreux fabricants comme Zed Health, Destroxin, Royal Detox, ZeoForce, entre autres, commercialisent des produits concentrés en zéolithe, sous forme liquide, de poudre, de comprimés ou de morceaux. Cette roche d'origine volcanique est aussi très largement et très efficacement utilisée en agriculture biologique et dans les filtres à eau des piscines et des aquariums. Elle est donc facile à trouver sur internet, en pharmacie/naturopathie et en magasin de bricolage/jardinage ; comparez les prix avant d'acheter car ils peuvent aller du simple au centuple ! Bien qu'il puisse être lui-même considéré comme « nanoparticules d'un métal lourd », l'argent colloïdal présente pourtant des « effets détox » efficaces contre les métaux lourds nocifs. Dans un monde où l'exposition à des contaminants est répandue et fréquente, il est recommandé d'effectuer une cure « détox » préventive, au minimum une fois par mois, et/ou une cure curative, lorsque vous l'estimerez nécessaire.

Finalement, arrivé à ce niveau d'avancement, vous connaissez la démarche de santé globale à suivre pour rester en bonne santé. Vous savez comment être au maximum autonome d'un point de vue sanitaire. Et vous avez pris connaissance des principaux risques médicaux que vous pourriez rencontrer à l'avenir. Il ne vous reste plus qu'à vous former de manière plus spécifique/pratique et à remplir votre pharmacie-maison avec tous les produits et matières premières déjà évoqués. Pour être sûr de ne rien oublier, <u>rendez-vous en annexe n°5</u>.

Les métiers

À l'avenir, les connaissances/compétences liées à la santé porteront principalement sur :
- Les règles de base de prévention
- Le fonctionnement psychologique (mental et émotionnel) du corps humain
- Le fonctionnement physique/biologique du corps humain
- Le fonctionnement énergétique du corps humain
- Les soins de premiers secours (massage cardiaque, bouche-à-bouche, mise en PLS, etc.)
- La fabrication et la vente d'argent colloïdal (vigilance sur la technicité et la pureté des produits !)
- La fabrication et la vente d'argile, de bicarbonate de soude, de savon et d'eau de Javel
- La fabrication et la vente d'huiles essentielles
- L'apiculture
- La culture et la vente de médicaments/antibiotiques naturels et du chanvre
- La fabrication/récolte et la vente de solutions à base de zéolithe
- Les accouchements (chirurgien obstétrique/sage-femme/vétérinaire)
- La chirurgie
- L'anesthésie
- Le soin des animaux (vétérinaire)
- La kinéthéraphie/l'ostéopathie
- L'homéopathie/naturopathie/botanie

- Toutes les médecines « énergétiques » de type oriental et/ou holistique (lithothérapie, coupeur de feu, guérisseur, magnétiseur, hypnotiseur, etc.)
- La fabrication et la réparation d'habits (travail du lin, tricot, couture)
- La réparation des chaussures (cordonnier)
- La fabrication et la vente de « générateurs médicaux à ondes »
- La fabrication et la vente d'équipements de protection « anti-onde »
- La fabrication et la vente d'équipements de mesure de la pollution électromagnétique
- La formation aux métiers ci-dessus

Pour conclure sur le sujet de la médecine, vous devez savoir que dans les temps futurs, vous ne devrez pas compter sur les gouvernements et les firmes multinationales quel qu'ils soient pour vous maintenir en bonne santé. Bien que ce constat peut déjà se vérifier dans une période « normale », cette vérité sera accentuée post-effondrement.

Pour illustrer mes propos, sachez qu'au sein de l'Union Européenne, l'EFSA (European Food Safety Autority) a refusé d'agréer l'homologation comme complément alimentaire de l'argent colloïdal commercialisé sous la marque « Silver Hydrosol », concluant que la sécurité d'emploi n'a pas été établie... L'argent colloïdal depuis les nouvelles lois européennes de 2010 n'est plus vendu que comme produit cosmétique, comme cicatrisant ou comme désinfectant pour l'eau. Pour être plus clair, sachez que l'industrie pharmaceutique est extrêmement puissante et solidaire. Leur objectif est d'imposer des molécules brevetées pour des vaccins et des médicaments, car ces brevets leur permettent de vendre leur propre produit et ainsi se faire des fortunes. Voici la raison principale pour laquelle vous devez devenir votre propre médecin. Si l'effondrement changera beaucoup de bonnes choses, en revanche, les anciennes traditions de ce genre s'amplifieront. Post-effondrement, le commerce d'argent colloïdal sera très certainement devenu interdit d'un point de vue légal. Si vous aviez donc pour but de vendre de l'argent colloïdal dans le futur, sachez que c'est une très noble tâche, mais pensez également que vous deviendrez alors potentiellement « hors-la-loi » ; idem pour la plupart des solutions citées précédemment.

Dans un tel cas de figure, il est bon de se rappeler ce que disait l'auteur français Rabelais, que : « Science sans conscience n'est que ruine de l'Âme ». Donc, si vous décidez tout de même de vous lancer dans la fabrication ou la vente d'argent colloïdal, sachez que la morale humaine est de votre côté. En revanche, il vous faudra être le plus discret possible sur vos activités.

POINT 6 : L'ÉNERGIE

Vous avez déjà parcouru la moitié du chemin, félicitations ! Vous disposez d'une BAD équipée pour survivre lors d'un confinement et disposant d'une source d'eau naturelle à proximité. Votre potager est prêt à produire en toute saison. Votre stock alimentaire de secours est déjà bien commencé et vous disposez d'une armoire à pharmacie, tant naturelle, artisanale qu'industrielle prête à pallier à toutes les éventualités.

Vous devez maintenant équiper votre BAD de manière à être autonome énergétiquement. Pour ce faire vous devez gérer deux points principaux, qui sont :

- la chaleur. Pour survivre, il est indispensable d'avoir une pièce chauffée supérieure à 15°C et dans l'idéal à 19°C pendant les périodes froides de l'année. Ensuite, l'énergie est importante pour la cuisine. Si vous stockez des pâtes et du riz, il est essentiel de pouvoir faire chauffer l'eau de cuisson. Enfin, avoir de l'eau chaude est utile mais non indispensable pour l'hygiène. L'eau chaude en sortie du robinet ou du pommeau de douche est communément appelé Eau Chaude Sanitaire (ECS). Si vous vivez dans une zone où les températures sont très élevées en période chaude, vous aurez aussi surement besoin d'un système de climatisation passif ou actif pour maintenir une température adéquate dans votre logement.
- l'électricité. L'électricité est particulièrement utile pour l'éclairage et sert aussi à faire fonctionner tous les appareils électriques de la maison (éclairage, électroménager, TV, ordinateur, etc.). L'usage de l'électricité est appréciable mais n'est pas indispensable à la survie humaine. Nos ancêtres vivaient certainement moins bien que nous mais, ils arrivaient à s'éclairer sans aucune source d'électricité, à l'aide de bougie ou de lampe à huile. Gardez à l'esprit que vous devrez prévoir un cas de figure similaire...

De manière générale, lorsque que l'on traite du sujet de l'énergie, il est important de bien comprendre la démarche générale à mettre en œuvre. En effet, la chronologie des actions à mener est essentielle car, elle vous permettra de gagner beaucoup de temps et d'argent dans votre préparation. La démarche que je vous propose est issue du travail de l'association Négawatt. Cette association est spécialisée dans l'étude des modèles énergétiques et a rédigé un rapport en 2011 sur les solutions à mettre en œuvre pour pouvoir anticiper le monde de l'après-pétrole ; monde dans lequel nous entrons à grand pas. Et comme souvent, ce qui est préconisé à grande échelle peut également l'être à petite échelle, c'est d'ailleurs ce que nous allons faire.

La démarche à mettre en œuvre est composée de trois axes qui sont :
- La sobriété
- L'efficacité des équipements producteurs et consommateurs
- La production d'énergie (renouvelable)

La sobriété

Avant toute chose, il faut garder à l'esprit qu'en cas d'effondrement, le manque d'énergie pour obtenir de la chaleur, de l'éclairage et de l'électricité sera quelque chose de courant (sans mauvais jeu de mots). Mais, avant de voir comment produire de l'énergie, il faut d'abord regarder comment éviter d'en consommer. Et oui, l'énergie la moins chère et la plus facile à obtenir est celle que l'on ne consomme pas ! Voilà pourquoi le thème de la sobriété doit être étudié en priorité.

La sobriété tourne autour de deux points spécifiques :
- La sobriété du bâtiment
- La sobriété des comportements

La sobriété du bâtiment doit être la première question à vous poser mais avant toute chose vous devez savoir qu'en terme scientifique le froid n'existe pas, seule la chaleur existe. Ce n'est pas le froid à l'extérieur qui rentre dans votre maison, c'est le chaud à l'intérieur qui s'échappe de votre maison. La priorité est alors de ne pas chauffer les petits oiseaux et donc de réduire au maximum les déperditions de chaleur du bâtiment en période froide. Pour ce faire, les quatre points principaux à traiter sont :
- l'orientation des ouvertures,
- les parois,
- les ponts thermiques,
- les entrées d'air.

Tout d'abord, vous devez chercher à obtenir le maximum d'énergie gratuite que la Nature vous offre. Le fournisseur officiel d'énergie gratuite de notre planète est... le soleil ! Le fait d'avoir des fenêtres ou des baies vitrées principalement orientées au Sud si vous résidez dans l'hémisphère Nord (et inversement, situées au Nord pour l'hémisphère Sud) permettent en période froide de faire rentrer les rayons du soleil directement dans votre habitat. Ce point est à traiter si vous achetez une BAD ou si vous effectuez des travaux mais n'allez pas faire des travaux exprès pour optimiser vos surfaces vitrées sur la façade exposée au soleil, cela serait contre-productif pour votre survie. Gardez votre argent pour autre chose.

Ensuite, pour éviter les déperditions de chaleur à travers une paroi, il n'y a pas de secret, vous devez isoler. Même chose pour un pont thermique. Un pont thermique est par définition une rupture d'isolation à cause de la structure du bâtiment. Par exemple, avec une isolation intérieure, la zone entre le bas du mur et le plancher n'est pas isolée. Les ponts thermiques sont également particulièrement présents aux niveaux des contours de fenêtres. L'isolation d'après effondrement ne se fera plus avec du polyuréthane ou du polystyrène issus du pétrole mais d'avantage à base de végétaux comme la paille, la fibre de bois, le chanvre ou le lin. Enfin, au sujet des entrées d'air, il est tout de même dommage de chauffer sa maison et d'y faire rentrer de l'air froid provenant de l'extérieur. Malgré tout, il est indispensable de bien ventiler sa maison pour éviter les moisissures et champignons dues à l'humidité et pour évacuer les polluants chimiques intérieurs.

La meilleure solution, pour réduire les déperditions liées au renouvellement d'air dans l'habitat, est d'utiliser un système de ventilation double-flux (VMC-DF) qui permet de céder la chaleur de l'air chaud extrait à l'air froid entrant. Attention néanmoins, car une ventilation de ce type est « active » et donc consommateur d'électricité (ventilateurs).

La plupart des maisons anciennes à la campagne, qui font généralement office de BAD, utilise un système de ventilation dit « passif » (qui ne consomme pas d'énergie). La ventilation de ces maisons n'est possible que grâce aux différentes ouvertures (serrure, pas de porte, contour de fenêtre, bouche d'aération,...etc.) et infiltrations d'air par les parois non-étanches à l'air. Dans ce cas de figure, les entrées d'air ne sont pas contrôlées. Il est très important de faire la différence entre les entrées d'air contrôlées d'un système de ventilation classique (bouche d'aération) et les entrées d'air non-contrôlées qui comprend toutes les infiltrations d'air parasites par les parois ou les défauts de conception du bâtiment. Il faut savoir également que les maisons récentes sont conçues avec des exigences d'étanchéité à l'air beaucoup plus élevée qu'auparavant. Elles présentent donc un nombre d'entrées d'air non-contrôlées relativement faibles. Sachez également que plus une maison est étanche à l'air, plus il est important de la ventiler, hors cas de confinement bien sûr.

Le choix de votre système de ventilation doit s'effectuer en fonction de vos ambitions de production d'énergie renouvelable au sein de votre BAD ; le système de ventilation « actif » ne pouvant fonctionner qu'avec une source d'électricité, qui devra être autonome dans notre cas.

Une des solutions particulièrement performante qui permet de résoudre 3 des 4 points à traiter en priorité est de construire une serre/véranda, reposant sur la façade Sud du bâtiment. Si l'implantation sur la façade Sud n'est pas possible alors l'Est ou l'Ouest peut convenir ; le Nord ayant moins d'utilité dans ce cas. Bien sûr si vous habitez dans l'hémisphère Sud, alors dans ce cas la façade Nord est à privilégier au lieu de la façade Sud. La serre permet de faire une zone tampon qui permet de réduire les déperditions et les ponts thermiques des parois donnant sur la serre ainsi que de préchauffer l'air neuf dans l'habitat, à condition que les entrées d'air dans la serre soit situées en partie basse. Afin d'éviter les surchauffes en été à cause de la serre, il est nécessaire d'apposer une occultation solaire d'environ 1 mètre en débordement du toit de la serre, sous forme de casquette solaire. Pour réduire les surchauffes, il est également possible de planter des arbres à feuilles caduques (qui tombent en hiver) à environ quelques dizaines de mètres face à la serre. Bien sûr, cette serre peut également vous permettre de cultiver vos légumes été comme hiver, mais dans ce cas, faites bien attention à avoir un bon renouvellement d'air pour éviter un taux d'humidité de l'air trop important, à la fois dans la serre et dans l'habitat. Pour optimiser le fonctionnement de préchauffage de la maison par l'intermédiaire d'une serre, les entrées d'air dans la serre doivent se faire en partie basse et les entrées d'air dans la maison en partie haute (au minimum au niveau des fenêtres), car l'air chaud monte.

La sobriété du bâtiment peut également être traitée du point de vue de l'éclairage. Le principe ici est d'apporter un maximum de lumière naturelle dans vos pièces en journée. Un éclairage naturel suffisant évitera d'utiliser l'éclairage artificiel. Pour ce faire, il y a deux solutions : soit les ouvertures vitrées classiques (attention également aux déperditions thermiques dans ce cas), soit les puits de lumière, qui sont des cheminées réfléchissantes qui « transportent » la lumière de l'extérieur jusqu'à la pièce désignée.

Enfin, vous devez vous attaquer à vos habitudes de consommation. En effet, il est important de connaître le niveau de consommation énergétique que vous envisagez. Ce point sera relativement simple à déterminer car il se fera en fonction de votre budget. Si votre budget est important alors, vous pourrez acheter tous les équipements de production d'énergie renouvelable vous permettant d'être autonome et même de surproduire de l'énergie et principalement de l'électricité. En revanche, si votre budget est restreint ou qu'il vous manque du temps de préparation, vous serez certainement contraint de réduire vos consommations énergétiques, souvent de manière importante. Vous devrez alors en priorité traiter vos besoins en chaleur avant ceux en électricité.

Une fois les différentes approches « passives » permettant de réduire vos consommations mises en œuvre, il vous faudra vous intéresser à la performance énergétique de vos équipements « actifs ».

L'efficacité des équipements producteurs et consommateurs

L'efficacité des équipements correspond au rendement des équipements producteurs et consommateurs de chauffage, d'éclairage et d'électricité. L'efficacité énergétique est principalement à vérifier pour les équipements suivants :

- Les sources de production/consommation de chaleur (poêle, cheminée, chaudière, panneau solaire thermique, radiateurs, etc.)
- Les sources de production d'électricité (génératrice/turbine, panneau photovoltaïque, éolienne, etc.)
- Les sources de consommation d'électricité (réfrigérateur, congélateur, lave-linge, lave-vaisselle, ventilateur, etc.)
- Les sources de consommation d'éclairage (type d'éclairage et ampoules)

La plupart du temps, il est difficile d'augmenter l'efficacité d'un équipement. La seule solution possible est de changer l'équipement par un équipement moins consommateur. Par exemple pour les ampoules, préférez des LED aux ampoules basse consommation (attention au mercure contenu à l'intérieur en cas de casse) et aux ampoules à incandescence. Pour les LED, faites attention au rayonnement direct qui peuvent abîmer les yeux, utilisez des abat-jours.

En règle générale, pour tous les équipements de production, vous devez choisir celui qui a le meilleur rendement. Pour les équipements de consommation, choisissez ceux qui ont la meilleure performance en vous référant aux étiquettes-énergie maintenant obligatoire dans la plupart des pays.

La production d'énergie renouvelable

Une ressource d'énergie est dite renouvelable si sa durée de régénération est équivalente à celle d'une vie humaine, de manière générale 100 ans est un repère privilégié. Le principal problème de notre modèle énergétique pré-effondrement est que la très grande majorité des ressources énergétiques que nous consommons sont d'origines non-renouvelables. Parmi elles, nous avons le charbon, le gaz naturel, l'uranium et le pétrole et toutes ces différentes formes : essence, diesel, kérosène, fioul.

Étant donné que notre stratégie de survie est une stratégie efficiente basée sur le long-terme, les solutions à prévoir touchent en priorité aux (res)sources renouvelables. Les énergies non-renouvelables pourront être utiles mais uniquement en cas de dépannage comme en cas de grand froid par exemple. Les (res)sources non-renouvelables ne doivent surtout pas être envisagées comme étant une source d'énergie principale et encore moins unique, dans votre stratégie de survie.

Comme nous l'avons déjà évoqué dans la partie sur la sobriété, la principale contrainte de votre autonomie énergétique sera le budget dont vous disposez. Si votre budget le permet alors vous pourrez consommer comme vous le faîte actuellement. Dans le cas contraire, vous devrez vous résilier à avoir une consommation bien inférieure à celle que vous avez actuellement. Dans tous les cas, sachez que les solutions ne manquent pas.

Pour rappel, les deux principaux points à gérer au niveau de l'énergie sont :

- La production de chaleur : Chauffage + Cuisson + Eau Chaude Sanitaire (ECS)
- La production d'électricité : Éclairage + Équipements électriques

Avant de savoir comment produire l'énergie de votre BAD, vous devez tout d'abord définir/estimer vos futurs besoins en chauffage, en eau chaude alimentaire, en eau chaude sanitaire, en éclairage et en électricité. Vos besoins en énergie dépendent fortement du nombre final d'occupant de votre BAD, veillez à être le plus précis possible sur ce point.

Ensuite, vous devez identifier les ressources locales d'énergie à proximité de votre BAD. Cela ira vite car, il y en a que deux : le bois (forêt) et l'eau en mouvement (fleuve, rivière, source). Si vous avez une forêt à proximité de chez vous ou un cours d'eau alors vous êtes un veinard car vous aurez deux options supplémentaires pour approvisionner votre BAD en énergie. Après, peu importe où votre BAD se situe, vous pourrez utiliser les ressources mondiales d'énergie qui sont : le soleil, le vent, le biogaz et la géothermie.

Voyons maintenant comment utiliser ces ressources plus en détails :

> Le bois

Post-effondrement, le bois reste la ressource pour le chauffage la plus simple à utiliser car elle permet à la fois de produire et de stocker de la chaleur facilement. Comme nous le verrons, le stockage d'énergie est un problème majeur mais le bois apporte une solution simple et efficace à ce niveau. Le bois permet également de chauffer à la fois l'air ambiant (poêle à bois ou cheminée), l'eau de cuisson (cuisinière à bois) ou l'eau chaude sanitaire (chaudière). Le bois peut également servir d'éclairage grâce à ses flammes, mais ce n'est pas la meilleure solution pour cet usage.

Le bois est une ressource considérée comme renouvelable car la pousse d'un arbre peut se faire à l'échelle d'une vie humaine. Le bois (replanté) est donc à considérer comme un capital productif !

Si vous choisissez cette solution, vous devez prévoir l'achat de tronçonneuses électriques qui peuvent être une solution particulièrement pertinente surtout si vous envisagez d'auto-produire votre électricité. Si vous optez pour des tronçonneuses fonctionnant à l'essence, prévoyez des stocks de carburant relativement conséquent. Dans tous les cas, des outils manuels pour couper les troncs ou fendre les buches (scie, hache, hachette, merlin, masse, coing) sont indispensables. Pensez également aux machettes pour les petits branchages nécessaires pour faire démarrer le feu. Prévoyez des lames de scie et des têtes et manches d'outils de rechange, sans oublier des pierres à aiguiser. Pour allumer le feu il vous faudra avoir un stock important d'allumettes et de briquets, même si l'outil idéal pour démarrer un feu, car est à la fois solide, étanche et durable, est la pierre à feu ou Fire-Style.

Pierre à feu

Le fait de posséder une cuisinière à bois permet d'associer à la fois le chauffage de l'air ambiant et le chauffage de la nourriture. Si vous n'en disposez pas et que vous n'êtes pas en mesure d'en acheter, alors vous devrez créer votre propre cuisinière à bois. Pour le foyer, utilisez un simple bidon métallique. Pour le conduit d'évacuation des fumées, vous pouvez utiliser des conduits d'aération en métal. Faites particulièrement attention d'avoir une évacuation des fumées performante et d'avoir un apport d'air nécessaire pour que la combustion soit complète. Pour rappel, une évacuation des fumées mal traitées vous ferait respirer des composants toxiques et un apport d'air neuf insuffisant dégagerait du monoxyde carbone qui est mortel et inodore (cf. point n°2 sur l'air). Faites vraiment attention à ces deux derniers points si vous construisez votre propre foyer de combustion (cuisinière, poêle, cheminée, etc.).

Dans l'idéal, vous devez également avoir des stocks de papier journaux ou prévoir un endroit de séchage pour entreposer du duvet de forêt composé : d'herbe sèche, de feuilles mortes et/ou de petits bois morts. L'idéal pour le lieu de séchage est un endroit à l'abri de l'eau donc couvert et en contact avec le soleil la journée. L'emplacement optimal semble donc être derrière une vitre exposée au soleil.

Pour optimiser le rendement de votre système de chauffage au bois, la récupération des calories des fumées est une option pertinente. Pour ce faire, vous pouvez également coupler votre solution de chauffage au bois classique (cuisinière, poêle ou cheminée) avec un échangeur de chaleur placé sur le conduit des fumées. Cet échangeur permettra de récupérer les calories des fumées afin de chauffer un ballon d'eau chaude, un plancher chauffant ou un mur chauffant par exemple. L'autre solution pour récupérer la chaleur contenu dans les fumées de la combustion est d'opter pour un poêle de masse. Un poêle de masse est un poêle à bois classique sauf que les calories des fumées sont directement récupéré par une « masse » composée de briques réfractaires et de briques en terre cuite. Le poêle de masse possède un meilleur rendement énergétique par rapport à un poêle classique et permet de diffuser une chaleur rayonnante plus longtemps dans la pièce. En revanche, un poêle de masse est bien plus lourd qu'un poêle classique ; certains modèles dépassent les deux tonnes. L'installation d'un poêle de masse peut donc nécessiter des fondations de bâtiment spéciales ou des renforts de fondations existantes. Pour acheter un poêle de masse, vous pouvez vous rapprocher d'un fabricant ou d'un artisan spécialisé ou en acheter tout-fait auprès de fabricant.

La solution du bois peut également être envisagée pour la production d'électricité. La combustion sert alors pour chauffer l'eau et la vapeur d'eau ainsi créée permet de faire fonctionner une génératrice électrique. Avec cette technique, vous avez deux énergies (chaleur et électricité) à partir d'une seule ressource, qui est le bois dans notre cas. Ce principe s'appelle la cogénération. Le moyen le plus simple pour mettre en place une cogénération est d'opter pour une chaudière bois.

Avec l'arrivée des poêles et des chaudières bois nouvelle génération, la bûche n'est plus la seule forme de bois qu'il est possible d'utiliser. Maintenant, il est possible de se chauffer grâce à du bois déchiqueté, aussi appelé plaquettes, ou des granulés de bois, aussi appelés pellets. Le problème avec ces sous-produits est qu'il est compliqué d'auto-produire ses propres plaquettes de bois et encore plus ces propres pellets, sans des équipements spécifiques consommateur d'énergie (broyeur entre autres). De plus, l'humidité des particules de bois doit être précise pour éviter un encrassement et une détérioration de l'insert (poêle et cheminée) ou de la chaudière trop rapide. Voilà pourquoi je ne recommande pas particulièrement l'utilisation de bois déchiqueté ou de granulés bois. Les bûches de bois elles peuvent être trouvées de manière locale par vos propres moyens et ne nécessitent pas de contrôle particulier de leur humidité. Pour le choix d'une chaudière bois comme pour un insert, les bûches semblent donc être la ressource optimale. En revanche, gardez à l'esprit que les chaudières nécessitent contrairement aux cheminées ou poêles traditionnels, une alimentation en électricité pour faire fonctionner les pompes à eau, les ventilateurs et le circuit électronique de régulation.

Pour conclure sur le bois, il faut bien différencier la ressource comme telle et le système choisi. Comme vous avez pu le constater le nombre de solution possible à partir de la « ressource bois » est très important. Le bois reste une des ressources énergétiques les plus intéressantes du monde pour les années qui viennent. Je vous invite à fortement étudier cette option lors de la mise en place de votre stratégie. La première et sans doute la meilleure des solutions à étudier est celle de la cuisinière à bois dans la cuisine couplée éventuellement à un poêle ou à une cheminée à bûche au centre de la maison. La chaudière bois à bûche peut également être une solution envisageable. Pour le stockage, il est conseillé de maintenir des stocks de bois pour au minimum deux années de chauffe d'avance. Il doit être stocké dans un lieu relativement sec pour éviter sa décomposition prématurée. Le bois est également l'une des meilleures solutions de stockage de l'énergie sur le long terme et une des seules permettant de se chauffer sans avoir besoin d'une production électrique.

Les trois inconvénients principaux de la solution bois sont :
-   la nécessité d'avoir une forêt à proximité de votre lieu de consommation,
-   la dépense d'énergie (humaine ou mécanique) nécessaire à la transformation du bois (coupe, sciage, etc.),
-   la fumée de cheminée dégagée lors de la combustion est un indicateur de votre localisation et de votre niveau de préparation.

➢   L'eau en mouvement

Il est tout à fait possible d'utiliser l'énergie cinétique et potentielle de l'eau pour obtenir de l'électricité. La seule condition pour cela est que votre source d'eau naturelle doit être en mouvement et avoir un débit relativement constant. Cette solution ne fonctionne donc que pour les cours et les sources d'eau et non pour les zones de stockage immobiles comme les cuves, les puits ou les étangs.

Pour récupérer l'énergie de l'eau en mouvement, vous devrez installer une turbine couplée à une génératrice. Ce genre d'équipement est relativement robuste et à une durée de vie d'environ 15 à 20 ans. Le gros avantage de cette méthode est que si votre débit d'eau est constant alors votre production sera constante et régulière 24h/24, 365j/an.

Même si votre débit d'eau est trop faible voire irrégulier selon les saisons, vous pourrez surement trouver une solution pour au minimum obtenir de l'électricité pour la période froide ; la majorité des cours d'eau ayant un débit beaucoup plus important en hiver qu'en été.

Pour le dimensionnement et l'installation des équipements, il est préférable de faire appel à des professionnels tant pour la gestion des débits d'eau que pour l'installation électrique, à moins que vous soyez vous-même spécialiste dans l'un de ses domaines bien sûr.

Cette solution permet d'obtenir de l'électricité que vous pourrez utiliser pour faire fonctionner tous vos appareils électriques (machine à laver, plaques de cuisson, etc.) et vous apporter éclairage (ampoules) et chaleur (convecteur électrique, ballon d'eau chaude).

➢ Le soleil

Le soleil permettra d'apporter à votre BAD de la chaleur, de l'électricité et également de l'éclairage.

Pour récupérer la chaleur du soleil, l'équipement à utiliser est un panneau solaire thermique. Le principe est très simple, un simple tuyau d'eau derrière une vitre pour effectuer un « effet de serre ». En général, la circulation de l'eau dans les tuyaux se fait grâce à des pompes électriques. Mais il existe une technique permettant de se passer totalement de pompe. Cette technique utilise le principe du thermosiphon qui permet de faire circuler l'eau par différentiel de température. Comme la chaleur se déplace toujours du chaud vers le froid et jamais l'inverse, en installant votre ballon d'ECS au-dessus de votre panneau solaire, l'eau chauffée montera dans le ballon grâce au différentiel de température. Ensuite, l'eau du ballon étant plus froide que celle des panneaux, elle redescend dans le panneau, où elle est de nouveau chauffée. Afin de minimiser les déperditions de chaleur du ballon, il est préférable qu'il soit situé à l'intérieur de votre BAD (suspendu horizontalement à la charpente par exemple) ou dans un local à l'abri du gel. De tels panneaux peuvent également être envisagés pour chauffer directement l'air de l'habitat. L'air ainsi chauffé par le soleil rentre directement dans le salon ou la cuisine.

Ensuite, les photons du soleil (la lumière) peuvent également servir à la production d'électricité à l'aide de panneaux photovoltaïque. Il est important de différencier les deux types de panneau solaire : le panneau solaire thermique, qui utilise la chaleur du soleil pour chauffer l'eau ou l'air et le panneau photovoltaïque, qui utilise la lumière du soleil pour produire de l'électricité. Dans ce dernier cas, l'installation est relativement complexe et onéreuse. L'installation totale comprend les panneaux, les appareils électroniques de régulation et de convertissage et les équipements de stockage de l'électricité. De plus, dans la majorité des pays, il vous faut l'autorisation administrative de votre commune, ce qui peut prendre un certain délai. S'il est possible de créer des panneaux solaires thermiques, il est en revanche quasi-impossible d'auto-fabriquer des panneaux photovoltaïques de manière artisanale.

Bien que l'idéal soit d'avoir une production électrique pour pouvoir s'éclairer en appuyant sur un interrupteur, il existe toutefois d'autres alternatives beaucoup plus simples mais qui restent très intéressantes, comme les lampes à chargeur solaire intégrée. Cette solution permet d'obtenir un bon éclairage à très faible coût et avec une facilité de fonctionnement et de maintenance déconcertante. Certaines lampes de ce type ont été optimisées pour apporter de la lumière aux victimes du tremblement de terre en Haïti, en 2010.

Exemple de lampe solaire

> ➤ Le vent

Bien que le vent soit une ressource disponible aux quatre coins du monde, il y a des zones plus ou moins ventées. Ainsi, avant d'opter pour cette ressource, vous devez analyser la puissance et la fréquence du vent dans votre zone pour savoir si cette solution est vraiment pertinente dans votre cas de figure. Si votre analyse s'avère positive, il vous faudra utiliser une éolienne pour extraire l'énergie du vent. Il existe deux types d'éolienne, celles à axe horizontal (les plus connues) et celles à axe vertical. Les axes horizontaux sont souvent préférer en présence d'un fort débit de vent alors que les axes verticaux sont préférés pour des débits d'air plus faibles.

Tout comme les panneaux photovoltaïques, l'installation ne comprendra pas uniquement l'éolienne mais tous les appareils électroniques de régulation et de convertissage ainsi que les équipements de stockage d'électricité.

Il est tout à fait possible d'auto-construire une éolienne, même si cela demande du temps et des connaissances spécifiques. L'autres solution est de sous-traiter l'installation à des professionnels.

> ## Le biogaz

Depuis peu, il existe des solutions clé-en-main pour fabriquer votre propre biogaz-maison. Le biogaz est issu de la méthanisation des déchets organiques de votre compost. Cette solution peut être particulièrement intéressante surtout si vous disposez de toilettes sèches. La quantité de biogaz produite ne vous permettra surement pas de cuisiner et de vous chauffer toute l'année mais, cette solution peut être une excellente ressource alternative à prévoir. Le gros avantage de cette ressource est qu'elle ne nécessite aucune source d'énergie extérieure pour fonctionner, la production de biogaz est 100% autonome. Les technologies actuelles permettent de produire votre propre biogaz facilement, de manière sécurisée et pour un prix d'achat inférieur à 2000€/$ pour une BAD.

> ## La géothermie

La géothermie désigne l'utilisation du sous-sol comme « réservoir énergétique ». En effet, la température du sol en profondeur reste relativement constante toute l'année (environ 10°C à 10 mètres de profondeur). Le fait d'avoir une température constante toute l'année peut servir de chauffage en période froide et de climatisation en période chaude. Le système du puit canadien ou puit provençal, qui consiste à enterrer le conduit de ventilation d'air neuf, permet d'échanger les calories ou les « frigories » entre le sol et l'air neuf. L'air passant dans le tuyau est ainsi préchauffer en hiver et refroidi en été. Selon les cas, il peut être utile de rajouter un ventilateur pour faciliter la circulation de l'air dans le conduit. Dans ce cas il faudra prévoir une petite production électrique ou un ventilateur fonctionnant directement grâce à un petit panneau photovoltaïque. Avec un climat favorable, une bonne orientation et une isolation performante, cette solution peut suffire à assurer tous les besoins en chauffage d'une BAD. Mais la plupart du temps, cette solution devra être associée avec une solution précédente ou suivante.

> ## Les autres solutions

Il existe encore un grand nombre de solutions qui permettent soit de faire économiser de l'énergie, soit d'en produire. Parmi ces solutions, il est possible de citer par exemple :
- Le four solaire, que vous connaissez déjà, qui vous fera économiser l'énergie nécessaire à la cuisson lorsque l'ensoleillement sera suffisant. Il est très utile d'en acheter un ou d'en fabriquer un à l'aide de papier aluminium.
- La pompe à chaleur, dont il existe de nombreux modèles différents (air/air, air/eau ou géothermie). Une pompe à chaleur est un appareil qui permet de capter des calories gratuites dans le milieu extérieur. Ce type d'appareil possède de bons rendements (énergie produite/énergie consommée). En revanche, une pompe à chaleur a besoin d'une source d'électricité externe pour fonctionner.
  - Les chaudières utilisant des énergies non-renouvelables (fioul/mazout, gaz) peuvent servir de chauffage d'appoint mais ne doivent pas être considérées comme une source prioritaire de chauffage. Pour un groupe électrogène diesel, c'est la même chose. Bien que le groupe électrogène puisse permettre d'avoir une production d'électricité appréciable en cas de pénurie généralisée, la durée de production dépendra des quantités de carburant que vous pourrez stocker.

Finalement, dans votre stratégie de survie, l'idée n'est pas d'avoir une seule et grosse (res)source énergétique, mais plusieurs. Vous devez bien sûr avoir une source d'énergie principale mais, vous ne devez pas oublier de prévoir d'autres solutions au cas où votre production principale ne fonctionnerait plus ou pas suffisamment pour combler vos besoins.

Pour les budgets les plus limités, il est fortement recommandé d'opter au minimum pour une cuisinière à bois, avec un stock de bois conséquent. La solution de la cuisinière à bois est la seule qui permette de couvrir vos besoins énergétiques en cas d'attaque EMP ou sans aucun moyen d'alimentation électrique. Pour vous éclairer, les lampes solaires et les bougies feront l'affaire. Je recommande d'avantage l'utilisation de bougies que de lampes à huile ou à pétrole, qui sont plus dangereuses à utiliser et qui émanent des vapeurs toxiques. Prévoyez également des bougeoirs et soyez toujours très vigilant lorsque vous utilisez des bougies, elles sont des causes importantes d'incendie. Dans un autre registre, n'oubliez pas de vous munir de bouillotes pour les nuits froides. Les Elles pourront servir également de moyen de chauffage pour les personnes chargées d'effectuer des tours de ronde à l'extérieur, les nuitées d'hiver. Enfin, si vous souhaitez faire fonctionner un lave-linge mais que vous ne disposez pas d'électricité, vous pourrez utiliser un châssis de vélo fixe relié à une carcasse de machine à laver afin de permettre la rotation du rotor de la machine.

Pour les budgets plus conséquents, vous pourrez produire votre propre électricité de manière indépendante. Avec les bons équipements, l'électricité permet de tout faire : chauffage, cuisson, ECS, éclairage, équipements électriques. Gardez à l'esprit que même des chaudières fonctionnant avec une autre (res)source (bois, gaz, fioul) nécessite une alimentation électrique pour fonctionner. Une production d'électricité suffisante vous permettra de garder un mode de vie « normal ». En revanche, cela nécessite une installation souvent conséquente, des besoins de maintenance réguliers et donc un certain budget. Lorsque l'on souhaite avoir une production électrique autonome, le principal problème reste encore la question du stockage de l'électricité.

Le stockage d'électricité

Bien que l'énergie puisse être stockée relativement facilement par l'intermédiaire de bidon d'essence, du bois, du biogaz ou même avec des bidons d'eau chauffé par le soleil, le stockage de l'électricité lui est loin d'être une chose aisée. L'électricité est par définition un déplacement d'électron alors elle « n'aime » pas l'immobilisme et est donc difficilement stockable. Pour stocker de l'électricité, vous êtes obligé d'effectuer un changement de nature de l'énergie, comme passer de la forme électrique à la forme chimique par exemple. Voici un tour d'horizon des différentes techniques de « stockage d'électricité » qu'il vous sera possible d'utiliser dans votre BAD :

> #### Les piles rechargeables

Les piles rechargeables font partie des premières réserves d'énergie à posséder, avec les bidons d'essence. Prévoyez en de très grandes quantités et prévoyez au moins deux chargeurs. Des chargeurs solaires peuvent être également une solution particulièrement intéressante surtout si les coupures de courant sont généralisées. Les piles vous permettront de faire fonctionner des lampes torches ainsi que tous vos petits appareils électroniques importants comme une radio portative ou votre compteur Geiger par exemple. Bien sûr les piles ne servent que pour des appareils de faible puissance et ont une durée de vie relativement limitée.

> #### Les batteries chimiques

La batterie chimique est la technologie la plus répandue pour le stockage d'électricité dans le monde et est la technologie utilisée pour les automobiles. Cette technologie est également celle utilisée traditionnellement avec les panneaux photovoltaïques et les éoliennes. Les batteries les plus utilisées actuellement sont les batteries au lithium et au plomb.

Les batteries de voiture peuvent très bien être utilisées pour stocker de l'électricité dans votre BAD, mais si votre installation est artisanale, il faut veiller à ce qu'elle soit correctement sécurisée et dimensionnée pour éviter tout risque évitable (incendie, électrocution, etc.). Les deux gros inconvénients des batteries électriques sont qu'elles sont sensibles au froid et que leur durée de vie est très limitée, pouvant aller de 2 à 10 ans. En règle générale en 2016, le coût de stockage de l'électricité dans des batteries est estimé aux alentours de 10 centimes par kWh, ce qui en fait une solution de stockage d'énergie très chère. Ce coût élevé s'explique principalement à cause du taux de renouvellement régulier des batteries.

Malgré tous ces inconvénients, il est fortement recommandé de stocker un grand nombre de batterie dans votre BAD. Stockez des batteries vides, c'est-à-dire sans liquide à l'intérieur. Par exemple, pour les batteries au plomb, le liquide utilisé est de l'acide sulfurique. L'acide lui doit être stocké à part pour éviter d'endommager inutilement la batterie stockée. Soyez très prudent lorsque vous manipulez ce genre de liquide.

> ## L'hydrogène solide

En effectuant une réaction d'électrolyse, il est possible de transformer l'électricité en hydrogène. L'hydrogène ou dihydrogène (H_2) est à la base un gaz très léger et très explosif qu'il était particulièrement difficile de stocker, à moins de le stocker à très fortes pressions ou très basses températures, ce qui demandait une quantité énorme d'énergie et engendrait ainsi un coût très élevé. Cependant, une entreprise française a depuis quelques années révolutionné le secteur du stockage de l'hydrogène. L'entreprise McPhy a trouvé une technologie qui permet le stockage de l'hydrogène non plus sous forme gazeuse, mais sous forme solide grâce à un matériau appelé l'hydrure de magnésium (MgH_2).

Grâce à cette technologie le stockage d'électricité par l'hydrogène devient une solution économiquement viable et énergétiquement envisageable pour stocker de l'électricité produite à partir de source d'énergie renouvelable. Cette technologie réduit considérablement les contraintes et les risques car l'hydrure de magnésium n'est ni inflammable, ni explosif et ce stock facilement, étant un matériau solide.

L'équipement à installer comprend un électrolyseur couplé à une pile à une combustible et une zone de stockage pour les galettes d'hydrures de magnésium. La durée de vie des équipements est de 10 ans minimum sans maintenance lourde. Plusieurs capacités de stockage sont disponibles. Cependant, la technologie étant relativement récente, les coûts d'installation peuvent devenir rapidement élevés. Pour plus d'informations sur la mise en place d'un tel équipement, vous pouvez consulter le site de l'entreprise : www.mcphy.com/fr

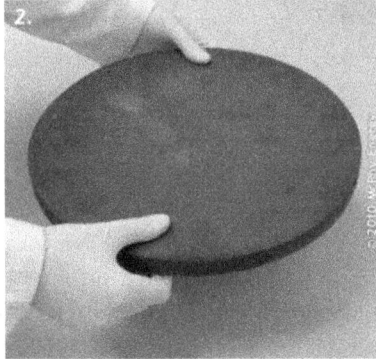

Galette d'hydrure de magnésium

➤ Les station de transfert d'énergie par pompage (STEP)

Les stations de pompage sont des technologies de stockage par gravitation. Elles sont composées de deux retenues d'eau à des hauteurs différentes reliées par un système de canalisations. Elles sont équipées d'un système de pompage permettant de transférer l'eau du bassin inférieur vers le bassin supérieur quand la production d'électricité est optimale. Lorsque la production d'électricité diminue, la station fonctionne comme une centrale hydroélectrique classique. Bien que cette solution soit principalement utilisée à grande échelle, elle peut tout à fait être mise en place à l'échelle d'une maison. Les plus grosses contraintes pour ce système est qu'il nécessite un lieu avec du relief et une régulation assez poussée pour gérer les périodes de stockage/production.

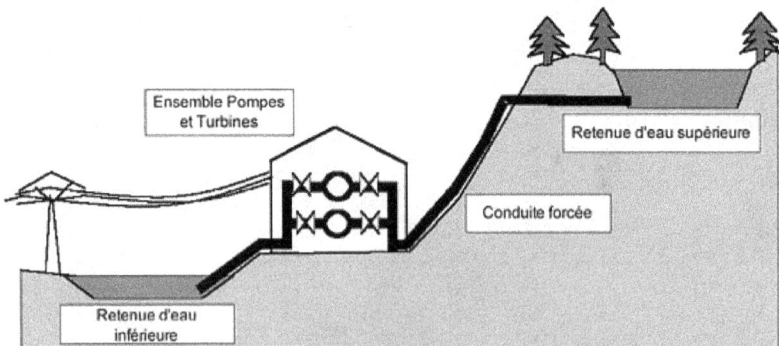

Fonctionnement d'une installation de stockage gravitaire

- Les volants cinétiques :

Les volants cinétiques sont des gros cylindres qui tournent sur eux-mêmes grâce à un moteur. Le moteur lui est mis en mouvement par une source d'énergie renouvelable intermittente comme le soleil ou le vent. La caractéristique d'un volant est que grâce à sa masse et son inertie, il va continuer à tourner alors que le moteur n'est plus alimenté. Cette solution permet de stocker le surplus d'énergie, issus du solaire ou de l'éolien par exemple, sous forme cinétique dans le volant, pendant plusieurs heures.

Les dernières avancées technologiques sur les volants démontrent que les volants en béton semblent être les plus performants pour stocker les fluctuations de production des énergies renouvelables. L'entreprise *Énergiestro* est pionnière dans ce domaine avec son volant baptisé VOSS pour Volant de Stockage Solaire. La commercialisation de ce produit est prévue pour 2017-2018.

Les deux principaux avantages des volants en béton sont leur grande durée de vie (supérieure à 20 ans) ce qui permet d'atteindre un coût de stockage de l'électricité très faible, d'environ 2 centimes/kWh. Cette solution serait donc idéale pour remplacer les batteries au lithium classique dans le cas d'une production photovoltaïque ou éolienne.

- Les super-condensateurs :

Un super-condensateur est une sorte de batterie électrique qui se charge en seulement quelques secondes. Pour comparaison, on pourrait dire que le super-condensateur est à la batterie chimique, ce que la LED est à l'ampoule à incandescence. Les super-condensateurs les plus performants sont composés de graphène. Le graphène est un matériau issu du carbone qui est une ressource très abondante sur la planète. De nombreux progrès scientifiques ont été réalisés récemment et certaines entreprises commencent même à commercialiser des super-condensateurs capables de concurrencer, voire même de surpasser, les performances des meilleures batteries chimiques.

D'ici 2020, des équipements de ce type devraient commencer à être commercialisés. Une telle solution pourrait se révéler très intéressante pour le stockage de l'électricité dans votre BAD en remplacement des batteries chimiques par exemple.

Finalement, grâce à la diminution des stocks de pétrole, la question du stockage de l'électricité est et sera dans les prochaines années un sujet prioritaire à traiter pour les nations, ce qui aura pour conséquence de largement modifier les modèles énergétiques utilisés jusqu'alors. Mais, la question du stockage ne peut pas être traitée correctement sans avoir préalablement résolue la question de l'approvisionnement en électricité. À ce sujet, il est d'ailleurs déjà possible de constater deux approches opposées sur la définition du modèle énergétique post-pétrole. Le premier modèle est celui promu par les pouvoirs politiques. Ce modèle, qui pourrait être qualifié de « centraliste », vise à créer un faible nombre de zones de production d'énergie et d'assurer une distribution longue distance à une échelle nationale, voire internationale. Le deuxième modèle lui consiste à promouvoir une production beaucoup plus locale à l'échelle d'une région ou même d'un quartier et donc un nombre très élevé de zone de production d'électricité. Ces deux approches ont leurs avantages et inconvénients. Cependant, dans une optique de conservation/optimisation des souverainetés des peuples et des libertés individuelles, il ne fait aucun doute que le modèle de production » local » est à privilégier. Ce nouveau modèle énergétique pourrait d'ailleurs être largement accéléré dans les prochaines années grâce à des technologies de production d'électricité « nouvelle génération ».

L'énergie de demain

Dans nos modes de production énergétique pré-effondrement, l'électricité ne peut pas être considérée comme une ressource énergétique. En effet, pour obtenir de l'électricité utilisable pour nos maisons, nos équipements, nos voitures électriques, il faut tout d'abord consommer d'autres ressources énergétiques (pétrole, gaz, charbon, bois, déchets, eau, soleil, etc.). L'électricité est ainsi toujours le résultat d'une consommation énergétique primaire et n'est jamais obtenue sous cette forme de manière directe. Toutefois, il se pourrait bien que cette vérité actuelle soit quelque peu chamboulée à l'avenir. En d'autre termes, demain, il sera possible d'extraire de l'électricité de manière beaucoup plus directe qu'actuellement. Certaines technologies nouvelles générations permettront en effet d'obtenir de l'électricité sans nécessité de consommer une autre forme d'énergie « physique », comme c'est le cas pré-effondrement.

D'ailleurs, lorsque vous étudiez longuement et dans le détail ces technologies « nouvelle génération », vous constatez qu'il existe de nombreux équipements qui peuvent permettre une auto-production électrique autonome, abondante et à échelle locale. D'une manière générale, ces technologies utilisent des ressources de type magnétique et/ou nucléaire, disponibles aux quatre coins de la planète. Parmi ces technologies « nouvelle génération », nous pourrions citer par exemple :

- <u>Les générateurs/moteurs à aimants sur-unitaires</u> :

Certains générateurs/moteurs spécifiques permettent de produire plus d'énergie qu'ils n'en consomment. Un inventeur français du nom de Léon Raoul Hatem fait partie des personnes ayant créé ce type d'appareil. Cette découverte fût notamment reprise et améliorée par Fabrice André, ingénieur de formation, afin de créer un générateur d'électricité sur-unitaire permettant d'alimenter une maison entière. Fabrice André utilise d'ailleurs ce système dans sa propre BAD située à 2000 mètres d'altitude dans les Alpes françaises. Il appelle cet appareil : « moteur à dégravitation magnétique ». Ce générateur d'électricité consomme entre 200 W et 750 W pour produire entre 14 et 90 kW, soit un rendement qui oscille entre 1200% et 7000%. Malheureusement, ce type de solution n'est pas encore commercialisée à grande échelle.

Une technologie similaire à la précédente est celle du moteur dit « Pulsar » qui permet d'obtenir entre 2 et 3 fois plus d'énergie en sortie, qu'en entrée. En bouclant le système, il est donc possible d'obtenir de l'énergie gratuite, de manière abondante. Ce processus est possible en utilisant le principe de la force contre-électromotrice. En bibliographie, vous trouverez toutes les informations qu'il vous faut pour pouvoir construire ce type de moteur chez vous.

Un dernier exemple connu, qui se rapproche quelque peu des équipements précédents, est le moteur du japonais Kuhai Minato. D'après le magazine Japan Inc. de mars 2004, le générateur/moteur de Minato arriverait à atteindre des rendements de l'ordre de 330%. Depuis cette date, il est difficile de savoir où en sont les avancées du chercheurs japonais.

- <u>Les générateurs à fusion froide</u> :

Il existe deux types de fusion nucléaire. La première est appelée « fusion chaude » et essaie de recopier les conditions de température à la surface du Soleil (plusieurs dizaines de millions de degrés Celsius !) car nous savons que là-bas, la fusion nucléaire est présente. La deuxième méthode est, par opposition à la première, appelée « fusion froide » qui elle peut être réalisée à une température située entre 20 à 200°C.

La fusion froide a été officiellement reconnue par l'establishment scientifique par l'intermédiaire des Docteurs Fleischmann et Pons en 1989, aux États-Unis. Depuis, les deux camps, opposant fusion chaude et fusion froide, s'affrontent. Le plus étonnant avec ce débat entre les deux parties est que très peu de budgets publics ont été alloué à la fusion froide alors qu'à côté de ça, le projet d'étude international de fusion chaude prénommé ITER et situé dans le Sud de la France, a déjà englouti près de 16 milliards d'euros ; pour un projet qui ne verra vraisemblablement jamais le jour...

Seuls quelques laboratoires militaires et quelques scientifiques indépendants ont continué leur recherche sur le sujet de la fusion froide depuis 1989. Parmi eux, il est possible de citer notamment le Docteur Eugène F. Mallove, ingénieur du MIT et de Harvard, auteur du livre : *Fire from Ice - recherche pour la vérité à travers la fureur de la fusion froide* et rédacteur en chef de la revue scientifique *Infinite Energy*. Pour le Dr Mallove, il ne fait aucun doute que ce phénomène est bien réel et qu'il peut être utilisé pour produire de l'énergie. Plus récemment, Andréa Rossi, un chercheur indépendant italien, a réussi à créer un appareil prénommé E-Cat, à la fois producteur de chaleur et d'électricité. Son appareil présente des rendements ou Coefficient de Performance (COP) entre 3 et 11. Ce qui signifie qu'au minimum 3 fois plus d'énergie est obtenu en sortie qu'en entrée de l'appareil. La commercialisation de l'E-cat devrait (normalement) débuté au cours de l'année 2017, affaire à suivre...

- Les générateurs « à énergie radiante » :

L'énergie radiante parfois appelée aussi « énergie libre », « Ethercity » ou encore « Plasma » a été révélée au grand jour par les travaux et brevets scientifiques de Nikola Tesla, à la fin du XIXe siècle. Depuis, de nombreux chercheurs ont continué à s'intéresser aux découvertes de M. Tesla sur cette mystérieuse énergie. Parmi ces chercheurs nous pourrions citer entre autres : Bruce de Palma, Tom Bearden, Parahamsa Tewari, John Hutchison, Adam Trombly, Brian O'Leary, Shuishu Inomata, Floyd Sweet ainsi que le Dr Peter Lindemann. Ce dernier est d'ailleurs l'auteur du livre *Les Secrets de l'Énergie Libre de l'Électricité Froide*, qui met également en évidence le lien entre les technologies développées par Tesla et celles d'un autre chercheur indépendant du nom Edwin V. Gray, lui auteur de plusieurs brevets dans les années 1980 sur une technologie qu'il prénomma « Électricité Froide ». Plus récemment, de nouvelles théories intéressantes, utilisant les caractéristiques magnétiques du « Plasma », qui peut être considéré comme un gaz ionisé chargé électromagnétiquement, tentent d'être mises en pratique, par certains organismes de chercheurs indépendants.

Comme vous avez pu le constater, l'étude de technologie « nouvelle génération » n'est pas un phénomène récent. Mais le plus curieux dans tout cela est, que depuis plus de 100 ans, la majorité de tous les chercheurs cités ci-dessus ont été invité à passer leur découverte sous silence et à stopper leur travaux de recherche. Ceux qui continuèrent se sont vu rappeler à l'ordre soit par une réquisition gouvernementale de leurs équipements et documents, soit par la destruction systématique de leurs équipements et de leurs recherches. Certains d'entre eux ont d'ailleurs étrangement connu des morts subites, allant du passage à tabac à la « crise cardiaque ».

Finalement, lorsque l'on prend du recul sur ce sujet, il est possible de se rendre compte que d'un point de vue collectif, une production d'énergie à partir d'une ressource (très) abondante sera un passage obligatoire pour compenser l'utilisation massive du pétrole de notre époque. En outre, le déploiement d'une technologie « nouvelle génération » permettrait d'en finir avec les habitudes ancestrales de monopole, de pouvoir et de contrôle pratiquées par quelques-uns sur cette planète car, <u>celui qui contrôle la production d'énergie a le Pouvoir</u>. Voilà pourquoi, vous devrez parfaitement maîtriser votre accès à l'énergie au sein de votre BAD.

En outre, il vous faut savoir que la liste des équipements et des chercheurs présentée ici n'est pas exhaustive et qu'il existe encore bien d'autres chercheurs indépendants ayant créés d'autres types de machine auto-productrice d'énergie. Ces découvertes sont nombreuses et la plupart d'entre elles ont été faîte par d'imminents chercheurs-doctorants, dont la réputation n'est plus à démontrer. Si vous souhaitez savoir pourquoi ces technologies, qui existent depuis plusieurs dizaines d'années, ont été cachées du grand public et que leurs chercheurs ont été réduit au silence, vous obtiendrez vos réponses dans les chapitres suivants.

À l'avenir, il est très probable que ces technologies commencent à se faire massivement connaître du grand public. Je vous invite donc à rester attentif aux nouvelles avancées de ces technologies. D'ailleurs, si l'envie vous prend, peut-être que vous pourriez participer à l'émergence de celles-ci. Il y a bien des manières de participer à un tel projet. Si vous vous sentez capable, vous pourriez vous lancer dans la création d'un appareil à énergie libre, en vous basant sur le travail déjà effectué par d'autres que vous trouverez sur internet. Des liens en bibliographie, vous permettront de commencer dans ce cheminement. Si vous disposez d'un budget conséquent, vous pourriez encourager un groupe de chercheurs indépendants travaillant sur ces équipements. Et dans tous les cas, vous pouvez vérifier toutes les informations que vous venez de recevoir et les communiquer autour de vous. Les deux principaux obstacles à l'émergence de ces technologies sont le silence de ceux qui savent et l'ignorance des autres. Comme le disait si bien l'architecte Richard B. Fuller : « *Il n'y a pas de crise de l'énergie, mais simplement une crise d'ignorance* ».

Néanmoins, pour l'heure, le plus important n'est pas de comprendre le pourquoi du comment. L'essentiel est de fixer votre attention sur les solutions à mettre en œuvre pour atteindre votre autonomie énergétique et ce, le plus rapidement possible. En 2016, la plupart des solutions « nouvelles génération » n'étant disponibles que de manière expérimentale et/ou artisanale, il est recommandé de mettre en place en priorité les technologies classiques et commercialisées, que nous avons déjà évoquées auparavant (cuisinière à bois, panneaux solaires, etc.). Les nouvelles technologies ne devront être envisagées que dans un second temps et une fois votre autonomie énergétique atteinte, grâce à des équipements plus « traditionnels ». N'oubliez jamais que votre objectif premier doit être l'autonomie ET l'indépendance totale vis-à-vis du Système, et ce peu importe les technologies que vous utiliserez !

Les métiers

Les métiers de demain en lien avec l'énergie correspondront principalement à :
- la production et la fauche de la paille et du foin (pour l'isolation)
- la production et la fauche de chanvre (pour l'isolation et la structure)
- la gestion des forêts et la coupe du bois (pour l'isolation et le chauffage)
- la fabrication de bougies et de ses matières premières
- la réparation d'équipements de chauffage et de plomberie
- la fabrication et la réparation d'outils de coupe pour le bois et le métal (scie, hache, etc.)

- la fabrication et la réparation d'équipement producteur d'énergie renouvelable (panneau solaire, photovoltaïque, turbine, éolienne, poêle à bois, batteries, etc.)
- l'audit et l'optimisation énergétique des bâtiments (thermographie, infiltrométrie, etc.)
- la recherche, la fabrication et la vente d'équipement producteur d'énergie « nouvelle génération »
- la formation et l'enseignement des métiers ci-dessus

POINT 7 : LA DÉFENSE

En ayant mis en place les six points précédents, tous vos besoins physiologiques et ceux de votre communauté seront assurés. Mais maintenant que vous êtes mieux équipés et mieux préparés que la majorité des personnes, vous allez faire des envieux ! En effet, en tant que *fourmi*, votre BAD attisera obligatoirement les convoitises de la plupart des *cigales*... La grande majorité de ces *cigales* ne viendra pas gentiment demander *quelques morceaux de vers ou de vermisseaux pour subvenir jusqu'à la saison prochaine,* elles viendront se servir que cela vous plaise ou non ! Voilà pourquoi il est indispensable de prévoir une stratégie de défense performante.

La défense sera le principal manquement des communautés dites pacifistes voulant vivre simplement d'amour et d'eau fraîche. Ces communautés, orientées principalement sur l'autonomie alimentaire et refusant de s'armer ou de se prémunir des agressions extérieures, seront les premières à être prise d'assaut par des pilleurs qui eux seront surement un minimum armés. Lorsque des personnes sont décidées à voler vos biens et votre terre, les beaux discours ne servent à rien. Dans ce cas, la seule solution sera de défendre par soi-même votre communauté, vos biens et votre terre.

Le besoin de sécurité est un besoin indispensable à la survie. Bien qu'il soit secondaire par rapport aux besoins physiologiques (respirer, boire, dormir, manger, réguler sa température corporelle), il n'en reste pas moins un besoin vital pour l'Homme. Avant d'évoquer les solutions à mettre en œuvre pour se défendre, il vous faut tout d'abord savoir reconnaître quels sont les dangers présentant la plus forte probabilité d'être rencontrés en période d'effondrement sociétal.

Les dangers potentiels

Tous les jours, il est possible de constater à quel point nous vivons dans un monde dangereux. La télévision est là pour nous le rappeler en nous présentant quotidiennement des faits divers comme des vols, viols, meurtres, violences et agressions de toutes sortes. Tous ces dangers sont présents dans nos sociétés modernes en temps « normal ». La question qui va nous intéresser ici est : quelle sera la situation en cas d'effondrement total ?

Pour imaginer quelles pourraient être les réactions de la plupart des personnes à un effondrement de la normalité, il est essentiel de garder en mémoire les scènes d'émeute du premier jour des soldes ou du fameux « Black Friday » aux États-Unis. Si vous n'avez jamais vu ce spectacle, je vous recommande de regarder des vidéos sur le sujet, vous pourrez d'ailleurs retrouver quelques exemples de ces vidéos dans la bibliographie. Lorsque que vous visualisez ce que certaines personnes sont prêtes à faire pour acheter un vêtement ou une télévision à -50% alors, il n'est pas difficile d'imaginer les comportements humains suite à une pénurie alimentaire. Bien sûr, cette comparaison est à faire toute proportion gardée car dans le cas des soldes, le nombre « d'excités » ou de « zombies » (appelez-les comme vous voulez) est relativement faible comparé à la population totale d'un pays. Dans le cas d'une pénurie alimentaire, 99% de la population de votre pays sera concernée. Très peu de personnes, à peine 1% de la population nationale, auront anticipé un scénario d'effondrement ou auront les ressources pour faire face à une pénurie alimentaire prolongée. Faisant partie des personnes préparées et prévoyantes (1%), un de vos plus gros problème sera alors d'éviter de rencontrer ces fameux 99% autres.

En cas de chaos social avancé, vous ne devrez surtout pas compter sur les forces de l'ordre car ils ne pourront pas contenir la situation. Pour prendre l'exemple de la France, la répartition est de 4 policiers ou gendarmes pour 1000 habitants. Ce constat est le même pour la majorité des pays du monde. De plus, en cas de rupture de la normalité, les forces de l'ordre préféreront protéger leur propre famille plutôt que la population, ce qui est tout à fait compréhensif. Il est évidemment très difficile de partir au travail, en laissant sa famille sans défense à la maison… Il vous faut également savoir que les concentrations d'armes par habitant sont en général élevées dans la plupart des pays et même dans les pays où les armes sont « interdites ». Dans tous les pays, il y a des propriétaires légaux d'armes à feu (chasseurs et tireurs sportifs) mais surtout dans tous les pays, il y a des gangs vivant de la drogue possédant en général de véritable arsenal d'armes illégales dans les caves de leur immeuble. Alors, si vous pensez que vous vivez dans un pays sans armes, je suis navré de vous dire que les armes sont là mais relativement cachées. En période de chaos social, toutes ces armes pourront être utilisées, en plus du marché noir des armes qui pourra se mettre en place rapidement.

Vous devrez prendre également en compte les tensions religieuses et/ou culturelles qui ont coutume de rapidement resurgir lorsque la colère de la population gronde. Ces tensions interculturelles pourront rapidement se transformer en guerre civile au premier attentat terroriste de trop. En Europe, les conflits interculturels au sein des pays seront particulièrement intenses et dramatiques à cause des immigrations massives provenant d'Afrique noire, de Syrie, d'Iraq et de Lybie, qui ont lieu depuis de nombreuses années et qui se sont grandement intensifiées depuis 2015. Toutes ces personnes seront mélangées avec le reste de la population et feront partie des « affamés ». Ces personnes se réuniront alors par famille ou par groupe afin de trouver de quoi boire, manger, se soigner et se chauffer. Certains jeunes hommes isolés et démunis se réuniront dans des groupes autour d'un leader. Les groupes les mieux hiérarchisés et organisés deviendront les gangs des villes. Ces gangs armés feront la loi dans leur quartier. Les gangs qui auront les véhicules motorisés et les stocks d'essence suffisant survivront eux grâce aux pillages des petites fermes autonomes dans les campagnes.

En outre, vous devrez certainement être capable de vous défendre également des envahisseurs extérieurs à votre pays, en cas de déclenchement de guerres inter-nations. En temps de guerre, les soldats ne sont pas réputés pour faire dans la dentelle. Ils auront potentiellement carte blanche pour piller, violer ou tuer tout ce qui se trouve sur leur passage.

Lorsque la situation sera redevenue plus stable, votre principal ennemi deviendra très certainement le gouvernement lui-même, qui cherchera à étendre son pouvoir en envoyant ses soldats pour récupérer ce qu'il estime lui appartenir : votre terre et vos biens. Il vous faudra alors faire un choix en fonction de vos forces et faiblesses. Vous pourriez choisir de combattre, de négocier ou encore de vous soumettre entièrement. Un tel choix est l'un des plus dur à faire dans une vie humaine, préparez-vous donc à vivre cette éventualité dès maintenant et sachez surtout comment réagir rapidement, si cela devait arriver.

Dans un autre registre, les « sauvages » que vous serez amenés à rencontrer ne seront peut-être pas seulement de race humaine. Vous devrez être en effet capable de vous protéger d'éventuelles attaques d'animaux sauvages ou anciennement domestiqués laissés à eux-mêmes et en quête de nourriture.

Bref, vous l'aurez compris le nombre de danger et d'agression potentielle est très élevé aux vues de la situation mondiale actuelle. Mais finalement, le plus important n'est pas vraiment de savoir à quoi ressemblent vos éventuels agresseurs. Le plus important à retenir est de comprendre, que pour assurer la défense de votre BAD et de votre communauté, vous <u>devrez ne compter que sur vous-même</u>. Autrement dit, ne sous-traitez pas votre défense à l'État ou à tout autre organisme ! Savoir se défendre est une responsabilité citoyenne et familiale que tout le monde devrait rechercher et dont tout le monde devrait être fier. Vous devez devenir le propre responsable de votre défense, de la défense de votre communauté et de la défense de votre BAD. Peu importe le pays où vous vivez, il y a de grandes chances pour que tout soit réunis pour rendre la situation explosive et chaotique dès les premiers signes de panique générale et… personne ne sera là pour venir vous protéger quand cela arrivera !

Pour vous protéger de tous ces ennemis éventuels, vous devez avoir une stratégie de défense pour recentrer vos actions sur l'essentiel et ainsi économiser du temps, de l'énergie et de l'argent. Demain, avoir une bonne stratégie de défense fera la différence entre les morts et les vivants…

Quelle stratégie de défense adopter ?

Tout d'abord, il est essentiel d'être au clair sur un point : <u>le risque zéro n'existe pas</u>. Il est en effet impossible de se protéger de tous les dangers. En terme mathématique, cela signifie que la probabilité de rencontrer un danger n'est jamais nulle. Une fois cette vérité générale acceptée, il faut savoir qu'il est toutefois possible de grandement réduire la probabilité de rencontrer un danger, se rapprocher du risque zéro, sans toutefois jamais l'atteindre. Comprendre cette notion de probabilité face au danger est essentiel dans une stratégie de survie comme la nôtre. Pour être encore plus précis, il est même possible de dire qu'il y a deux formes de probabilité : la première est la probabilité de rencontrer un danger et la deuxième est la probabilité de survivre à un danger qui n'a pas pu être évité. Le schéma suivant vous aidera à mieux appréhender ces notions de probabilité :

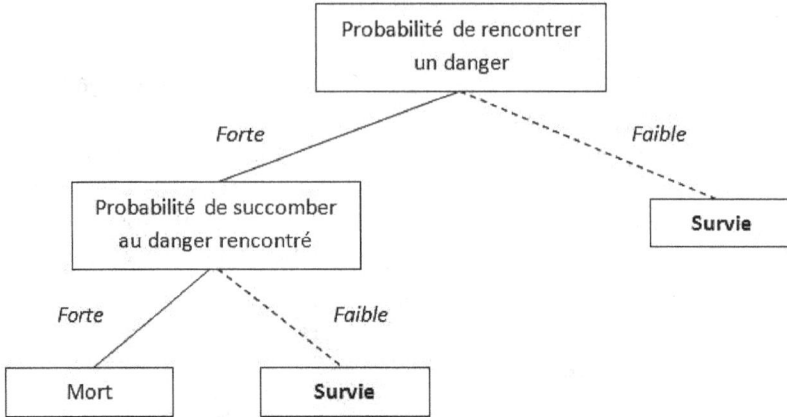

Arbre inversé des probabilités face à un danger

Comme vous pouvez le constater, il existe deux moyens de survivre, l'un étant plus court que l'autre. Dans notre démarche qui se veut efficiente, la première méthode à mettre en œuvre est la méthode préventive (branche de droite). Cependant, comme le risque zéro n'existe pas, il vous faudra tout de même vous équiper et savoir comment réagir face à un danger. Nous appellerons cette deuxième méthode la méthode curative (branche de gauche). Finalement, un parallèle peut être fait entre la stratégie médicale et la stratégie de défense. Cette analogie s'illustre par notre bon vieux dicton : « *mieux vaut prévenir que guérir* ». La stratégie de défense à mettre en œuvre se décompose donc en deux méthodes successives :

- La méthode préventive : Réduire la probabilité de rencontrer un danger
- La méthode curative : Si le danger n'a pas pu être évité, réduire la probabilité d'y succomber

Ensuite, lorsque vous êtes confronté à un danger (méthode curative), vous avez en réalité trois moyens de vous défendre : le moyen passif, le moyen mi-passif/mi-actif et le moyen actif. Le moyen passif correspond principalement à l'optimisation de la sécurité de votre BAD par des équipements ou des techniques « non-humaines » (pièges, porte blindée, capteurs, tour de garde, etc.). Le moyen actif lui, correspond à la capacité « humaine » de répondre à une attaque (préparation psychologique, entrainement, réactivité, bonnes décisions, etc.). Le moyen mi-actif/mi-passif représente l'équilibre entre l'utilisation d'équipement et les compétences humaines. Nous détaillerons ces points prochainement.

Enfin, lorsque vous êtes face à un danger (méthode curative) et que vous devrez vous défendre par vous-même (moyen actif ou semi-actif), vous avez encore deux choix de défense : le combat à distance (à l'aide d'armes à projectile) et le combat rapproché (avec ou sans arme).

Pour résumer, soit vous arrivez à éviter le danger soit non. Une fois face au danger, soit vous avez prévu des systèmes automatisés ou semi-automatisés qui résorbent le danger de manière passive soit vous devrez vous charger personnellement de votre défense. Si vous optez pour la solution active alors, votre stratégie de défense dépendra de la distance entre vous et l'agresseur. Pour conclure, souvenez-vous que la stratégie à mettre en œuvre en priorité est de réduire la probabilité de rencontrer un danger ou d'être vu par un agresseur potentiel. La priorité, c'est la méthode préventive !

Méthode de défense préventive

Pour réduire la probabilité d'être agressé, les deux mots à retenir sont : isolement et discrétion. L'isolement se fera principalement par la localisation de votre BAD. Afin d'être un minimum à l'écart des troubles, le juste milieu entre : un peu de civilisation/mais pas trop, devra être trouvé. Les « standards d'isolement » à garder à l'esprit sont d'avoir une BAD :

- au minimum à une heure en voiture d'une grande ville
- au minimum à une demi-heure en voiture d'une petite ville comprenant plus de 10 000 habitants
- au maximum à une demi-heure à pied du premier village ou groupements d'habitation

Ces recommandations représentent selon moi, l'équilibre civilisation/isolement optimal. Après, si vous avez une BAD qui vous permet de combler un grand nombre des points de votre stratégie de survie, n'en changez surtout pas sous prétexte que votre isolement ne respecte pas les règles précédentes. Ces règles sont purement théoriques et ont que pour seul prétention de donner un ordre d'idée d'isolement satisfaisant. En revanche, ce qui est certains c'est que moins votre isolement sera efficace, plus vous devrez être attentif à la mise en œuvre des techniques suivantes.

Après l'isolement, vient la question de la discrétion qui elle touche à la fois l'habitat et les personnes. La discrétion a pour but de vous rendre invisible aux yeux de vos éventuels agresseurs. Cette idée de discrétion ou de vivre au maximum caché du Système extérieur est l'une des principale clé d'une bonne stratégie de défense. Pour vivre caché, la première technique à utiliser est le secret ! Vous ne devrez surtout pas crier sur tous les toits que vous vous préparez, que vous êtes autonome en nourriture ou encore que vous avez d'importantes réserves de nourriture chez vous. Après le secret, la deuxième technique de discrétion à utiliser est le camouflage. Selon le retour d'expérience de Selco, ancien survivant de l'effondrement de Bosnie en 1992, maintenant devenu survivaliste :

« Toutes les maisons les plus sécurisées ont été pillées et détruites en premier. On avait de belles maisons dans mon quartier, avec des murs, des chiens, des alarmes et des barres de fer aux fenêtres. Les foules ont attaquées ces maisons en premier... Certaines étaient défendues et ont tenues, d'autres non... Ça dépend de combien d'armes et de bras ils avaient à l'intérieur ».

Par ce retour d'expérience, il est possible de constater que le camouflage est une technique prioritaire à mettre en œuvre et à garder à l'esprit. Mais attention, cela ne veut surtout pas dire de ne pas avoir de système de défense dans votre BAD, bien au contraire, cela signifie simplement que vos systèmes devront être le plus discret possible. Masquez visuellement votre propriété à l'aide de haie et d'arbre à feuilles persistantes afin d'être camouflé été comme hiver.

Une fois que l'extérieur de votre BAD sera suffisamment dissimulée, la technique de camouflage devra alors s'appliquer aux membres de votre communauté, tant dans leur style vestimentaire que leurs habitudes de vie. Si vous êtes amené à être en contact avec des personnes extérieures à votre BAD, vous ne devrez visuellement pas sortir du lot. Le camouflage commence donc par l'habillement. Optez pour des couleurs discrètes et proches des couleurs présentes dans la Nature. Lors de vos déplacements, vous devrez veiller à ne pas être suivi et à ne pas attirer l'attention. Ne commercez jamais sur le lieu même de votre BAD et n'invitez jamais personne de l'extérieur à visiter vos installations. Vous devrez paraître autant démunis qu'une personne non-préparée. Au niveau des habitudes à adopter, il faudra veiller à fermer les volets et/ou des rideaux opaques rendant toute lumière intérieure invisible à l'extérieur pendant la nuit. Des grands cartons, des bâches plastiques et des sacs poubelles scotchés pourront aussi faire l'affaire sur les fenêtres sans volets ni rideaux. Une source lumineuse au milieu de la nuit est un indicateur clé pour tout agresseur en quête de proie.

Finalement, le célèbre proverbe français « *vivons heureux, vivons cachés* » définit bien la logique de cette première méthode de défense qui vise, avant tout, à éviter de se faire repérer. Si vous travaillez sur votre localisation et sur votre « furtivité » vous aurez déjà grandement diminué la probabilité de rencontrer d'éventuels futurs agresseurs/pilleurs. Cependant, ces techniques restent limitées. Par exemple, vous n'allez pas casser les vitres de votre BAD, sous prétexte que les vitres des maisons de votre voisinage sont brisées. Vous sortirez alors du lot malgré vous et vous serez alors pris pour cible par les premiers pilleurs de passage. Voilà pourquoi vous devrez être capable de pallier aux manquements de cette première méthode « préventive » par la mise en place de la méthode suivante qui elle est « curative ».

Méthode de défense curative – moyens passifs

Disposer d'une BAD équipée d'un minimum de système automatisé pour la défense, vous facilitera le travail de protection/surveillance et vous permettra de grandement réduire votre dose de stress, et ce principalement la nuit. La défense passive vous donnera un « effet de levier » sur votre capacité à protéger votre BAD. Il est important de bien comprendre cette notion d'effet de levier. Si la plupart des humains possède un cerveau, deux bras, deux jambes, seulement quelques-uns d'entre eux posséderont des effets de levier, leur permettant d'optimiser grandement leur probabilité de survie face à une attaque.

En règle générale, un cambriolage se produit lorsque le domicile est vide, sans personne à l'intérieur. Une fois l'effondrement débuté, il se pourrait bien que cette habitude change, on parlera alors de pillages qui pourront entrainer la prise en otage (pour faire parler), le viol, la blessure ou la mort des occupants et occupantes. En temps normal, 90% des cambrioleurs passent par la porte d'entrée, ne négligez donc pas la protection de votre domicile et surtout pas la porte d'entrée. Prévoyez des portes d'entrée robustes voire blindées, des barreaux sur les fenêtres facilement accessibles depuis le sol, de nombreuses serrures (minimum trois) sur toutes les portes d'accès. Barrez les accès extérieurs faciles à votre propriété privée par des fils barbelés enroulés masqués par des feuillages. Si possible, bloquez les routes principales d'accès à votre BAD. Vous pourriez par exemple utiliser des tranchées, des blocs de béton ou des gros troncs d'arbre afin d'éviter des offensives de voiture-bélier et ainsi obliger vos assaillants d'attaquer à pied et donc de manière découverte. Votre BAD doit devenir un véritable château-fort qui facilitera au maximum votre travail de défense.

L'utilisation de piège est également une option à méditer. Les trous recouverts de feuillage, les collets-humains à contrepoids, les pierres écrasantes ou assommantes, les tessons de bouteilles en haut du mur d'enceinte et l'utilisation de filets sont autant de techniques qui peuvent s'avérer très utiles à la fois pour repérer et maîtriser les intrus. Attention cependant à ce que chaque membre de la BAD soit bien conscient des pièges mis en place. Les pièges devront être remémorés et testés régulièrement par tous les membres pour s'assurer qu'ils soient à la fois inoffensif pour les membres de la BAD et neutralisant pour les intrus.

Pour la surveillance, vous pourriez opter pour des détecteurs extérieurs automatiques de lumière mais cela augmentera la visibilité de votre BAD la nuit et cela préviendra les intrus qu'ils ont été repérés. De plus, les lumières déclenchées automatiques, une fois les intrus repérés, pourront être rapidement détruites. Ces détecteurs peuvent également se déclencher inutilement si des animaux passent devant. Les détecteurs sonores (alarmes), sont soumis aux mêmes problématiques que les détecteurs lumineux, bien qu'ils présentent l'avantage d'être plus difficilement destructibles. L'alarme sonore reste toutefois intéressante en dernier recours pour indiquer la pénétration des intrus au sein même du bâtiment. Pour le repérage extérieur, les détecteurs infrarouges reste une des meilleures options car ils vous indiqueront la position des intrus sans que eux ne s'en aperçoivent et sans émission de lumière visible ou de son audible par tous. Dans un second temps, vous pourriez également opter pour des lunettes à vision nocturne que vous pourrez acheter auprès de revendeurs spécialisés sur internet. En dehors d'une alarme intérieure ou de détecteurs infrarouges extérieurs, évitez l'électronique pour la protection de votre domicile. Un système de vidéo-surveillance peut être une solution intéressante bien que le piratage, le manque d'alimentation et le dysfonctionnement technique rendent ce genre de système vulnérable. De plus, gardez toujours à l'esprit qu'en cas d'EMP généralisée, les équipements électroniques utilisés, et donc hors caisson anti-EMP, deviendront hors-service. La clochette accrochée à un fil tendu à 20 cm du sol reste un moyen de surveillance non sujet aux EMP, basique, peu onéreux et qui reste très efficace pour prévenir l'approche d'un intrus. Suspendre des carcasses de boîtes de conserve, qui s'entrechoqueront entre elles lorsque le fil sera touché, est également une alternative intéressante.

En règle générale, privilégiez d'avantage les méthodes « à l'ancienne » de type : serrures à clefs, portes blindées, volets en acier, chaînes et cadenas. Toutefois, barricader votre propriété et votre domicile ne sera surement pas suffisant pour empêcher les pilleurs de rentrer chez vous. Cela les retardera simplement. Il faut savoir qu'un cambriolage « classique » ne dure en moyenne pas plus de cinq minutes. Donc, si les intrus mettent trop de temps à rentrer chez vous, la probabilité pour qu'ils abandonnent est plus élevée. S'ils ne sont que des pilleurs peu organisés et non-armés, le simple fait de montrer que votre BAD est occupée suffira à les faire fuir. En revanche, s'ils sont du genre téméraire et surtout s'ils sont armés, il ne faudra pas réfléchir... La seule solution sera de sortir l'artillerie lourde et de les neutraliser le plus rapidement possible. Certains seront prêt à risquer jusqu'à leur vie pour obtenir ce qu'ils veulent, ils ne reculeront pas, et vous ?

Méthode de défense curative – moyens mi-passifs/mi-actifs

L'effet de levier suivant représente l'intermédiaire parfait entre le système totalement passif (ex : piège automatisé) et le système totalement actif (ex : combat rapproché individuel à mains nues). Tout comme le chirurgien utilise un matériel spécifique (scalpels, sutures, etc.), le « défenseur » lui doit également utiliser des outils de défense spécifiques. Ces outils sont appelés plus communément : des armes.

La zone que vous devrez défendre en priorité sera représentée par votre BAD et son environnement direct (source d'eau, potager, verger, etc.). La surface de cette zone sera très variable selon les cas. Mais pour la défense, le plus important est d'avoir une vue suffisamment dégagée afin de pouvoir voir les intrus longtemps avant votre rencontre en tête-à-tête (coup de boule). Ainsi, vous aurez un temps de réflexion plus important sur la stratégie à adopter mais surtout, vous aurez une possibilité de stopper l'agresseur à bonne distance et alors éviter le combat rapproché. Vous devrez donc posséder le matériel vous permettant de contrôler vos agresseurs en fonction des distances suivantes :

- Longue distance : supérieure à 100 mètres
- Moyenne distance : entre 1 et 100 mètres
- Courte distance : inférieure à 1 mètre

Pour ce faire, vous devrez avoir en votre possession :

- Des armes principales : armes à feu d'épaule
- Des armes secondaires : armes à feu de poing
- Des armes tertiaires : armes blanches et diverses

- **Les armes à feu**

Le choix des armes à feu doit être personnel et doit se faire en fonction des forces et faiblesses de chacun. Le principal avantage des armes à feu est qu'elles ont un effet (en général) dissuasif. Le simple fait de montrer votre arme peut en effet éviter l'attaque d'un agresseur, sans même avoir besoin de l'utiliser.

Les réglementations pour posséder une arme à feu à domicile sont très différentes et plus ou moins contraignantes d'un pays à l'autre. Par exemple, aux États-Unis et en Suisse, il est beaucoup plus simple de détenir une arme à feu à domicile qu'en France ou au Royaume-Uni. Pour les législations les plus contraignantes, les deux seuls moyens de posséder des armes à feu sont de passer le permis de chasse ou d'être membre d'un club de tir sportif.

Pour les acquisitions, il est essentiel de respecter les lois en vigueur dans votre pays. Bien que les lois étatiques ne soient surement plus suivies après le déclenchement visible de l'effondrement, il est important de les respecter avant qu'il ait lieu. N'oubliez pas que si vous ne respectez pas les lois de votre pays, vous pourriez vous retrouver en prison. La prison est certainement le pire endroit à être lorsque l'on veut survivre. Ce constat est d'autant plus vrai en période de chaos généralisé. Une fois enfermé, vous êtes dépendant des décisions de vos geôliers pour : boire, manger, faire vos besoins, vous déplacer. Le fait d'être enfermé est à l'opposé de notre stratégie de survie qui vise une autonomie et une indépendance maximale vis-à-vis du Système. Alors encore une fois, respectez la loi de votre pays tant que la situation extérieure est une situation « normale ».

Les premières des choses à savoir et à respecter lorsque que l'on manipule des armes sont les règles de sécurité élémentaires, qui sont :
- Toutes les armes sont toujours considérées comme chargées
- Ne jamais pointer le canon de son arme sur quelque chose que l'on ne veut pas détruire
- Laisser l'index hors de la détente tant que le guidon de l'arme n'est pas pointé sur la cible
- Être sûr de sa cible et de son environnement

Avant d'avoir une arme entre les mains, vous devrez apprendre ces règles par cœur.

Faisons maintenant un tour d'horizon, des différentes armes à feu que vous pourrez utiliser pour défendre votre BAD. Le sujet des armes à feu est un large sujet, nous irons donc à l'essentiel pour vous permettre de défendre votre BAD de manière efficiente. En règle générale, les armes à feu sont différenciées en deux grandes familles :

➢ **Les armes à feu d'épaule (fusil de chasse, carabine, fusil d'assaut, fusil à pompe, etc.) :**

Avantages :
- Indispensable à la défense d'une BAD
- Grandes variétés de munitions
- Permet de toucher l'agresseur à bonne distance (de 1m à plus de 1000m selon le type d'arme, de calibre et d'équipements de visée)
- Très dissuasive
- Très efficace

Inconvénients :
- Encombrant
- Bruyant, si non-équipé d'un silencieux
- Munitions limitées et non-renouvelables
- Risque de casse et d'enrayement
- Nécessite un entrainement régulier
- Nécessite un permis, une licence et/ou une autorisation
- Impossibilité de détention dans certains pays selon le type d'arme
- Risque de confiscation
- Nécessite un certain budget

➢ **Les armes à feu de poing (pistolet, revolver,...etc.) :**

Avantages :
- Indispensable à la défense d'une BAD
- Grandes variétés de munitions
- Permet de contrôler un agresseur à distance (en moyenne 10-15m, au maximum 50m)
- Peu encombrant

- Très dissuasive
- Efficace

Inconvénients :
- Bruyant, si non-équipé d'un silencieux
- Munitions limitées et non-renouvelables
- Risque de casse et d'enrayement
- Nécessite un entrainement régulier
- Nécessite un permis, une licence et/ou une autorisation
- Risque de confiscation
- Nécessite un certain budget

Pour défendre une BAD, l'armement de base à avoir est au minimum une arme d'épaule et une arme de poing. La plupart des armes d'épaule vous servira à toucher votre cible à une distance d'au moins 100 mètres. L'arme de poing elle est une arme secondaire qui se manie beaucoup plus rapidement et facilement qu'une arme d'épaule. Elle vous permettra de toucher votre cible à une distance inférieure à 50 mètres et pourra être utilisée en cas de repli, de fuite ou dans des zones restreintes et fermées. L'arme de poing pourra également vous servir en cas de problème ou de manque de munitions de votre arme principale.

Pour le choix des munitions/calibres, il vous faudra vous munir des quatre catégories suivantes :

- <u>Le .22 Long Rifle (LR)</u> :

Le .22 LR est le calibre le plus vendu et le plus répandu au monde, avec une production annuelle de 2 à 2,5 milliards de munitions. Les armes de ce calibre sont relativement silencieuses, légères et précises. Elles seront utiles tant pour la défense que pour la chasse. Leur faible recul sera un avantage non-négligeable pour initier les jeunes membres ou les femmes de votre communauté au tir. De plus, ce calibre est relativement bon marché et est disponible pour des carabines, des pistolets et des revolvers. Préférez des armes à chargeur amovible et multiple (non mono-coup). Équipée d'une bonne lunette de visée (Lynx, Bushnell, Schmith & Bender), les carabines .22 LR vous permettront de toucher de manière précise votre cible entre 150 et 250 mètres.

- <u>Le calibre 12</u> :

Plus bruyant que la carabine .22 LR, il est aussi plus puissant et plus destructeur, tout en restant simple d'utilisation et robuste. Ce calibre étant généralement utilisé pour la chasse, il sera relativement facile de vous procurer des munitions de ce calibre, même en cas d'effondrement. Principalement utilisé pour des distances courtes ou moyennes (50 mètres maximum), le calibre 12 peut fonctionner avec un grand choix de munitions diverses allant de la cartouche à grains à la cartouche à balles. Ce calibre est disponible sous forme de fusil à pompe à canon lisse ou rayé, idéal pour la défense, ou encore sous la forme du traditionnel fusil de chasse deux coups avec deux canons lisses, juxtaposés ou superposés, idéal pour la chasse. Mention spéciale tout de même pour le fusil à pompe qui permet de tirer 6 coups d'affilé et qui est plus dissuasif que le simple fusil de chasse par son design et par son *clac-clac* de rechargement. Ce simple son, caractéristique du fusil à pompe, suffira pour faire déguerpir la plupart de vos éventuels agresseurs.

- <u>Le 223 Remington (5.56mm) ou le 308 Winchester (7.62mm)</u> :

Ces calibres sont les standards de l'OTAN. De manière générale, il est préférable de choisir des armes de calibre similaires à l'armée de votre pays. Ceci, afin de pouvoir trouver des munitions et des pièces détachées facilement en cas de guerres ou de conflits. Dans l'idéal, optez pour des armes entièrement automatiques qui vous permettront de tirer en rafale, ou à défaut, un maximum de balles en semi-automatique. Bien que les armes de ce type soient les seules vraiment pertinentes pour repousser un assaut groupé et organisé à l'encontre de votre BAD, elles ne sont pas autorisées à la vente dans certains pays. Il s'agira donc de faire au mieux en fonction de votre pays de résidence.

- <u>Le 9*19 Parabellum (9mm)</u> :

Bien que le calibre .22 LR peut être utilisé pour des armes de poing (pistolet et révolver), le calibre 9mm devra être le calibre de référence pour ce type d'arme, car plus efficace. Pour le choix des armes, la famille des Glock est une bonne référence, avec une mention particulière pour le Glock 19.

Il est très fortement recommandé d'avoir un stock important de munitions et de chargeurs. Les quantités dépendront de votre budget, mais un strict <u>minimum de 10 000 munitions</u> toutes armes confondues est un bon début. La répartition pourrait se faire de la manière suivante : 6000 munitions par fusil d'assaut, 3000 par carabine et fusil (à pompe ou de chasse) et 1000 par arme de poing. Il vous faudra rajouter à cela, un stock de munition pour les tirs d'entrainement (environ 100 munitions par séance et par personne). Pour les chargeurs, prévoyez un minimum de <u>4 à 5 chargeurs</u> par arme de poing et <u>pas moins de 10 pour chaque arme d'épaule</u>. N'ayez pas peur d'avoir trop de munition ou de chargeur car ils seront toujours fortement recherchés et donc « trocable ». Prévoyez également les équipements complémentaires aux armes à feu comme des silencieux, des bandoulières et des étuis classiques pour le transport. Il serait également judicieux de prévoir des étuis d'armes « furtifs » (étuis à guitare, trompette, etc.).

Dans un autre registre, les armes à plomb (carabine et pistolet) sont également considérées comme des armes à feu. Ces armes sont obligatoirement mono-coup et restent très peu efficaces (blesse légèrement mais ne tue pas). En revanche, elles ont l'avantage de pouvoir être achetées en libre-service sans autorisation (et donc être totalement invisible aux yeux de l'État) et peuvent toujours jouer un rôle dissuasif envers un agresseur isolé. De plus, les plombs sont nettement moins chers à l'achat que les balles. Pour plus d'efficacité tant pour la chasse que la défense, il est possible d'opter pour des plombs à tête pointue. Bien que les armes à plomb soient insuffisantes pour protéger une BAD, elles présentent surtout l'avantage de pouvoir s'entrainer au tir le plus silencieusement du monde, à moindre frais et sans « taper » dans votre stock de balles réelles. Les armes à plomb sont également recommandées pour initier les membres de votre BAD au tir et plus spécifiquement les personnes récalcitrantes à l'utilisation d'armes à feu, ou au contraire, les personnes naturellement attirées par elles, comme les enfants. Il est en effet important d'initier rapidement les enfants afin de les sensibiliser sur les risques et sur les règles de sécurité des armes à feu, au lieu de les tenir tout simplement à l'écart. Interdire aux enfants l'utilisation d'arme entrainera naturellement une curiosité malsaine qui pourra déboucher à terme sur des drames. Alors que la découverte progressive et suivie renforcera le sentiment d'importance et d'utilité des jeunes, tout en permettant de passer d'agréables moments de partage et de communion autour d'une activité ludique.

Lorsque vous déciderez de vous armer, gardez bien à l'esprit qu'en cas de conflit majeur (guerre civile, guerre inter-nations), l'État pourrait ordonner la réquisition de vos armes comme ce fût le cas notamment dans certains pays d'Europe pendant la Seconde Guerre Mondiale. Dans ce cas de figure, toutes les armes étaient concernées, armes de chasse comprises. Aux vues des directives américaines et européennes en cours, vous devrez vous attendre à un tel cas de figure en cas d'instabilité majeure. Mais ce que peu de gens ignore, c'est qu'en réalité, il n'existe pas qu'une seule forme de confiscation des armes mais trois :

- <u>La confiscation rapide</u> : l'État vous envoie un courrier vous imposant d'apporter votre arme au commissariat le plus proche. En cas de rupture de la normalité très rapide comme une guerre (civile ou inter-nations), l'armée peut également être directement envoyée pour faire du porte-à-porte.
- <u>La confiscation lente</u> : par des lois et des directives, l'accès aux armes devient de plus en plus compliqué. Cette méthode correspond à celle appliquée aux États-Unis et en Europe pré-effondrement.
- <u>L'auto-confiscation</u> : par crainte d'une confiscation future ou une autre raison, vous vous interdisez par vous-même de vous armer pour défendre votre famille. Cette confiscation est la pire de toute car elle provient d'un choix personnel et volontaire et vous rend vulnérable à la première agression venue, en cas d'effondrement de la normalité.

Bien qu'il soit difficile et même dangereux de passer outre une confiscation étatique, il n'est toutefois pas impossible d'imaginer une recrudescence de déclarations de vol d'arme à feu, avant ou pendant que la situation extérieure ne pousse le gouvernement à passer une telle ordonnance...

En période « normale », toutes les armes à feu peuvent être achetées sur internet et dans des armureries. En période de conflits, soit il sera possible de trouver des armes dans la plupart des foyers, soit il sera très difficile de s'en procurer à cause des restrictions et confiscations étatiques. Le plus simple reste donc encore d'en avoir un grand stock <u>avant</u> le début des hostilités et de savoir où et comment les stocker dans sa BAD.

Les armes à feu servent à blesser voire même à tuer. Cette vérité se vérifie tant pour les intrus que les propres membres de votre BAD. Il vous faudra donc connaître les règles d'entretien et de stockage de toutes vos armes et principalement de vos armes à feu. Pour le stockage, la règle n°1 est d'entreposer vos armes hors de la portée des enfants, dans des armoires, des coffre-forts ou des pièces fermées à clés. Les lieux de stockage doivent être suffisamment secs pour éviter que la rouille endommage vos armes à feu et que l'humidité rentre en contact avec la poudre de vos munitions. Les munitions doivent être considérées comme des explosifs, elles doivent donc être stockée à l'écart des zones de vie et éloignées de toutes sources de chaleur même minime. Pour plus de sécurité, ne placez pas toutes vos munitions aux mêmes endroits et séparez les lieux de stockage entre armes et munitions. Dans certains cas, il peut même être judicieux d'enterrer une partie de vos armes et munitions, dans des récipients hermétiques et étanches, dans votre jardin. La profondeur du trou doit être d'au minimum 1.5 mètres afin d'éviter tout risque de repérage et de gel. Enfin, instaurez des règles de sécurité très strictes que tout le monde devra connaître et encore une fois, plus particulièrement les enfants : ces armes-là ne sont pas des jouets en plastique, ces armes-là tuent pour de vrai !

- **Les armes blanches**

En considérant, que l'arme à feu d'épaule sera votre arme principale, votre arme de poing votre arme secondaire alors, votre arme blanche est à considérer comme une arme tertiaire. Les armes blanches sont les armes à lames. Elles sont utiles pour le combat rapproché et se divisent en deux familles :

➢ **Les lames courtes (couteaux) :**

Avantages :
- Efficace, voire mortelle
- Réutilisable après usage
- Peu encombrant
- Peu d'entretien
- Prix très abordable
- En vente libre

Inconvénients :
- Nécessite beaucoup d'entrainement
- Nécessite un contact direct avec l'agresseur
- La fait de piquer n'est pas forcément inné au niveau psychologique

L'utilisation d'un couteau pour la défense nécessite un entrainement régulier par l'intermédiaire d'un art martial comprenant l'agression au couteau dans ces techniques de défense. Cependant, le couteau n'est pas utile que pour la défense. Il reste un outil indispensable en période de survie pour diverses actions comme par exemple pour couper, tailler, éplucher, dépecer, creuser et bricoler. Pour le choix de votre couteau, il existe une grande pluralité d'options possibles. Il est d'ailleurs préférable de diversifier les types de couteau et d'en avoir toujours au moins un à proximité de soi. Parmi les différents couteaux existants, il est possible de citer :

-   Le couteau de poche (couteau suisse)
-   Le multi-outil ou multi-tool
-   Le couteau à cran d'arrêt
-   Le couteau papillon
-   Le couteau de combat
-   Le couteau de brousse
-   Le petit couteau en port de cou

➢ **Les lames longues (machettes, hachettes) :**

Avantages :
-   Efficace, voire mortelle
-   Réutilisable après usage
-   Moyennement encombrant si rangé dans son étui
-   Peu d'entretien
-   Prix très abordable
-   En vente libre

Inconvénients :
-   Nécessite de l'entrainement mais moins qu'avec une lame courte
-   Nécessite un contact rapproché avec l'agresseur
-   Nécessite une amplitude (frappe latérale)

En termes de défense, la machette est plus adaptée que la hachette. Les principaux avantages de la machette par rapport à la hachette sont :
-   la longueur de lame et donc de zone de frappe,
-   la maniabilité ou prise en main due à une meilleure répartition de la masse au sein de l'objet,

- la différence de masse, la machette étant en général plus légère que sa collègue.

Bien sûr, la fonction première de ces équipements est de couper du bois, de petit diamètre pour la machette et de plus gros diamètre pour la hachette et non pas de servir d'arme de défense. Vous pourriez être amené maintenant à vous demander : que préférez entre lame courte et une lame longue pour se défendre ?

La lame longue de la machette permet de garder son agresseur à une distance plus importante qu'avec une lame courte. De plus, la longueur de la lame de la machette impressionne d'avantage qu'une lame courte. Le choix d'une machette comme arme blanche est d'avantage recommandé pour les personnes ayant peu d'entrainement au combat rapproché. Il est cependant toujours préférable d'avoir les deux proches de soi ou même sur soi. Si vous n'êtes pas entrainé au combat rapproché, la lame courte doit être utilisée en dernier recours.

La majorité des armes blanches peut être achetée sur internet, dans des coutelleries, dans des armureries et dans certains magasins destinés à la randonnée et au bricolage.

- **Les armes diverses**

Les armes diverses, tout comme les armes blanches doivent être considérées comme des armes tertiaires. Ces armes restent toutefois très efficaces et ont l'avantage de pouvoir être achetées librement sans besoin de permis légal. De plus, en cas de réquisition des armes par l'État, ces armes ne seront pas concernées par ces restrictions.

- **La poche de tir :**

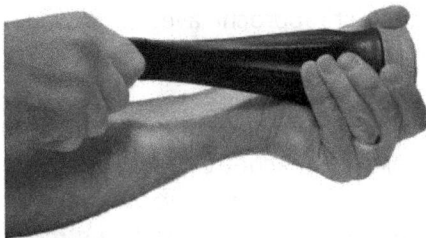

La poche de tir, en fonctionnement

Avantages :
- Munitions illimitées car fabricable et trouvable dans la nature (flèches et cailloux)
- Utilisable avec des flèches et des projectiles ronds (combinaison de l'arc et du lance-pierre)
- Précis jusqu'à une distance moyenne de 10 mètres
- Peu blesser gravement (projectile) voire tuer (flèches)
- Vitesse du projectile relativement rapide (= 100 m/s)
- Très peu encombrant (rentre dans une poche de pantalon)
- Dissimulable
- Réutilisable
- Nécessite peu d'entretien
- Nécessite peu d'entrainement
- Ne nécessite pas de force physique
- Prix très abordable (moins de 100€ pour un kit complet poche de tir/munitions)
- En vente libre

Inconvénients :
- Distance de tir limitée comparée à une arme à feu (20 mètres maximum)
- Peu connue et non-perçue comme une arme et donc visuellement peu dissuasive

Note : Les arcs, les arbalètes et lance-pierre peuvent également servir d'armes de défense tertiaires. Elles ne sont pas détaillées dans cette catégorie car la poche de tir combine les avantages de ces trois armes en une seule, sans la plupart de leurs inconvénients. Ces trois type d'armes peuvent toutefois être utilisés pour la chasse et pour la défense, si aucune arme à feu n'est utilisable. S'il fallait en choisir une sur les trois, ce serait l'arc sans hésitation.

➢ **Le shocker électrique :**

Différents modèles de shockers électriques

Avantages :
- Très efficace (1 à 3 millions de volt par décharge !) voire mortel pour les personnes fragiles
- Nécessite peu d'entrainement
- Très dissuasif grâce au son émis par la décharge
- Renouvelable (si piles de rechange prévues)
- Aucune frappe nécessaire
- Ne nécessite pas de force physique
- Facilement disponible
- Prix très abordable
- En vente libre

Inconvénients :

- Nécessite un contact direct avec l'agresseur
- Peut rapidement se retourner contre l'agressé si mal utilisé

Note : Le pistolet à impulsion électrique plus communément connue sous le nom de la marque Taser est similaire au shocker électrique, sauf qu'il présente l'avantage de pouvoir être utilisé à distance (10 mètres maximum). Le modèle le plus connu aujourd'hui est le Taser X26 qui est en général utilisé par les forces de l'ordre. Les réglementations sur ce type d'arme diffèrent largement d'un pays à l'autre. Dans certains pays, il est possible de s'en procurer avec une autorisation alors que dans d'autres, sa détention est strictement interdite. Le choix d'un Taser comme une arme tertiaire peut être un choix pertinent.

➢ **Le spray à gaz lacrymogène ou à gel pimenté/poivré :**

Le spray d'auto-défense

Avantages :
- Utilisable à la fois à distance et en contact d'un agresseur
- Peut servir d'arme « invisible » en cas de fuite ou d'intrusion (asperger les poignées de porte, interrupteurs, etc.)
- Efficace (met l'agresseur hors d'état de nuire plusieurs heures si contact avec les yeux)
- Peut éventuellement être auto-fabriqué
- Nécessite peu d'entrainement
- Aucune frappe nécessaire
- Ne nécessite pas de force physique
- Prix très abordable
- En vente libre

Inconvénients :
-   Peut facilement se retourner contre l'utilisateur si mal utilisé
-   Non-renouvelable une fois la cartouche vide
-   Perd de son efficacité avec le temps
-   La distance d'utilisation est limitée à 3 mètres maximum

➤ **La matraque télescopique :**

La matraque télescopique

Avantages :
-   Très efficace
-   Facilement disponible
-   Peu encombrant
-   Moins de risques d'auto-blessure qu'un couteau
-   Réutilisable après usage
-   Ne nécessite pas d'entretien
-   Prix très abordable
-   En vente libre

Inconvénients :
-   Nécessite un contact direct avec l'agresseur
-   Nécessite une amplitude (frappe latérale)
-   Nécessite un minimum de force physique

➤ **Le stylo d'auto-défense :**

Stylo d'auto-défense

Avantages :
- Meilleure dissimulation possible
- Entraine de graves blessures si frappe à la tempe
- Peut entrainer la mort si frappe dans le cou
- Moins de risque d'auto-blessures qu'un couteau
- Réutilisable après usage
- Ne nécessite pas d'entretien
- Peu encombrant
- Durable
- Prix très abordable
- En vente libre

Inconvénients :
- Nécessite un contact direct avec l'agresseur
- Nécessite une amplitude (frappe latérale)
- Nécessite un minimum de force physique

Il existe encore d'autres armes diverses pertinentes comme les grenades Flash-Bang qui permettent d'étourdir un agresseur en émettant une forte détonation. Oubliez par contre toutes les armes « exotiques » de type nunchaku, couteau de lancée ou poing américain pour la défense de votre BAD. Toutes les armes diverses vues précédemment peuvent être achetées sur internet ou dans la majorité des armureries.

Sans aucune expérience pratique du combat rapproché et des armes blanches, il est préférable d'opter pour les armes diverses car elles sont moins dangereuses pour l'utilisateur et restent très efficaces pour se protéger d'une attaque isolée. En revanche, en cas d'attaque collective de votre BAD, seules les armes à feu permettront de défendre votre BAD convenablement. Dans tous les cas, il est fortement recommandé de posséder au minimum une arme considérée comme tertiaire (armes blanches et diverses) dans votre armurerie-maison.

Pour assurer votre sécurité en toute circonstance et même sans « vraies » armes, sachez qu'en réalité tout type d'objet du quotidien peut servir d'arme de défense ; voici quelques exemples : stylo traditionnel, cuillère, casserole, bout de bois, bout de métal,...etc.. Afin de vous entrainer à reconnaître des objets qui pourront servir d'armes de défense, vous pouvez faire un petit exercice qui consiste à rester là où vous êtes et à observer autour de vous. Demandez-vous parmi tous les objets que vous voyez, lesquels pourraient être une arme efficace, si un agresseur vous tombait dessus dans la seconde. Prenez-le temps de faire cet exercice dans les différents endroits que vous avez l'habitude de fréquenter (maison, bureau, voiture, dans la rue, etc.) et bien sûr au sein de votre BAD.

Pour finaliser votre arsenal, il ne vous manquera plus que les équipements de protection de base, le minimum étant de posséder : des bouchons d'oreille, des casques anti-bruit, des lunettes de protection. Ensuite, vous pourrez vous munir d'une ceinture de combat personnalisée (avec votre arme de poing, des chargeurs pleins, un sac pour les chargeurs vides, votre couteau de combat et éventuellement une petite lampe torche), en plus de casques militaires de protection en kevlar et de gilets pare-balles de niveau IIIA. Si vous n'avez pas eu le temps ou les moyens d'acheter un gilet pare-balles, vous pouvez vous en fabriquer grâce à une plaque métallique, en acier ou en titane, d'au moins 3 mm d'épaisseur. La première option est de placer la plaque dans un sac à dos. La deuxième option consiste à relier deux plaques entre elles par des sangles afin de pouvoir les porter comme un gilet classique.

- **L'autonomie défensive**

D'un point de vue du matériel de défense, il est quasiment impossible d'être 100% autonome du Système sur le long-terme. Cependant, plusieurs techniques peuvent permettre de s'approcher de cet objectif. Par exemple, avec les bonnes connaissances, les bons outils et les matières premières adaptées, il est tout à fait envisageable de réaliser par soi-même des couteaux, des machettes, des flèches, des arcs, des sprays pimentés ou poivrés fait-maison et même des munitions d'armes à feu. En effet, avec une presse de rechargement (environ 300€/$) et les outils de base nécessaire, vous pourrez recharger par vous-mêmes certaines douilles déjà utilisées. Une telle méthode permet de faire des économies substantielles sur ces achats de munition de gros calibre, même si cela peut s'avérer fastidieux et chronophage.

En réalité, le problème de l'autonomie défensive porte principalement sur le sujet des armes à feu. Bien qu'il soit possible de fabriquer des armes à feu par soi-même, cela reste un travail nécessitant des connaissances et un matériel très spécifique. Pour des raisons de sécurité évidentes, il est indispensable de s'être longuement formé à ces techniques. La technique la plus simple pour auto-fabriquer son arme reste encore d'utiliser un kit d'assemblage complet. Ces kits sont en général disponibles dans des salons ou des foires spécialisées. Ensuite, vous pourrez vous rendre à une « fête d'assemblage » où les amateurs d'armes à feu se réunissent souvent pour assembler des armes ensemble. Ces assemblées ont généralement lieu dans des clubs de tir ou chez un particulier passionné, membre d'un club. Encore une fois, la question de la sécurité doit être abordée de manière la plus sérieuse qui soit lorsqu'il est question d'armes auto-fabriquées. L'auto-fabrication nécessite d'avoir des bonnes connaissances en bricolage et une bonne dose de patience et de passion. Sachez également qu'auto-fabriquer des armes à feu est interdit dans certains pays en « temps normal. Dans tous les cas, méfiez-vous de la qualité des armes auto-fabriquées que vous pourrez acheter à d'autres particuliers. Dans un avenir plus lointain, l'auto-fabrication d'arme à feu pourrait être facilitée par le principe de la fabrication additive (imprimante 3D).

Dans une stratégie de survie qui se veut la plus efficiente possible, l'autonomie défensive est l'un des derniers sujets à traiter. En effet, il y a bien d'autres connaissances à avoir et bien d'autres actions à mettre en œuvre, avant de savoir comment auto-fabriquer une arme à feu. Il est cependant important de savoir qu'une telle option existe. Vous l'aurez compris, développer une autonomie défensive optimale reste très difficile. Voilà pourquoi la solution la plus simple en termes d'autonomie défensive est de prévoir de stocker des quantités importantes d'armes à feu et de munitions dès maintenant !

Méthode de défense curative – moyens actifs

D'un point de vue purement actif, c'est-à-dire humain, le premier effet de levier dont vous disposez est : le groupe. En gardant à l'esprit l'analogie médecine-défense, une opération chirurgicale n'a pas la même réussite si le chirurgien est le seul à opérer ou s'il est accompagné d'une équipe de professionnels, dont chaque membre sait précisément quoi faire pour le bon déroulement de l'opération (chirurgicale). Vos collègues de défense seront les membres de votre communauté. <u>Votre BAD étant une mini-nation, votre communauté sera son armée</u>. Chaque membre devra donc devenir son soldat et même... son guerrier !

D'un point de vue stratégique, l'idéal étant encore d'intercepter les intrus dès leur entrée sur votre propriété privée, il vous faudra donc mettre en place des rondes de surveillance autour de votre BAD. Les rondes sont surtout utiles si la situation extérieure est enclin au chaos social (famine, pillages) ou à la guerre (civile ou inter-nation). Le moment de la journée où il va falloir être le plus vigilant sera la nuit. Le nombre de tour de ronde peut varier en fonction du nombre de personne adultes dans votre BAD. Un minimum optimal est de faire 3 tours de garde afin que chacun puisse dormir suffisamment la nuit ; un premier de 21h à 0h, un deuxième de 0h à 3h et un troisième de 3h à 6h. Les durées et horaires indiquées fonctionnent pour un exemple européen en saison estivale et doivent être adaptées à chaque saison de surveillance (été / hiver / automne / printemps). L'idée étant de commencer à la nuit tombée et d'arrêter à l'aurore. La journée tout le monde doit exercer le rôle de sentinelle en même temps que les tâches quotidiennes (agriculture, artisanat, fabrication d'argent colloïdal, etc.). Il faut néanmoins toujours veiller à ce qu'au minimum une personne soit spécifiquement en charge de la défense. Cette personne doit être armée et prête à intervenir rapidement et prête à sonner l'alarme.

Si vous avez des voisins sur qui vous pouvez compter, il est judicieux de créer une sorte de groupe de protection et de surveillance de quartier. Cette surveillance de quartier ne remplace cependant pas une surveillance interne à la BAD. Informez également vos voisins que vous avez installé une alarme. Le silence fait peur et laisse place à l'imagination (souvent négative dans ces cas) alors, communiquez régulièrement avec les personnes de confiance qui, d'après vous, ne vous trahirons pas. Pensez aussi à réaliser régulièrement des fausses-alertes afin que le processus de défense se mette en place automatiquement. En cas d'attaque réelle, chacun doit avoir une mission de défense spécifique. Aucune place pour le doute n'est possible. Une seconde d'inattention et d'hésitation et tous les membres de votre communauté meurent ! Tant au niveau collectif qu'individuel, l'entrainement reste une des principales clés de l'efficacité de votre stratégie de défense.

Un groupe n'étant qu'un ensemble d'individu, le deuxième effet de levier humain à mettre en œuvre porte sur la préparation individuelle de chaque membre de la BAD. La préparation personnelle influencera la totalité de la capacité de défense de votre zone mais encore plus cette méthode de défense (active), car à ce niveau-là, l'humain est le dernier rempart pouvant contrôler le danger.

Pour être prêt individuellement, la meilleure des solutions reste : l'entrainement.

L'entrainement est l'élément clé de la préparation à la défense. Cependant, ici encore le risque zéro n'existe pas. Bien que l'entrainement augmente sensiblement votre probabilité de survivre à un danger, il ne pourra jamais vous permettre de vous protéger à 100% du danger en cas réel. Mais comme il n'existe pas meilleure solution, il vous faudra y passer, il faudra vous entrainer !

Trois types d'entrainement vous seront nécessaires :

1) L'entrainement psychologique

Contrairement à ce que l'on pourrait croire la meilleure arme à avoir pour se défendre n'est pas matériel. Ce n'est pas une arme à feu, une arme blanche, ou même un tank... L'arme la plus efficace se situe dans votre tête, c'est votre psychologie ! Vous pouvez être le mieux armé du monde, si vous n'avez pas la psychologie qui va avec alors, non seulement vos armes physiques ne vous serviront à rien, mais elles pourront même se retourner contre vous. Être prêt psychologiquement à réagir en cas d'attaque est donc la priorité des priorités de toute bonne stratégie de défense.

Pour être apte à réagir à une attaque, vous devez être au clair d'un point de vue moral sur le fait d'utiliser la violence et éventuellement vous servir d'armes à feu. Le fait de s'armer peut être très mal perçu pour beaucoup de personne. D'ailleurs au départ, je faisais moi-même partie de ces personnes-là. Mais par la suite, j'ai perçu à quel point le comportement des humains peut devenir agressif, sournois et méchant quand il s'agit de survivre. J'ai finalement réalisé que les armes représentaient un élément essentiel pour faire comprendre que ma BAD et ma nourriture m'appartiennent.

En période d'effondrement ou de crise majeure, vous devez comprendre que les règles du jeu ne seront plus les mêmes. La mort sera très présente autour de vous et vous devrez apprendre à vivre à ses côtés. Pendant l'effondrement, la règle du jeu n°1 sera de survivre,

survivre par tous les moyens possibles. Les comportements humains changeront très rapidement. La plupart des personnes non-préparées et affamées deviendront des animaux en quête de leur futur proie ou des victimes qui se laisseront mourir. À terme, beaucoup de personnes n'éprouveront plus d'empathie envers les souffrances des autres. D'un point de vue médical, quelqu'un qui ne ressent pas d'empathie est considéré comme étant un psychopathe. Les psychopathes seront alors nombreux dans les rues, pas parce qu'ils sont de mauvaises personnes mais, simplement parce qu'ils sont prêt à tout survivre et notamment à tuer.

Le fait d'être pour un monde pacifique n'est pas opposé à l'utilisation d'arme à feu ou à la violence en cas extrême. En réalité, la non-violence peut elle-même entraîner plus de violence. Par exemple, si vous refusez de vous défendre face à une agression alors l'agresseur vous tuera, mais il tuera également toute votre famille. Alors que, si dès le début, vous aviez maîtrisé l'agresseur, toute la violence supplémentaire n'aurait pas eu lieu. Alors certes, la violence doit être retardée au maximum. La discussion est toujours envisageable et doit toujours être envisagée mais, arrivé à un certain point, la violence doit être envisagée et si nécessaire utilisée.

Ce refus de la violence est ce qui crée l'opposition collective envers l'accès aux armes à feu. Alors qu'en réalité, même les personnes les plus opposées aux armes à feu les utilisent en toute conscience… soit vous utilisez les armes par vous-même sans intermédiaire, soit la police ou à l'armée les utilisent pour vous. Mais dans tous les cas, des armes seront utilisées pour <u>votre</u> sécurité.

Le fait de s'armer doit être vu comme moyen de <u>réduire la violence au strict minimum</u> et non comme un moyen de créer de la violence. Personnellement, je ne cherche pas à m'armer dans le but de blesser ou de tuer un autre être vivant (humain ou animal). Je souhaite simplement à être capable de me protéger en cas d'attaque physique. Je vous conseille d'adopter cette même vision des choses. Ne vous procurez pas des armes dans le but de faire mal ou de jouer au caïd mais simplement pour protéger votre famille, en cas d'attaque extérieure. Finalement, le problème n'est pas les armes mais les personnes qui s'en servent. Vous pouvez parfaitement utiliser une arme et n'avoir aucune intention de faire du mal. L'objectif de posséder une arme est de simplement montrer votre volonté de vivre et de vivre libre. C'est votre droit de naissance et personne ne peut s'opposer à cela. Même Gandhi qui est mondialement connu pour ses actes révolutionnaires non-violents a dit cela :

« Je crois que s'il y a seulement le choix entre la violence et la lâcheté, je conseille la violence. »

« J'aimerai mille fois mieux risquer la violence que l'émasculation de toute une race. »

Il est très important d'être au clair sur la moralité de posséder une arme avant d'en avoir une. Si vous vous équipez d'une arme sans pour autant être en accord moralement avec cela, votre inconscient pourrait chercher à vous punir et vous pourriez très rapidement vous blesser avec votre propre arme. Voilà pourquoi cette question doit être avant toute chose résolue à l'intérieur de vous-même. Les débats sur la moralité d'utiliser la violence et la nécessité d'avoir des armes à feu sont interminables. Sachez simplement que vous serez peut-être confronté à choisir entre la violence envers votre agresseur et, la mort de vous-même et de vos proches. À vous de faire votre choix. Personnellement, j'ai fait le mien !

Ensuite, toujours pour améliorer votre préparation psychologique, je vous conseille fortement de regarder des films type « survivalistes ». Voici quelques références incontournables : La Cinquième Vague, Couvre-feu, World War Z, Armageddon, Hunger Games, Divergente, 1984, la Route, Postman, Je suis une Légende. En bibliographie, vous trouverez une liste plus complète de films.

En tant qu'Homme moderne, la plupart d'entre nous avons perdu la majorité de nos réflexes de survie. Le fait d'être plongé dans un climat de tension à travers les films est donc un bon moyen pour se préparer psychologiquement à réagir en cas de stress intense et de situation extrême. Dans la même démarche, il est possible de s'auto-entrainer psychologiquement à condition d'avoir un peu d'imagination. Par projection mentale, vous pouvez vous imaginer vivre une situation de crise. Une fois immergé psychologiquement, votre objectif doit être de savoir réagir calmement à des évènements stressants afin de trouver des solutions pour survivre.

Le but de l'entrainement psychologique est de vous donner de l'expérience. Le phénomène de « déjà vu » vous permettra en effet de garder au maximum votre calme et votre concentration, même lors d'une situation totalement chaotique. Le calme et la concentration sont les facultés psychologiques indispensables pour être capable de faire des choix raisonnés en période de crise. Bien que ces facultés dépendent en grande partie de la personnalité de l'individu, elle s'acquièrent également par l'entrainement (projection mentale ou films), même si bien évidemment rien ne vaudra jamais une immersion type « cas réel » grâce à des simulations régulières d'évènements spécifiques ; exemples : attaques armées et groupées sur votre BAD, agression inattendu au couteau, scénario de repli, embuscades, etc., etc., etc.. Dans l'idéal, vous devrez au moins vous confrontez une fois à tous les cas d'attaque qui vous semblent les plus pertinentes et probables.

Une fois que vous serez au clair avec tous les principes précédents, que vous aurez compris l'importance de la psychologie pour votre survie et plus spécifiquement pour votre défense, que votre esprit et votre attitude sera la plus calme et sereine possible alors, à ce moment-là, vous serez apte à passer à l'étape suivante.

2) L'entrainement au tir

Vous connaissez maintenant l'importance de posséder des armes et particulièrement des armes à feu. Et maintenant que vous êtes psychologiquement prêt à les utiliser si besoin, vous devrez passer à la pratique !

Pour ce faire, vous avez trois options :
- Le tir sportif
- La chasse
- Le tir au fond du jardin

Selon moi, la solution à privilégier est l'inscription à un club de tir sportif. Cette solution vous permettra d'avoir des conseils pertinents d'instructeurs et vous permettra de pouvoir avoir accès à une gamme d'arme plus diversifiée que pour la chasse. Le tir au fond du jardin sera votre solution imposée en cas d'effondrement, bien que cette option soit interdite dans la majorité des pays en temps « normal ». Pour l'entrainement, l'utilisation des carabines à plomb est une solution intéressante à la fois pour leurs côtés silencieux, pédagogique et le faible coût de leurs munitions.

Posséder une arme sans savoir s'en servir est plus dangereux pour vous, que pour votre éventuel futur agresseur. La possession et la volonté d'utilisation d'armes nécessitent un entrainement régulier. Ce point est très important à retenir. Ce n'est jamais l'arme qui vous protègera mais bien la maîtrise avec laquelle vous l'utiliserez. L'expérience et la réactivité en cas d'attaque restent les seules vraies armes, car sans elles, votre arme physique ne vaut strictement rien. Il est donc essentiel de s'entrainer physiquement à manier son arme et de visualiser mentalement une vraie agression lors de vos entrainements, pour que le jour J, les réflexes resurgissent instantanément et de manière inconsciente, malgré le stress. Méfiez-vous de la routine, de la monotonie et de la répétition des entrainements qui sont souvent très éloignées des situations que vous pourrez vivre en cas d'attaque réelle.

En cas réel, le choix des armes dépendra principalement de la « distance de combat » avec votre agresseur et vous-même. Les longues distances pourront nécessiteront l'usage d'armes à projectiles et principalement des armes à feu. Les courtes distances demanderont des compétences en combat rapproché et aux armes blanches et diverses de contact. Vous n'avez aucun moyen de savoir quelle cas de figure vous sera le plus utile alors, vous devrez donc être capable d'évoluer dans ces deux domaines : entrainement au tir ET entrainement au combat rapproché, en même temps.

3) L'entrainement au combat rapproché

Pour commencer, il est fondamental de connaître ses propres compétences/connaissances dans le domaine de la défense. Soyez honnête sur ce point avec vous-même. Ne pas avoir de compétences/connaissances est beaucoup moins grave que de ne pas en avoir et croire que l'on en a. Si vous n'avez pas des compétences au niveau de la défense, soyez-en conscient et formez-vous régulièrement pour remédier à ce manquement. En revanche, surestimer ses forces dans ce domaine est un moyen rapide et efficace pour se faire tuer. De plus, sachez qu'il y a une grande différence entre connaître un art martial et savoir se défendre. L'expérience et l'entrainement sont des éléments indispensables qui prennent du temps et un travail régulier. J'attire vraiment votre attention sur ce point car j'observe ce phénomène de surestimation de ces capacités auprès de 80% de mes clients. Le fait « de savoir se défendre » ne suffit pas, il est nécessaire de tester également ses réactions et ses réflexes dans des simulations d'attaques réelles. Répéter des gestes de protection dans un milieu connu est quelque chose de totalement différent que savoir se défendre dans un lieu inconnu, face à un adversaire inconnu, avec un niveau de stress très élevé.

Dans l'idéal, il faudra vous former au combat rapproché par l'intermédiaire d'arts martiaux. Préférez des arts martiaux appelés « hybride » comme le Krav Maga, la Boxe Thaï, l'Hapkido, le Full-Contact, le Sambo, le Kapap, le Yiquang, la Savate-Défense, le Penchak Silat et le Systema. En plus, d'un des arts martiaux précédents, vous pourriez ajouter à votre capital global les compétences du Kyusho. Le Kyusho est une spécialité martiale permettant de reconnaître les points vitaux du corps humains. Le Kyusho permet de mettre KO rapidement vos éventuels agresseurs, sans besoin de force physique. Cet art s'appuie sur des connaissances pointues du fonctionnement physiologique et énergétique du corps humain, issus de la médecine chinoise. Selon les types d'arts martiaux, la nécessité d'avoir de la force physique et les dégâts causés à l'adversaire sont plus ou moins importants.

Il est cependant tout à fait possible de contrôler ou de maîtriser une attaque sans blesser son agresseur. C'est d'ailleurs le but d'un art martial en particulier (que je pratique), qui se nomme : l'Aïkido. Sachez cependant que contrôler une attaque en situation réelle demande un énorme sang-froid et une expérience martiale de plusieurs années, voire plusieurs dizaines d'années. Si vous avez ces deux éléments, c'est parfait. Mais, pour les personnes non-entrainées ou pas suffisamment, il est fondamental d'être psychologiquement prêt, encore une fois, à faire mal à votre agresseur. Le grand stratège militaire chinois Sun Tzu disait à ce sujet que :

« Seuls les guerriers sont pacifiques, les autres n'ont pas le choix. »

Même si une telle affirmation peut écorcher certaines oreilles, elle n'en reste pas moins d'une véracité physique et concrète à toute épreuve. Autrement dit, si vous n'avez que peu d'expérience au combat rapproché, vous serez <u>contraint de blesser voire de tuer votre agresseur</u> pour le mettre hors d'état de nuire. Il est important de garder cela en tête. Sans compétences/connaissances et sans un long entrainement régulier, la violence sera votre seule option pour défendre votre communauté et votre BAD !

Voyons maintenant quelques règles de base au sujet du combat rapproché.

La première option et la plus efficace est d'éviter le combat grâce à <u>la fuite</u>. Si la fuite n'est pas possible, vous pouvez tenter de <u>vous cacher</u>. Mais si ni la fuite ni la cachette ne sont des options valables, comme par exemple si vous souhaitez protéger votre BAD d'un pillage alors, vous devrez <u>combattre</u>. Pour combattre, utilisez en priorité vos armes à feu ou armes à projectiles (poche de tir, spray,…etc.) en priorité, afin de maintenir l'adversaire à distance. Si vous ne disposez pas d'armes à feu ou à projectiles, vous devrez vous battre au corps à corps. L'idéal est alors d'utiliser une arme blanche ou diverse de contact ou même n'importe quel objet vous apportant un effet de levier défensif par rapport à votre agresseur. Dans le cas d'une attaque avec une arme « de contact », comme un couteau par exemple, les trois réflexes humains naturels, tant pour vous que pour votre agresseur, sont : <u>la fuite</u>, <u>la protection par un objet à portée de main</u> et <u>la saisie de la main portant l'arme</u>. S'entrainer avec un couteau en plastique ou même un marqueur est d'ailleurs un bon exercice pour savoir comment optimiser ou contourner ces réflexes naturels. Prévoyez donc d'avoir ces équipements d'entrainement dans votre BAD.

Lors d'un combat rapproché, la règle n°1 est de ne jamais se retrouver à terre. Une fois à terre, vous êtes à la merci de votre agresseur et donc vous êtes mort ! <u>Vous devez toujours garder votre équilibre</u> et ne pas vous faire déstabiliser lorsque vous donnez ou prenez un coup. Il n'est pas grave de se faire frapper ou blesser tant que le coup ne vous est pas fatal. Vous devez rester au maximum debout, en mouvement sur vos gardes et vous protéger à la façon d'un boxeur. Protégez en priorité votre tête, vos yeux, votre cou, votre foie et vos parties génitales (pour les hommes). Ne vous laissez pas paralyser par la peur et <u>restez bien en mouvement</u>. Savoir maîtriser sa respiration est également un point essentiel.

Globalement, il y a deux cas de figure soit vous êtes le premier à attaquer, soit vous ne l'êtes pas. Si vous êtes le premier, vos attaques doivent être franches, rapides mais surtout efficaces. Visez en priorité les parties génitales (si c'est un homme), ensuite le cou et enfin les yeux. Si vous maîtrisez un art martial, vous pourrez vous en servir, proportion gardée du danger auquel vous faites face. Dans le cas où c'est l'agresseur qui attaque le premier, la première chose à faire est d'esquiver l'attaque par un déplacement rapide, soit en s'éloignant de l'agresseur, soit en rentrant sur lui. Ensuite, pour mettre votre agresseur hors d'état de nuire le plus rapidement possible, vous devez l'empêcher d'attaquer à nouveau et lui faire perdre son équilibre. Une fois au sol, vous pourrez le maîtriser plus facilement voire l'immobiliser, en le mettant KO ou en le ligotant par exemple.

Finalement, peu importe vos connaissances ou vos équipements actuels, l'important est de progresser régulièrement sur la mise en place de votre stratégie de défense. <u>L'entrainement régulier et appliqué est le meilleur moyen d'être prêt à réagir à toute éventualité</u>. Plus vous serez préparé, moins vous serez stressé le jour J. Savoir se défendre est au final plus un travail d'évolution et de construction personnel que de destruction de l'autre. Une fois, que vous serez assez évolué personnellement, vous pourrez même maîtriser une attaque, sans aucune violence et sans causer aucune blessure. Mais cela requiert de la patience, du temps et de la discipline.

N'oubliez jamais que la défense requière une responsabilité individuelle mais reste un sport d'équipe. Plus les membres de votre communauté seront entrainés, mieux votre BAD sera protégée. Et comme il n'est pas forcément évident de commencer une nouvelle discipline seul, vous pourriez proposer à certains des futurs membres de votre BAD de s'inscrire, en même temps que vous, à un club de tir ou à un club d'art martial. En plus d'augmenter les compétences de chacun, cela renforcera également le lien social entre vous. Cela permettra aussi de progressivement sensibiliser les futurs membres de votre communauté à votre démarche de défense et à terme, à votre démarche globale de survie. Plus on est de fou, plus on rit !

La démarche de défense présentée a été compartimentée au maximum car suivre une démarche structurée et hiérarchisée permet de retenir facilement les méthodes à mettre en œuvre. En outre, l'application de méthodes simples offre les mêmes chances de survie à tous, indépendamment du niveau d'intelligence actuel de chacun. Ainsi, une fois les méthodes de bases apprises, comprises et appliquées, le cerveau peut passer à autres choses. À terme, cela permet de dégager du « temps de cerveau disponible » pour progresser dans d'autres domaines, ce qui donne la possibilité à l'individu d'augmenter son intelligence…

Les métiers

Toutes les connaissances apprises lors d'une formation militaire vous seront très utiles à l'avenir. Parmi les principales connaissances, il serait possible de citer :

- La stratégie de gestion de crise
- La préparation mentale et émotionnelle en cas d'agression
- La préparation physique
- Les connaissances du corps et de ses limites
- L'entrainement au combat rapproché à main nue et aux armes blanches (art martiaux)
- L'entrainement au tir

D'une manière générale, les métiers de demain en lien avec la défense et la sécurité seront :

- L'armée / la police
- La fabrication et le pilotage de drones de surveillance et d'attaque
- La fabrication et la programmation de robots-policiers-militaires
- La sécurité des biens et des personnes (vigiles, maître-chien, garde du corps,...).
- La surveillance technologique (installateurs et fabricants de caméra de surveillance, agences de surveillance à distance,...)
- La fabrication et la vente d'équipement de défense de toutes sortes (armes, munitions, stock militaire,...)
- La fabrication d'explosifs chimiques (nitroglycérine/dynamite,...)
- La fabrication « d'armes à ondes électromagnétiques » (bombes EMP, brouilleurs d'ondes,...)
- La formation de toutes les compétences et connaissances citées précédemment.

POINT 8 : L'INTELLIGENCE

Si vous avez choisi de lire ce livre, je suis sûr que vous avez déjà un certain niveau d'intelligence. Vous êtes donc déjà bien avancé pour combler ce besoin essentiel à votre survie. De plus, votre intelligence a surement augmenté entre le début de votre lecture et maintenant, grâce aux connaissances que vous venez d'acquérir. La base de l'intelligence est en effet d'avoir des connaissances/informations. Cependant comme vous le verrez, cela ne suffit pas. Gardez-bien à l'esprit que vous devez devenir plus intelligent que vous l'êtes actuellement et cela peu importe votre niveau d'intelligence actuel. Ne voyez pas ces propos comme un jugement de ma part, je recherche moi-même chaque jour à augmenter mon intelligence et je vous invite à adopter une telle discipline intellectuelle si vous souhaitez survivre. L'idée ici est de s'améliorer de jour en jour, peu importe son point de départ.

Alors certes l'intelligence n'est pas un besoin vital dans nos sociétés modernes pré-effondrement, comme vous avez déjà pu le constater tous les jours autour de vous ou grâce à la télévision. L'intelligence est dans la société du divertissement et de l'argent-papier-roi, une marque d'originalité et de marginalisation qui ne plaît pas trop au Système en place et à ceux qui y sont bien intégrés. Le fait d'avoir des avis divergents et de vous poser certaines questions vous fait passer pour « quelqu'un qui se prend la tête » et du même coup, qui n'est pas « cool ». Très peu de personne vous le diront mais, l'intelligence est indispensable pour survivre sur le long-terme et particulièrement à notre époque où la désinformation prédomine.

À travers la légère critique de la société que vous venez de lire, vous devez comprendre que pour être intelligent et donc survivre, vous devez absolument « sortir du moule mental » dans lequel la société veut vous enfermer. Autrement dit, si vous suivez le troupeau bêtement alors, vous vous retrouverez à l'abattoir... Mais, si vous vous différenciez de la masse, si vous sortez un minimum du troupeau (de moutons) d'un point de vue mental alors, à ce moment-là, vous commencerez à avoir une chance de vous en sortir. Mes mots sont peut-être dur à entendre pour certaines personnes mais je ne suis pas là pour vous dorloter, je suis là pour que vous surviviez ! Je vous dis ce qui me semble être une nécessité absolue, à savoir : sortir du modèle de pensées généralisé et abrutissant dans lequel nous vivons.

Le fait de se désintoxiquer des croyances que la société veut nous faire paraître comme « normales » peut être un processus long et difficile. Mais gardez à l'esprit que si vous ne comprenez pas un minimum de choses sur comment fonctionne réellement ce monde alors, vous êtes dors-et-déjà condamné à être esclave des personnes plus intelligentes que vous dans un futur proche. Ces personnes auront alors du pouvoir (intellectuel) sur vous et pourront ainsi vous contrôler très facilement. Je vous rassure toutefois car, avant la fin de votre lecture, vous connaitrez les tendances, tant officielles qu'officieuses, de notre monde. Vous aurez alors toutes les clés pour survivre aux événements futurs et surtout, vous comprendrez ce que signifie » être intelligent », et vous saurez précisément quoi faire pour augmenter votre intelligence rapidement et sans trop d'efforts.

Commençons par les meilleurs « supports d'intelligence tangibles » à prévoir dans votre BAD.

Les livres

Le livre est un excellent symbole de la notion d'intelligence en plus, d'être l'illustration parfaite du lien entre capital matériel et immatériel. En y réfléchissant, un livre est vraiment quelque chose de fascinant car il matérialise une réflexion très poussée de son auteur. Parfois, un livre peut représenter le travail et l'expérience d'une Vie entière. Que cela soit conscient ou inconscient, tous les grands auteurs ou penseurs ont déjà poursuivi la même quête que leur confrère brésilien Paulo Coelho, à savoir : « *À chaque livre que j'écris, je me demande si je serais capable de partager mon âme* ».

Si vous lisez des récits de grands philosophes, comme ceux du grand Marc-Aurèle par exemple, vous pourrez engranger en seulement quelques jours, des informations et des réflexions qui ont souvent nécessité une vie entière à être façonnées. À la fin de certaines lectures, c'est un peu comme si vous aviez vécu en accéléré la vie entière de l'auteur. Les livres permettent donc un apprentissage accéléré d'informations et c'est d'ailleurs ce qui nous intéresse dans notre cas. Dans un premier temps, oubliez les romans car vous devrez apprendre des connaissances utiles à la survie. Pour savoir quels thèmes de livres choisir, vous pouvez vous inspirer des parties réservées aux métiers, situés à la fin de chaque point de la stratégie et pour des idées plus précises, rendez-vous en bibliographie.

Il est fondamental de posséder un grand nombre de livres dans une BAD. Le choix de livres numériques est une bonne idée car cela vous fera gagner beaucoup de place de stockage. Mais dans ce cas, il vous faut prévoir un générateur électrique secondaire ou des chargeurs solaires pour recharger votre ordinateur, votre tablette ou votre liseuse en cas de coupure de courant généralisée. Il est toutefois fortement conseillé d'avoir au minimum sous format papier, les principaux livres traitant du thème de la survie, dont celui-ci.

Après avoir suffisamment remplis votre bibliothèque avec des moyens d'information « statiques », vous devrez vous équiper de moyens d'information « dynamiques », afin savoir ce qui se passe dans le monde.

Les moyens d'information et de communication

Plus vous avez de sources d'information différentes à disposition, plus vous serez à même de prendre de bonnes décisions et d'avoir une vue objective de la réalité des choses. Voici une liste non-exhaustive des sources d'information et/ou de communication que vous pouvez utiliser :

- les journaux papier
- la télévision
- la radio
- Internet
- les courriers postaux
- le téléphone fixe, mobile ou satellite
- Les talkies-walkies
- la CB
- les appareils de mesure essentiels à la survie
- les discussions avec d'autres personnes
- les pigeons voyageurs
- Le téléphone de campagne (type militaire)

La priorité en termes de communication est de pouvoir recevoir des informations afin de toujours pouvoir suivre l'évolution de la situation mondiale. Pour ce faire, rien de telle qu'une télévision ou un poste radio. Gardez cependant à l'esprit que la plupart des grands médias, qui qui se matérialise par les journaux, la radio et la télévision, sont dirigés par des grandes entreprises multinationales. De plus, de nos jours, les pouvoirs exécutifs ont un droit de regard et de contrôle des informations qui vous parviennent par ces médias « grand public ». Le seul média présentant une grande diversité de source d'information et qui (pour le moment) est non-censuré est : internet. Le gros plus d'internet est qu'il permet également d'émettre des informations et non seulement d'en recevoir. Si vous travaillez ou simplement surfez sur internet, il vous faudra être particulièrement vigilant au fait de ne pas vous connecter directement depuis votre BAD, surtout en période de guerre ou de dictature. Choisissez toujours un autre « lieu de connexion », situé à bonne distance de votre BAD (ex : village voisin) pour ne pas que votre connexion internet, et donc votre localisation, soient repérées par d'éventuels agresseurs. De plus, le fait d'utiliser un navigateur « furtif », comme Tor par exemple, vous permettra de modifier l'adresse IP de votre ordinateur et donc de fortement réduire les risques d'être localisé. Une autre méthode efficace pour recevoir et émettre de l'information, qui est plus traditionnelle mais a l'avantage de ne pas être numérisées, est le courrier postal.

Cependant, en cas d'effondrement, de nombreuses raisons pratiques pourraient vous empêcher de pouvoir accéder à ces médias-dominants et/ou d'utiliser ces moyens de communication. Par exemple, une coupure de courant généralisée vous rendrait sourd et aveugle d'un point de vue de l'information, si vous ne disposez que d'une télévision, d'une radio filaire ou d'un ordinateur. La solution la plus simple pour se tenir informé de la situation extérieure reste donc un petit récepteur radio portable fonctionnant soit à piles (rechargeables), soit à chargeur solaire, soit à dynamo. Ensuite, vous avez bien évidemment les téléphones traditionnels qu'ils soient portables ou fixes. Les smartphones eux vous permettront de vous informer et de communiquer par l'intermédiaire d'internet, à condition que vous ayez une connexion et qu'internet soit encore fonctionnel. La deuxième solution de communication indispensable en période de survie est le talkie-walkie. Les talkies-walkies utilisent une ultra-haute fréquence (UHF) et peuvent fonctionner jusqu'à 8 kilomètres. Ils sont particulièrement intéressants pour la communication de défense interne à la BAD, pour assurer une communication discrète entre les sentinelles. Si votre budget le permet vous pouvez également opter pour une CB (qui se prononce cibi). La CB permet de couvrir une grande gamme de fréquence radio et donc permet d'avoir un large accès à l'information.

Les fréquences utilisées se situent autour de la bande des 27MHz. Ce moyen de communication permet d'obtenir des informations en dehors des médias dominants et permet également de transmettre une information et non seulement d'en recevoir. Cet équipement, qui est en quelques sortes un mélange entre internet et la radio, permet des communications sur de très longues distances. Tout le monde peut acheter et utiliser un émetteur récepteur radio, aucun permis ou licence n'est nécessaire. Il existe de nombreux sites internet de passionnés de cette technologie, où il est possible d'apprendre comment utiliser l'appareil.

Émetteur-Récepteur radio (CB)

Mais <u>ATTENTION car tout appareil de communication « à ondes » est facilement repérable</u> et pourrait vous exposer à des agressions ou des pillages, si vos communications venaient à être interceptées. Ce scénario doit être pris en compte en cas de dictature ou de guerres inter-nations. Restez donc <u>un maximum silencieux sur les ondes</u> et ne faites confiance à personne ! Ne dévoilez sous aucun prétexte votre localisation à qui que ce soit. Dans le même esprit, il est <u>déconseillé</u> d'utiliser des réseaux Wi-Fi pour communiquer entre plusieurs BAD. Un réseau Wi-Fi est très facilement détectable par n'importe qui ayant un simple téléphone connecté alors, imaginez avec un satellite… En règle générale, <u>il est très important que vous restiez au maximum invisible sur TOUTES les ondes</u> ! Être trop visible sur les ondes reviendrait à placer une cible dans le dos de chaque personne de votre BAD… D'ailleurs, le seul fait d'avoir un appareil à ondes fonctionnel, même hors connexion, peut permettre de vous localiser. L'unique moyen de ne pas être repéré est de débrancher vos <u>appareils à fil</u> ou d'enlever les batteries des <u>appareils portables</u> : <u>radios, CB, ordinateurs, télévisions et téléphones compris</u>. Ces derniers conseils sont bien trop rarement connus de la plupart des « survivalistes », dont vous faites maintenant partie : bienvenue au club !

Dans un autre registre, les appareils de mesures essentiels à la survie tels que le compteur Geiger, les détecteurs incendies et de monoxyde de carbone par exemple, sont également des sources d'information très fiables, car l'information vous parvient directement, sans passer par des intermédiaires. Quant aux discussions avec d'autres personnes, écoutez-les mais ne croyez jamais personne sur parole, avant d'avoir vérifié l'information par vous-même et/ou diversifié les sources d'information portant sur le sujet rapporté.

Au sujet des pigeons voyageurs, ce moyen de communication nécessite un savoir-faire particulier et un entrainement des animaux relativement long, mais ce moyen de communication bien qu'il soit le plus ancien du monde pour les grandes distances, reste toujours très pertinent de nos jours pour toute communication se voulant discrète et non-électronique. À noter les performances des animaux qui sont assez incroyables car ils peuvent voyager plusieurs jours entiers à une vitesse de 75 km/h en moyenne. Le record connu est de 11 590 km en 24 jours entre Saigon (Vietnam) et le nord de la France. Pour qu'un pigeon puisse transmettre un message ou des objets de petite charge, il doit d'abord avoir effectué le trajet dans le sens inverse, c'est-à-dire du lieu d'arrivé au lieu de départ. Ensuite, le pigeon est capable de retrouver son chemin, pour retourner à son pigeonnier d'origine. Le principe du pigeon voyageur est que le pigeon mâle cherche à retrouver madame, restée à la maison. Pour madame, l'objectif est, non pas de retrouver monsieur, mais de retrouver ces petits, laissés au pigeonnier d'arrivée. Bien que cette solution soit» exotique », il est tout de même utile de savoir qu'elle existe.

Pour résumer, il est fortement conseillé d'avoir au minimum une petite radio portative. Gardez à l'esprit que les principaux équipements d'information que vous possédez ont besoin d'électricité pour fonctionner. C'est pour cela que vous devez prévoir des moyens d'information et/ou de communication fonctionnant au minimum avec des batteries ou des piles rechargeables, associées à des chargeurs solaires ou des systèmes à dynamo. Prévoyez des piles rechargeables en quantité que vous stockerez, au même titre que vos principaux équipements de communication électroniques, dans votre caisson anti-EMP !

Définir l'intelligence

Noam Chomsky, linguiste américain et grand intellectuel de notre époque a dit : « *Un vrai système d'éducation donnerait des cours d'autodéfense intellectuelle* ». Ce terme d'autodéfense intellectuelle est tout à fait pertinent et représente exactement l'idée de cette partie. L'autodéfense intellectuelle est tout aussi importante que l'autodéfense physique, voire même plus importante. Bien comprendre comment se défendre intellectuellement est quelque chose de vital pour survivre aux évènements futurs. Je vous propose donc de suivre un cours accéléré d'autodéfense intellectuelle. À la fin de votre lecture, vous aurez les principales clefs pour vous défendre des potentiels agresseurs... de votre cerveau !

Mais avant toute chose, nous devons définir ce qu'est l'intelligence. Et les difficultés commencent ici, car il n'est pas chose aisée de trouver une définition de l'intelligence très précise dans les dictionnaires. Lorsque les choses deviennent trop complexes, il existe une stratégie qui fonctionne particulièrement bien qui consiste à : « revenir à la source ». En revenant à la source, vous pouvez alors repartir sur des bases de réflexion stable et saine. En utilisant naturellement cette démarche, il est judicieux de s'intéresser à l'étymologie du mot intelligence :

Le terme intelligence est dérivé du latin intelligentĭa qui signifie « faculté de comprendre », dont le préfixe ĭnter- (« entre »), et le radical legĕre (« choisir, cueillir ») ou ligāre (« lier ») suggèrent essentiellement l'aptitude à lier des éléments entre eux.

La définition de l'intelligence qui sera admise dans ce chapitre comprend donc deux sous-définitions. La première sous-définition étymologique correspond donc au fait de : faire des liens. Et plus précisément des liens entre les « matières premières » de l'intelligence qui est : l'information, similaire au terme de : connaissance.

Ensuite, il est intéressant d'introduire la notion de réalité et donc d'observation de cette information/connaissance. En effet, une information/connaissance ne naît jamais du néant, il y a toujours un créateur, un observateur ou un interprète d'une information, d'une connaissance ou d'un événement. La notion fondamentale à comprendre ici est qu'une information n'est jamais issue d'une « réalité divine objective » mais qu'elle est toujours émise par un observateur/interprète dans des conditions d'observation bien spécifiques. Autrement dit, une information transmise est toujours soumise à des filtres subjectifs et personnels.

Voici un petit schéma pour vous faire comprendre ce concept fondamental de filtres de l'information :

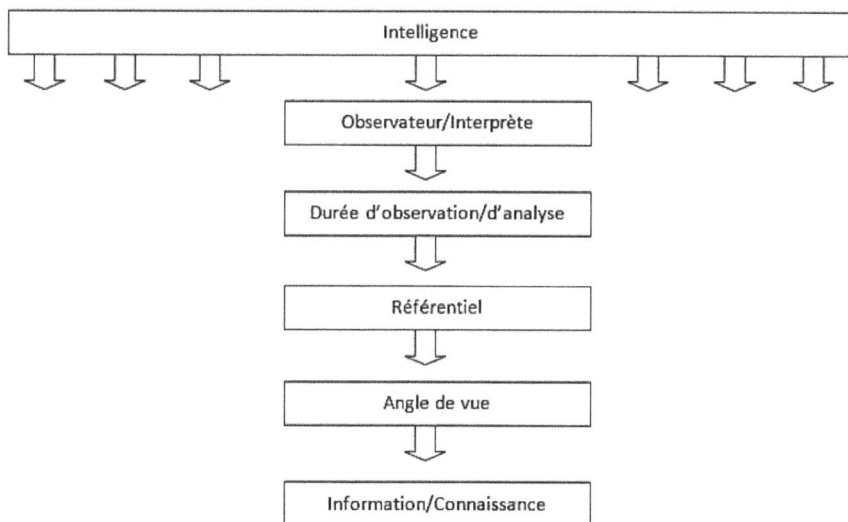

Synoptique primaire de l'intelligence

Sur notre schéma, nous retrouvons bien la « matière première » de l'intelligence qui est l'information/connaissance. Cette information/connaissance est observée avec un angle de vue particulier. Ensuite, l'angle de vue est toujours lié à un lieu précis qui est le référentiel d'observation. La durée d'observation est une donnée fondamentale qui va également influencer grandement l'analyse de l'information. Et enfin, l'observateur de l'information va interpréter ce qu'il a vu, entendu, ressenti et compris en fonction de son historique personnel (croyances, expériences, autres informations).

Exemple :

L'observateur/interprète, c'est vous : Jean-Paul, 1.8 mètres, 78 kilos, né en France,…etc. Votre durée d'observation est une journée, du lever au coucher du soleil. Votre référentiel est votre lieu d'observation. Dans cet exemple, vous êtes à la surface de la Terre. Votre angle de vue vous est donné par votre champ de vision (en face de vous) et par votre position en un point précis de la Terre. L'information vous est transmise par vos yeux qui émettent un champ électrique traduit par votre cerveau. Vous voyez alors le soleil passer devant vos yeux, vous pourriez en conclure que c'est le soleil qui tourne autour de la Terre. Mais parce que vous êtes un observateur qui a déjà une autre information sur le sujet, vous savez que c'est bien la Terre qui tourne autour du soleil. Si nous refaisions le même exercice et que nous considérons que l'observateur est un homme ayant vécu avant la découverte de Galilée, la conclusion de l'expérience aurait été : le Soleil tourne autour de la Terre. Si maintenant, nous changeons le paramètre de la durée d'observation et que nous prenons la nuit comme référence, du couché au lever du soleil, alors l'observateur conclura que c'est la Lune qui tourne autour de la Terre et que le soleil n'existe même pas, car il ne l'aura jamais observé pendant sa durée d'observation.

Ce qu'il est important de comprendre ici est que les informations que vous laissez rentrer dans votre tête ne sont pas uniquement des informations. Toutes les informations ou connaissances que vous recevez passent par les nombreux filtres vu précédemment. À moins d'avoir une intelligence omniprésente et hyper-développée (ce que nous sommes très loin d'avoir en tant qu'Humain à notre époque), la réalité n'est que subjective et personnelle. Toutes les informations sont toujours connectées à cette même structure de filtre. Une structure de filtre correspondant à un angle de vue, un référentiel, une durée d'observation et à un observateur/interprète. En revanche, il est tout à fait possible d'avoir plusieurs fois une même information connectée avec des filtres différents. En effet, si l'information porte sur un évènement passé, vous pouvez avoir la même information sur l'évènement mais l'information peut être émise par des observateurs/interprètes différents.

Exemple :

Deux personnes témoins d'un même accident de voiture, situées à un mètre l'une de l'autre, n'auront pas la même vision/interprétation de la scène à cause de leur émotivité, de leur vue, de leur compréhension/interprétation de l'évènement, etc.

Le nombre des réalités possibles est alors quasi-infini car en vérité les liens entre les filtres et les informations ne sont pas linéaires mais interconnectés. Le nombre de connexion et de lien possible entre les différents filtres et les différentes informations sont alors innombrables.

En reprenant, notre sous-définition étymologique de départ de l'intelligence, nous comprenons que l'idée n'est pas temps de relier les connaissances entre elles, mais plutôt de relier entre elles les sources d'information, qui représentent les observateurs/interprètes de notre schéma précédent. Sachant cela, pour développer votre intelligence, vous comprenez alors l'importance de diversifier vos sources d'information (observateur/interprète). Pour illustrer ce propos, je vous propose d'imaginer que chaque point-numéro du dessin suivant représente un observateur/interprète :

Représentation ludique et imagée de l'intelligence

En connectant les points entre eux et en reliant les différentes informations (filtrées) provenant de différentes sources, vous vous rapprochez alors de LA réalité factuelle et objective des choses. En se rapprochant de la compréhension de LA réalité, votre intelligence vous permet ainsi de vous rapprocher de LA vérité ; sans jamais l'atteindre pleinement, à cause de la capacité humaine de liaison/gestion des filtres qui elle est limitée.

Connecter les points peut paraître simple à première vue, mais c'est en réalité un travail de longue haleine car nous vivons dans un monde où chaque information/connaissance est mise dans une case précise déconnectée des autres. Prenons deux exemples pour comprendre ce point.

Exemples : À l'école, nous apprenons des connaissances par catégorie que nous appelons « matière » (physique, chimie, français, anglais, mathématiques, etc.). En politique, c'est exactement la même chose sous forme de « ministère » (agriculture, économie, travail, santé, etc.).

L'explication logique de cette séparation des compétences par sous-groupe s'explique par le fait que nous ne sommes que des petits humains avec des petits cerveaux. Pour comprendre les Lois Universelles et le fonctionnement de l'immensité de l'Univers, nous avons besoin de mettre les choses dans des cases à notre échelle afin que l'on puisse les comprendre, alors qu'en réalité dans l'Univers tout est interconnecté, comme vous le savez déjà.

La deuxième sous-définition de l'intelligence correspond à la notion de <u>compréhension</u>. D'après la définition proposée précédemment l'intelligence est également : « *la faculté de comprendre* ». La compréhension fait donc partie intégrante de la notion d'intelligence. Il serait même possible de dire que la compréhension est la fille de l'intelligence. Mais qu'est-ce que la compréhension me direz-vous ? La compréhension est le fruit d'une réflexion ou d'un raisonnement personnel. Par exemple, en reliant des informations qui peuvent vous paraître totalement dissociées au départ, vous allez <u>comprendre</u> de nouvelles connaissances par vous-même, grâce aux informations passées que vous aurez su relier entre elles. <u>La compréhension est donc la capacité à créer par soi-même de nouvelles informations/connaissances</u>. Comprendre intellectuellement quelque chose est le fait de « personnaliser » ou « d'incarner » l'ensemble des informations que l'on possède : c'est pouvoir créer du nouveau avec de l'ancien. Ainsi, la compréhension est ce qui permet à un individu de penser par lui-même et donc d'être autonome dans son raisonnement. D'ailleurs, le terme de « connaissance » se différencie du terme d'» information » sur ce point car, une connaissance représente le résultat de la compréhension d'une ou plusieurs informations. À terme, le travail de compréhension aboutit indéniablement à une forme de croyance de LA réalité objective, qui n'est en fait qu'UNE (perception de la) réalité, individuelle et subjective.

Augmenter son intelligence

Cette étude sur l'intelligence peut vous paraître très théorique et déconnectée de notre sujet principal de la survie, je le conçois parfaitement. Mais je peux vous assurer que cette notion est l'une des plus importantes de ce livre et est donc absolument indispensable à votre survie. Vous devez comprendre que vos actions, vos pensées, vos émotions, vos croyances ne sont quasiment que le fruit des informations que vous recevez de l'extérieur. Vous modélisez qui vous êtes par vos expériences et vos connaissances. Voilà pourquoi cette notion est fondamentale pour votre survie, car vous allez agir en fonction des informations (filtrées) que vous avez et aussi en fonction de celles... que vous n'avez pas. C'est pour cela que si vous voulez survivre vous allez devoir ouvrir votre champ des possibles en augmentant le nombre de vos connaissances, en identifiant leurs filtres respectifs et en diversifiant vos sources d'information au maximum. Personnellement, il y a quelques années j'étais à dix milles lieux de pouvoir et de vouloir écrire un livre sur comment survivre à l'effondrement des nations. Mais parce que j'ai évolué personnellement, parce que j'ai beaucoup étudié, recherché et appris de nouvelles informations provenant de sources différentes, j'en ai conclu que l'effondrement de nos sociétés modernes était inéluctable et que le mieux était de s'y préparer à l'avance.

D'une manière générale et encore plus à notre époque, soyez très attentif aux informations que vous mettez dans votre tête et surtout si elles sont « officielles » et qu'elles passent à la télévision. Soyez toujours méfiant des informations que l'on vous donne. Acceptez-les mais ne les considérez jamais comme « vérité divine » avant d'avoir vérifié leur exactitude. N'oubliez jamais que chaque information que vous recevez passe par de nombreux filtres, qu'il vous faudra arriver à détecter.

Pour toute information reçue, deux cas de figure sont possibles :
- Vous êtes l'observateur/interprète direct de l'information
- Il y a un au minimum un intermédiaire entre vous et l'information

Si vous êtes directement l'observateur/interprète, ce que vous verrez sera acquis comme étant LA vérité et LA réalité alors que cela ne sera que VOTRE vérité et VOTRE réalité. L'observateur/interprète, qu'il le veuille ou non, modifie LA réalité factuelle. On parle alors de « distorsion » de LA réalité. Même si vous êtes l'observateur/interprète, LA réalité se modifie en VOTRE réalité, à cause des nombreux filtres propre à chaque observateur/interprète.

La deuxième distorsion de LA réalité objective commence lorsqu'il y a un intermédiaire entre l'information et le destinataire de l'information, c'est-à-dire lorsque l'information vous est donné par quelqu'un d'autre que vous-même. Plus il y a d'intermédiaire entre l'information factuelle et vous-même, plus il y aura des distorsions de LA réalité. Chaque intermédiaire interprètera et analysera LA réalité comme étant SA réalité. La réalité qui arrive à vos oreilles est alors complétement différente de VOTRE réalité que vous auriez observée par vous-même, s'il n'y avait eu aucun intermédiaire.

En revanche, le fait d'avoir des intermédiaires entre la source de l'information et sa destination n'est pas toujours une mauvaise chose car l'intermédiaire, par son analyse et ses explications, peut vous aider à mieux comprendre (connecter les points) l'information que vous n'auriez peut-être pas comprise en l'observant par vous-même. Dans tous les cas, vous comprenez bien que la possibilité de connaître LA vérité et LA réalité des choses est loin d'être une chose facile à obtenir. Mais à défaut d'atteindre LA vérité et LA réalité, il est tout de même possible de s'en rapprocher au maximum. Et pour ce faire, vous devez savoir si les informations que vous obtenez sont véridiques.

Pour savoir si une information est véridique, vous devez tout d'abord, comme vous le savez déjà, revenir à la source primaire de l'information. Pour cela, vous devez réduire le nombre d'intermédiaire entre vous et l'information. En effet, pour vous créer votre propre opinion des choses, il faut vous baser sur les faits et ne pas utiliser les informations « prémâchées » déjà analysées par les autres. LA vérité et LA réalité objectives se trouvent dans les faits qui suivent les Lois Universelles mathématiques et physiques. Ensuite, vous pourrez analyser par vous-même et relier vos nouvelles connaissances (provenant de différentes sources) entre elles. Enfin, le lien entre vos connaissances vous permettra, grâce à votre compréhension, d'émettre une conclusion qui se transformera en une croyance.

Exemple : Il y a une guerre dans un pays. L'analyse des médias de masse « informe » que c'est une guerre-pour-la-Paix ayant pour but d'apporter la démocratie dans le pays en question. L'analyse de certaines personnes sur internet dit que c'est uniquement une guerre pour utiliser les ressources énergétiques du pays en question. Nous voilà face à deux analyses différentes. Il est alors intéressant de s'intéresser aux faits réels qui sont principalement les chiffres et les évènements factuels, sans aucune analyse de notre part, simplement en récoltant des informations. « Une guerre comporte des morts : qui sont-ils ? Civils ? Militaires ? Combien de chaque côté ? Est-ce que le pays était plus prospère avant ou après la guerre ? Combien de temps la guerre va-t-elle durer ? Quel sont les dégâts matériels ? Quels sont les historiques militaires des principaux acteurs ? » Dans un second temps et après avoir les premières réponses, vous devez commencer à connecter les informations entre elles et analyser par vous-même. « *Quelques mois suffisent pour instaurer une démocratie alors que piller les ressources est un travail plus long... Les villes sont complétement détruites par la guerre... Le nombre de civils est très élevé, pour une guerre-pour-la-paix... etc.* »

Une croyance ne doit être admise qu'après un long travail d'intelligence, car le propre de l'intelligence n'est pas de croire mais de d'abord connecter les points entre eux, avant de comprendre. Le contraire de l'intelligence est l'ignorance, mais bizarrement ce n'est pas son pire ennemi. Le pire ennemi de l'intelligence est : la « croyance dure ». L'ignorance signifie le manque de connaissance/information et donc une très faible intelligence mais la croyance elle, est la création de NOTRE réalité en fonction des informations que nous avons jugées comme étant vraies. La croyance se crée le plus souvent suite à un jugement, une analyse, une interprétation ou à une tentative de compréhension. La croyance peut-être quelque chose de très dangereux si elle n'est pas maîtrisée et optimisée car, elle enferme l'individu dans un système de pensées digne d'une « prison mentale ». En effet, une croyance extrême ou « dure » empêche l'individu de réfléchir par lui-même et donc l'empêche de comprendre. Ainsi, il est impossible de connecter de nouveaux points entre eux afin d'émettre une réflexion personnelle différente de la croyance « dure » de départ admise. La notion de croyance « dure » est bien sûr très présente dans les religions, mais également dans la science moderne, contrairement à ce que la plupart des gens pensent.

LA vraie science n'est pas de dire : » *voilà LA réalité* », mais plutôt de dire : » *voilà ce que je crois comprendre de LA réalité* ». Pourtant de nos jours, la science moderne s'illustre majoritairement avec la première affirmation. La science moderne est tombée dans le piège de l'égo, en croyant tout comprendre de l'Univers et en rejetant les principales découvertes qu'elle n'arrive pas (encore) à expliquer, principalement au niveau des découvertes en physique quantique. Vous voyez même la science moderne officielle est en réalité en train de se faire prendre au piège des filtres de l'intelligence. Elle n'a pas la capacité de changer d'observateur/interprète ou de référentiel et donc elle n'est plus capable d'évoluer au niveau d'un certain stade. Ce constat sur l'égo scientifique s'est déjà observé de nombreuses fois dans l'Histoire Humaine. En effet, avant chaque découverte majeure, la science officielle pensait avoir atteint « le summum de l'intelligence » ;

exemples : découverte du moteur à combustion, de l'électricité, du numérique, etc.

L'une des notions les plus importantes à comprendre ici est que l'intelligence doit évoluer sans cesse. Personne ne peut dire : « *je sais tout* » ou encore « *je suis l'Intelligence Suprême, j'ai la connaissance divine de toute chose* ». Je ne dis pas que cela est impossible, je dis que pour nous petits Humains que nous sommes, la route est encore très longue...

Dans la même idée, le fait d'avoir des doutes sur une information ou de ne pas « croire » en une information ne signifie pas obligatoirement que cette information est fausse. Cela peut simplement signifier qu'avec le niveau d'intelligence actuelle de l'observateur/interprète, tous les points ne sont pas suffisamment connectés dans son esprit pour pouvoir avoir une compréhension suffisamment claire du sujet. Par exemple, en recevant cette même information quelques années plus tard, l'observateur aura alors peut-être atteint un niveau d'intelligence suffisant pour considérer (croire) l'information initiale comme vraie. D'ailleurs actuellement, peut être que vous êtes vous-même victime d'un problème similaire sans le savoir... Votre réalité fondée sur vos croyances n'est peut-être pas LA vraie réalité « scientifique » des choses, qui sait ?

Voilà pourquoi de manière générale, il faut faire attention aux informations que nous prenons pour acquis car si elles s'avèrent à terme fausses et bien nos croyances et donc notre perception de LA réalité seront également erronées. N'oubliez pas que même les faits physiques et « réels » peuvent être perçus et compris différemment selon l'angle de vue, le référentiel, le temps d'observation/d'analyse et selon l'observateur/interprète qui les regardent. Rappelez-vous que même en observant ou en analysant par vous-même, vous êtes limités par les nombreux filtres situés en-dessous de l'observateur/interprète que vous êtes. Il est donc nécessaire d'avoir un esprit ouvert sur les nouvelles informations que l'on reçoit et de rester humble vis-à-vis des capacités actuelles de compréhension du cerveau humain en général. Toutes ces notions sont fondamentales pour votre survie sur le long terme, gardez-les bien à l'esprit !

Maintenant, nous allons nous intéresser au choix des sources d'information à privilégier dans le cas de l'effondrement du Système. Pendant et après l'effondrement, pour savoir comment la situation générale évoluera, ou si l'air ou l'eau de votre zone est respirable ou non, vous aurez deux possibilités :

- Écouter/regarder les informations officielles (télévision, radio, journaux). (Peu recommandé)
- Écouter/regarder les informations semi-publiques (internet). (Fortement recommandé)
- Posséder vos propres équipements de mesure de la qualité de l'air ou de l'eau et analyser la situation le plus objectivement possible par vous-même. (Fortement recommandé)

En situation de crise ou d'effondrement, je vous recommande fortement de ne pas prendre les informations officielles comme parole divine et comme étant vraie à 100%.

Exemples : *En 1987, la centrale de Tchernobyl explose en Ukraine. Un nuage radioactif se propage dans toute l'Europe MAIS s'arrête à la frontière française, par un processus météorologique évident, le tout expliqué par un professeur en blouse blanche à la télévision… En 2011, suite à un tsunami, un réacteur de la centrale de Fukushima explose au Japon. Cependant, nous avons des « experts » du domaine nous expliquant que ce n'est pas si grave, alors que les gros titres sur certaines chaînes d'information indiquent : une petite fuite radioactive à la centrale de Fukushima.*

Heureusement, ces exemples sont des causes qui n'ont pas entrainé d'effondrement global. Cependant, les conséquences de ces deux évènements ont été majeures sur la santé des citoyens proches de ces zones, à court et à long terme. Le point important à retenir ici est la minimisation volontaire des conséquences d'un événement majeur par le pouvoir politique et médiatique. Ce phénomène est toutefois logique et compréhensible pour le pouvoir politique qui a pour rôle d'éviter la panique générale et les conséquences qui en découleraient. En revanche, pour vous, il est important de ne pas baser vos décisions sur ces informations dites officielles en période d'effondrement et même au-delà.

Encore une fois, soyez très vigilant envers les informations que vous laissez rentrer dans votre tête car ces informations se transformeront en croyances, ensuite en attitudes et enfin en actes. Essayez toujours d'analyser le pour et le contre de chaque situation et décision. En période d'effondrement, méfiez-vous de tout et surtout de ceux qui ont le pouvoir économique, politique et médiatique. Ne vous faites pas avoir par certains discours en apparence à caractère humain et social car ces discours jouent sur vos émotions. Si vous tombez dans le piège de l'émotionnel, vous deviendrez passif ou hors de contrôle... vous êtes alors déjà esclave ou mort.

Notion importante : La télévision est une source d'information unique. Le fait de changer de chaîne ne suffit pas à changer de source d'information. En revanche, internet à lui tout seul vous donne accès à de nombreuses sources d'information différentes car provenant d'observateurs/interprètes différents. Après bien sûr, tout n'est pas bon à prendre sur internet. Le travail de filtrage est donc plus difficile mais le résultat obtenu à plus de chance de se rapprocher de LA vérité dans ce cas.

Les conséquences d'un manque d'intelligence

Contrairement à la télévision, internet regroupe plusieurs sources d'information différentes. D'ailleurs, quand vous décomposez le mot internet, inter signifie : entre et net signifie : réseau, connexion, lien. Internet signifie donc : « le lien entre... » ou « réseau interconnecté », ce qui en fait une bonne illustration matérielle/virtuelle de la notion d'intelligence. Encore une fois, plus vous avez de source d'information, plus il vous est possible de connecter les points entre eux. Voilà, pourquoi internet peut permettre d'accroître rapidement l'intelligence d'un individu.

En vérité, la notion d'intelligence est valable pour un individu, un groupe ou même une machine. Dans ce dernier cas, l'intelligence brute comme nous l'avons définie ne suffit pas. Pour qu'une machine arrive à penser par elle-même, il est nécessaire de lui introduire : <u>une conscience</u>. Le terme de conscience est sans aucun doute le terme le plus complexe à définir qui existe sur notre planète et en dehors. Pour simplifier au maximum sa définition, nous dirons que la conscience est la capacité d'intelligence. En d'autres termes, <u>la conscience est la capacité à créer du lien</u>. La conscience est le « moteur » de la Vie et donc de l'intelligence. Ainsi, sans conscience, aucune intelligence n'est possible car aucune Vie n'est possible : « *Je suis conscient (que j'existe), donc j'existe* », qui pourrait être traduit en latin par : « *Conscius sum, ergo sum* » (« *je suis conscien(ce), donc je suis* »).

Si la compréhension est la fille de l'intelligence, la conscience elle, en est vraisemblablement la mère. D'un point de vue purement naturel et organique, plus vous avez de conscience et plus vous avez d'intelligence, car plus votre capacité à relier les points entre eux est performante. Cependant, il existe plusieurs niveaux de conscience, qui peuvent être soit d'origine naturel/organique, soit d'origine artificielle (algorithme/programme informatique). Cette notion de conscience sous-tend également une notion de valeur morale ; on parle d'ailleurs de conscience Humaine ou de conscience Animale. Ainsi, plus un être est conscient, plus il participe au bien collectif, car plus il comprend que tout provient de la même Source Créatrice. Blesser ou tuer un autre être revient alors à nuire à une partie du Tout, dont il fait lui-même partie... Cela revient à « se tirer une balle dans le pied », ce qui est contre-productif d'un point de vue de l'évolution de la conscience de l'Homme, aussi appelé : <u>l'âme</u> ! Cette dernière notion de « conscience collective » correspond à ce que l'on appelle plus communément la Sagesse, la Morale voire même l'Éthique. Cette réflexion rejoint directement les notions de Bien et de Mal. Le Bien correspondant alors à une volonté d'harmoniser, de construire, de comprendre, qui rejoint toujours l'idée de créer du lien entre les parties d'un Grand Tout (naturel/organique). D'une manière plus globale, le Bien semble donc correspondre au fait de <u>maintenir le lien entre la conscience individuelle et la Conscience Collective Créatrice (d'intelligence et donc de Vie)</u>. Le Mal étant le contraire et ayant pour but de diviser (pour mieux régner), de détruire, de dysharmoniser et de rompre le lien entre l'âme individuelle et l'Âme Collective. Ces notions d'ordre philosophique, voire même spirituel, font partie des notions de base à connaître pour comprendre les mécanismes psychologiques de certains individus.

Néanmoins, les notions d'intelligence et de conscience ne sont pas forcément proportionnelles. Il est en effet possible d'atteindre un très haut niveau d'intelligence, tout en ayant un niveau de conscience très faible, voire quasi-inexistant.

Exemple : Avec de l'Énergie issue d'une réaction nucléaire, vous pouvez soit construire des centrales nucléaires, ce qui, sans rentrer dans toutes les considérations écologistes et sanitaires, est une bonne chose en terme d'accès à l'énergie pour les populations. Mais, avec cette même énergie, vous pouvez aussi construire une bombe nucléaire, qui causera mort et désolation si elle est mal-utilisée. À partir d'un même niveau d'intelligence, vous pouvez utiliser cette intelligence pour faire le Bien (niveau de conscience élevé) ou faire le Mal (niveau de conscience très faible).

Ce constat se vérifie particulièrement dans le domaine des machines (robots, algorithmes informatiques, etc.). Si la conscience est innée chez l'Humain, elle doit être fabriquée artificiellement pour les machines. En associant à l'intérieur d'une machine un réseau de connaissances filtrées (intelligence) ET un programme autonome permettant une capacité à faire du lien entre les connaissances (conscience artificielle, à un niveau de conscience très faible), vous obtenez ce que l'on appelle : l'Intelligence Artificielle (A.I. en anglais). Ainsi, en diversifiant, en analysant et en regroupant les informations sur une personne, une Intelligence Artificielle peut connaître les habitudes et les relations de cette personne. Elle est même capable de prévoir certaines de ses réactions futures ! Voici quelques exemples concrets, très allégés, que permet l'interconnexion des informations, aussi appelé « Big Data », à l'heure d'internet, du GPS et du numérique :

- https://wearedata.watchdogs.com/start.php?locale=fr-FR&city=paris
- https://cybermap.kaspersky.com/#
- https://www.google.com/earth/
- https://earthdata.nasa.gov/
- https://aqicn.org/map/world/#@g/7.2576/-56.0742/2z
- https://www.sncf.com/fr/geolocalisation

Bien entendu dans ces exemples, les données utilisées peuvent être considérées comme étant « publiques ». Mais, imaginez la puissance d'une Intelligence Artificielle ayant accès à toutes les informations privées portant sur les communications (téléphone, sms, réseaux sociaux,…) et tous les transferts électroniques d'argent (carte bancaire, virement bancaire, retrait au distributeur, dépôt de chèque à la banque,…) de chaque habitant de cette planète. Les capacités d'une telle Intelligence Artificielle serait alors gigantesque et bien plus puissantes que n'importe quel cerveau humain. Certains films comme *Transcendance* et série comme *Person of Interest* illustrent d'ailleurs bien cette notion d'Intelligence Artificielle et les dangers qu'elle comporte pour l'Humanité. Il y a également d'autres films comme les célèbres *Terminator,* avec Arnold Schwarzenegger, qui eux dépeignent un monde (peut-être pas si lointain) dans lequel des machines, à la fois très intelligentes et très peu conscientes, se battent pour leur survie, au dépend de celles des humains et donc… au dépend de VOTRE survie !

Pour résumer notre réflexion sur l'intelligence, voilà ce qu'il est bon de retenir.

Les informations/connaissances que vous recevez dépendent toujours :
- d'un angle de vue spécifique
- d'un référentiel spécifique
- d'une durée d'observation et/ou d'analyse spécifique
- d'un observateur/interprète spécifique

L'intelligence comprend deux phases principales :
- **Phase 1** : Connecter des informations entre elles (= 80% du travail)
- **Phase 2** : Comprendre/créer par soi-même de nouvelles informations (= 20% du travail)

La notion d'intelligence est en lien direct avec la notion de conscience, qui elle correspond à la capacité d'intelligence, sur plusieurs niveaux (de conscience), et qui ouvre la porte à d'autres notions comme la Morale, l'Éthique et la Sagesse.

Les trois premiers ingrédients indispensables pour permettre à son intelligence de se développer sont :
- d'avoir un esprit ouvert (pas trop de croyances « dures »)

- d'être humble (capacité de remettre en question ses croyances)
- de toujours chercher à augmenter son intelligence (volonté, envie)

S'il fallait définir en une phrase la recette pour devenir plus intelligent, ce serait certainement : <u>soyez curieux, restez affamé d'informations filtrées provenant de sources différentes et connectez les informations entre elles au maximum</u>.

De manière plus pratique, analysez toujours à deux fois les informations que vous recevez/apprenez, surtout si elles proviennent d'une seule et même source. Le fait d'avoir du lien social vous permet également d'augmenter sensiblement votre intelligence. En discutant avec quelqu'un, vous allez pouvoir comprendre son référentiel, son angle de vue, ses connaissances, son niveau de conscience et son niveau d'intelligence. Plus les niveaux de conscience et d'intelligence de votre interlocuteur seront élevés et plus vous gagnerez en intelligence.

Toutefois, votre quête d'augmentation de d'intelligence devra être <u>absolument stoppée nette</u> lorsqu'il sera question de fusionner votre corps physique avec une machine/robot ou, votre cerveau à une forme d'Intelligence Artificielle. Le plus important pour l'Homme n'est en effet pas l'augmentation de son intelligence ou l'augmentation de ses capacités physiques, mais bien <u>la préservation et l'évolution de sa conscience naturelle/organique</u> ! Ce point est d'une importance capitale tant pour votre survie physique que la survie de votre conscience, de <u>votre âme</u>. À l'avenir, vous ne devrez jamais céder au transhumanisme (association Homme-machine) et/ou à l'eugénisme (manipulation génétique artificielle). Devenez la meilleure version <u>naturelle</u> de vous-même et non un « zombie-cyborg » esclave de l'IA, rendant possible un scénario planétaire à la *Terminator*...

À l'avenir, en plus du fait d'avoir un faible capital global improductif, il y aura finalement deux autres moyens pour devenir esclave : soit par trop d'intelligence (artificielle), soit par trop peu d'intelligence (naturelle). Il vous faudra trouver le juste milieu parfait, qui vous rendra libre ! Pour survivre et même dépasser le stade de la survie, il vous est donc indispensable de bien comprendre cette notion d'intelligence et surtout de savoir comment l'appliquer dans votre vie de tous les jours dès maintenant ! La juste intelligence est un élément clé de votre survie future, car elle vous permettra de devenir le maître de vous-même et donc d'être au maximum libre et indépendant. Mais la magie de l'intelligence (naturelle/organique) ne s'arrête pas là, car elle vous permettra également de savoir comment transmettre des informations vitales à la survie d'autres personnes. En partageant vos savoirs, vous aurez alors le pouvoir de participer directement à la survie des personnes de votre communauté, qui auront en général à cœur de vous retourner l'ascenseur. Votre intelligence personnelle vous permettra alors naturellement de créer une intelligence de groupe aussi appelée « intelligence collective », en plus d'une certaine « recherche d'excellence » et d'un fort « esprit d'équipe ». Tous des éléments très favorables au maintien d'un bon lien social.

POINT 9 : LE LIEN SOCIAL

Le lien social est un vaste sujet qui regroupe de nombreux thèmes qui se connectent entre eux. Pour décrypter ce sujet, il est possible de dire qu'il y a deux types de lien social à différencier. Il y a le lien social à l'intérieur de la BAD et celui à l'extérieur de la BAD. La première chose à savoir est que le lien social doit être établi en priorité au sein de votre BAD. Ensuite, vous pourrez créer un lien social hors de la zone BAD, qui se matérialisera principalement par une forme ou une autre de commerce. Dans ce cas, il vous faudra donc connaître les bases du commerce, les monnaies d'échange que vous pourrez utiliser et les équipements et connaissances à avoir au sujet des déplacements hors de la zone de sécurité que représente la BAD. Mais, commençons par le commencement.

La communauté

Vous devez toujours garder à l'esprit que vous n'avez pas toutes les connaissances et les savoir-faire liés à la survie. Voici la première raison pour laquelle il est intéressant de faire partie d'une communauté. Toutefois, il serait mentir que de dire que plusieurs cerveaux valent toujours mieux qu'un seul. Il n'est pas possible de faire de généralité sur ce point, tout dépend de l'intelligence des individus et du lien social entre eux. Le groupe peut être la chose la plus merveilleuse au monde, lorsque tout le monde travaille de concert. Mais, cela peut être également devenir la pire des calamités lorsque la confiance et le respect sont perdus.

Pour survivre sur le long terme, une communauté doit obligatoirement respecter une organisation et un ordre social. Pour savoir comment organiser une communauté, analysons ce que font les experts dans le domaine qui sont... les abeilles et les fourmis.

Les fourmis comme les abeilles utilisent un système de « sous-groupes » au sein de leur communauté. Selon leurs aptitudes naturelles, chaque membre de la colonie a un rôle bien défini. Ce système de sous-groupes se divise en trois parties distinctes. Les membres du premier sous-groupe sont la reine et les mâles qui rendent la reproduction possible. Chez les fourmis, plusieurs reines peuvent coexister dans une colonie alors que chez les abeilles, la plus forte éliminera ses concurrentes. Celles-ci sont censées accomplir la tâche de la reproduction afin d'accroître le nombre d'individus de la colonie. Leur corps est plus grand que celui des autres. Les mâles, eux, ont pour rôle de féconder la reine et meurent presque immédiatement après le vol nuptial, quelle ingratitude… ! Les membres du deuxième sous-groupe sont les soldats. Ils ont pour devoir de veiller sur la colonie, de trouver un nouvel environnement pour éventuellement s'y installer. Les soldats protègent la colonie peu importe le prix à payer. Le troisième sous-groupe comprend les ouvrières. Dans le cas des fourmis, toutes les ouvrières sont des femelles stériles chargées de prendre soin de la reine et de ses bébés, de les nettoyer et de les nourrir. D'autres travaux sont aussi sous leur responsabilité, comme construire de nouveaux couloirs et de nouvelles galeries pour les nids, les nettoyer en permanence et chercher de la nourriture.

Chaque sous-groupe a une tâche spécifique. Pendant qu'un sous-groupe se concentre sur la lutte contre l'ennemi, un autre sous-groupe s'occupe de l'entretien de la fourmilière ou de la ruche. Chaque fourmi ou abeille dans ces colonies fait sa part de travail. Aucune d'entre elle ne se préoccupe de son statut, ni de la nature du travail qu'elle exécute. Elle fait scrupuleusement ce qu'exige la continuité de la colonie. Ce qui caractérise les colonies de fourmis ou d'abeilles est leur intense vie sociale et leur profond sens de la solidarité. L'adaptation et la solidarité est à toute épreuve dans ces colonies. En effet, les rôles ne sont pas fixés. Ils répondent au besoin de la communauté, pour assurer sa stabilité et sa longévité. Par exemple, une fourmi guerrière peut devenir une fourmi nourricière si nécessaire.

Tentons maintenant d'adapter le système de sous-groupes mis en œuvre dans la Nature à l'Homme. La seule chose que nous éviterons de recopier dans notre stratégie sera les règles post-accouplement des fourmis et des abeilles et leurs conséquences sur la population masculine… Rassurez-vous messieurs !

Pour assurer, un lien social au sein de votre futur communauté, il est fondamentale d'apposer des <u>règles générales</u> et d'attribuer des <u>rôles spécifiques à chacun</u> pour une période donnée. Cette démarche contribuera également au besoin de reconnaissance, au besoin d'utilité et au besoin d'accomplissement personnel de chacun. Il est important que chacun ait une utilité et un but au sein de la communauté, même minime. Au sein de la communauté, il doit obligatoirement y avoir trois grandes structures. La première est liée à la protection (les guerriers) et la seconde consiste au travail de production : les ouvriers (les agriculteurs ou artisans). Dans le monde animal, la troisième structure est liée à la parentalité/reproduction mais celle-ci fonctionne différemment chez les Hommes. Chez nous, la structure parentalité/reproduction est créée naturellement sous la forme du couple homme/femme. Il n'est donc pas nécessaire de créer une structure « artificielle » pour cette troisième structure. En revanche, une autre structure est à intégrer à une communauté d'Homme. Cette partie est préalablement créée par la parentalité mais doit être transcendée par une structure sociale, il s'agit de l'instruction. Il est aussi possible d'associer cette notion à l'apprentissage ou à la quête de sagesse. Cette notion d'instruction est essentielle au bon développement intellectuel de chacun et particulièrement des petites têtes. Cela fait également rentrer en jeu la faculté de communiquer. Il est fondamental d'échanger les points de vue et connaissances de chacun au sein de votre communauté.

Parenthèse « instructive » : *Petit aparté sur la différence entre la notion d'éducation, qui est l'apprentissage des règles et connaissances sociales prédéfinies, et la notion d'instruction, qui est l'apport de connaissances les plus neutres possibles (sans jugement prédéfini). Avec de l'éducation, vous créez quelqu'un qui agit de manière automatisée (informations prémâchées en entrée => actions désirées à la sortie) sur le même principe que le principe cause/conséquence ou la programmation informatique d'un robot. Avec de l'instruction, vous apportez le minimum de connaissances nécessaires et c'est ensuite à l'individu de faire les liens entre les connaissances qu'il a appris. Dans ce dernier cas, l'individu doit surtout expérimenter et apprendre par lui-même, avec un œil nouveau. Le but de l'éducation est de conditionner l'individu au monde extérieur alors que le but de l'instruction est de conditionner et de modifier le monde extérieur en fonction des ressources intérieures de l'individu. L'éducation tue le pouvoir-créateur intérieur (créativité, imagination, etc.) alors que l'instruction l'aide à s'exprimer, à sortir. Cette notion est très importante, si vous souhaitez que les jeunes de votre communauté deviennent vraiment épanoui et dans le même temps intelligent. Vous comprenez dès lors beaucoup de choses sur le fonctionnement de nos sociétés modernes qui forme les enfants, pendant une bonne quinzaine d'années, grâce à l'éducation nationale... Ce constat est principalement porté par l'analyse de l'instruction en France, qui est déplorable, à cause des politiques nationales imposées et non à cause des professeurs, qui font en général ce qu'on leur dit de faire. Les enseignements des pays du nord de l'Europe (Allemagne, Finlande, Suède) sont par exemple bien meilleurs sur ce point, en plus d'apprendre des compétences « utiles » dans la vie du quotidien aux élèves (couture, jardinage, travail en groupe, etc.). Malheureusement, le modèle éducatif à la française, tuant la créativité des enfants, devrait devenir le modèle d'instruction/d'éducation de référence, post-effondrement et hors BAD, sur la sphère internationale. Vivre dans une BAD influencera donc fortement et positivement le niveau d'intelligence des futures générations de votre communauté.*

Pour revenir à notre sujet de base, dans votre communauté indépendante et résiliente, vous devez obligatoirement créer des structures liées à :

- ➢ La production agricole et au travail manuel (les agriculteurs et ouvriers)
- ➢ La défense et la protection (les guerriers)
- ➢ L'apprentissage, l'instruction et la transmission des connaissances (les intellectuels-enseignants)

Chaque sous-groupe doit avoir un responsable-manageur. Ce poste ne doit être occupé que par une seule personne à la fois. Chaque sous-groupe doit avoir un objectif d'atteinte de résultats bien précis et déterminé dans le temps. Il est nécessaire de mettre en place un planning des rondes de surveillance pour la nuit, un planning des récoltes et des semis, et un planning de livre à lire tous les mois. La communication entre les sous-groupes est fondamentale, il faut donc prévoir des réunions où chacun exposera son idée, sur tel ou tel sujet défini à l'avance. Les sous-groupes doivent être distincts au sein de la communauté mais cela ne veut pas dire que les rôles des individus sont fixes. Il est tout à fait possible et même recommandé d'être ambivalent et que chacun sache « faire le job » dans chaque sous-groupe. La communauté a besoin de structure mais les Hommes valent plus que cela. Ils ne doivent pas s'identifier à 100% à leur rôle. Leur rôle premier est individuel et non-collectif, il est d'évoluer et d'apprendre pour performer individuellement dans chacun des sous-groupes. Le juste milieu doit être trouvé entre le respect des règles de la communauté et la liberté individuelle de chacun. Pour ce faire, il faut prévoir de longs moments de temps libre dans les plannings. Il est tout autant important de ne rien faire et de profiter du moment présent, que de faire une activité utile à la survie de la communauté.

En plus des règles pratiques d'hygiène et des plannings, vous devrez également établir un règlement moral qui devra être signé par tous les membres et qui devra illustrer l'engagement de chacun à agir de manière éthique tant pour le bien collectif que pour leur propre épanouissement personnel. Ces règles représenteront en quelque sorte la Constitution (Nationale) de la BAD. Tout le monde devra s'engager à rechercher l'équilibre entre leur liberté individuelle et la réussite collective, réussite collective qui est d'ailleurs nécessaire au maintien des libertés individuelles. L'idée principale qui devra ressortir de ce contrat de confiance devra être au maximum en accord avec cette maxime : » *la Liberté des uns s'arrête là où commence celle des autres.* »

Pour choisir les membres de votre communauté, il y a un également un juste milieu à trouver. L'équilibre s'effectue entre le nombre de partenaires et « l'utilité » qu'ils apportent au groupe. Mes propos peuvent peut-être vous choquer mais vous devez vous rendre compte qu'en cas d'effondrement, vos instincts les plus basiques et les plus animaux resurgiront. C'est ainsi que 99% des gens réagiront, les instincts de survie referont surface naturellement. Préparez-vous mentalement et stratégiquement à cela. Votre rôle n'est pas d'être la « nounou » de ceux qui seront bloqués émotionnellement à l'annonce du choc, votre rôle est de vous-même survivre, avant de pouvoir aider les autres à en faire autant. Analysez les gens de votre entourage en fonction de leurs aptitudes. Cela ne veut pas forcément dire de préférer des gens fort physiquement. Une personne forte mentalement ou ayant une bonne gestion émotionnelle, des connaissances, des expériences et des savoir-faire aura une « valeur-ajoutée » plus importante qu'une personne ayant seulement de la force physique. Bien qu'ils représenteront de nouvelles bouches à nourrir, ces membres pourront <u>vous aider dans certains domaines que vous ne maitrisez pas</u>. En règle générale, si les personnes autour de vous sont aptes émotionnellement et mentalement à survivre alors dans ce cas, l'union fait la force !

Les personnes présentant des handicaps physiques ou mentales ou des faiblesses de santé (maladie, âge avancé) seront les personnes les plus fragiles en cas d'effondrement. Bien qu'en apparence ces personnes seront plus des poids qu'autre chose au sein d'une communauté, il est inenvisageable de laisser des proches handicapés, malades ou âgés, livrés à eux-mêmes pendant une telle période. Certes, vous devrez vous montrer fort et même parfois dur mais, vous devrez également veiller à ne pas trahir votre part d'humanité. N'abandonnez pas ceux que vous aimez sur un coup de tête ou sous l'effet de la peur. Par la suite, en plus du fait que cela pourrait créer de fortes tensions entre les membres de votre BAD, vous pourriez ne pas supporter psychologiquement d'avoir commis un tel acte. Prévoyez donc les ressources et équipements spécifiques pour permettre et faciliter la vie des personnes fragiles qui feront partie de votre BAD. Par ailleurs, vous pourriez être surpris de l'utilité de certaines personnes dites faibles physiquement. Par exemple, les personnes âgées ayant connu la guerre et n'ayant pas la maladie d'Alzheimer pourront être des atouts précieux en temps de survie.

Au sein de votre BAD, maintenir un bon lien social doit devenir quelque chose de naturel. Pour atteindre ce résultat, la règle n°1 à mettre en œuvre est d'éviter les non-dits. Si vous avez un « compte à régler » ou quelque chose à dire à quelqu'un, demandez à parler à cette personne en privé et évitez « d'exploser » ou de montrer votre différent en présence d'autres personnes. Tout comme la médecine préventive le permet, maintenir un bon lien social est quelque chose qui se travaille régulièrement et progressivement. En outre, l'extériorisation en période difficile est quelque chose d'essentiel pour la santé physique et morale tant d'un point de vue individuel que collectif. Pour éviter les sursauts de colère, il faut dire les choses et ne pas les garder en soi. Le mot clé pour maintenir un bon lien social est : la communication ! N'hésitez jamais à dire, ou même à écrire, ce que vous pensez réellement. Même si au départ cela jettera un froid, à terme, vous vous sentirez mieux. Les critiques devront se faire de manière civilisée et raisonnée en pointant ce qui ne va pas mais terminant toujours sur une note positive ou un compliment. Ne tardez jamais à recadrer les perturbateurs d'un bon lien social. En temps de survie, une mauvaise ambiance générale au sein d'une communauté ne doit jamais être permise sur le moyen-terme.

Le partage est également un élément fondamental pour assurer un bon lien social sur le long terme. La meilleure illustration du partage est bien sûr une bonne grande tablée autour d'un bon gros repas ! Le fait de travailler en coopération pour ensuite savourer les fruits du travail de chacun est un sentiment à rechercher au sein de votre BAD. Si vous parvenez à créer et à maintenir un esprit d'équipe solidaire, où chacun veille l'un sur l'autre, vous aurez réussi !

Une fois que la mise en place de votre stratégie de survie sera bien avancée, vous aurez alors beaucoup plus de temps libre devant vous, votre plus grand ennemi sera alors l'ennui. De plus, en cas de coupure d'électricité généralisée, vous n'aurez surement plus accès à internet ou à la télévision et devrez alors occuper votre temps libre. La première méthode pour cela est une méthode de divertissement utile à la survie. Par exemple le jardinage, le tir à l'arc, l'entrainement à la survie en milieu naturel (camping), apprendre à faire du feu sans équipement, couper du bois, les arts martiaux,... sont des divertissements autant ludiques qu'utiles et importants pour augmenter les connaissances et compétences de chacun. Vous devrez donc posséder tous les équipements nécessaires pour la réalisation de ces divertissements utiles.

Ensuite, il y a les divertissements totalement décorrélé de la survie mais qui restent essentiels pour se détendre et laisser évader son esprit par des activités artistiques comme le dessin, la peinture, la musique, la poterie,...etc. Dans ce cas, vous devez prévoir d'acheter les différents objets et éléments nécessaires pour réaliser vos passions. Il y a également les divertissements liés au sport comme le football, le volley, le badminton,...etc.. Il est déconseillé de pratiquer des sports de contact comme le rugby par exemple pour éviter tout risque de blessure inutile et évitable. Prévoyez également les équipements sportifs nécessaires pour ces divertissements comme les ballons, les raquettes,...etc.

Enfin, prévoyez certains grands livres de littérature et de philosophie. Cela permettra aux jeunes têtes de votre communauté de comprendre l'évolution des choses tout en augmentant leur intelligence. Le passe-temps qu'il est fortement recommandé de mettre en œuvre est celui d'écrire. Le fait d'écrire permet d'évacuer les ressentis, les émotions et les pensées, parfois négatives, que l'on n'ose pas partager aux autres. Cela remplacera les séances chez le psy ! Il est important de prévoir un stock important de feuilles de papier ou de cahier, des crayons papier, des tailles crayons ainsi que des stylos. Les divertissements individuels sont tout aussi importants car ils permettent à l'individu de s'isoler du groupe de temps à autres. La survie post-effondrement au sein d'une BAD augmentera sensiblement le nombre d'heure de vie en communauté. Il est donc fondamental de savoir aussi prendre du temps pour soi, pour réfléchir sur sa situation et évoluer personnellement.

La psychologie individuelle

En période de stress et de remise en question intense, la psychologie est un facteur déterminant pour votre survie, c'est même le premier facteur qui rentre en ligne de compte. Vous pouvez être le mieux préparé du monde, si vous n'avez pas la bonne psychologie, vous pouvez mourir avant tout le monde. Sans une psychologie optimale, votre première menace, c'est vous-même ! Vous êtes donc votre meilleur allié mais également votre pire ennemi. Ce sont vos choix qui feront la différence entre la vie et la mort. Pour survivre, le plus important est de bien comprendre les conséquences de tous ses choix ! Par choix, il faut entendre à la fois ceux qui sont désirés (décisions, choix conscients) et tous ceux non-désirés (hasard, chance, choix inconscients) ; le fait de ne pas choisir étant en lui-même un choix. Pour aller plus en détail sur le sujet de la psychologie humaine associé à la gestion d'un choc, je vous rappelle que la formation : *Survivre, commence dans la tête,* vous sera d'une aide précieuse. Une fois la psychologie du choc appréhendée, une fois les besoins de base comblés, il vous restera à satisfaire vos besoins supérieurs (sociaux, d'estime et d'accomplissement). Ces besoins ont été mis en lumière à travers la fameuse pyramide de Maslow que voici :

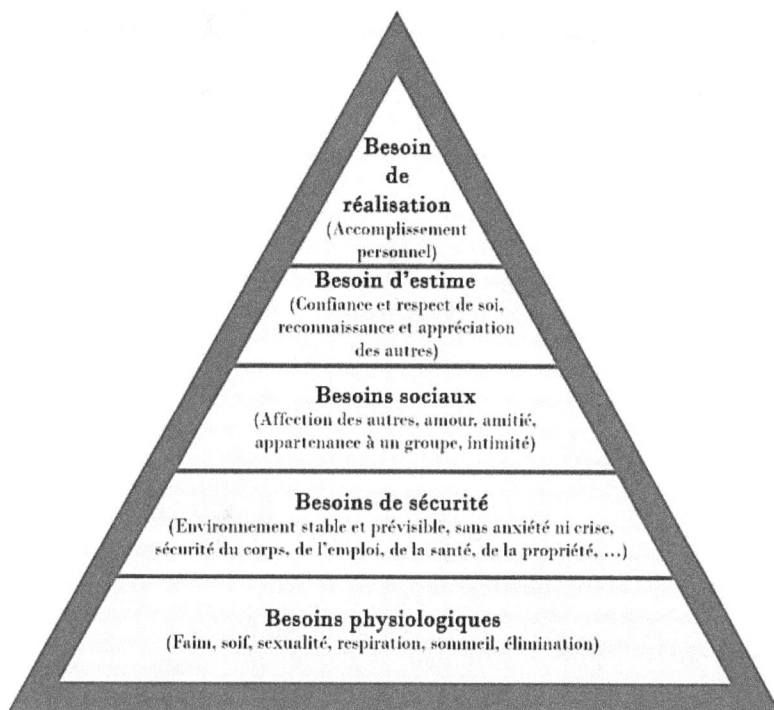

La pyramide de Maslow

Il est d'ailleurs possible de faire l'analogie entre les besoins de la pyramide précédente et les connaissances ancestrales traitant des 7 centres énergétiques du corps humain, plus communément appelés « chakras », qui sont représentés ici :

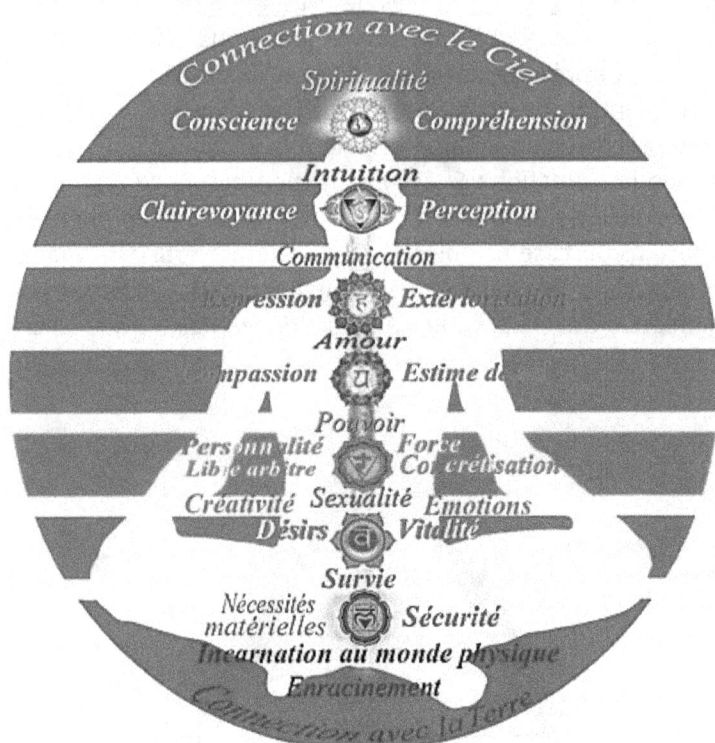

Les chakras du corps humain

Il faudrait plusieurs livres entiers pour traiter du sujet des chakras qui sont issus de connaissances que possédaient déjà les plus anciennes civilisations de cette planète. Le plus important à savoir sur ce point est que la plupart des problèmes de santé proviennent en réalité de la méconnaissance de ces centres énergétiques. Le problème majeur étant que la grande majorité des Humains a son énergie interne bloquée à partir du deuxième chakra, qui est principalement le centre de l'énergie sexuelle. L'énergie accumulée à ce niveau du corps est donc colossale et est malheureusement bien trop souvent utilisée à des fins destructrices vers l'extérieur, au lieu d'être utilisée pour nourrir les chakras supérieurs. Bien que ce sujet est relativement tabou, il a été mis en lumière notamment par l'auteur Napoléon Hill dans son livre *Réfléchissez et devenez riche*. L'auteur délivre un constat similaire, sans traiter le sujet des chakras, mais simplement en ayant rencontré et observé la réussite des entrepreneurs les plus fortunés de son époque, qui eux avait intuitivement compris ce problème énergétique chez eux.

Je vous recommande d'ailleurs de posséder dans votre BAD des livres traitant des sujets suivants : développement personnel/spirituel, chakras, yoga et méditation.

En vous engageant sur ce chemin de maturité psychologique, voire spirituelle, vous atteindrez, plus ou moins rapidement, une forme de bien-être personnel et individuel.

Finalement, l'important à retenir est d'agir par ordre de priorité comme nous le montre parfaitement les deux schémas précédents. Commencez par satisfaire le premier chakra avant de vouloir satisfaire le septième. Commencez par traiter vos besoins physiologiques de base avant celui d'accomplissement personnel. Ces schémas sont une « carte routière » qu'il vous suffit de suivre étape par étape. Une fois que vous serez apte physiologiquement et psychologiquement à survivre et que vous aurez travaillé à la réalisation de vos besoins supérieurs alors, à ce moment-là, vous pourrez transmettre votre expérience aux autres. En effet, avoir des connaissances sur la psychologie humaine, au sens large, vous permettra d'aider à débloquer émotionnellement les personnes de votre communauté traumatisées et principalement les enfants, qui pourront voir des choses que personne ne devrait jamais voir au cours d'une vie. Le fait d'avoir des connaissances en psychologie humaine et de les transmettre aux autres membres renforcera les forces mentales de chacun et donc le lien social au sein de votre communauté.

La psychologie collective

Comprendre la psychologie humaine et arriver à maintenir un bon lien social n'est pas forcément une chose aisée, surtout en période d'effondrement. Le comportement humain est souvent difficile à comprendre et à prévoir. Prenez par exemple, le comportement d'un groupe d'individu. Pris séparément, les réactions et actions de chacun des membres seront totalement différentes du comportement global du groupe. Beaucoup d'éléments tant socio-culturels que génétiques poussent les individus à agir de manière irrationnelle ou inhabituelle en présence d'un groupe. Faites donc très attention aux comportements individuel et collectif de chacun, lorsque vous choisirez vos « partenaires de survie ». Les mentalités et personnalités de vos partenaires sont essentielles à prendre en compte pour maintenir une équipe soudée et émotionnellement apte à agir rapidement et sur le long-terme.

Lorsque que l'effondrement sera annoncé votre réflexion, vos actions et la gestion de vos émotions seront bien plus efficientes que les personnes bloquées au stade du déni, qui se diront : « *c'est impossible que cela arrive* ».

En règle générale, en période de crise majeure, il est possible de discerner cinq groupes de personne. Prenons l'exemple concret du Titanic pour illustrer ce point. À l'époque, le Titanic était considéré par tous comme insubmersible et donc le nombre de canots de sauvetage étaient largement sous-estimé. Lors du naufrage, la situation était une situation de survie pour tous les passagers du navire. D'un point de vue psychologique, vous aviez donc les cinq groupes de personnes qu'il est commun de retrouver lors de chaque situation d'effondrement :

- Les sceptiques : « *Dieu lui-même ne pourrait pas couler ce bateau !* »
- Les agressifs : « *Poussez-vous, je veux être le premier à monter dans un canot !* »
- Les démunis/paniqués : « *Aidez-moi, je peux payer... »/» Vite, vite, par ici, non par là...* »
- Les déprimés : « *On va tous mourir, c'est horrible, à quoi bon essayer...* »
- Les réactifs actifs : « *Le bateau coule, il n'y a pas assez de canots pour tout le monde, comment pouvons-nous construire des canots de sauvetage ?!* »

Lorsque le naufrage de nos sociétés aura vraiment démarré, il sera donc possible de retrouver ces cinq catégories de personne tout autour de vous, du moins au départ. À terme, la catégorie des sceptiques sera proche de zéro soit parce que ses membres auront changer de catégorie, soit parce qu'ils seront mort, à cause de leur manque de discernement et de réactivité. Mais il n'est pas impossible que, même une fois l'effondrement manifesté et même s'ils seront rares, certains se diront encore que ce n'est toujours pas possible et que cela n'a pas vraiment lieu... La réalité sera tellement difficile à accepter que certains se réfugieront dans la folie...

Tous ces comportements sont directement liés à la psychologie du choc et sont difficilement contrôlable, sans un travail individuel important et préalable. Il est donc important que vous ne perdiez pas votre temps à convaincre ou persuader les autres, vous y perdrez votre temps et votre énergie. Vous devez agir pour vous et pour ceux qui voudront vous suivre et qui vous ferons confiance. Les autres... vous ne pouvez plus rien pour eux ! Préparez-vous psychologiquement à cela : vous ne pourrez pas sauver tout le monde ! C'est un fait et vous devez l'accepter ! Votre responsabilité première est de survivre et faire survivre votre communauté. Vous ne pourrez pas sauver tout le monde ni psychologiquement, en essayant de convaincre et persuader les autres, ni matériellement car vos moyens physiques et financiers sont limités. Faites-vous à cette idée dès maintenant. Vous allez voir des personnes mourir tout autour de vous. Vous pouvez être triste, c'est normal, mais soyez triste maintenant car, vous ne devrez pas l'être le jour J. Le jour J, vous devrez être fort ! Sachez que les Hommes suivent principalement le groupe, tant au point de vue physique que psychologique, c'est ce que l'on appelle « l'effet de groupe ». Seulement de temps en temps, les Hommes suivent les individualités fortes, les leaders. Alors, si vous êtes fort, si vous êtes un leader, vos proches vous suivront ! Inspirez la confiance et la sérénité même dans les événements les plus tragiques que vous vivrez ! <u>Soyez un exemple, soyez un roc</u> !

Les monnaies

Au sein de votre BAD, une fois que vous surproduirez votre nourriture et/ou des objets et une fois que vous aurez acquis des compétences suffisantes, il vous sera possible d'échanger vos capitaux contre d'autres capitaux. Le troc redeviendra alors le premier moyen de commercer mais, pour faciliter les échanges, il sera possible du moins pendant un temps, de commercer avec une monnaie bien spécifique.

Avant toute chose, il faut retenir que <u>la monnaie n'est qu'un contrat de confiance entre deux acteurs</u>. S'il y a perte de confiance dans la valeur d'une monnaie, il vous faudra plus de monnaie qu'à l'accoutumé (inflation) ou tout simplement faire un échange de bien à bien, sans intermédiaire (le troc). La monnaie n'est qu'un symbole de l'échange et de la coopération entre deux personnes. Il est fondamental de comprendre que la monnaie n'a de l'importance par le simple fait que tout le monde a confiance en la valeur qu'elle représente. Par exemple, 1.5€ le kilo de pomme est une valeur de référence. Éliminez la confiance dans une monnaie, comme dans le cas d'une hyper-inflation (ex : sur-impression monétaire) et la valeur de la monnaie décroît rapidement et les prix augmentent. Dans ce cas, votre kilo de pomme peut très bien coûter 15€, 150€ ou même 1500€. D'une manière générale, lors d'une hyper-inflation, tous les prix des matières premières et des produits de première nécessité augmentent. Vous trouverez d'ailleurs dans un chapitre suivant, des exemples concrets d'hyper-inflation passés et très récents (2015/2016).

Sachant que les scénarii d'effondrement du système financier et monétaire sont plus que probables aux vues de la situation actuelle. Il apparaît clairement, comme à chaque évènement de ce type, que les monnaies de base qui résistent le mieux sont l'or et l'argent-métal. Il est donc essentiel de posséder des pièces d'or mais également des pièces d'argent-métal chez soi.

L'or ne produit pas d'intérêt ou de dividende. L'or est intéressant par sa réputation historique et la stabilité de sa valeur dans le temps. Pendant une hyper-inflation par exemple, l'or conserve la valeur de votre patrimoine alors que la valeur de la monnaie-papier se déprécie fortement. Mais au final, cela revient à dire que l'or prend de la valeur par rapport aux autres supports de richesse et donc son prix augmente. L'or est une assurance de conserver la valeur de son capital, au même titre qu'une assurance incendie pour une maison. D'après les travaux de John Exter, l'or est le socle de tous les autres supports d'échange de richesse.

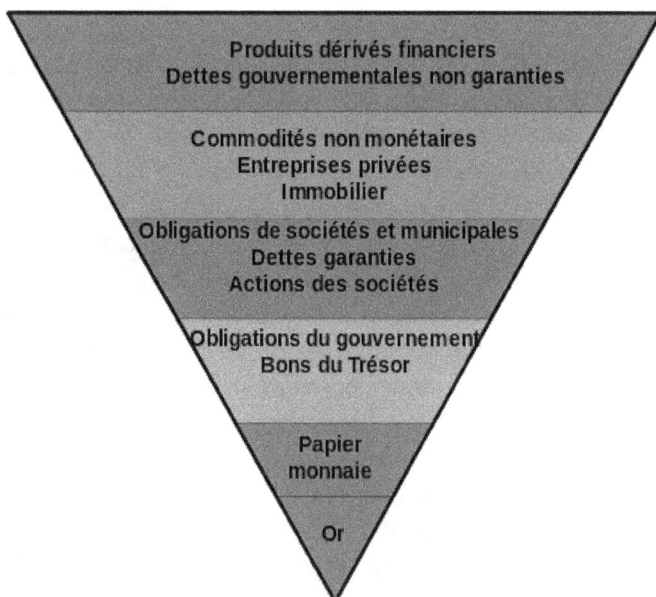

Pyramide inversée d'Exter

Comme l'illustre parfaitement ce schéma, l'or soutient tous les autres supports de richesse qu'ils soient matériels ou virtuels. Il semble donc très probable que d'une manière ou d'une autre, lors d'un effondrement de type économique, tout notre système actuel « retournera aux sources », du moins momentanément. Dans une certaine mesure, l'argent-métal s'avère aussi être une très bonne solution pour protéger votre patrimoine car l'argent-métal est un métal historiquement fortement corrélé à l'or.

Dans le futur, le monde traversera le paradoxe entre la vision de « retour aux sources » (à l'or) forcé par la fragilité du système global à cause de l'endettement généralisé des États et la vision « futuriste » des échanges avec les crypto-monnaies totalement virtuelles. D'ailleurs, il n'est pas impossible que les deux visions se combinent. En effet, les nouvelles technologies monétaires basées sur les blocs de chaîne (blockchain en anglais) permettent de créer une monnaie virtuelle avec une quantité limitée. Par exemple, le bitcoin, qui est la monnaie virtuelle la plus connue, a une quantité monétaire finie. Il est, hors cas de piratage, impossible de démultiplier le nombre total de bitcoin en circulation contrairement à la monnaie-papier qui peut être fabriquée sans limite grâce à la « planche à billet » (Quantitative Easing).

Par ailleurs, la monnaie post-effondrement sera très certainement une monnaie totalement dématérialisée et virtuelle. En 2016, la volonté mondiale de « virtualisation » de la monnaie est déjà très bien engagée. Les monnaies nationales sous format papier (billets et chèques) sont de moins en moins acceptées et sont souvent soumises à un montant de transaction voire de retrait maximal. Demandez donc à votre banque de retirer 3000€ en billets, vous verrez ce qu'elle va vous répondre…

Méfiez-vous grandement des banques qui peuvent faire faillite du jour au lendemain et donc partir avec une partie ou la totalité de votre argent-papier, si durement gagné. Sachez que l'argent-papier déposé à la banque appartient à la banque et non plus à vous. La banque a une créance envers vous et lorsque tout va bien, vous pouvez alors récupérer votre argent (et encore). Mais si la banque est en faillite, la banque est insolvable, vous devenez actionnaire de la banque malgré vous et donc votre argent est irrécupérable. C'est d'ailleurs pour cette même raison que vous ne devez jamais stocker votre or dans une banque. Une banque peut être fermée parce qu'elle fait directement faillite ou par simple demande de l'État, pour éviter les fuites de capitaux et pour qu'il puisse se servir dans les comptes pour rembourser la dette étatique. Par exemple, suite à la crise de la dette en Grèce, les banques ont été fermées plusieurs semaines et les retraits d'argent limités et même dans certains cas impossibles aux distributeurs automatiques de billets. Voilà pourquoi il vous faut dès maintenant prévoir une somme d'argent-papier liquide (cash) à cacher chez vous. Il n'y a pas de règle précise mais un montant de 2000€/$ est un minimum permettant d'assurer les besoins de base d'une famille de 4 personnes pendant quelques mois. Le fait de diversifier son stock monétaire avec d'autres devises peut également s'avérer intéressant. Dans ce cas, le franc suisse est une devise à privilégier. D'autres devises comme le dollar US, le yuan chinois ou encore le rouble russe peuvent aussi être envisagées. Bien que cela deviendra de plus en plus compliqué à l'avenir, disposer d'un stock de cash chez soi est fondamental. Cette somme sera très utile en cas d'imprévu comme une intervention médicale ou pour utiliser/acquérir tout autre service/bien de première nécessité.

Si vous disposez d'un patrimoine très important, il peut être judicieux de vous diversifier en achetant des actifs tangibles comme de la terre à la campagne ou à la montagne, cultivable ou constructible, ou même des forêts. Il est déconseillé d'acheter de l'immobilier en ville avant l'effondrement car les prix du marché sont très élevés et que le nombre de « mauvais payeurs » risque d'exploser dans les prochaines années. En revanche, l'immobilier rural peut s'avérer intéressant surtout si le bâtiment en question peut devenir une BAD digne de ce nom. À l'avenir, ce genre de bien sera très recherché et donc les « prix » de location et de revente seront susceptibles d'augmenter fortement.

L'effondrement économique aura pour conséquence principale de casser les instruments d'échange (les monnaies) et les instruments de mesure (les prix). Vous devez donc vous préparer à vivre une certaine période sans monnaie et sans prix. Le fait d'avoir peu ou pas de monnaie rend les échanges plus compliqués, mais pas impossible. En revanche, si vous avez peu de cash et peu de métaux précieux alors, vous devrez avoir d'autres capitaux matériels à échanger ; c'est le principe du troc ! De manière générale, il est très important de choisir avec qui vous ferez vos échanges car, certains chercheront à vous voler. Analysez les personnes avant de faire des échanges avec eux. Vous ne devez jamais faire confiance à des inconnus immédiatement. La confiance se gagne sur le long terme et se perd en une seconde. Ne parlez à personne de ce que vous possédez ! Voyagez avec le strict minimum de capital matériel ou de monnaie sur vous. Préférez toujours les pièces d'argent-métal pour vos échanges commerciaux car l'argent-métal attire moins les regards que l'or. De plus, les pièces d'or auront une valeur sans doute trop importante pour simplement acheter de la nourriture. En revanche, les pièces d'argent-métal auront elles, une valeur vous permettant d'acheter des biens de consommation de plus faible valeur. Méfiez-vous également des regards des envieux qui pourront devenir voleurs et des éventuels délateurs, en cas de confiscation de l'or par l'État. Ce scénario a déjà été observé en 1933 sous le règne du président Roosevelt aux États-Unis, suite à La Grande Dépression de 1929.

UNDER EXECUTIVE ORDER OF THE PRESIDENT

Issued April 5, 1933

all persons are required to deliver

ON OR BEFORE MAY 1, 1933

all GOLD COIN, GOLD BULLION, AND GOLD CERTIFICATES now owned by them to a Federal Reserve Bank, branch or agency, or to any member bank of the Federal Reserve System.

Executive Order

Pancarte indiquant la confiscation de l'or par l'État aux États-Unis, en 1933 - Traduction : » Par ordre exécutif du Président toutes les personnes doivent délivrer avant le 1er mai 1933, toutes les pièces d'or, lingots d'or et certificats d'or maintenant propriété de la Banque de Réserve Fédérale, branche ou agence, ou de n'importe qu'elle banque du Système de Réserve Fédérale. – Ordre Exécutif »

Pour éviter toute saisie totalitaire de votre or par l'État, vous devez soit posséder de l'or physique chez vous ET ne pas le crier sur les toits, soit stocker une partie de votre or dans le coffre d'une entreprise privée, hors de votre pays de résidence. Cette deuxième solution diminue fortement les risques de confiscation de l'or par l'État. Toutefois, gardez à l'esprit que plus il y a d'intermédiaire entre votre or et vous et plus il y a de risque de défaut. Dans tous les cas, n'achetez jamais de l'or-papier (contrats de promesses d'or) car en 2016, la quantité d'or-papier est très nettement supérieure à la quantité d'or physique réel. Autrement dit, l'or-papier n'a aucune valeur réelle. Ce genre de placement est donc à fuir à tout prix !

Pour le stockage de l'or à domicile, choisissez 4 à 5 cachettes dont il faudra vous rappeler. Parlez-en à deux personnes de confiance au cas où il vous arriverait quelque chose. Trouvez des endroits difficiles d'accès et peu commun. Les cambriolages s'effectuent maintenant avec des détecteurs de métaux, il vous faudra donc ranger vos pièces et bijoux dans des boîtes métalliques, sans valeur apparente et/ou proche d'objet métallique comme des outils ou des tuyaux. Je ne donne pas plus d'exemples ici, pour ne pas donner d'idées aux futurs cambrioleurs qui pourront lire ce livre. Un dernier conseil : faites preuve d'imagination !

Pour résumer, il est donc recommandé d'avoir :
- un stock de cash chez soi (minimum 2000€/$, si possible)
- le reste encore en banque doit être rapidement disponible et retirable à un distributeur
- un stock d'or et d'argent-métal physique chez soi (pièces ou à défaut bijoux)
- un stock d'or et d'argent-métal en coffre privé hors de votre pays de résidence

Avec de telles techniques, vous aurez fortement augmenté la probabilité de maintenir la valeur de votre patrimoine, même en cas d'effondrement économique.

Finalement, l'argent-métal est à considérer comme la monnaie utile pour les achats du quotidien (nourriture, semence, vêtement, outils, sel, bicarbonate, argile, etc.) alors que l'or servira principalement à conserver la valeur de votre patrimoine ou pour les achats plus importants (terrain, maison, panneau solaire, poêle à bois, éolienne, etc.). N'oubliez jamais qu'en cas d'effondrement, tuer pour quelques pièces d'or ou d'argent-métal sera monnaie courante (sans mauvais jeu de mots). Mais le plus important à retenir reste que derrière la monnaie se cache des besoins humains. La monnaie ne reste qu'un contrat de confiance entre des personnes, ayant des besoins humains. Donc, si vous résolvez par vous-même vos besoins personnels ou que vous savez résoudre les besoins des autres alors, vous n'aurez soit aucun besoin d'utiliser de la monnaie, soit aucun problème pour en obtenir, et ce peu importe sa symbolique du moment (cash, pièces d'or, chiffres sur un ordinateur, etc.).

Les échanges avec l'extérieur

Bien que le commerce doive être votre principale raison pour sortir de votre zone de sécurité, symbolisée par votre BAD, il se peut que vous effectuiez des déplacements pour accroître vos échanges sociaux. En effet, il se pourrait que vous ayez envie de rencontrer de nouvelle personne ou de vous tenir informer de la situation mondiale, par des discussions. Dans un tel cas de figure, vous devez être particulièrement vigilant aux nouvelles rencontres que vous effectuerez dans le futur. Ne faites jamais confiance à un inconnu en temps de chaos extérieur. La plupart des personnes démunis seront prêtes à vendre leur âme ou à trahir d'autres personnes pour simplement obtenir un peu de pain.

<u>Ne laissez jamais croire aux autres que vous êtes mieux préparés ou équipés qu'eux</u>. Adaptez-vous à votre environnement extérieur et fondez-vous dans la masse, vous devez <u>être un caméléon</u>. Parlez peu et écoutez beaucoup. Parfois, vous devrez devenir un véritable acteur de théâtre. Vous pourriez même surjouer en portant des habits troués et en oubliant de mettre du déodorant...

À la fin de votre lecture, vous serez à même de comprendre la plupart des évènements futurs. Cependant, tous n'auront pas votre niveau de compréhension et de réflexion. <u>Ne vous dévoilez jamais au grand jour</u> auprès d'une personne dont vous avez fait connaissance post-effondrement. Faites toujours preuve de réserve et de discrétion sur vos idées et vos analyses de la situation. Le secret est l'ingrédient principal qui aura permis à quelques-uns d'avoir la main-mise sur ce monde. Bientôt ce sera à votre tour d'utiliser cette arme. Vous devrez utiliser le secret pour avancer vos propres pions. N'oubliez jamais <u>le secret et le camouflage</u> sont les premiers moyens de défense à utiliser.

Les métiers

S'il y a bien une chose que nous avons oublié dans nos sociétés modernes pré-effondrement, c'est que derrière la monnaie se cache des Hommes avec des besoins. La monnaie n'est qu'un « facilitateur d'échange » mais elle n'est aucunement le symbole premier de la richesse. <u>Le symbole premier de la richesse ou de la création de valeur, c'est l'Homme lui-même</u>. La monnaie sert de support pour « mesurer » le montant d'énergie échangé entre les personnes et comme tout instrument de mesure, la monnaie peut être déréglée ou cassée mais, il est aussi possible de la remplacer.

Ainsi, avant de réfléchir en termes de monnaie, il est donc préférable de penser en termes de capital échangé. Or, pour effectuer des échanges de capitaux, il faut avant tout avoir un capital global (productif) qui augmente de taille, ou à défaut, qui reste stable. Pour ce faire, la production de valeur est la seule solution. La « production de valeur » est un terme similaire au terme de « métier ». En règle générale, les métiers sont traditionnellement divisés en trois secteurs principaux appelés secteur : primaire, secondaire et tertiaire. Le secteur primaire comprend tous les métiers liés à l'alimentation donc globalement l'agriculture, l'élevage et la pêche. Le secteur secondaire comprend tous les métiers liés aux industries de fabrication légère et lourde et à l'artisanat. Enfin, le secteur tertiaire comprend tous les métiers de bureaux.

À partir de l'effondrement des nations, la répartition des métiers reviendra sans doute à des niveaux d'avant-guerre mondiale avec plus de 80% des métiers dans le secteur primaire et majoritairement dans l'agriculture. Les quelques pourcentages restant seront occupés par les métiers de l'industrie majoritairement légère et surtout de l'artisanat local et dans une moindre mesure par les métiers du secteur tertiaire. La grande majorité des personnes serait alors contrainte d'être soit agriculteur, soit ouvrier, soit artisan ou un peu de chaque profession à la fois. Toutes les personnes se retrouvant sans emploi, sans moyens et sans compétences liées à la survie devront se former et apprendre vite !

À l'avenir, les métiers s'adapteront en fonction de l'accès à l'électricité, ainsi qu'à l'accès à internet, tant d'un point de physique (électricité, pétrole, ordinateur, moyen de paiement, connexion internet) qu'opérationnelle (contrôle, restriction, censure, choix politique). Créer un business sur internet peut s'avérer très utile lorsque l'on vit au sein d'une BAD, loin d'une grande ville. Des business-models, comme celui de l'affiliation par exemple *(cf. note sur l'affiliation)*, permettent notamment de se créer une source de revenu secondaire voire principale, de manière semi-automatisée et relativement facilement. Dans ce cas, il faudra alors impérativement tenir compte des règles de sécurité propre à l'utilisation de l'informatique et d'internet en temps de survie *(cf. Point 8)*.

Dans un monde post-centrale nucléaire (« chaude ») et post pic-pétrolier, le commerce se fera probablement via vélo, force-animale (charrette) et véhicule à vapeur (train et bateau). Les places de commerçant ambulant seront très restreintes car les producteurs préféreront s'occuper eux-mêmes de la vente de leur production/fabrication via une distribution localisée. Le commerce et le transport pourraient même devenir la propriété du gouvernement :

« nationalisation » à 100%. Le commerce de base portera principalement sur les matières premières en lien direct avec la survie : l'eau, la nourriture, la santé (habits, chaussures, lin, savon, remèdes,…) et l'énergie (bois, bougies, panneaux photovoltaïques,…).

Une fois le gros de l'effondrement passé, la régulation des métiers se fera certainement par deux modèles diamétralement opposés :

- le modèle « indépendant » créé par les personnes possédant une BAD (comme vous je l'espère), qui rechercheront d'avantage le « retour aux sources », l'autonomie totale et surtout l'indépendance au Système.

- le modèle « collectiviste » créé par les personnes qui utiliseront la solution proposée par le nouveau Système. L'État aura alors surement mis en place des structures se rapprochant d'un modèle communiste. Ces personnes deviendront en quelques sortes « fonctionnaires » de l'État, pour ne pas dire ses esclaves…

Le modèle que vous ferez le choix d'intégrer déterminera votre environnement direct et influencera votre personnalité, votre intelligence et les personnes que vous côtoierez au quotidien. Ce choix sera certainement l'un des plus important que vous aurez à faire dans votre Vie, ne le négligez pas !

POINT 10 : Les déplacements

Pour survivre pendant et après l'effondrement, le mode de vie nomade n'est pas un mode de vie durable. L'explication principale de cette affirmation est le manque de régularité d'approvisionnement en ressources (eau, nourriture, énergie). D'ailleurs, même les nomades du désert, qui eux non pas besoin de pétrole pour se déplacer, ont en revanche, toujours un point de chute qui est le plus souvent une oasis.

Arrivé à ce stade dans votre préparation, vous devez déjà disposer d'une « super-oasis ». En effet, votre BAD correspond maintenant à votre lieu de vie, votre lieu de travail et votre lieu de production. Le but principal de votre BAD est de vous donner accès à toutes les ressources nécessaires à la survie de votre communauté. Une BAD permet donc de grandement, voire totalement, réduire les déplacements des marchandises et des individus.

Toutefois, pour un certain nombre de raisons, vous pourriez être amené à effectuer des déplacements hors de votre zone de vie. Or, un déplacement pré-effondrement et post-effondrement sont deux choses totalement différentes. Avoir des connaissances et des équipements spécifiques au sujet des déplacements en période de rupture de la normalité est donc absolument fondamental pour pouvoir survivre à l'avenir.

Pour toutes les personnes vivant à temps plein dans leur BAD, la question du déplacement n'est pas une priorité. En revanche, pour les personnes vivant dans un autre domicile que leur BAD, la question du déplacement domicile-BAD sera la première à être posée au démarrage de l'effondrement. Pour la majorité des personnes non suffisamment préparées, le choix d'effectuer ou non ce premier déplacement déterminera ceux qui vivront et ceux qui périront...

Cas particulier hors BAD

Cette partie concerne tant les personnes disposant d'une BAD, mais n'y vivant pas à l'année, que les personnes n'en disposant pas (encore). Dès les premiers signes de ce que pourrait être un effondrement, la première question que se poseront la majorité des personnes, qui ne se trouve pas dans une BAD, sera la suivante : <u>dois-je rester chez moi ou me déplacer</u> ?

Malheureusement, il n'y a pas de réponse toute faite. Lors d'un déplacement, vous êtes toujours vulnérable, mais parfois vous êtes encore plus vulnérable en restant statique chez vous, surtout si vous êtes peu équipé. Le point le plus essentiel à retenir est que <u>vous devez vous déplacer uniquement si vous avez une destination précise ET si vous estimez que la survie dans votre zone n'est pas vivable sur le long-terme</u>.

En période d'effondrement ou de danger extérieur, un déplacement n'est pas un acte anodin. À chaque déplacement, vous devrez être extrêmement vigilant envers votre environnement extérieur. Il est également fortement conseillé de ne jamais sortir seul. Chaque déplacement doit être organisé et planifié dans les moindres détails. <u>Lors de déplacements dans des zones exposées et donc dangereuses, la règle numéro 1 est de toujours se déplacer</u> ! Comme vous êtes plus exposés physiquement aux agressions, le mouvement est votre seul chance de survivre. Il est en effet plus facile de vous repérer et de vous piéger (embuscade) si vous êtes statiques, que si vous êtes en mouvement. Si vous disposez d'une arme, gardez-la toujours à portée de main chargée ou prêt à l'emploi. Si vous ne disposez pas d'arme, trouvez-en une en faisant preuve d'imagination (couteau de cuisine, bout de bois, bout de métal, pierre, etc.). Faites également très attention lorsque vous vous approchez de ressources vitales présentes dans la nature comme l'eau ou des arbres fruitiers. Vous pouvez sans le savoir vous trouver à proximité d'une propriété privée et vous pourriez être pris pour un pilleur et être abattu, sans que vous ayez le temps de vous en rendre compte.

Une fois votre lieu de destination clairement défini, <u>le timing</u> est l'élément essentiel à prendre en compte pour effectuer une évacuation de début d'effondrement. Pour savoir quand est-ce que c'est le bon moment, il faut avant toute chose connaître le mieux possible la situation extérieure. Ensuite, il faudra être apte à juger du degré de gravité de la situation extérieure. Pour vous aider dans votre analyse, voici une échelle de gravité indiquant quels sont les niveaux d'urgence et les actions à mettre en œuvre en fonction de chaque stade de l'effondrement. Vous pouvez bien sûr adapter cette échelle en fonction de votre situation personnelle et de votre degré de préparation.

> ➢ <u>NIVEAU 1</u> : La situation est normale. Aucun problème majeur n'est à répertorier. La vie de chacun suit son cours.

➤ <u>NIVEAU 2</u> : Un évènement vient de se déclencher qui d'après vous peut avoir des conséquences majeures et mondiales. Cet évènement peut être un krach boursier, une catastrophe naturelle, une coupure de courant, un attentat, un déclenchement de conflit majeur au Moyen-Orient, en Asie ou impliquant les grandes puissances de ce monde (États-Unis, Russie, Chine, Europe, Japon, Iran, Israël) et bien d'autres choses encore. Des tensions ou des peurs sont perceptibles au niveau international. La situation autour de vous reste encore stable. Cette période doit vous permettre de finaliser vos stocks et votre préparation. Pensez eau, nourriture et carburant pour votre déplacement. Améliorez les points de votre stratégie qui sont améliorables. Vous devez rester doublement attentif à l'évènement déclencheur, sans toutefois tomber dans la psychose. Suivez l'actualité à partir de différentes sources (Internet, TV, etc.). La vie continue encore autour de vous et les choses pourraient revenir à la normal.

➤ <u>NIVEAU 3</u> : Vos craintes de départ étaient justifiées. La situation se dégrade rapidement. La peur est de plus en plus perceptible autour de vous. Les violences et les pillages commencent doucement à se faire sentir. Les premières violences sont le signe que vous devez vous préparer à évacuer avant que la situation n'empire d'avantage. Vous avez finalisé au mieux votre préparation. Contactez tous vos proches pour leur dire de se préparer, dites-leur que ce qui arrive ne sera pas une crise comme les autres, cette fois se sera un effondrement généralisé qui devrait rapidement avoir des conséquences encore plus graves. Planifiez tout ce qu'il vous faut pour survivre sur le long terme. Occupez-vous des personnes de votre famille qui auront besoin de vous et mettez-les à l'abri pendant qu'il est encore possible de circuler facilement. Partez dans « votre » BAD dans l'idée que vous ne reviendrez peut être jamais dans votre domicile. Faites une liste et n'oubliez rien !

➤ <u>NIVEAU 4</u> : La panique généralisée s'installe. Les personnes qui n'ont rien vu venir sont totalement démunis. Vous prenez des nouvelles de vos proches et de votre famille. Les supermarchés et les stations-service sont pris d'assaut. Le commerce mondial est à l'arrêt. Des scènes de guerre civile démarrent. L'armée peut être appelée en renfort. Des couvre-feux et la loi martiale sont mis en œuvre. Vous vous êtes rendu dans « votre » BAD. Si vous n'avez pas d'autres choix, « bunkerisez » votre domicile mais vous devrez avoir suffisamment de stock d'eau et de nourriture pour tenir au grand minimum 6 mois et surtout de quoi pouvoir stocker de l'eau de pluie et auto-produire votre nourriture. Dans tous les cas et si la situation dans votre coin le permet, stockez tout ce que vous pouvez et même des produits frais ! Vous restez informé de la situation mondiale. Vous accueillez ceux que vous voulez ou ceux que vous avez prévu d'accueillir dans votre BAD. Vous commencez à établir une zone de sécurité autour de votre BAD, en barrant les principaux accès et vous mettez en place des tours de garde.

➢ NIVEAU 5 : La situation ne sera jamais plus comme avant. Beaucoup de choses ont changé en très peu de temps sur le plan international. Vous tentez d'évaluer au mieux la durée de l'effondrement. Vous commencez à planifier votre nouvelle vie au sein de votre BAD. Vous calmez les esprits des personnes encore sous le choc. Vous pouvez être fier de vous, vous avez su protéger les vôtre. Continuez à vous informer de la situation régulièrement. Renforcez les tours de garde. Vous devenez un agriculteur hors-pair. Vous transmettez toutes vos connaissances aux membres de votre communauté et vous leur demandez de lire ce livre. Une page se tourne… Votre nouvelle vie, au sein de votre nouvelle communauté, commence maintenant…

Les notions de base

Une fois dans « votre » BAD, il existe deux types de déplacement : les ponctuels et les définitifs. Les déplacements ponctuels s'effectuent en moins d'une journée et le point de départ est en général identique au point d'arrivé ; ils seront souvent effectués pour commercer. Les déplacements définitifs seront eux envisagés qu'en cas de dernier recours, lorsque la survie au sein d'une BAD n'est plus envisageable. Dans un tel cas de figure, il vous faut donc anticiper l'éventualité d'un déplacement de toute votre famille de « votre » BAD actuelle, vers une autre BAD déterminée à l'avance.

Lorsque l'on se déplace hors de la zone de sécurité d'une BAD, le premier danger est l'agression physique directe. Le deuxième danger est l'agression physique indirecte, en se faisant suivre pendant votre déplacement, et en attirant alors des agresseurs/pilleurs directement chez vous. Si vous commercez ou faites du troc à l'extérieur de la zone, veillez toujours à ne pas être suivi et en cas de doute, faites toujours des détours avant d'arriver à la BAD, afin de semer vos poursuivants. Le troisième grand danger est le manque de préparation. Il est en effet fondamental d'avoir un minimum d'équipements de survie lors de vos déplacements. Ces équipements devront être adaptés selon le type de déplacement effectué et sa durée.

Une bonne stratégie de survie étant une stratégie capable de palier à toutes les éventualités, même les plus extrêmes, vous devrez anticiper la possibilité de quitter votre BAD en cas de destruction partielle ou totale de celle-ci. Ce scénario est l'un des pires de tous dans notre stratégie de survie mais, il pourrait se produire en cas de catastrophe naturelle (incendie, tremblement de terre, inondation,...) ou d'attaque militaire de votre pays (bombardement,...). Bien que cela ne fasse pas forcément plaisir de se confronter à cette idée, après des investissements importants de votre part, il faut néanmoins se préparer à toute éventualité et même à celle de quitter sa BAD, si elle devenait inadaptée à la survie. Bien qu'elle soit totalement indispensable à la survie, une BAD reste du matériel. Le plus important, c'est l'Humain, le plus important, c'est vous et votre communauté !

Prévoyez donc toujours un plan d'évacuation d'urgence vers une autre BAD et prévoyez tous les équipements nécessaires pour effectuer le trajet le plus rapidement possible. Les déplacements définitifs doivent toujours être de courte durée (7 jours grand maximum). Si vous êtes forcé de quitter une BAD à cause d'un événement inattendu ayant des conséquences prolongées, vous devrez intégrer une autre BAD existante, créée par une autre communauté ou par vous-même. Vous devez être également certains que la BAD de destination soit toujours en état de fonctionnement et prêt à vous accueillir. Dans le cas d'une BAD de secours inoccupée, il est toujours préférable d'avoir un contact sur place comme un voisin de confiance pour avoir cette information importante. J'insiste vraiment sur ce point, la BAD de secours doit être opérationnelle rapidement et il est important de savoir avant votre départ si la BAD est fonctionnelle et qu'elle n'a pas été pillée, endommagée ou complétement détruite. En cas de situation extérieure instable généralisée (vols, émeutes, pillages, guerre civile, guerre militarisée, guerre nucléaire, etc.) les déplacements sont à éviter à tout prix ! Dans un tel cas, il est préférable de faire du camping dans son jardin plutôt que de prendre le risque de rester bloquer dans une zone dangereuse et inconnue en cours de route.

De manière générale, tous les déplacements, qu'ils soient ponctuels ou définitifs, doivent être planifiés dans les moindres détails. Des itinéraires de secours doivent également être étudiés avant le départ pour anticiper d'éventuels imprévus.

Le sac d'évacuation d'urgence

Les déplacements définitifs correspondent à une évacuation. Pour réaliser une évacuation, il est nécessaire de disposer d'un sac de survie pour chaque personne de votre communauté. Ce sac, qui est destiné à être emporté rapidement, s'avère très utile dans le cas d'un déplacement pour fuir une zone non-sécurisée. Les rations d'un sac de survie ne sont pas destinées pour une survie supérieure à 7 jours. Le sac doit être transportable lors d'un déplacement longue distance... à pied !

Bien sûr, il n'existe pas de solution unique pour créer son sac d'évacuation. Chaque sac est à remplir en fonction des situations personnelles et des stratégies d'évacuation de chacun. La seule règle est que pour une personne adulte, il faut éviter que votre sac d'évacuation pèse plus de 20 kilos. Pour les enfants, adaptez le poids du sac à leur capacité physique. Il vous faudra également adapter votre habillement à la période/saison d'évacuation. Prévoir des lunettes de soleil, des chapeaux et des casquettes pour l'été et des habits chauds et étanches pour l'hiver. Pensez surtout à un vêtement imperméable et à un bonnet par personne. Avoir quelques sachets de graines et quelques pièces d'or et d'argent-métal dans son sac de survie peuvent également servir comme monnaie d'échange pour pallier à toutes éventualités (checkpoint/péage, achats, trocs, négociations, etc.).

Un sac d'évacuation d'urgence est par définition utilisé lors de déplacement dans un environnement relativement dangereux. Alors, si vous disposez d'une arme à feu, il est bien sûr essentiel pour vous de la prendre sur vous lors de votre déplacement. L'arme à feu doit être dissimulée et chargée (avec la sécurité enclenchée) ou rapidement chargeable. Pensez également à prendre dans votre sac d'évacuation des munitions. Si vous n'avez pas d'arme pour tirer à distance, vous devez garder sur vous votre couteau et/ou un objet dur (bout de bois, objet en métal) pour frapper vos agresseurs potentiels. Dans tous les cas, n'oubliez pas de porter <u>au minimum une arme rapidement disponible sur vous</u>.

Vous trouverez en annexe n°10, les principaux équipements à posséder dans un sac d'évacuation d'urgence.

Une fois les sacs d'évacuation pour tous les membres de votre communauté finalisés, vous devrez vous intéresser aux moyens de transport que vous utiliserez. Bien que le sac d'évacuation d'urgence est prévu pour un déplacement à pied, il pourrait être judicieux de prévoir un véhicule qui vous permettra de transporter plus de biens, sur de plus longues distances et de manière plus rapide. Cependant, le monde du transport sera grandement impacté par l'effondrement et subira donc des changements majeurs qu'il vous faudra savoir comprendre, interpréter et anticiper.

Les secteurs du transport et de la logistique

Les moyens de transport pendant et après l'effondrement dépendront du prix de l'énergie et plus spécifiquement du prix du baril de pétrole. Il est difficile de déterminer le prix du baril futur mais, ce qui reste très probable, c'est qu'il sera bien plus élevé que celui actuel et très largement au-dessus des 100$. En outre, le prix du pétrole, comme toute chose par ailleurs, est directement lié à la valeur de la monnaie. Avec une perte de valeur du dollar US par exemple, le prix du pétrole sera propulsé à des plus hauts historiques. Si un tel scénario se confirme, le monde de demain sera inévitablement un monde où le pétrole sera cher et donc rare. La rapidité d'évolution du prix du pétrole sera l'indicateur clé pour connaître la rapidité et la gravité de l'effondrement. La fin du pétrole bon marché marquera la fin du mode de vie occidental du début du XXIe siècle.

Au démarrage de l'effondrement, les peuples du monde devront alors apprendre à vivre avec très peu voire plus du tout de pétrole. Un pétrole cher sera une catastrophe pour le secteur du fret maritime qui ne pourra pas survivre longtemps ; les entreprises du secteur feront rapidement faillite et ne pourront plus payer leurs salariés. Le temps des vols en avion sera également terminé. Les entreprises de transport aérien low-cost seront les premières à faire faillite et à disparaître, suivi des grandes entreprises nationales. Le transport ferroviaire fonctionnant au pétrole sera à l'arrêt. Le transport ferroviaire fonctionnant à l'électricité ou à la vapeur seront maintenus tant que le prix des ressources énergétiques resteront stables et que les infrastructures seront en état de fonctionnement. Si l'effondrement dure trop longtemps, les infrastructures ferroviaires et routières (ponts, voie ferrée/route, tunnel, etc.) ne seront plus réparées par manque d'employé du secteur et donc elles se dégraderont, rendant trains et voitures inutilisables. D'ailleurs, bientôt, la voiture n'aura plus la place centrale qu'elle possédait jusqu'alors. Tout ce schéma de pénurie de pétrole serait en outre accéléré en cas de guerre car, le pétrole sera réquisitionné par les différentes armées du monde.

Sur le long-terme, sans pétrole ou avec un prix de pétrole élevé, les déplacements seront beaucoup moins nombreux et se feront sur des distances beaucoup plus courtes que par le passé. Les aliments ne pourront plus faire plusieurs milliers de kilomètres avant d'arriver dans les assiettes. La nourriture et les biens de première nécessité seront consommés proches des zones de production/fabrication. Sur terre, le vélo redeviendra le moyen de locomotion le plus utilisé dans le monde. Les autres moyens de transport terrestre seront les chevaux, les ânes, les bœufs et les chameaux/dromadaires. À échelle locale, les transports de marchandise se feront par charrette ou carriole tractées par des vélos ou des animaux. À échelle régionale et nationale, certains trains militaires ou « nationalisés » pourront continuer à fonctionner. Sur l'eau, le transport maritime et principalement fluviale devra progressivement se réinventer en fonction de l'accès à l'énergie (bateau à vapeur à bois ou charbon, bateau électrique, etc.). Dans le ciel, les seuls objets visibles seront les engins militaires chargés de « protéger » la population (avions, drones, etc.).

Pour résumer, le secteur du transport, comme tous les autres secteurs, dépendra directement des ressources énergétiques disponibles et utilisables. Post-effondrement, pour que les transports redeviennent ou même surpassent ceux que nous possédions pré-effondrement, il faudra obligatoirement soit « officiellement » découvrir une nouvelle (res)source énergétique, la promouvoir et l'utiliser, soit utiliser massivement les technologies traditionnelles d'énergie renouvelable de type solaires, éoliennes et géothermiques. À contrario, dans les zones sans un accès abondant à l'énergie, les transports post-effondrement ressembleront à ceux du Moyen-Âge... Cette corrélation énergie/transport se vérifiera d'ailleurs tant à l'échelle mondiale que locale. Ainsi, les moyens de transport de votre BAD dépendront également fortement des (res)sources énergétiques à votre disposition.

Les moyens de transport

Les moyens de transport à utiliser dans votre BAD doivent pouvoir être utilisable tant pour les déplacements ponctuels, qui sont en général court et fréquent, que pour les déplacements définitifs, qui eux, sont de longue distance/durée mais très rare, voire inexistant.

En occident, le premier moyen de transport personnel est la voiture. Dans votre stratégie de survie, votre voiture doit posséder le moins d'électronique possible et doit être de préférence un 4x4. Si vous avez un véhicule bourré d'électronique, en cas d'attaque EMP ou simplement si votre batterie est à plat, vous ne pourriez même pas entrer dans votre voiture et encore moins la faire démarrer. Préférez des modèles relativement anciens qui vous permettront de pouvoir réaliser les réparations par vous-même ou par le petit garagiste du coin, sans avoir besoin de vous rendre dans un garage concessionnaire. Le 4x4 doit présenter une consommation d'essence relativement faible. La disponibilité des pièces détachées est également un élément à prendre en compte dans le choix de votre véhicule. Les vieux modèles comme les Mercedes 300D ou des modèles plus récents comme les Renault Duster sont de bonnes références. Les motos ou vélomoteurs peuvent eux s'avérer utiles pour des petits déplacements autour de votre BAD. Leur avantage principal est que vous pourrez couper par les petits chemins de campagne et même vous déplacer sur des routes encombrées. En revanche, faites attention aux bruits que certains engins peuvent produire. Le bruit pourrait attirer les pilleurs jusqu'à votre BAD, surtout en cas de pénurie de pétrole.

Dans tous les cas, il est toujours important d'avoir des stocks de carburant dans votre futur BAD. En cas de pénurie, ces stocks serviront pour un déplacement vital (déplacement chez un médecin, un dentiste, évacuation, etc.). Faites attention au stockage des carburants car ce sont des produits très inflammables et dégageant des vapeurs toxiques. L'idéal est de les stocker dans des cuves enterrées à l'extérieur d'un bâtiment. Pour éviter que vos carburants perdent leur qualité trop rapidement, vous pouvez utiliser des produits stabilisateurs (Motul, Motorex) disponible dans les magasins d'équipements agricoles. Pour le carburant, faites des rotations de vos stocks au maximum tous les 10-12 mois et pensez à faire le plein en hiver car c'est pendant cette période que le taux de butane est le plus élevé (température de congélation plus basse). Sa durée de conservation sera alors rallongée (2 à 3 ans avant de commencer à perdre en qualité).

En cas de pénurie totale de pétrole, l'électricité, les bio-carburants, la force animale et la force humaine seront les seules sources d'énergie pour se déplacer depuis votre BAD. Dans le cas de l'énergie électrique, l'inconvénient est que la production électrique de la BAD doit être suffisante. À l'heure actuelle, il est difficile voire impossible de trouver des voitures totalement électriques, présentant des performances moyennes et ayant un prix abordable. En revanche, le quad électrique est un excellent compromis. À défaut, les petites voitures citadines type Twizy et les voiturettes de golf peuvent assurer des petits déplacements ponctuels. Dans ce cas, il est important de prévoir également des batteries électriques de rechange. Petit rappel important à ce sujet, les batteries doivent être stockées vides. Le liquide dans les batteries (généralement de l'acide sulfurique) doit être stocké dans un bidon à part et le stockage des batteries doit se faire dans un endroit sec et tempéré.

Dans le futur, en cas de pénurie généralisée, le moyen de locomotion passif le plus utile sera le vélo. Le VTT (Vélo Tout Terrain) est à préférer par rapport au vélo de route. Prévoyez dans l'idéal un VTT par personne et n'oubliez pas les équipements de rechange indispensable (chambres à air, rustines, etc.) ainsi que des casques pour minimiser les blessures en cas de chute. Si vous avez des enfants, prévoyez également des vélos de taille adulte, qu'ils seront heureux de recevoir comme cadeau de Noël, lorsqu'ils auront terminé leur croissance. Les chevaux, les ânes, les chameaux, les dromadaires et les bœufs seront également largement utilisés pour le transport des personnes et des marchandises. Si vous décidez d'avoir des animaux pour faciliter vos transports, il vous faudra prévoir les équipements pour le transport des personnes et des marchandises (selles, carrioles, etc.). Veillez bien à avoir suffisamment de nourriture pour eux, en disposant de surface de prairie suffisante et en disposant d'assez de fourrage pour l'hiver.

Une fois tous ces équipements en votre possession, vous serez très bien équipé pour effectuer n'importe quel déplacement hors de votre BAD. À l'avenir comme le transport en voiture ne sera pas aussi fréquent que pré-effondrement, vous serez alors indéniablement amené à être beaucoup plus souvent en contact direct avec la Nature. D'ailleurs, ce constat se vérifie tant pour la vie au sein de la BAD que pour les différents déplacements que vous pourrez être amené à faire.

La survie en milieu naturel

Pour comprendre l'importance d'avoir une BAD, il faut bien comprendre les principaux dangers et scénarii possibles pour la personne qui déciderait de s'en passer. Qui dit vivre sans BAD, dit vivre soit dans un lieu totalement exposé (appartement en centre-ville), soit au contact direct de la Nature (« camping » dans les bois).

De nos jours, la société occidentale traditionnelle, par son objectif de croissance infinie et ses comportements de pillage des ressources, se considère supérieure à la Nature. Ce comportement de prédominance collective se traduit également sous forme individuelle. La première conséquence individuelle directe est que l'individu bien intégré à la société actuelle surestime largement ses capacités de survie en milieu naturel, principalement à cause de son manque de connaissance et d'entrainement. Ainsi, certains pensent qu'ils n'ont pas besoin de se préparer aux conséquences de l'effondrement et que lorsque cela arrivera, ils seront capables de rapidement trouver un moyen de survivre. En théorie, aller vivre au plein milieu de la Nature, au fin fond d'une forêt, avec un couteau et quelques boîtes de conserve leur semble être une stratégie suffisante pour survivre sur le long-terme. En pratique, ces personnes seront les premières à mourir en période d'effondrement, principalement à cause des raisons suivantes :

- Elles se déplaceront sans avoir de lieu précis où aller
- Elles n'auront pas organisé précisément leur déplacement et risqueront d'être agressées
- Elles n'auront pas un semblant de sac d'évacuation d'urgence avec elles
- Elles n'auront pas d'expériences et de connaissances de la survie en milieu sauvage
- Une fois affamé, elles chercheront à voler de la nourriture et se feront abattre

Pour d'autres, vivre en contact avec la Nature est dépassé. Pour eux, vivre à la campagne ou dans la Nature hors du système peut paraître d'un autre temps : du temps du Moyen-Âge. Ceux-là resteront chez eux, surement dans une zone exposée, et attendront l'aide de l'État, qui ne viendra jamais...

Le style de vie dans une BAD en période d'effondrement est bien différent du style de vie occidental du citadin moyen. Cette différence se traduit en premier lieu en termes de mentalité (humilité) et en termes d'organisation. Vous savez maintenant que la stratégie de survie à mettre en place est totalement différente de celles qui viennent d'être évoquées (si toutefois on peut parler de stratégies). Vous savez qu'il est nécessaire d'avoir un endroit stable où habiter et où il est possible d'auto-produire toutes les ressources nécessaires à la survie de votre communauté. Vous savez que sans BAD, en pleine cambrousse, la survie sur le moyen et long terme est impossible. Dans notre stratégie, la Nature est d'ailleurs considérée comme une source alimentaire secondaire, une source de secours, bien qu'indirectement, elle est à l'origine de la source alimentaire première qui est : l'agriculture. Alors, d'une manière ou d'une autre, la reconnexion à la Nature est indispensable pour toutes les personnes qui souhaitent survivre sur le long terme. Cette partie a donc pour but de vous apporter ou vous rappeler les informations de base pour survivre au sein d'une Nature qui est à la fois belle et productive et à la fois dangereuse. De plus, avoir les connaissances de base de la survie en milieu naturel pourrait vous permettre de rester en vie lors de vos déplacements ponctuels et définitifs.

Lorsque l'on évoque le terme de survie en milieu sauvage ou naturel, l'inconscient collectif, quelque peu aidé par les films Hollywoodiens, nous fait apparaître l'image du mercenaire-ex-agent-des-forces-spéciales hyper musclé type Rambo. Dans la même idée, lorsque l'on demande quels sont les principaux dangers à la survie en milieu sauvage, la majorité des personnes évoque l'attaque d'une bête sauvage (ours, loup, lion,...). En réalité, vous allez voir que les principales causes de mortalité des randonneurs égarés sont bien différentes que celles évoquées précédemment.

Les trois causes principales de mort dans le milieu sauvage pour l'Homme sont :
- L'hypothermie
- L'hyperthermie
- La déshydratation

Analysons en détails ces trois principaux ennemis à votre survie.
Commençons par l'hypothermie.
Dans l'imaginaire collectif, l'hypothermie s'obtient uniquement lorsque la température extérieure est très basse comme par exemple de -10°C. En réalité, vous pouvez mourir d'hypothermie avec une température extérieure de 30°C ! Le phénomène d'hypothermie se produit lorsque la température de votre corps est trop basse, inférieure à sa température moyenne de 37,5°C. Alors vous vous demandez surement comment peut-on faire baisser la température de son corps sans que l'air ambiant soit très froid. Et pourtant, il est vraiment possible de mourir de froid avec une température extérieur de 30°C. Pour cela,

vous avez besoin d'une seule chose : l'eau. En effet, la conductivité thermique de l'eau (λ=0.6 W.m^{-1}.K^{-1}) est près de 23 fois supérieure à celle de l'air (λ=0.0262 W.m^{-1}.K^{-1}). Autrement dit, votre peau perd 23 fois plus de chaleur en contact avec l'eau qu'en contact avec l'air.

Exemple : *Pendant la guerre du Vietnam, l'armée américaine a remarqué que les soldats américains présentaient des « brûlures de froid » aussi appelées gerçures, au niveau des jambes, sans expliquer ce phénomène. Ce n'est que quelques temps plus tard qu'ils comprirent que cela venait du fait que les soldats passaient leur journée les pieds dans l'eau en se déplaçant dans les rizières.*

La meilleure solution pour éviter l'hypothermie n'est donc pas d'être couvert de 18 épaisseurs de vêtements mais... d'être sec et rapidement ! Peu importe l'isolation de votre corps, si cette isolation est humide alors vous pouvez toujours mourir d'hypothermie.

Les principales solutions pour éviter l'hypothermie sont :
- être toujours sec
- avoir des épaisseurs de vêtement (isolation sèche)
- minimiser les contacts peau/air ambiant (surtout au niveau de la tête)
- se protéger du vent
- être à proximité d'une source de chaleur (feu, soleil,...)
- rester toujours en mouvement
- porter des habits de couleurs sombres
- respirer dans son T-shirt
- uriner dans sa gourde et la poser sur son ventre (uniquement si l'eau ne manque pas)
- récupérer la chaleur d'un autre être vivant humain ou animal (câlin)
- Couvrir le sol avant de s'y allonger pour dormir (feuilles, branchages,...)

Poursuivons avec l'hyperthermie.

L'hyperthermie signifie que la température de votre corps devient trop élevée pour assurer un fonctionnement optimal de vos organes. En d'autres termes, l'hyperthermie est synonyme d'une surchauffe. Elle peut être due à votre environnement extérieur comme un air ambiant suffocant, un rayonnement solaire trop abondant, ou même un effort physique intense et/ou prolongé.

Les principales solutions pour éviter l'hyperthermie sont :
- réduire ses efforts physiques au maximum

- respirer profondément et calmement
- trouver un endroit avec une température ambiante faible
- se protéger des rayonnements solaires (surtout à la tête)
- beaucoup s'hydrater
- porter des vêtements de couleurs claires
- se tremper dans l'eau
- s'exposer aux vents ou aux courants d'air, même chauds
- toucher des morceaux de métal « frais »

Mais comme la Nature est bien faite, le corps humain est équipé d'une mécanique incroyable pour réduire les effets de l'hyperthermie sur le corps humain. Pour évacuer son surplus de chaleur le corps effectue une réaction chimique très importante à reconnaître. En période de surchauffe, le corps se met à <u>transpirer</u>. Le processus d'évapo-transpiration a une utilité cruciale pour le corps qui est de maintenir sa température autour de sa moyenne vitale. La transpiration est la « climatisation» du corps humain. L'eau ainsi évacuée par les pores de la peau peut se transformer en vapeur d'eau. Ce changement de phase -de liquide à vapeur- évacue de la chaleur, dite latente, qui permet d'évacuer les calories excédant aires du corps.

De plus, vous avez déjà surement fait le rapprochement pour les cas eau/hypothermie et eau/hyperthermie. Souvenez-vous que l'eau a une conductivité thermique plus importante que l'air. Ce qui signifie que l'eau présente sur votre peau grâce à la transpiration permet d'accélérer le transfert de chaleur du corps vers l'air ambiant. C'est pour cela, qu'en cas de surchauffe de votre corps il est important de ne pas sécher l'eau de la transpiration qui fait son travail de « facilitateur d'échange de calories » entre l'intérieur et l'extérieur. La conséquence directe de la transpiration est une diminution de la quantité d'eau dans le corps. Attention cependant car ce phénomène peut entrainer, avant l'hyperthermie, une mort par déshydratation. Il est donc important de beaucoup boire. Le problème est que l'eau de la gourde est rapidement chaude, si la température extérieure est importante. Et comme il n'est pas très agréable de boire de l'eau chaude et peu désaltérant lorsque l'on est proche de l'hyperthermie, je vous propose deux astuces pour remédier à ce problème.

Astuces : *Si vous possédez une gourde en métal, il vous est possible de rafraichir très facilement l'eau de votre gourde de deux manières. La première consiste à accrocher votre gourde autour d'une ficelle et de la faire tourner au-dessus de votre tête tel un lasso de cowboy. Cette* technique permet d'accélérer les échanges thermiques entre l'air et la surface de votre gourde. L'eau de la gourde va donc perdre de la chaleur et donc abaisser sa température. La deuxième astuce est à utiliser uniquement si vous possédez un stock d'eau suffisant. Elle consiste à mouiller l'extérieure de la gourde et de placer la gourde au soleil. Le phénomène thermique qui se passe ici est le même que celui du corps qui transpire. L'eau à l'extérieur de la gourde va alors s'évaporer. Le processus de changement d'état de liquide à solide demande une grande quantité d'énergie, qui sera ainsi extraite de l'eau présente dans la gourde. Ainsi, l'eau de la gourde se rafraichira.

Terminons avec <u>la déshydratation</u>.

En cas de déplacement et d'éloignement d'une source d'eau naturelle, l'accès à l'eau devient une priorité. Il n'est pas toujours évident de trouver une source d'eau et lorsque l'on en trouve une encore faut-il s'assurer qu'elle soit potable. La déshydratation limite grandement l'effort musculaire : une perte d'eau de 2% réduit la capacité physique de 20% ; un perte de 4% la réduit de 40% !

Il existe plusieurs techniques pour lutter contre la déshydratation :

- boire abondamment (lorsque vous êtes à la source)
- toujours disposer d'un stock d'eau de secours (gourde)
- garder l'eau que vous buvez le plus longtemps possible dans la bouche avant de l'avaler
- manger des fruits et des légumes fraichement cueillis
- couper certaine branche et boire l'eau contenue à l'intérieur
- récupérer l'eau présente dans l'humidité de l'air
- mâcher des feuilles vertes fraichement cueillis (attention à connaître l'espèce de l'arbre pour ne pas risquer d'effets secondaires toxiques)
- en dernier recours, boire de l'eau de mer ou son urine

Le premier marqueur du manque d'eau est le manque de salive. Dès que vous sentez que vous avez du mal à déglutir, c'est la sonnette d'alarme pour vous dire que vous devez boire et rapidement. Le manque d'eau peut rapidement avoir des conséquences d'hygiène et donc de santé pour votre bouche. Il cause également au bout de quelques heures des hallucinations et des délires. Buvez régulièrement, même quand vous n'avez pas soif. En période chaude, la sueur s'évapore sans que l'on ait l'impression de transpirer. La sueur fait non seulement perdre de l'eau mais également des sels minéraux ; la sueur étant salée à 3.5 g/l. En cas d'effort excessif pensez donc à ajouter du sel à votre nourriture ou à votre de boisson. Le sel de mer gris non raffiné est à préférer car il est plus équilibré en termes de minéraux.

J'ai longtemps recherché un outil permettant de contrecarrer les trois grandes causes de mortalité en milieu sauvage. Et je suis heureux de vous dire que mes recherches se sont révélées fructueuses. Voici à quoi ressemble ce super outil :

Peau de chamois synthétique

Vous devez très certainement vous dire que cela ressemble à une pâte à pizza et que vous ne voyez pas forcément le lien direct entre cet objet et les trois causes principales de mortalité en milieu sauvage. Cet objet symbolise très bien la survie car il est : petit, simple, efficace, léger et multi-usage. Cet équipement présente des caractéristiques similaires aux condenseurs passifs d'humidité de l'air, que nous avons étudié dans un chapitre précédent. En effet, la peau de chamois synthétique est composée d'un matériau qui lui permet d'absorber 1200% de sa masse sèche en eau. C'est l'un des matériaux les plus absorbants au monde. Ainsi, grâce à sa capacité d'absorption et de rétention, la serviette peut capter l'humidité de l'air. Une fois la peau de chamois imbibé, il suffit de la tordre pour récupérer l'eau sous sa forme liquide. Cette serviette-éponge permet alors de rester au sec (hypothermie), d'avoir facilement accès à de l'eau (déshydratation) et éventuellement de vous protéger du soleil (hyperthermie). Cet outil est indispensable en cas de survie en milieu sauvage, il vous faudra donc le prévoir dans votre sac d'évacuation. À défaut de posséder une peau de chamois synthétique, vous pourrez opter pour des serviettes fines type « séchage rapide », qui vous permettront surtout d'être sec rapidement.

Maintenant que vous connaissez les principaux dangers de la survie en milieu naturel, l'idéal est encore d'anticiper ce genre d'évènement afin de s'en protéger. Dans cette même idée, prévoir les conditions météorologiques peut donc être très utile à votre survie d'un point de vue de vos déplacements. Lors de déplacements sous la pluie, les probabilités de mort ou de blessure augmentent considérablement. Vous pourriez par exemple glisser et vous blesser, vous embourber dans une zone marécageuse ou bien avoir du mal à démarrer un feu pour vous réchauffer.

Le tableau suivant présente quelques faits à observer si vous souhaitez anticiper les conditions météorologiques de votre zone.

Consignes de base à observer pour prévoir les conditions météorologiques		
	Beau temps	**Risque de pluie**
Rosée	Présence	Absence
Brouillard	Nuit et matin	Après-midi
Nuages	Blanc, plus ou moins isolés (cumulus) : fin d'un front froid En filaments, très hauts dans le ciel (cirrus) : début d'un front à pluies possible par la suite	Gris, denses, en couches (stratus) ou en bourrelets (nimbostratus). En masses élevées (cumulonimbus) à orage
Ciel	Rougeoyant le soir	Rougeoyant le matin
Pression	Haute	Base
Fumée	S'élève tout droit	A tendance à stagner
Son	Habituel	Porte plus loin, vient souvent particulièrement fort de l'Ouest
Vue	Habituelle	Les objets éloignés se rapprochent
Odeurs	Habituelles	Exaltées
Insectes	Abeilles actives	Insectes divers très actifs, comme excités

Le dernier point sur le thème de la survie en milieu naturel qui sera traité est celui de <u>la furtivité</u>, parfois nécessaire en cas d'évacuation.

Dans le cas d'une fuite face à un danger ou même pour simplement optimiser sa discrétion, il peut en effet être pertinent d'éviter de laisser trop d'indice derrière vous. Pour rester un minimum furtif, gardez en tête le moyen mémo-technique : <u>BOLT</u> (comme Usain), non pas pour prendre vos jambes à votre coups (quoi que) mais pour : <u>Bruit, Odeur, Lumière, Trace</u>. Ces 4 points représentent les 4 points cardinaux de la furtivité en milieu sauvage. Vous devrez faire le moins de bruit possible et faire attention aux chocs d'objets métalliques dans votre sac à dos, évitez également de parler trop fort si vous êtes plusieurs. Ensuite, évitez de marcher dans la terre boueuse, préférez des endroits caillouteux, bitumineux ou un tapis de feuilles mortes pour éviter de laisser vos empreintes dans le sol. Enfin, évitez de faire des feux, à cause du Bruit, de l'Odeur, de la Lumière et des Traces qu'ils occasionnent.

De manière plus générale, les principales connaissances de survie en milieu sauvage à posséder sont :

- Savoir s'orienter
- Connaître les principaux risques mortels
- Prévoir les conditions météorologiques
- Savoir se confectionner un abri
- Savoir-faire du feu même sans équipement traditionnel (allumettes, briquets, pierre-à-feu)
- Connaître les plantes et champignons sauvages comestibles et médicinales de votre région
- Connaître les techniques de chasse avec et sans équipements
- Connaître les techniques de pêche avec et sans équipements (pêche à la main en rivière)

Bien sûr, les dangers potentiels en milieu sauvage et les connaissances à avoir pour y survivre sont encore très nombreux. Mais vous saurez maintenant reconnaître les dangers les plus souvent rencontrés. Vous possédez une base solide de connaissance sur la survie en milieu naturel ou à proximité de celui-ci. Il est important de considérer la Nature comme un partenaire de votre survie. La Nature sait être très généreuse pour la personne qui a appris à reconnaître ces trésors et appris à la respecter. Attention, cependant car sans les connaissances nécessaires, ce partenaire de votre survie se transforme rapidement en ennemi mortel.

Les métiers

Les métiers en lien avec le thème du déplacement et du transport seront les métiers liés à :
- la production de « carburants » (électricité, éthanol, etc.)
- la fabrication de moyen de locomotion électrique (quad, vélo, moto, etc.)
- la possession de chevaux, d'ânes et de bœufs
- la fabrication et la réparation de charrette
- la fabrication et la réparation de vélo (VTT)
- la fabrication et la réparation de bateau électrique ou à vapeur
- la connaissance des stratégies de déplacement
- la vente d'équipements liés aux déplacements (cartes, boussoles, etc.)
- la connaissance de la survie en milieu naturel
- la formation aux métiers précédents

Les connaissances brutes liées à la survie en milieu naturel nécessitent du temps d'apprentissage. Ne brûlez pas les étapes. Acheter le maximum de livre que vous pouvez sur ce sujet. L'atout numéro 1 à avoir en cas de survie en milieu sauvage est l'adaptation, que l'on pourrait appeler également : débrouillardise. Cette compétence, qui est en réalité le fait d'avoir un état d'esprit vif et dynamique, s'acquiert principalement par l'entrainement et peut servir dans de nombreux « métiers » post-effondrement. Les principaux métiers demandant de la débrouillardise seront ceux liés à la recherche de cachette ou de lieu sûr pour pouvoir vivre (exemple : zone d'implantation de BAD), ainsi que la recherche et le recyclage d'équipements et d'objets divers.

Post-effondrement, la personne réaliste-optimiste, travailleuse, déterminée et débrouillarde aura toujours une probabilité de survie bien supérieure à la moyenne. Et cela peu importe sa situation et les conditions extérieures traversées.

SYNTHÈSE DE LA STRATÉGIE DE SURVIE GLOBALE

Félicitations, vous êtes arrivés à la fin de votre apprentissage. Vous connaissez maintenant les principaux équipements et les connaissances prioritaires à posséder. Mais, la plus grande connaissance acquise est : de connaître la stratégie de survie globale à adopter. En effet, vous êtes mieux armé intellectuellement que 99% des personnes pour survivre, et même « mieux-vivre », aux événements futurs. Vous savez maintenant que le but de la survie n'est pas de détruire mais au contraire de construire. Il est de se protéger et non d'attaquer. Vous savez également que l'auto-production est la clé pour pouvoir survivre sur le long terme et que les échanges ne sont qu'un moyen d'enrichissement secondaire. Enfin, vous savez que le fait d'avoir des connaissances est essentiel mais que cela ne suffit pas. Il faut également faire preuve d'intelligence : faire le lien entre toutes les connaissances acquises pour créer de nouvelles connaissances par vous-même (auto-production intellectuelle, aussi appelée : invention, création ou imagination).

Le monde de demain sera radicalement différent de celui pré-effondrement. Demain, le contact avec les éléments naturels sera probablement plus présent. Demain, il faudra d'avantage recycler et réparer que simplement consommer et jeter. Ceux qui seront préparés aux événements futurs et qui comprendront ce qui se passe, survivront. Les survivants auront compris l'importance de s'adapter, d'apprendre et d'acquérir rapidement un nouveau style de vie, sans nostalgie de l'ancien modèle. Les survivants auront compris également l'importance de posséder du capital productif tant matériel qu'immatériel. Mais le plus gros talent des survivants de demain est qu'ils auront compris qu'ils devront appliquer leurs connaissances et compétences de manière pratique et ne pas seulement se contenter de la théorie. Ils auront compris qu'avoir un bien matériel, sans avoir les connaissances pour s'en servir est inutile voire dangereux, et qu'à l'inverse, avoir des connaissances théoriques sans jamais passer à l'action est également totalement inutile et tout aussi dangereux pour leur survie. Ils auront compris que le matériel seul, ne les sauvera pas, la théorie seule non plus. Pour survivre, ils devront associer la théorie et le pratique, trouver le juste milieu entre les deux et avancer progressivement dans la mise en pratique de leur stratégie de survie. Apprendre quelque chose et l'appliquer deviendront leur nouvelle occupation principale. Ils auront toujours ce besoin de prouver que les connaissances qu'ils ont sont suffisantes pour leur survie et celles de leur communauté. Et contrairement à la majorité des personnes, ils accepteront de voir LA vérité en face et de s'adapter à LA réalité extérieure. Ils se différencieront de 95% des autres personnes sur ce point, qui elles resteront bloquées dans une phase de déni ou subiront les conséquences de l'effondrement au jour le jour. Les survivants de demain seront acteur de LA réalité et non pas ses victimes. Ils auront compris l'importance de ne pas baser leur stratégie de survie que sur des croyances déconnectées du réel. Il est vrai qu'il formidable de pouvoir avoir des idées personnelles sur certains sujets et d'être optimiste, mais à l'avenir, il ne faudra pas vivre dans un monde déconnecté de la réalité. Nous vivons dans un monde physique avec des lois physiques et il est donc nécessaire de trouver <u>un juste milieu entre croyance (espoir) et réalité</u>. Trouver le 50/50 vous permettra le plus souvent de ne jamais tomber dans l'excès, de toujours être en alignement avec vous-même et en lien avec votre environnement extérieur.

Encore une fois, prenez conscience dès à présent que vous possédez le capital immatériel qui a le plus de valeur en période de survie et qui est : <u>la stratégie à mettre en place pour survivre</u> ! Vous savez quoi faire et comme il est commun de le dire : « *il n'y a plus qu'à…* ». En mettant en pratique ce que vous avez appris, votre probabilité de survie sera très élevée. Vous êtes donc maintenant capable de survivre à l'effondrement et à ses conséquences directes, cependant, il vous reste encore quelques informations à connaître pour être totalement apte à survivre aux événements futurs et plus particulièrement à ce que certains appellent : « <u>le Nouvel Ordre Mondial</u> ».

Les informations que vous allez recevoir à partir de maintenant vous permettront de renforcer votre force mentale et d'augmenter votre intelligence, afin de ne pas être trop surpris par les éventuels événements futurs. Poursuivons donc notre enrichissement immatériel.

IV) QUELQUES RÈGLES DE SURVIE DE BASE

C es quelques règles sont des règles de base de la survie. Elles sont courtes et faciles à retenir, même en période de confusion ou de stress intense. Ces règles générales vous aideront à vous rappeler les points clefs pour survivre à l'avenir.

> **Règle n°1 : Vous êtes le seul responsable de votre survie**

Cette règle est la plus importante de toute en matière de survie. Et si vous ne deviez retenir qu'une seule chose de cette formation alors, je vous conseille de retenir cette règle. Elle vous évitera beaucoup de souffrances, croyez-moi ! Soyez acteur de votre survie et non pas spectateur !

Pour illustrer cette idée, sachez que si vous vivez dans un pays avec un système à répartition et que vous avez moins de 50 ans, il est fort probable que vous ne toucherez aucune retraite de la part de votre gouvernement. Dans le même registre, tous les soins médicaux remboursés par votre « sécurité sociale » pourraient ne plus l'être très bientôt !

À l'avenir, à cause de l'effondrement, votre gouvernement (national et/ou mondial) ne pourra que vous abandonner et/ou vous soumettre ! Bien que cela semble effrayant, il vaut mieux être un peu effrayé, surtout quand on sait comment se préparer, que totalement démunis lorsqu'il sera trop pour se préparer.

D'ailleurs, les exemples historiques renforçant la thèse d'être indépendant de son gouvernement sont nombreux. Pour illustrer ce propos, voici quelques rappels historiques sur les agissements de certains gouvernements envers leur propre peuple :

> Allemagne (1939-1945) :

Après une crise économique en Allemagne, Hitler devient chancelier allemand en 1933. En 1939, la Seconde Guerre Mondiale est déclenchée. En plus des millions de soldats et civils morts, le régime politique NAZI met en place une stratégie d'élimination des « indésirables » d'Europe.

Les chiffres officiels estiment qu'entre 3 à 6 millions de juifs sont morts pendant cette période.

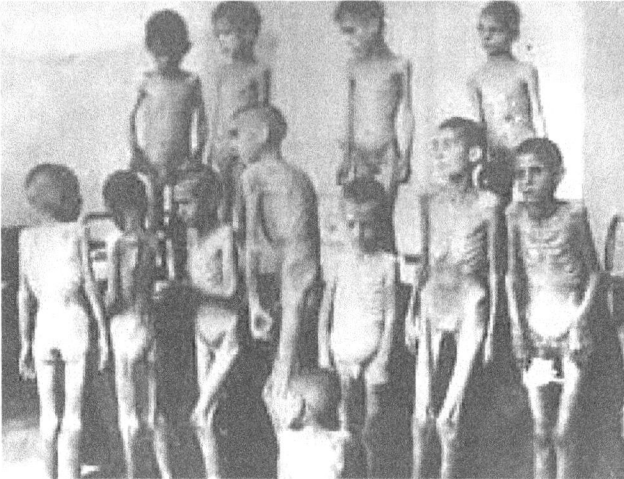

Conséquences du régime NAZI sur une partie de sa population

➢ <u>URSS (1922-1953)</u> :

Par son système de collectivisation agricole, Joseph Staline créa d'immense famine au sein de son peuple. En plus des famines, il fit exécuter tous les plus ardents opposants à son régime. Il créa les camps de travail et d'extermination (Goulags) pour ceux qui ne suivaient pas ce qu'il disait à la lettre. En tout, un Soviétique adulte sur cinq connut le Goulag de par la politique stalinienne. Des gens disparurent pour avoir mal orthographié le nom de Staline ou pour avoir enveloppé un pot de fleurs avec une page de journal comprenant sa photo… Le dictateur serait responsable de la mort d'environ <u>20 millions de Russes</u> pendant ses <u>32 ans de règne</u>. Staline a également été un chef de propagande hors-pair. Il a parfaitement su cultiver son image de « Sauveur » alors qu'il réduisit progressivement son peuple à l'esclavage par la faim et par la terreur.

➢ <u>Ukraine/Kazakhstan (1932-1933)</u> :

Le génocide ukrainien a également été appelé « Holodomor » ou « extermination par la faim ». Entre 1932 et 1933, les différentes estimations s'arrêtent sur une fourchette de 3 et 5 millions de morts, ce qui équivaut à environ 20% de la population de l'époque pour l'Ukraine. Le Kazakhstan a également subit le même sort que ces voisins avec une perte estimée entre 33 et 38% de sa population. Derrière cette tragédie, un seul homme et toujours le même : Joseph Staline, qui décida de supprimer la nourriture au peuple de la région par la mise en place des mêmes techniques collectivistes qu'en URSS. Le dictateur est mort en 1953. Depuis 2006, cette tragédie a été considérée comme génocide bien que cela soit encore contesté par les gouvernements de la Russie et du Kazakhstan.

> États-Unis (1942-1945) :

Suite à l'attaque japonaise de Pearl Harbor en 1941 contre la flotte américaine, les États-Unis rentre officiellement dans la Seconde Guerre mondiale. À la suite de cette attaque, le gouvernement des États-Unis renforce le sentiment anti-japonais dans la population américaine, même à l'encontre des nippo-américains bien intégrés. Dès février 1942, deux mois après l'attaque de Pearl Harbor, c'est 120 313 civils ressortissants japonais et américains d'origine japonaise, de tout âge, qui sont envoyés de force dans des camps de concentration appelés « War Relocation Camps ». L'armée américaine a été chargée de rafler tous les japonais de la côte Ouest et de les transporter par camion dans ces camps situés la plupart du temps dans une zone semi-désertique.

Cela avait commencé par des mesures de couvre-feu, le blocage des comptes bancaires et l'interdiction de s'éloigner de 5 miles autour de sa maison. Après avoir été embarqués, les américains originaires du Japon comparaissaient devant le *« Conseil d'évaluation du loyalisme de la Commission de contrôle des ressortissants d'un pays ennemi »*. Ils seront ensuite dispersés dans différents camps, les familles étant séparées, avec un matricule dans le dos.

À leur sortie en 1945, donc environ 3 années plus tard, les déportés reçoivent un ticket de bus et la modique somme de 25 dollars, versés en espèces. Ces aides correspondaient à celles allouées aux criminels sortant de prison. Ce n'est seulement qu'en 1988, soit 43 ans plus tard, que le Congrès présenta ses excuses aux survivants et leur accorda une compensation personnelle de 20 000 $ par prisonnier toujours vivant.

Conséquences du régime américain de l'époque sur une partie de sa population

> Chine (1949-1976) :

Le parti communiste chinois a pris le pouvoir en 1949. Les stratégies politiques de Mao Tsé-Toung ont été responsables de terribles famines à travers le pays. D'autre part, le leader faisait régner la terreur en assassinant tous ses opposants et en envoyant dans les camps de travail forcé ceux qui les soutenaient. D'importantes révoltes populaires se sont également terminées dans des bains de sang. Le régime autoritaire aura duré jusqu'à la mort du dictateur en 1976. Cette situation en Chine a donc durée près de 27 années ! Au total, le Parti Communiste aurait exterminé entre 50 et 70 millions de personnes. C'est le plus grand nombre de victime de l'histoire humaine d'un dirigeant envers son propre peuple en temps de « Paix » !

Conséquences du Parti Communiste Chinois sur une partie de sa population

> Cambodge (1975-1979)

Le régime des khmers rouges dirigé par Pol Pot a été une dictature d'une rare violence. Les photographies datant de cette époque sont simplement ignobles. Les estimations du nombre de morts varient entre 1,7 et 3 millions de morts. Pour vous donner un ordre d'idée, cela représente <u>entre 21% et 35% de la population cambodgienne de l'époque.</u>

Conséquences du régime des khmers rouges sur une partie de sa population

Le nombre d'exemple où le gouvernement exécute son propre peuple est plus important que ce que nous en racontent les livres d'histoire officiels. Tous les exemples ne peuvent être traités ici. Rappelons-nous cependant, à titre d'information, que la plus grande extermination de l'histoire connue, en terme de nombre de mort, est celle des amérindiens par les futurs américains qui étaient principalement à l'époque anglais, espagnol et français. Entre 80 et 100 millions d'hommes, de femmes et d'enfants ont perdu la vie au cours de ce génocide. Pour comparaison la population allemande est d'environ 81 millions de personnes, en 2016.

Tous ces exemples historiques sont assez nombreux pour nous rappeler que la question de la survie est avant tout une responsabilité individuelle. Autrement dit, ni Dieu, ni l'État, ni la police, ni les pompiers, ni personne ne viendra vous sauver pendant et après l'effondrement.

Les États n'ont pas pour habitude de sauver leur propre peuple, c'est même tout le contraire, vous ne devez avoir AUCUN DOUTE à ce sujet. Souvenez-vous toujours que le gouvernement peut vous tuer de bien des manières différentes (massacres, enfermements, famines, guerres, mauvaises gestions politique et économique, etc.). Soyez le seul responsable de votre survie ! Travaillez dès maintenant votre indépendance envers votre gouvernement !

➤ Règle n°2 : Anticipation vaut mieux que réaction

Plus vous êtes préparé à un évènement, meilleur vous serez physiquement, intellectuellement et émotionnellement lorsque l'événement surviendra. Le meilleur exemple pour prouver l'importance de l'anticipation est l'entrainement qu'effectue un sportif pour se préparer à une compétition. L'athlète s'entraine dans le but d'augmenter ses performances, tant physique que mentale, pour pouvoir remporter la première place le jour J. Personne n'est jamais devenu performant dans son art ou son sport facilement et rapidement, l'entrainement est toujours un passage obligé pour la victoire. La victoire aime l'effort !

Dans notre cas, le résultat, la victoire que nous souhaitons atteindre est le fait de survivre aux événements futurs. Comme il serait illusoire de vouloir gagner le trophée pour un sportif non-entrainé, il est illusoire pour vous de vouloir survivre aux conséquences d'un effondrement de nos sociétés sans aucune préparation mentale, émotionnelle, intellectuelle, matérielle et physique.

Tous les Hommes ayant une tendance à la paresse par nature, l'Homme va alors se questionner pour savoir si le goût de la victoire (de la survie) sera supérieur au goût des efforts nécessaires à cette victoire (préparation). L'Homme plonge alors dans un doute immense sur la possibilité ou non qu'un effondrement ait vraiment lieu, comme c'est peut-être le cas pour vous à l'heure actuelle.

Afin de lever tout doute et de voir s'il est préférable de se préparer ou non aux conséquences d'un effondrement des nations, il est possible de réaliser une évaluation et une gestion du risque (risk management en anglais). Pour évaluer les risques portant sur la préparation à l'effondrement, nous allons prendre deux scenarii, chacun comportant deux sous-scénarii :

> Scénario 1A : l'effondrement n'a pas lieu et vous n'êtes pas préparé

Dans ce cas, votre vie ne change pas. Rien ne se passe, aucun changement et risque majeur n'est à répertorier.

> Scénario 1B : l'effondrement n'a pas lieu et vous vous êtes préparé

Les pires conséquences qui peuvent vous arriver sont :
- d'avoir perdu un peu d'argent,
- d'avoir perdu un peu de temps,
- d'être passé pour une personne « paranoïaque » aux yeux de votre entourage

Aucune conséquence grave n'est à répertorier. Seuls l'orgueil et la crédibilité peuvent en prendre en coup.

> Scénario 2A : l'effondrement a lieu et vous n'êtes pas préparé

Les pires conséquences qui peuvent vous arriver sont :
- une perte de repère totale
- une culpabilité gigantesque de ne pas avoir anticipé
- une mauvaise gestion de vos émotions
- des souffrances pour vous et vos proches
- une probabilité de mort pour vous et vos proches maximale

> ➤ Scénario 2B : l'effondrement a lieu et vous vous êtes préparé

Les pires conséquences qui peuvent vous arriver sont :
- de ne pas être surpris et de contrôler vos émotions
- de ne pas être prêt à 100% mais vous savez quoi faire pour finaliser votre préparation
- d'avoir une probabilité de survie très nettement supérieure à la moyenne
- de savoir comment protéger vos proches
- de passer pour « la personne la plus intelligente du monde » et pour un « super-héros » aux yeux de votre entourage

En comparant les différents scénarii précédents, il possible de se rendre compte que les pires conséquences en terme de survie sont celles du scénario 2A, avec un effondrement qui a lieu et aucune préparation. Dans le scénario 2B, les risques sont toujours présents mais bien moindre que le scénario 2A. Le scénario 1A ne présente aucun risque et le scénario 1B comporte des risques quasi-inexistants et tout à fait acceptables.

En d'autres termes, le fait de ne pas se préparer à l'effondrement des nations et à ses conséquences comporte des risques beaucoup plus importants et graves que le fait de s'y préparer. Le seul vrai risque est donc de ne rien prévoir et de ne rien anticiper. Dans ce cas, la chute sera brutale et la probabilité de mort sera importante tant pour vous que vos proches. Pour survivre à l'effondrement à venir, l'anticipation et la préparation sont indispensables. Comme j'aime le dire, <u>il vaut mieux être prêt 1 an en avance que 1 seconde en retard</u> !

Gardez toujours à l'esprit que même post-effondrement, vous devez anticiper au maximum les évènements qui pourraient vous nuire. Pensez bien à évaluer les principales conséquences de vos choix (ou de vos non-choix) futurs, avant de les faire. <u>Visualisez toujours en priorité « la perte »</u> (ce que vous perdrez) avant de voir « le gain » (ce que vous gagnerez). Si le risque de perte est trop important alors, si possible, réduisez ce risque ou bien, si c'est impossible, ne faites rien ! L'anticipation des évènements futurs ne pourra qu'améliorer votre gestion du risque (risk management) et donc vos chances de survie. Si la planification et l'anticipation sont fondamentales pour survivre, il ne faudra toutefois pas oublier que des évènements non-anticipés pourront toujours arriver. Dans un tel cas de figure, il vous faudra alors faire preuve de résilience...

> ### Règle n°3 : Faire preuve de résilience

Les évènements imprévus arrivent par définition sans que l'on ait eu le temps de les anticiper suffisamment. La préparation parfaite n'existe donc pas, car il y aura toujours des imprévus. Peu importe votre niveau de préparation, vous ne serez jamais assez bien préparé aux événements à venir, ceci est un fait et il faut l'accepter. La meilleure chose à faire face à un imprévu est de faire preuve de résilience.

La notion de résilience provient à la base de l'étude de la résistance des matériaux. Le terme a ensuite été adapté à la psychologie humaine et à bien d'autres domaines. La résilience désigne la capacité pour un corps, un organisme, une organisation ou un système quelconque à retrouver ses propriétés initiales après une altération. La résilience est en quelque sorte synonyme d'adaptation sauf que par définition l'adaptation se fait sur le court-terme alors que la résilience à une notion plus sur le long-terme. Autrement dit, la notion de résilience peut être décomposée en deux phases qui sont : l'adaptation et la recherche de stabilité.

Pour le domaine de la survie, la résilience peut être décomposée en trois catégories :
- L'intérieur de soi
- L'extérieur de soi
- Les autres

Au départ, la résilience doit être intérieure à soi. Cela représente toute la partie sur la gestion du mental et de l'émotionnel, ainsi que l'intelligence nécessaire pour mettre en place la stratégie de survie. Ensuite, la résilience doit être extérieure et matérielle. Il s'agit ici d'appliquer la stratégie de survie et de rechercher l'autonomie et l'indépendance envers le système. Enfin, vous devez créer une communauté résiliente composée de personnes faisant preuve de résilience intérieure et participant à aux résiliences collectives intérieure et extérieure.

Le fait d'avoir une stratégie résiliente permet d'avoir une stratégie « souple » qui s'adapte en fonction des aléas. Gardez-toujours à l'esprit que la préparation et l'anticipation doivent laisser de la place à l'adaptation. L'idée principale à comprendre ici est qu'il faut toujours garder du lien avec le réel et être prêt à modifier votre stratégie de survie de base, si les conditions extérieures vous le demandent. Pour prendre une image, votre stratégie doit être comme le bambou dans la tempête qui plie, mais ne rompt pas. Vous aurez des tempêtes, vous aurez des imprévus, préparez-vous psychologiquement à y réagir !

> ### Règle n°4 : La règle des 3-3

3 minutes sans respirer, 3 jours sans boire, 3 semaines sans manger...

> ### Règle n°5 : La règle des 3-C

Face à une agression physique, vous devez d'abord Courir, si ce n'est pas possible ou trop dangereux, vous devez vous Cacher, si cela ne suffit pas, vous devrez Combattre. En cas d'attaque, retenez : Courir, se Cacher, Combattre.

> ### Règle n°6 : Rien ne vaut la pratique

Dans la règle n°2, nous avons vu qu'il vaut mieux anticiper les événements plutôt que de les subir. La règle n°6 est complémentaire cette règle car, s'il est vrai qu'il faut toujours anticiper pour ne pas subir, il ne suffit pas de savoir ce qui va se passer. En effet, la théorie sans la pratique n'a aucune utilité. De plus, si vous anticipez certains événements susceptibles de vous impacter plus que d'autres, vous devez vous préparer spécifiquement en fonction de vos anticipations.

« On n'est pas le meilleur quand on le croit mais quand on le sait »

La pratique est le seul moyen de savoir si vous êtes suffisamment prêt. Rien n'est jamais parfait et surtout au démarrage mais ce n'est pas grave. La mise en pratique rapide vous permettra de voir les points à améliorer dans votre stratégie de survie. Ne vous contentez jamais de savoir, vous devez toujours appliquer vos connaissances et associer au maximum théorie et pratique. Comme la nourriture que vous mangez sort à terme de votre corps, toutes les connaissances que vous laissez entrer dans votre tête doivent être « digérées » par votre cerveau. Le passage de la théorie à la pratique prend toujours un certain temps, qui peut être plus ou moins long selon les personnes et selon les applications. De plus, une mise en pratique qui ne fonctionne pas peut rapidement vous coûter la vie ; exemples : rater un récolte annuelle, rater une conservation d'aliment (lacto-fermentation, etc.), ne pas savoir comment réparer un équipement (vélo, fenêtre, etc.).

Donc, d'une manière générale, appliquez toujours ce que vous pensez avoir compris. Le plus grave n'est pas de se tromper ou de faire des erreurs, le plus grave, c'est de « croire » que l'on sait et de ne pas s'en assurer ! Par ailleurs, le seul repère pour « mesurer » vos compétences est : l'atteinte de résultats. Seule l'atteinte de bons résultats démontre que vous êtes suffisamment performant dans un domaine. Les résultats obtenus deviendront à la fois votre patron, votre professeur, votre maître et votre juge. Il est essentiel de comprendre et de s'imprégner de cette vérité : en survie, seuls les résultats comptent ! Il est en effet inutile de tout savoir, si rien de ce que l'on sait ne fonctionne au moment voulu. Le meilleur conseil que je puisse vous donner est donc de mettre en pratique vos connaissances/compétences acquises et d'obtenir des (bons) résultats, dès maintenant ! Apprenez, appliquez, apprenez, appliquez, apprenez...

Finalement, toutes ces règles de survie vous permettront de rapidement vous rappeler les principales démarches à mettre en œuvre pour survivre. Mais, tout cela peut encore vous sembler trop théorique ou général. Pour remédier à ce problème, il peut s'avérer très utile d'apprendre des phénomènes d'effondrement ou de crise majeure passés. C'est d'ailleurs le but de la partie suivante. Cela pourra également grandement vous aider psychologiquement car vous saurez ce que la plupart des gens ignorent : cela n'arrive pas qu'aux autres et cela c'est déjà vu (à moindre échelle) par le passé !

V) CAS PRATIQUES ET IMMERSION TOTALE

Jusqu'à maintenant vous avez acquis beaucoup de connaissances théoriques sur la stratégie de survie à mettre en œuvre, mais vous ne percevez peut-être pas encore suffisamment la réalité d'un effondrement mondial. Et après tout, cela est tout à fait normal car aucune personne dans le monde n'a déjà vécu un événement similaire à ce qui va arriver. Jamais dans l'Histoire de l'Humanité officielle, les États du monde ont été aussi endettés, jamais le pic pétrolier n'a été atteint, … etc. En revanche, certains cas historiques bien connus permettent d'observer des scénarii locaux similaires à ce que nous pourrions vivre. Il semble donc judicieux de se rappeler de ces expériences d'effondrement ou de crise majeure, pour tenter de percevoir la situation mondiale future. Embarquons donc, si vous le voulez bien, dans notre machine à remonter le temps, direction : le passé…

Monde entier – 1918 : La grippe espagnole

Je m'appelle Luisa, j'ai 16 ans, nous sommes le 2 février 1919, à Madrid.

Aujourd'hui, le papa de Marco, mon ami d'enfance, vient de mourir. Ils avaient été contaminés la semaine dernière.

Il n'y a plus de place pour enterrer tout le monde en ville. Ils construisent donc des fosses communes qu'ils remplissent des gens de la ville avec un peu de chaux au-dessus des corps. Nous n'avons plus le droit de sortir dehors car de plus en plus de gens sont contaminés. L'idéal serait d'aller à la campagne dans un lieu isolé pour éviter d'attraper le virus mais nous n'avons aucun endroit où aller, nous sommes condamner à rester au cœur de la contagion, au cœur de la ville. Dans les journaux, ils disent que la maladie s'est propagée rapidement à travers le monde et ils estiment le nombre de mort à plusieurs dizaines de millions de personnes déjà.

Je commence à avoir un peu de fièvre, je pense que j'ai été contaminé. Je ne pense pas pouvoir survivre bien longtemps. L'avantage, c'est que mes parents ne seront pas tristes de ma mort car ils se sont éteints il y a un mois déjà, à cause de la maladie. Ce qui m'inquiète le plus c'est de savoir qui va s'occuper de mon petit frère, si je meurs dans quelques jours. Nous n'avons plus aucune autre personne de la famille en vie...

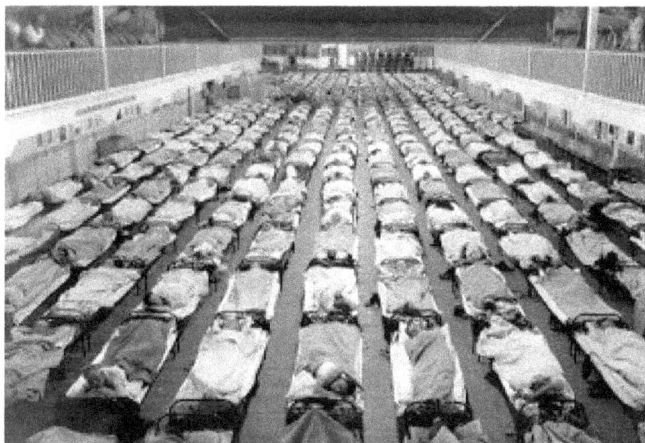

Conséquences de la grippe espagnole

États-Unis – 1929 : La Grande Dépression

Je m'appelle Victoria, j'ai 12 ans, nous sommes le 5 mars 1930 à New York.

Au milieu de l'après-midi, alors que nous étions dans la file d'attente pour manger avec maman, j'ai entendu dire, par des hommes chétifs, que notre période actuelle est appelée « la Grande Dépression ». Ils ont aussi parlé de récession économique mais je n'ai pas tout compris et lorsque j'ai demandé à maman ce que cela voulait dire, elle m'a répondu que ça voulait dire que : beaucoup de gens sont pauvres, comme nous.

Après avoir attendu environ 3 heures debout pour pouvoir manger notre seul repas de la journée : une tranche de pain rassis et un bol de riz. Nous sommes rentrés chez papy et mamy car depuis que tout le monde est pauvre, nous vivons chez eux. Je crois que comme maman ne trouve pas de travail, elle ne pouvait plus payer le loyer de notre appartement d'avant. D'ailleurs, dans la rue je vois très souvent des hommes avec des pancartes autour du cou. Ils recherchent du travail, mais je crois qu'il n'y en plus pour tout le monde.

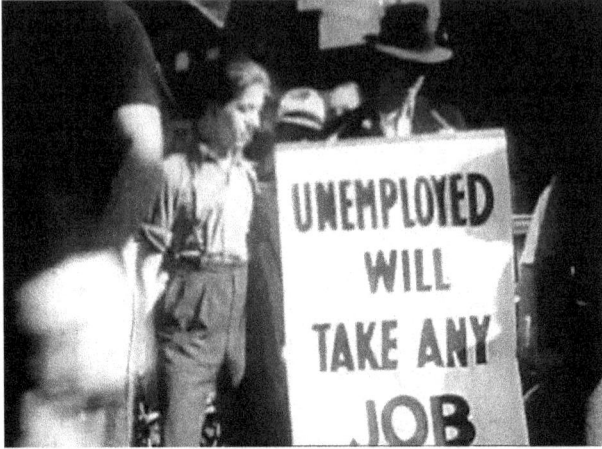

Traduction : « Sans-emploi recherche tout type de travail ».

Dernièrement, papy m'a dit que le taux de chômage s'est envolé depuis que c'est la crise. Et il m'a dit aussi que pour la grande majorité des citoyens, la soupe populaire est le seul moyen de subvenir et de manger un peu près à sa faim. D'ailleurs, je crois que nos voisin n'ont plus assez d'argent et n'ont pas assez de bon alimentaire pour la soupe populaire pour tous les membres de la famille. Ils n'ont plus le choix, ils doivent se débarrasser de leurs enfants, qu'ils ne peuvent de toute façon plus nourrir.

Traduction : « 4 enfants à vendre, renseignements à l'intérieur».

Mais personnellement ce qui m'énerve le plus, c'est de faire la queue tout le temps pour manger. En fait, il y a des files d'attente de partout dans les rues, partout, partout, partout ! Et c'est long d'attendre surtout lorsque l'on a faim ! Parfois, nous observons des violences dans la rue, parce que les personnes deviennent énervées, tout comme moi, à cause de la situation.

Conséquences de la Grande Dépression

Beaucoup de personnes sont déjà partis à la campagne pour essayer de cultiver leur propre nourriture ou dans l'espoir d'en obtenir plus facilement. Je ne sais pas s'ils s'en sortent mieux que nous....

Traduction : » Ce fermier n'est pas un assistant du gouvernement »

Nous, nous n'avons pas de lieu où aller à la campagne et nous n'avons aucun moyen de cultiver notre propre nourriture. En ville, nous sommes condamnés à dépendre de la soupe populaire pour nous nourrir. Tout ce que j'espère c'est qu'il y aura toujours la soupe populaire, sinon beaucoup de personne mourront de faim rapidement et nous en ferons partie. Je prie tous les soirs pour qu'il y ait encore quelque chose à manger à la soupe populaire du lendemain...

Allemagne – 1918-1923 : Hyper-inflation de Weimar

Je m'appelle Hanz, j'ai 18 ans, nous sommes le 1er janvier 1924 à Berlin.

Aujourd'hui, des photographes ont pris les enfants du quartier en train de faire des châteaux de liasses de billets dans la rue. Ils ont également pu rentrer chez la voisine qui brûle régulièrement les billets pour chauffer sa maison.

La monnaie ne vaut plus rien ! Seuls ceux qui ont des biens matériels ou des métiers vitaux comme épicier s'en sortent bien. Les autres sont misérables. Depuis quelques mois, les commerçants n'acceptent même plus les billets. Pour obtenir de la nourriture, il faut soit faire un échange avec autre objet physique de même valeur, soit payer avec des bijoux en or ou avec des pièces de métal anciennes en argent.

Conséquences de l'hyper-inflation de Weimar

Bien qu'étant encore jeune, j'essaye de comprendre ce qui se passe avec la monnaie du pays. Alors je suis allé demander au père de mon ami d'enfance Karl, qui est économiste. Je lui ai demandé pourquoi est-ce que nous devions nous déplacer avec des liasses de billets pour payer les choses maintenant ? Il m'a dit que cela s'appelait l'inflation. C'était un phénomène généralisé d'augmentation des prix parce que la monnaie, le Reich, n'était plus corrélé à l'or depuis 1918, m'a-t-il dit. Il m'a également appris que dans notre cas, les prix des ressources doublent tous les 4 jours !

Et puis, il m'a montré un graphique qu'il avait fait à son travail, pour que je comprenne mieux.

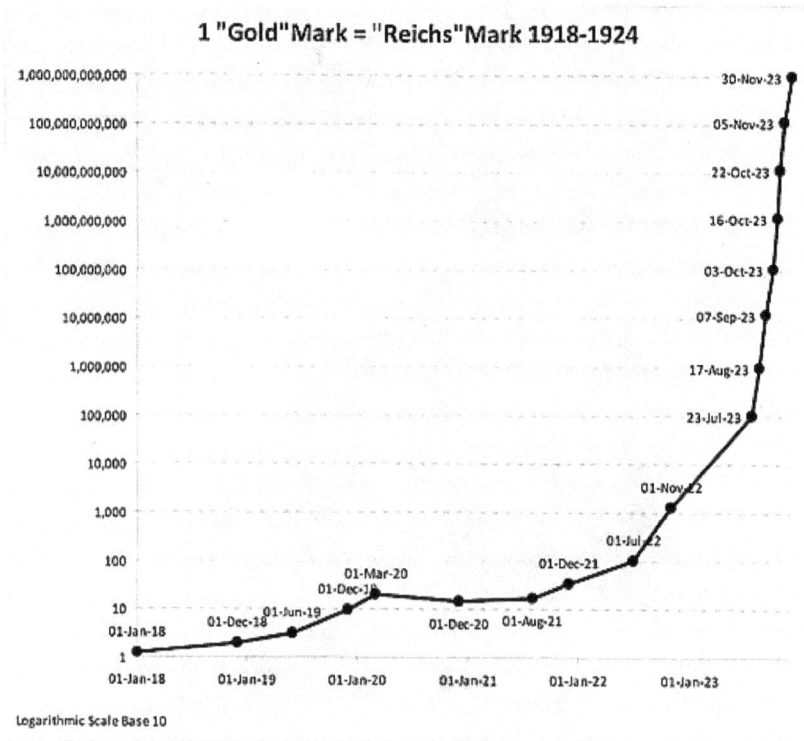

1 "Gold"Mark = "Reichs"Mark 1918-1924

Logarithmic Scale Base 10

Il m'a dit que 1 Reich Mark de 1924 valait 1 000 000 000 000 (1 000 milliard) de fois moins qu'un Reich Mark de 1918. Le gros problème m'a-t-il dit, c'est que la valeur de la monnaie se déprécie mais qu'à côté de cela les salaires de ceux qui travaillent ne sont pas multipliés par 1 000 milliard.

Cet entretien a été très instructif pour moi. Je comprenais alors pourquoi beaucoup de gens n'avait plus assez d'argent pour se nourrir et qu'il fallait aller manger à la soupe populaire. Je comprenais enfin pourquoi le père de la famille au bout de la rue s'était suicidé, il y a deux mois. Maintenant, je comprends tout, mais je ne peux rien faire pour améliorer les choses. Il est déjà trop tard !

Médaille du souvenir de l'inflation de 1923 - Traduction : 1 livre de pain : 3 milliards / 1 livre de viande : 36 milliards / 1 verre de bière : 4 milliards

Argentine – 2001 : Effondrement du système bancaire et financier

Je m'appelle Miguel. J'ai 26 ans. Nous sommes le 3 janvier 2001 à Buenos Aires. Je suis journaliste indépendant.

Le pays est plongé dans un chaos social sans précédent. Il est impossible de retirer l'argent des banques. Tous les magasins ont été pillés en quelques heures. Il est devenu normal de tuer pour quelques billets ou pour un peu de nourriture. Dans les rues, les cadavres ne sont même plus ramassés. La police est totalement dépassée. Cet effondrement total du système bancaire et financier a engrangé une guerre civile dans tout le pays. Les scènes de violences, de vols et de pillages sont quotidiennes. Un couvre-feu a été installé, il n'est plus possible de sortir dehors la nuit et de toute manière c'est devenu extrêmement dangereux. Je cherche éperdument à comprendre les causes de tout ce chaos généralisé dans le pays. Ce matin, j'ai donc décidé de me rendre à l'université de Buenos Aires, pour y rencontrer un professeur d'économie. Le professeur préfère garder l'anonymat car ce qu'il m'a dit est pour le moins choquant. Je vous révèle néanmoins ici ce qu'il m'a raconté. D'après lui, depuis 1970, le peso argentin a été fortement dévalué à quatre reprises. Il m'a donné un exemple qui m'a totalement choqué.

Il a sorti une pièce de 1 peso de sa poche et il m'a dit : « avec ceci qu'est-ce que vous pouvez vous acheter ? »

J'ai répondu : « Pas grand-chose, je ne peux même pas me payer un ticket de bus ».

Il m'a alors dit : « Exact, mais en 1970, avec 1 peso actuel vous auriez pu vous acheter 4 fois le pays ! »

J'ai demandé : « Comment ça ? »

Il m'a répondu : « La valeur de 1 peso argentin actuel est égale à la valeur de 4 fois le PIB argentin en 1970 ».

Je n'en revenais pas ! Cet exemple avait fait tilt dans ma tête mais comment cela était possible. Il m'a alors raconté que le problème avait déjà été observé en Allemagne dans les années 20. Il m'a dit que c'était parce que la valeur du peso n'était pas reliée à l'or et que c'était pour cela qu'elle pouvait fluctuer autant. Le peso avait perdu 13 zéros (10 trillions) de sa valeur initiale, en 30 ans. Autrement dit, 1 peso en 2001 vaut 10 trillions de pesos de 1970, c'est environ 4 fois le PIB annuel du pays... Cela s'appelle l'hyper-inflation.

En 1975, la première hyperinflation a eu lieu.

En 1989, le taux d'inflation a augmenté de 10 000% en une seule année.

Il m'a même dit que l'Argentine avait tout connu depuis 30 ans et pas que l'inflation et l'hyper-inflation. L'Argentine a connu en fait : des dévaluations de monnaie, des énormes échanges de dettes obligataires, une panoplie de dérivés financiers, des comptes bancaires de citoyen gelés par manque de fond et un effondrement du système bancaire et financier. C'est ce dernier point que nous vivions actuellement, m'a-t-il mentionné.

Il me racontait que les cycles se répétaient. Le fonctionnement est toujours le même, en période de prospérité, les profits sont privatisés par les banques et en période d'effondrement, les pertes sont socialisées. Lorsque tout va bien, les banques prennent des risques énormes pour faire des profits et quand la roue tourne, c'est aux petits gens de payer avec le salaire qu'ils ont si durement gagné, sous forme d'impôts et de taxes. Les gouvernements travaillent à la solde de ceux qui les ont fait élire, les banques. « Les gouvernements ne sont que des marionnettes » m'a-t-il dit très énervé.

Je lui aie alors demandé comment avons-nous pu en arriver là. Il m'a répondu que : « c'était de la faute du système financier qui était devenu trop gros, même plus gros que l'économie réelle alors qu'à la base le système financier est là pour aider et soutenir l'économie réelle. Le monde de la finance est devenu complétement fou et assoiffé d'argent et peu importe les conséquences humaines. Ce n'est pas que l'Argentine, les États-Unis ou l'Europe mais c'est le monde entier qui est menacé par encore bien pire que ce que nous vivons… Personne n'est à l'abri de l'effondrement de la finance et de l'économie mondiale… » a-t-il déclaré, en baissant la tête.

J'étais totalement choqué, je ne pensais pas que les choses pouvaient être pires que ce que nous vivions actuellement.

Je lui ai alors demandé comment est-ce qu'il prévoyait l'avenir.

Il m'a répondu cela : « Le plus inquiétant ce n'est pas les faillites des banques privées mais les faillites des États. Les dettes des États sont colossales et ne seront jamais remboursées. C'est impossible ! Les conséquences humaines d'un effondrement économique mondial seront humainement terribles. Alors l'avenir sera difficile, il est bon de se préparer sans plus attendre ! »

Cuba et Corée du Nord – 1992 : Pénurie de pétrole

Je m'appelle Pedro, j'ai 45 ans. Nous sommes le 25 décembre 1992 à La Havane.

L'URRS s'est effondrée il y a environ un an. La Guerre Froide est terminée. Cette guerre invisible opposait le monde occidental (les États-Unis et l'Europe) aux pays communistes.

Le problème pour notre pays est que toutes nos provisions en gaz et en pétrole dépendaient de nos camarades russes. Depuis plus d'un an, nous n'avons plus une seule goutte d'essence dans tout le pays.

Au début des pénuries, le gouvernement et les médias lançaient un appel quotidien disant aux citoyens de prendre leurs mesures. Le gouvernement nous a demandé de s'adapter à la situation rapidement. Le gouvernement a fourni des semences à la population. Nous devions planter des graines sur chaque parcelle de terre disponible.

Au début de l'année, le pays a manqué de nourriture mais cet hiver nous avons de la nourriture à profusion. En fait, nous n'avons jamais eu une telle abondance de nourriture dans notre pays. Tout le monde s'est rapidement mis au travail et aujourd'hui tout le monde est heureux car comme la nourriture est abondante, son prix est faible. Même les plus pauvres peuvent manger à leur faim.

Par contre, hier, en discutant avec un ami journaliste, j'ai appris que la Corée du Nord avait elle aussi connu un gros problème d'importation de pétrole. Il paraitrait que la situation est catastrophique dans le pays. À l'inverse de Cuba, le gouvernement de Corée du Nord a pris la responsabilité de la gestion du problème et a laissé croire à la population que la situation était sous contrôle. Malheureusement, ce n'était pas le cas. Au bout de quelques mois, les pénuries commençaient à naître. Maintenant, la population n'a plus assez à manger et le gouvernement ne peut plus honorer ses promesses. La population y meurt de faim...

États-Unis – 2005 : Ouragan Katrina

Je m'appelle Jim. J'ai 55 ans. Nous sommes le 1er septembre 2005 à la Nouvelle Orléans.

Les médias ont annoncé l'arrivée de l'ouragan quelques jours avant qu'il arrive. J'ai donc choisi d'emmener toute ma femme et mes deux enfants loin de la ville, bien que les services de la mairie n'est fait aucune recommandation à la population avant la veille de l'arrivée de l'ouragan, soit le 28 août.

Malheureusement, je n'ai pas été le seul à avoir eu cette idée. Nous avons été bloqués pendant plus de 24 heures sur l'autoroute. Les embouteillages étaient gigantesques. Nous avons ensuite tant bien que mal pu arriver chez ma sœur à Washington. Et nous avons pu voir à la télévision l'ouragan déferlé sur l'endroit que nous venions de quitter. Nous avons vu que la situation était proche de la guerre civile après le passage de l'ouragan, ils avaient des pillages et des vols...

Maintenant la situation est redevenue calme.

Hier j'ai donc décidé de revenir chez nous à la Nouvelle Orléans pour constater les dégâts qui sont gigantesques. Notre maison a été complétement détruite. Nous ne pouvons plus y vivre. Nous allons vivre chez ma sœur en attendant que la situation s'arrange et que l'on puisse retrouver un logement décent ici. De toute manière nous devons attendre que l'assurance nous permette de racheter une nouvelle maison. J'espère qu'il n'y aura pas de soucis de ce côté-là et que nous serons remboursés totalement.

Mais bon, nous sommes en vie et c'est bien l'essentiel. Je suis heureux d'avoir pris la décision d'aller chez ma sœur. Vu l'état de la maison, nous n'aurions pas survécu à l'ouragan en restant ici. Je suis fier d'avoir pris cette décision et d'avoir su protéger ma famille quand il le fallait. Je remercie Dieu pour cela...

Conséquences de l'ouragan Katrina

Venezuela – 2015/2016 : Hyper-inflation

Je m'appelle Daniela. J'ai 31 ans. Nous sommes le 10 janvier 2016 à Caracas.

Ce qu'il se passe dans le pays est catastrophique ! Les habitants du pays sont obligés de payer leurs besoins de première nécessité avec des liasses de billets. Il y a des queues dans toutes les banques du pays, de plusieurs heures, pour pouvoir retirer les derniers sous qu'il reste et qui fondent comme neige au soleil. Le taux d'inflation (d'augmentation des prix) est très variable selon les mois mais il se situe autour des 14%/mois. Autrement dit, chaque habitant du pays perd 14% de pouvoir d'achat par mois, sur de l'argent parfois économisé après 40 ans de dur labeur. Les gens qui vivaient déjà difficilement ne peuvent tout simplement plus subvenir à leur besoin. Les conséquences sociales et sociétales sont bien évidemment dramatiques (violences, vols, kidnapping, pillages).

Hier, trois supermarchés de la ville ont été pillés. Tous les supermarchés sont maintenant totalement vides. Seul le marché noir permet d'obtenir un peu de nourriture, mais cela ne suffit pas pour survivre. Nous sommes maintenant obligés de manger les chiens et chats errants du quartier pour survivre... Le gros problème, c'est qu'il n'y en a bientôt plus !

Nous avons faim ! Aidez-nous par pitié ! J'ai deux enfants à nourrir...

FIN

J'espère que ce petit tour d'horizon de situations passées et récentes, vous aura permis d'appréhender un peu mieux la réalité de ce à quoi peut ressembler un effondrement ou une crise majeure.

Il existe bien d'autres exemples de crise notamment à cause de guerres-pour-la-Paix ordonnées par les États-Unis dans les zones du Moyen-Orient. Bien d'autres exemples pourraient être également cités comme les nombreux génocides africains, la guerre du Vietnam, le tsunami en Indonésie, l'hyperinflation du Zimbabwe, la guerre en Ukraine, l'apartheid en Afrique du Sud, les bombes nucléaires sur Hiroshima et Nagasaki, etc., etc., etc...

Tous ces évènements passés, bien qu'ils soient des indicateurs importants, ne préjugent en rien la réalité de ce qui nous attend. Il est en effet important de s'en imprégner mais, il faut rester conscient que les événements seront obligatoirement différents car les environnements sont différents. Gardez un esprit ouvert et neuf sur toute chose et ne dîtes pas : « *je sais comment cela va se passer parce que cela s'est déjà passé ainsi* ». Attention également à ne pas avoir l'égo du héros-survivaliste qui pourrait dire : « *je vous l'avait bien dit* ». L'humilité est une arme essentielle en période de crise. Il est important de prévenir le danger mais il faut également savoir rester flexible et s'adapter à la situation, comme le roseau qui plie mais ne rompt pas. Une fois ces notions d'humilité, de résilience et de flexibilité mentale acquise, il est alors possible de tenter de décrypter plus précisément notre futur commun...

VI) QU'EST CE QUI NOUS ATTEND PROBABLEMENT ?

Avant toute chose, il est bon de se rappeler que le terme de « crise » et d' » effondrement » sont synonymes. Les deux légères différences de sens portent sur des notions de gravité et de temporalité. Un effondrement est quelque chose de plus grave et surtout censé durer plus longtemps qu'une crise. De plus, une crise laisse la possibilité de redémarrer avec le modèle existant alors qu'un effondrement ne laisse pas de « deuxième chance » au modèle. Après un effondrement, le modèle change de manière radicale soit en bien en s'améliorant, soit en mal en se détériorant. Un effondrement marque toujours la fin d'un modèle (économique, énergétique, alimentaire, etc.).

Le dictionnaire nous dit qu'un effondrement est : « *le fait d'être détruit, ruiné, abattu complètement ; ce terme est synonyme du terme d'anéantissement* ». Dans son livre nommé *Effondrement : comment les sociétés décident de leur disparition ou de leur survie*, Jared Diamond opte pour la définition suivante : » *une réduction drastique de la population humaine et/ou de la complexité politique/économique/sociale, sur une zone étendue et une durée importante* ».

Le terme d'effondrement est donc un terme utilisé à bien des usages. L'effondrement d'une société peut avoir lieu de bien des manières et peut avoir une vitesse d'exécution plus ou moins rapide selon les cas. Cette notion de « *réduction de la complexité* » est toutefois importante à appréhender et est particulièrement vérifiable à travers de nombreux exemples d'effondrement passé. Cependant, si la rupture de la complexité est un marqueur de la chute, elle n'est pas un ingrédient obligatoire. En réalité, l'effondrement global d'un système a besoin d'uniquement deux éléments pour se produire :

- Une dépendance
- Une crise

Une dépendance signifie qu'un système spécifique ne peut pas survivre sans un autre, au sein d'un système global ; il est courant de parler alors d'interdépendance.

Une crise est une rupture de stabilité du Système. Autrement dit, une crise est un événement interne ou externe au Système qui lui impose une modification majeure dans son fonctionnement. La rupture dans un monde fragile peut se faire très soudainement mais la plupart du temps, il est possible de voir des signes annonciateurs de manque de stabilité du Système. Par exemple, sur les marchés boursiers, la volatilité est un signe annonciateur de perte de repère ou de perte de confiance des investisseurs. La volatilité est par définition un manque de stabilité des cours de la bourse.

Sachant cela, il est intéressant de répertorier les principaux secteurs de notre monde actuel qui présentent une fragilité (risque de crise) et qui sont nécessaires au maintien de notre niveau de vie et/ou de survie, en tant que système fermé Humain (dépendance). De manière générale, afin de survivre, l'Humanité du XXIe siècle est dépendante d'un :
- Capital vital : la Nature (la flore et la faune terrestre et maritime), la nourriture, l'eau, les ressources d'énergie non-renouvelables, etc. ;
- Système d'échange : l'économie et la finance (les monnaies et les prix).

Ces deux systèmes fermés, qui doivent vous rappeler quelque chose (cf. Chap.2), s'articulent avec le système « Humanité » de la manière suivante :

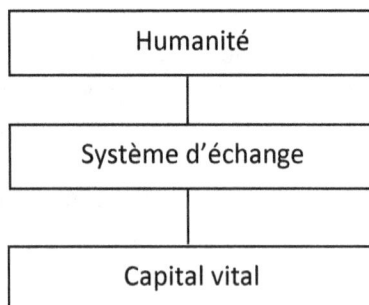

Synoptique du système global mondial actuel

Chacun des deux systèmes inférieurs à l'Humanité est essentiel pour vivre dans une société stable. Malheureusement, actuellement ces deux systèmes sont à bout de souffle. Dans le monde entier, les sols agricoles ont été détruits par l'utilisation massive de produit chimique, leur surexploitation et leur mauvaise gestion. La déforestation et le pillage des mers n'ont jamais été aussi importants qu'à notre époque. Tout notre modèle énergétique, allant du transport de nos aliments à nos modes de chauffage, est basé sur des ressources non-renouvelables bientôt épuisées. L'offre diminuant et à demande identique, le prix de ces ressources augmentera de manière exponentielle dans les années à venir. Comme il est nécessaire de dépenser 10 calories d'hydrocarbure pour produire 1 calorie alimentaire, le prix des denrées augmentera de manière dramatique dans les années futures. Enfin, le modèle économique de la croissance, définis comme modèle de base au niveau mondial, est décorrélé du fait que nous vivons dans un monde fini, avec des ressources énergétiques limitées. Pour compenser le manque de croissance, les États se sont endettés massivement jusqu'au jour où ils se rendront compte qu'ils ne pourront jamais rembourser l'argent emprunté, plus les intérêts. L'économie et la finance (le système d'échange) tiennent une place centrale dans le commerce mondial et donc dans l'accès des ressources alimentaires et énergétiques de base. C'est d'ailleurs cette place centrale et la fragilité de l'économie financiarisée d'aujourd'hui qui place l'effondrement économique à la première position des déclencheurs de l'effondrement mondial à venir. Voici un très rapide résumé de la fragilité du monde dans lequel nous vivons.

Pour résumer, le système mondial dans lequel nous vivons a un fonctionnement complexe et est composé de sous-systèmes fortement interdépendants (ressources non-renouvelable, dettes, etc.). La démographie mondiale s'illustre par une croissance exponentielle, ce qui accentue la complexité et la demande en ressources. Bref, à moins d'un virage à 180° de toutes les politiques mondiales et à moins d'un éveil de conscience très rapide et profond de la population, l'effondrement de nos sociétés dites « modernes » est <u>inévitable</u> !

Tentons maintenant de comprendre comment l'effondrement va se dérouler.

Il est fort probable que l'effondrement auquel nous allons faire face correspond aux *cinq stades de l'effondrement* exposé par Dmitry Orlov, dans le livre du même nom. Orlov a observé à travers le monde et l'Histoire les effondrements de société et principalement celui de l'URSS. Il démontre également que les États-Unis suivent la même dynamique que l'URSS, juste avant sa chute. D'après Orlov, l'effondrement d'un Système moderne suit généralement cinq stades différents qui sont :

1) L'effondrement financier
2) L'effondrement commercial
3) L'effondrement politique
4) L'effondrement social
5) L'effondrement culturel

L'autre élément à garder à l'esprit est que le monde d'aujourd'hui est interconnecté et donc tous les secteurs sont reliés les uns aux autres. Il est donc absolument certain qu'un effondrement d'un secteur clé dans un pays « riche » (États-Unis, France, Allemagne, Royaume-Uni, Russie, Chine, Japon) se traduira par un effondrement total de tous les autres pays. L'effondrement ne sera en aucun point localisé, il est/sera mondial ! L'effondrement sera d'ailleurs doublement global : global, dans le sens qu'il touchera tous les secteurs nécessaires à la survie quotidienne et global, dans le sens : vaste, étendu, mondial.

L'Humanité, dans toute son Histoire officielle, n'a jamais vécu d'effondrement généralisé comme celui-ci, il est donc difficile d'appréhender l'ampleur d'un tel scénario. Un effondrement global est 1000 fois pire qu'une crise localisée et passagère. Il faut donc se préparer à un effondrement total du Système et non à survivre à une simple crise financière ou à une pénurie alimentaire temporaire. En d'autres termes, le prochain effondrement ne sera pas la fin du monde mais, il marquera la fin d'UN monde. Le prochain effondrement transformera la civilisation humaine telle que nous l'avons connu. Il faudra se « battre » pour pouvoir y survivre et pour ceux qui y survivront, ils devront alors faire face aux phases post-effondrement qui sont :

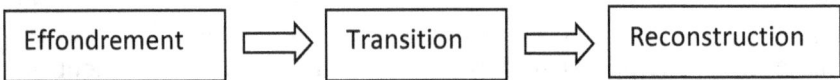

Effondrement	⟹	Transition	⟹	Reconstruction

Les étapes post-effondrement

En effet, l'effondrement n'est en réalité qu'une première étape à surmonter pour survivre. Elle est l'étape la plus importante car si vous ne survivez pas à celle-là, vous ne connaîtrez pas les autres. La période d'effondrement peut durer de quelques mois à quelques années. L'avantage d'un effondrement rapide est que les structures collectives matérielles en place (ponts, autoroutes, immeubles,...) n'ont pas le temps d'être trop délabrées, avant la transition. Le niveau de dégradation dépendra fortement de la gestion de l'effondrement.

Cependant, en cas de guerre inter-nations et avec les niveaux d'armement actuels, les destructions matérielles et les pertes humaines seront gigantesques, même dans le cas d'un effondrement très rapide (quelques jours).

Ensuite, vient la période de transition qui peut durer de quelques années à quelques dizaines d'années. À ce moment, tout le système comme nous l'avons connu est à présent de l'histoire ancienne. Le gros choc est passé mais les ondes du choc se font encore largement ressentir. Seuls ceux qui se seront correctement préparés et/ou ceux qui arriveront à s'adapter (très) rapidement survivront à cette phase.

Enfin, arrive la phase de reconstruction d'un nouveau Système. La société moderne étant principalement gouvernée par les puissances économique, financière et politique, la réinstauration de ces puissances marquera le début de cette phase. Par contre, tout laisse à croire que le nouveau Système sera pire que le Système précédent, pour les raisons que nous allons évoquer maintenant.

Pour comprendre l'avenir qui nous attend, nous décomposerons ici le processus mondial d'effondrement-transition-nouveau Système, en quatre grandes phases :

> **Phase A : L'effondrement économico-financier**

Le monde entier est pris au piège d'une situation économique et financière désastreuse, c'est ce que nous appellerons ici : l'effondrement économico-financier. Ce que beaucoup de personnes ignorent, c'est que les causes réelles de cet effondrement économico-financier datent de plusieurs dizaines d'années. Parmi les évènements historiques majeurs responsables de cet effondrement économique mondiale, il est possible de citer notamment :
- La création de la banque « fédérale » américaine (FED) en 1913
- Les accords de Bretton Woods en 1944 : le dollar devient la monnaie de réserve mondiale
- Le discours du président Nixon du 15 août 1971 : la décorrélation du dollar à l'étalon-or
- La crise financière de 2008 : le sauvetage des banques privées par les États-nations

L'effondrement économico-financier est donc lent par nature bien qu'il se soit considérablement accéléré ces dernières années. La cause principale de ce que l'on qualifie d'effondrement économico-financier est : l'endettement des nations. Si nous prenons l'exemple des États-Unis, la dette nationale du pays a doublé entre 2008 et 2016, voici un exemple concret de cette accélération ! Mais finalement qu'est-ce qu'une dette ? La dette est un pari sur l'avenir. En contractant une dette, vous pariez que vous serez capable de créer assez de richesse (croissance) pour rembourser le capital emprunté, en plus des intérêts d'emprunt. Le problème survient lorsque vous ne créez plus assez de richesse (croissance faible voire nulle), vous ne pouvez alors plus rembourser la dette contractée. Vous réempruntez alors pour rembourser vos anciennes dettes et vous tombez de plein pied dans le cercle vicieux du surendettement. Voilà la situation économique des plus grandes puissances économiques mondiales en 2016, la grande majorité des pays du monde sont massivement endettés. Mais l'endettement ne touche pas seulement les États, il touche également de grands organismes privés et principalement des banques ; les même banques où vous placez votre argent !

Le problème majeur est que toutes ces dettes impactent directement la valeur même de la monnaie. Et plus le système tient dans le temps, plus il s'endette et donc plus les conséquences de l'effondrement seront violentes. À terme, et aux vues de la gestion politique du problème, l'effondrement économico-financier total des nations est inévitable !

D'ailleurs, il est déjà possible de voir les conséquences directes de cet effondrement à travers les « mesures d'austérité » demandées aux États (aux Peuples) pour rembourser une dette qui est mathématiquement et économiquement impossible à rembourser. Ces mesures de restrictions budgétaires sont déjà largement employées à Chypre, en Grèce et dans certains pays d'Amérique Latine (Argentine, Brésil, Venezuela). Ensuite, d'un point de vue mondial et selon les hypothèses futures, deux cas de figure sont possibles :

➢ Cas n°1 : un krach boursier survient

Un krach d'ampleur historique se déclenche sur les marchés actions. S'il a lieu, ce krach boursier sera lui-même causé par un événement qui provoquera la panique sur les marchés. Cet événement déclencheur pourrait être :
- une décision ou un changement brutal d'ordre politique
- une décision ou un changement brutal d'ordre économique
- une rumeur quelconque
- un emballement des algorithmes boursiers

- un virus informatique
- une coupure d'électricité généralisée ou une attaque EMP
- un acte « terroriste » quelconque

Ce krach sera bien plus violent qu'en 2008 et il aura très rapidement des conséquences mondiales. Le monde entier entrera officiellement en récession. Quelques dizaines de milliard de toutes les devises mondiales s'évaporeront encore plus rapidement que leur création. Ce krach créera de nombreuses faillites d'entreprises et de banques privées. Les banques étant beaucoup plus endettées qu'en 2008, les conséquences seront bien pires ! Sans oublier que cette fois, il n'y aura plus de « munitions efficaces » étant donné que les taux d'intérêt des banques centrales sont déjà nuls voir négatifs et que les injections monétaires ont montré leur inefficacité pour relancer l'économie depuis ces dernières années. La grande majorité des épargnants sera ruinée et/ou ponctionnée par l'État. Rappelez-vous que le profit est toujours privatisé et que les pertes sont toujours nationalisées/socialisées.

Les banques centrales des États panseront les plaies des banques privées » trop grosse pour faire faillite » en utilisant la planche à billets. Mais comme cela ne suffira pas, ils essayeront par tous les moyens de relancer l'économie. À terme, ils pourraient même aller jusqu'au fait de distribuer de l'argent-papier à la population d'une manière ou d'une autre. Si cela se fait, cette action sera félicitée par tous car considérée comme étant le fameux « revenu universel de base ». Cette action marquera les prémices de l'hyper-inflation généralisée dont vous connaissez maintenant les effets : le prix des matières premières flambera ! Seuls certains comprendront qu'ils devront rapidement acheter des capitaux matériels et notamment de l'or et de l'argent-métal avec l'argent-papier distribué. Toutefois, l'hyper-inflation ne sera pas obligatoirement généralisée à tous les secteurs. Le plus souvent, elle touche surtout les produits de première nécessité comme l'alimentation. En revanche, il est possible de voir des secteurs comme l'immobilier marquer des baisses de prix importantes (déflation) car comme plus personne n'a d'argent pour manger et bien, plus personne n'en a non plus pour se loger. La demande de logement étant faible, alors que l'offre est stable, les prix baisseront fortement. La déflation portera majoritairement sur le secteur de l'immobilier urbain, car la plupart des personnes chercheront à s'installer à la campagne, comme se fût le cas en Grèce, au commencement de la faillite du pays.

Cette pseudo-solution qu'est la planche à billet (hyper-inflation) ne durera que quelques mois tout au plus, avant que l'insolvabilité économique des États, associant effondrement monétaire (perte de confiance dans la valeur de l'argent-papier) et effondrement des valeurs obligataires (faillite des États), ne soit officiellement annoncée. La valeur du dollar américain, qui est la monnaie de référence mondiale pour le commerce, s'effondrera.

À ce moment-là, les conditions de vie se rapprocheront de celles de la Grande Dépression aux États-Unis, sauf que contrairement à 1929, les violences, pillages et drames humains seront bien plus importants qu'à l'époque, car les mentalités actuelles sont bien différentes que celles des années 1930. Ce scénario se vérifiera dans la grande majorité des pays du monde, qu'ils soient considérés comme « riches » ou sous-développés. Les principaux moyens pour acheter des aliments ou des objets sera le troc ou bien le paiement avec un objet possédant une forte valeur perçue (bijoux, pièces en or et en argent-métal, etc.). La valeur des produits de première nécessité deviendra très élevée.

La débâcle économique, causée par un krach financier, frapperait de plein fouet les personnes non-préparées à une rupture de la normalité.

> ➢ Cas n°2 : l'effondrement économico-financier se poursuit tranquillement (sans krach)

Si aucun krach boursier n'a lieu, l'effondrement économique des nations, dû à l'endettement, continuera d'être prétendument combattu à coup de mesures d'austérité, de taxes et d'impôts de plus en plus élevés. Le chômage et la misère sociale toucheront de plus en plus de monde, sans qu'aucune « explosion de bulle » n'ait lieu. À mesure que le cash (argent-papier liquide) disparaîtra, le déclin économique et la misère s'installeront. Les populations s'adapteront comme elles le pourront à cette situation de pauvreté généralisée, du moins pendant un temps...

Dans tous les cas, l'Histoire nous apprend que les problèmes économiques sont souvent un terreau fertile à l'apparition de conflits. Cet effondrement économico-financier ne dérogera pas à la règle...

> ➢ **Phase B : Le coup de pied sur l'échiquier**

Des conflits, internes et externes aux nations, éclateront de par le monde. Dans le même temps, des pénuries alimentaires généralisées commenceront à se faire ressentir. Tous les stocks alimentaires arriveront assez rapidement à épuisement. La quasi-totalité des pays du monde sera plongé dans un chaos social sans nom, de plusieurs mois à plusieurs années. Chacun connaîtra la guerre civile et les conséquences tragiques qui en découleront. La majorité des personnes vivant en ville et non-préparées périront de faim ou d'agression physique. Les différentes cultures et religions au sein de même pays s'affronteront très violemment entre elles. Des gangs s'affronteront entre eux pour le contrôle des ressources. Les citadins, encore en vie grâce à leur provision de secours, fuiront les villes pour les campagnes. Pour défendre le peu qu'ils leur restent les ruraux devront se protéger de tous les pilleurs qui tenteront de s'approcher trop près de chez eux. Malgré l'instauration de couvre-feu et de lois martiales, les autorités seront totalement dépassées par la gravité des événements. Les échanges commerciaux deviendront très difficiles voire impossibles. En cas d'hyper-inflation, le prix du baril de pétrole explosera à la hausse. Le pétrole deviendra une ressource « de riche » car très rare, tout comme le sera la nourriture.

Les coupures d'électricité commenceront à être fréquentes, avant le black-out total. Tous les logements dépendant énergétiquement de leur gouvernement ne seront plus alimentés en électricité et donc... en eau de ville. Et puis viendra le problème des centrales nucléaires... Qui arrêtera les 449 réacteurs, plus ou moins en fonctionnement, répartis dans le monde si les systèmes de sécurité automatiques sont inopérants et si plus aucun salarié ne vient travailler du jour au lendemain ? Comment faire fonctionner les pompes de refroidissement, pendant au minimum six mois, sans électricité du réseau et sachant que les groupes électrogènes de secours ne sont, en général, dimensionnés que pour un fonctionnement de quelques semaines tout au plus ? Et qui s'occupera sur le long-terme de la gestion des déchets nucléaires toujours au cœur des réacteurs ? Beaucoup (trop) de questions « explosives » qui restent encore à ce jour sans réponse...

L'hygiène et la santé deviendront rapidement des problèmes majeurs dans les villes (évacuation des déchets à l'arrêt, hôpitaux hors-service, radioactivité, etc.).

À l'échelle internationale, des guerres géostratégiques et/ou religieuses au Moyen-Orient marqueront les prémices d'un conflit mondial. Ces rivalités locales opposeront au départ principalement Israël et l'Iran. Rapidement, ce conflit deviendra planétaire : la Troisième Guerre Mondiale sera officiellement déclarée. Les autres pays du monde (États-Unis, Russie, Chine, etc.) choisiront leur camp entre les deux belligérants initiaux. Les combats seront intenses. Les populations des pays impliqués seront plongées dans le chaos le plus total. Certaines grandes villes seront totalement détruites par les bombardements. Des bombes nucléaires pourront même être larguées de manière ponctuelle sur des grandes villes symboliques.

Pour avoir une idée plus précise de cette Troisième Guerre Mondiale, il est judicieux de se référer au livre : *Des Pions sur l'Échiquier*, de William Guy Carr (1895-1959), qui était un officier de marine canadien ayant longtemps travaillé aux services de renseignements de son pays. Dans ce livre, l'auteur nous révèle que, très étrangement, cette Troisième Guerre Mondiale, au même titre que la Première et la Deuxième, semble avoir été préméditée depuis... <u>1871</u> ! Les informations suivantes proviennent d'une lettre rédigée par Albert Pike, haut-gradé Franc-Maçon du 33e degré, à l'italien Alberto Mazzini, qui lui était le dirigeant de l'époque des Illuminati (société secrète mondiale et mondialiste). Voici un extrait du livre nous rapportant le contenu de cette fameuse lettre :

1. La Première Guerre Mondiale devait permettre aux Illuminati de renverser le pouvoir des Tsars en Russie et de transformer ce pays par la mainmise du Communisme athée. Les divergences «naturelles», attisées par les Agents des Illuminati entre les Empires Britannique et Allemand devaient servir à fomenter cette guerre. Le conflit terminé, le Communisme devait se constituer et être utilisé pour détruire les autres gouvernements et affaiblir les religions.

2. La Deuxième Guerre Mondiale devait être fomentée en jouant sur les divergences entre Fascistes et Sionistes Politiques. Cette guerre devait permettre la destruction du Nazisme et accroître la puissance du Sionisme Politique de façon à ce que l'État souverain d'Israël put s'établir en Palestine. Pendant la Deuxième Guerre Mondiale, la puissance du Communisme International devait arriver au niveau de celle de la Chrétienté toute entière. Arrivé à ce point, il devait être contenu et mis en réserve jusqu'à son utilisation pour le dernier cataclysme social. [...]

3. La Troisième Guerre Mondiale doit être fomentée grâce aux divergences que les agents des Illuminati attiseront entre Sionistes Politiques et dirigeants du monde Musulman. On doit diriger la guerre de façon à amener la destruction de l'Islam (le Monde Arabe y compris, la religion de Mahomet) et du Sionisme Politique (comprenant l'État d'Israël). Dans le même temps, les autres nations une fois de plus divisées entre elles à ce propos, seront acculées à se combattre jusqu'à un état de destruction physique, mentale, spirituelle et économique totale.

Le 15 août 1871, Pike expliqua à Mazzini qu'une fois la Troisième Guerre Mondiale terminée, ceux qui aspiraient à la domination mondiale absolue provoqueraient le plus grand cataclysme social que le monde n'ait jamais subi.

Nous rapportons ses propos (ses propres mots relevés dans la lettre répertoriée à la Bibliothèque du British Museum de Londres) :

« Nous lâcherons les Nihilistes [« ceux qui ne croient en rien »] et les Athées et nous provoquerons un formidable cataclysme social qui montrera aux nations, dans toute son horreur, l'effet de l'athéisme absolu, à l'origine de la sauvagerie la plus sanglante et du bouleversement intégral. Ainsi obligés de se défendre partout contre la minorité de révolutionnaires, les citoyens extermineront ces destructeurs de la civilisation. La multitude, emplie de désillusions vis-à-vis du Christianisme dont les adorateurs seront à ce moment désorientés et à la recherche d'un idéal, sans plus savoir vers où diriger leur adoration, recevra la véritable lumière par la manifestation universelle de la pure doctrine de Lucifer. Elle sera enfin révélée au peuple, cette manifestation qui résultera du mouvement réactionnaire général suivant de près la destruction du Christianisme et de l'Athéisme, tous les deux conquis et détruits au même instant. »

Tout un programme n'est-ce pas ?

À ce stade, le chaos social sera à son paroxysme. La face du monde changera rapidement. Cette période sera la plus noire que l'Humanité ait connue. Les dégâts matériels et les drames humains seront très nombreux. La violence sera telle que la plupart des croyants de base perdront leur Foi en Dieu. Au même titre que les Guerres Mondiales précédentes, cette situation durera quelques années ; probablement entre 3 et 10 ans. L'effondrement des nations, causé par tous les conflits cités, sera suivi d'une période de transition. Cette transition entre ancien et nouveau Système ne laissera que très peu de chance aux personnes non-préparées et/ou qui mettront du temps à s'adapter à leur nouvel environnement. Plongé dans le chaos, le monde entier attendra un sauveur...

➢ **Phase C : L'instauration d'une dictature mondiale**

À la suite du désespoir de la population mondiale, pour la plupart non-préparée et ruinée, l'armistice entre les principaux acteurs de cette Troisième Guerre Mondiale sera signé. Des mesures seront officiellement prises pour ne plus jamais avoir à revivre ça...

Suite à l'effondrement économique et financier total, qui aura eu lieu soit avant, soit pendant cette phase de chaos, les « compteurs des dettes » seront en quelque sorte remis à zéro. Les élites de ce monde décideront en priorité de créer une monnaie internationale virtuelle corrélée à l'or ou à toute autre unité virtuelle ayant une quantité finie (exemple : bitcoin). Dans ce deuxième cas, le cours de l'or physique pourrait se remettre à décroître, après avoir atteint des sommets historiques (il faudra alors revendre plus de la moitié de vos gains en or que vous aurez pu obtenir grâce à l'éventuelle hyper-inflation pour acheter des capitaux matériels utiles à votre survie).

Par ailleurs, le hasard faisant bien les choses, il se trouve qu'une telle monnaie mondiale existe déjà depuis <u>1969</u>. Cette monnaie a été créée par le Fond Monétaire Internationale (FMI) et s'appelle les Droits de Tirages Spéciaux (DTS ou SDR en anglais). Pour plus d'informations, le FMI vous explique tout sur les DTS sur son site internet : <u>www.imf.org</u>

À ce moment précis, le FMI aura alors carte blanche pour réévaluer la valeur des anciennes devises du monde. En d'autres termes, le FMI pourra décider comment redistribuer les richesses du monde selon les pays. Le pouvoir financier et économique détenu par le FMI, qui n'est rien d'autre qu'un très petit groupe de personne, sera alors absolument <u>gigantesque</u> ! Ils pourront ainsi facilement contrôler tous les prix et donc l'accès aux ressources vitales comme les céréales, le riz, le pétrole, l'or, l'eau [?], l'oxygène [?] ainsi que l'accès à tous les actifs tangibles (terrain, immobilier, voiture) par le contrôle de la valeur de la <u>Nouvelle Monnaie Mondiale</u>. À un moment donné, cette nouvelle monnaie que représentent les DTS pourrait être amenée à changer de méthode de calcul et/ou de nom. Dans tous les cas, vous n'aurez pas votre mot à dire...

Une fois le système économique mondial officialisé (Banque Mondiale (BRI) + FMI), ce sera au tour de la politique (ONU + G20). La justice mondiale sera elle gérée par l'intermédiaire du tribunal international de La Haye (potentiellement délocalisé) alors que les directives de santé publiques seront administrées par l'Organisation Mondiale de la Santé (OMS). Le commerce lui sera régulé par l'Organisation Mondiale du Commerce (OMC) pendant que le nouveau programme éducatif mondial sera créé et diffusé par l'UNESCO et l'UNICEF. L'Organisation des Nations Unies pour l'alimentation et l'agriculture (FAO) s'associera avec des multinationales comme Monsanto/Bayer pour rapidement accroître les productions alimentaires à travers le monde. La résolution des problèmes « climatiques » et environnementaux seront eux régulés par un groupe regroupant le PNUE (Programme des Nations-Unis pour l'Environnement), le GIEC (Groupe d' » experts » intergouvernemental sur l'évolution du climat) et l'ONG Greenpeace…

Bienvenue dans la nouvelle et <u>unique</u> « démocratie » mondiale du XXIe siècle !

<u>Aide à la compréhension</u> : Il est important de comprendre que le nombre de décisionnaire et le temps sont les deux éléments clés de la politique. Je me permets de vous rappeler que la politique n'est qu'une organisation prenant des décisions pour orienter les actions du plus grand nombre. Une vraie démocratie est une politique constituante et participative <u>par</u> et pour le peuple. Ce type de politique est le Saint-Graal de la liberté et de l'égalité de choix de tous, car issus de l'avis (réel) du plus grand nombre. Cependant, le fait que chacun exprime son point de vue est un processus décisionnel très lent. À l'opposé, vous avez la dictature, qui est le régime politique le plus rapide. La dictature s'illustre par un chef de file ou un groupe de décisionnaire très restreint. En dictature, un ordre est donné, il est appliqué !

Pour en revenir à notre gouvernement mondial, il semble compliqué d'un point de vue logistique en période de post-effondrement généralisé qu'un gouvernement mondial soit soumis à une élection » démocratique ». Il est alors évident que le régime politique qui devra résoudre rapidement tous les problèmes mondiaux sera, n'ayons pas peur des mots : <u>une dictature mondiale</u>. L'armée de cette dictature existe en réalité déjà, il s'agit <u>des casques bleus de l'ONU</u>. Cette armée aura en charge d'assurer la « Paix » et la « protection » de tous les peuples du monde post-effondrement.

Le dicton » *à problème mondial, solution mondiale* » sera diffusé haut et fort dans les médias dominants. Les raisons évoquées seront la volonté de résoudre les principaux problèmes mondiaux liés à l'accès à la nourriture, à l'accès à l'énergie, à l'économie, à l'écologie et au « réchauffement/changement climatique ». La dictature mondiale sera bien sûr officiellement un gouvernement Socialiste, Écologiste et Humaniste ayant pour but de sauver la planète de tous les dangers qu'elle doit affronter. Ce nouveau régime parviendra à associer la dictature de l'ultra-capitalisme (la loi du marché) et la dictature du communisme (dévotion aveugle au régime et pseudo-collectivisme égalitaire). La majorité des survivants verra cette gestion mondiale comme étant la réponse la plus efficace pour résoudre les très nombreux problèmes mondiaux. En revanche, toutes les personnes s'opposant à ce Nouvel Ordre Mondial seront considérées comme étant des ennemis de la Paix et donc des terroristes en puissance, voire même les responsables du chaos universel passé.

Comme dans toute dictature, le mensonge politique et l'ignorance des peuples seront les deux principales armes de ce nouveau régime. La dictature mondiale s'associera à l'image de la Paix et du Bonheur Universel. Il sera alors très difficile de s'opposer à cette dictature, sans paraître contre la Paix mondiale. Des armes militaires invisibles (électromagnétiques) et trompe-l'œil (holographiques) seront utilisés pour soumettre les peuples à cette idée de gouvernance mondiale. La plus grande subtilité du plan de propagande mondialiste sera d'introduire une nouvelle religion mondiale qui aura pour but de dissoudre les différentes religions du monde en une seule. Cette propagande politico-religieuse s'illustrera de manière détournée par l'arrivée d'un nouveau courant « spirituel » mondial prônant : la fin des nations et l'abolition des religions ; toutes d'anciennes reliques synonymes de guerres et de conflits. Cette nouvelle religion artificielle sera une religion se rapprochant du courant spirituel « New Age » (« Nouvel Age ») prônant la Paix et l'Amour inconditionnel. Ce courant religieux correspondra en réalité à la fameuse *« doctrine de Lucifer »* citée par Albert Pike dans sa lettre de 1871 *(cf. chapitre suivant pour plus de précisions)*. Cette religion aura pour seul but de rendre les personnes survivantes passives et soumises devant l'autorité politique et militaire, qui s'apparentera alors dans les esprits à une autorité divine salvatrice. Le marketing journalistique (la propagande) étant efficace, nous entrerons alors progressivement dans un monde « de Bisounours » humaniste et pacifiste mais surtout, passif et soumis à la dictature. La propagande sera tellement bien pensée que plus de 90% des survivants de l'effondrement des nations accepteront facilement cette dictature (de pensées) mondiale.

Par ailleurs, il est fort probable que le nouveau modèle global soit un modèle basé sur la collectivisation des biens, inspiré des modèles communistes du siècle dernier. Plus de 90% des terres au monde deviendront alors « publiques ». Autrement dit, la propriété privée n'existera quasiment plus. Cette action totalitaire sera rendu possible grâce à un « prétexte écologiste mondial » ; exemple : votre zone d'habitation devient une zone publique de préservation pour la faune et la flore, une sorte de « réserve naturelle ». Tout le monde sera alors obligé de « louer » sa terre et/ou son logement ou encore de payer une « taxe » ou un « impôt », sous une forme ou une autre, à cette Mafia Écologiste Mondiale. Cette « taxe carbone » sera désignée comme la meilleure solution pour contrer « le changement/réchauffement climatique ». Elle sera en réalité le symbole et le rappel permanent que l'Homme n'est pas capable de se diriger par lui-même... Ceux qui ne seront pas propriétaire pré-effondrement ou ceux qui ne parviendront pas à passer à travers les mailles du filet seront sans doute forcés de devenir fonctionnaire de ce Nouvel Ordre Mondial. Ces fonctionnaires travailleront principalement dans des usines pour l'industrie, pour la reconstruction des villes ou dans des coopératives agricoles. Les récoltes de ces coopératives seront d'ailleurs réquisitionnées pour la collectivité » *afin d'être répartis de manière égalitaire* ». En réalité, cette réquisition permettra de contrôler l'offre de nourriture et donc de maintenir la main-mise sur les peuples, grâce à la rareté.

Ensuite, pour (soi-disant) faciliter la mise en place de la nouvelle monnaie mondiale et/ou pour débusquer les flux monétaires « terroristes », il sera obligatoire pour chaque survivant de s'implanter une puce électronique sous la peau. Sa taille pourra être équivalente à celle d'un grain de riz et même plus petite encore. Même si cela est moins probable, avec les (nano-) technologies actuelles, sa taille pourrait même être de l'ordre du micromètre voire du nanomètre, soit 1 000 à 1 000 000 fois plus petit qu'un millimètre, ce qui la rendrait bien sûr invisible à l'œil nu. Cette puce contiendra toutes les informations personnelles, financières et de santé de chacun, ainsi qu'une balise de géolocalisation. Des informations pourront être à la fois reçues et émises par la puce, grâce à l'antenne radio et/ou téléphonique la plus proche de la personne pucée. Un suivi de chaque être humain de la planète par satellites sera désormais possible. Le rêve de toute dictature sera enfin devenu réalité ! Cette puce RFID deviendra le seul moyen de paiement possible, comme c'est déjà le cas pré-effondrement avec la carte bancaire. L'argent-papier liquide (cash), les chèques et les cartes bancaires auront alors totalement disparu de la circulation.

L'implantation de cette puce marquera la séparation de la population entre ceux qui accepteront et ceux qui refuseront le contrôle de leur vie par le nouveau Système. Le problème étant que les personnes sans ressources et non-préparées n'auront pas le choix d'accepter de se faire implanter cette puce, ne serait-ce que pour pouvoir continuer à acheter leur nourriture. Pour les personnes non-préparées, le choix est une illusion, il n'existe pas ! Soit ils acceptent la puce, soit ils optent pour une vie misérable pour eux et leur famille ; vie misérable synonyme dans un monde post-chaotique de mort (physique) à court terme. L'implantation de ces puces pourrait d'ailleurs être éventuellement proposée dans les camps militarisés de concentration servant à « protéger » les personnes non-préparées au chaos extérieur de la phase précédente. Ces camps sont appelés : camps FEMA, aux États-Unis. En Europe, ces camps militaires (de concentration) sont majoritairement sous-terrain. Un moyen efficace pour que les survivants acceptent de se faire implanter la puce sera de l'associer avec le vaccin qui permettra de guérir la Nouvelle Épidémie Mondiale. D'après les médias dominants, cette épidémie proviendrait d'un « *virus mystérieux et mortel* », dont tout le monde ignorera l'origine...

À terme, la dictature mondiale utilisera largement le transhumanisme (association de l'Homme et de la machine), la robotique et l'Intelligence Artificielle afin de créer des esclaves, ouvriers ou soldats, sans conscience humaine, qui respecteront tous les ordres sans broncher. L'Humain ne deviendra alors que l'ombre de lui-même. Cela perdurera tant que personne ne s'opposera à cette dictature globale...

> **Phase D : La Libération de l'Humanité**

Arrivé à ce niveau d'avancement, le monde sera séparé en deux groupes distincts : les humains libres et les esclaves pucés.

Le premier groupe, comprenant les hommes et femmes libres vivant en autonomie hors des villes, devra continuer à cultiver son indépendance envers le Système, de manière très discrète et sans faire de vague. En effet, pour ne pas dépendre de la nouvelle dictature mondiale, la seule solution sera de mettre en pratique tout ce que vous venez de lire jusqu'à maintenant. Être autonome et indépendant du Système sera la seule option qui donnera le choix, à ceux qui désirent l'avoir. Les personnes ayant créé leur propre petite « oasis » composée d'une ou plusieurs BAD n'auront aucun besoin de l'autorité et de la (soi-disant) protection de la dictature mondiale qui se profile. Les personnes en quête de Liberté devront alors se débarrasser de la nouvelle monnaie virtuelle, qu'elles ne pourront de toutes les manières pas utiliser n'ayant pas de puce biométrique. Ces personnes devront acheter tous les capitaux matériels leur permettant de vivre à 100% déconnecté du Système et en autarcie totale. À ce moment-là, les paiements par pièces d'or ou d'argent-métal seront probablement considérés comme illégaux. Des primes conséquentes seront versées par le Système pour les personnes dénonçant ceux qui commerceront encore avec ce type de monnaie. Le troc deviendra alors le seul moyen d'échange à peu près sûr, bien qu'il soit légalement associé au « travail au noir » et au « marché noir » et donc interdit par les nouvelles lois financières mondiales.

Les personnes ayant préféré leur Liberté à la servitude de la dictature mondiale, devront alors créer le monde dans lequel elles souhaitent voir leurs enfants grandir. Les communautés autonomes et résilientes présentes aux quatre coins du monde seront le seul espoir pour libérer l'Humanité de la soif de pouvoir de quelques-uns. Les échanges (trocs) matériels et intellectuels entre les petites communautés restées libres créeront progressivement la chute du monstre mondial. Ces communautés locales seront le symbole de l'association de l'Abondance matérielle et de la Liberté individuelle. L'espoir renaîtra alors chez les autres survivants ayant fait le choix d'être esclave du Système. Tout le monde aura alors compris que les solutions indépendantes du Système sont les seules permettant de conserver les libertés individuelles de chacun. Le slogan « *à problème mondial, solutions locales et indépendantes* » se répandra progressivement aux oreilles de tous et toutes…

Le deuxième groupe, qui comprendra les esclaves-pucés en quête de Liberté, devra mettre en place son plan d'évasion de la prison ouverte dans laquelle il s'est laissé enfermer. Alors que la plupart des esclaves seront bien intégrés à leur nouveau mode de vie, la dictature mondiale montrera rapidement son vrai visage. Peu à peu, des petits groupes de personne commenceront à comprendre le vrai but de la dictature qui est : le contrôle de tous les humains de cette planète. Progressivement, la propagande ne fonctionnera plus car plus personne ne regardera la télévision, ni n'écoutera la radio. Ces personnes ne vivront plus dans la peur et/ou l'illusion permanente. Elles auront compris qu'au final le Système, c'est eux et elles souhaiteront briser leurs chaînes. Ces personnes ne voudront plus céder leur Énergie à ce Système vampirisant. Cependant, il leur faudra agir de manière stratégique et intelligente. En effet, comme le gros de la masse sera très bien intégré dans la nouvelle matrice proposée par le Système, les esclaves en phase de réveil seront eux en infériorité numérique. Et s'ils venaient à être démasqués, ils seraient alors torturés ou au mieux, exécutés. Leur stratégie la plus efficace pour survivre sera alors la dissimulation. Ainsi, le secret et le camouflage deviendront leurs armes les plus puissantes.

Bien qu'ils soient pucés et contrôlés physiquement, leur esprit restera libre !

Le monstre mondial étant trop gros, trop intelligent et trop bien équipé technologiquement, la nouvelle résistance ne devra surtout pas l'attaquer de front. Une attaque de front ferait paraître les résistants pour des terroristes en puissance ; terroristes qui seront alors perçus comme des opposants à la « Paix Mondiale ». De telles actions renforceront la crainte de la « perte de la Paix » pour la masse d'esclaves encore ignorante et endormie. Le Système placera alors tous ces opposants dans la case « terroriste » et le soutien au Système par les masses, s'en retrouverait alors renforcé.

Pour combattre le Système efficacement, il faudra alors agir de manière « invisible ». Les résistants infiltrés (malgré eux) au cœur du Système devront utilisés leurs aptitudes ou leurs statuts administratifs afin de déstabiliser progressivement le Système. Au départ, toute action dommageable pour le Système devra se faire de manière individuelle et secrète. Par exemple, les policiers/militaires pourraient « oublier » de comptabiliser certaines armes dans leurs inventaires, afin d'avoir un stock de réserve non-répertorié. Les pilotes de drone et les contrôleurs de vidéo-surveillance pourraient « oublier » de signaler à leurs supérieurs certains agissements commis par des opposants au Régime. Les agriculteurs pourraient « oublier » de comptabiliser une part de leur récolte, afin d'éviter les réquisitions de l'État et d'agrandir le capital global de la Résistance. Les ouvriers eux pourraient « être témoins » d'un défaut dans la chaîne de fabrication créant l'explosion de leurs usines ou même implanter des failles technologiques invisibles dans les nouveaux robots-policiers. Encore bien d'autres « sabotages par inadvertance » réalisés par des travailleurs, pendant leur temps de travail, pourraient être envisagé pour affaiblir le contrôle et la surveillance du Système. Les petites actions de résistance les plus percutantes porteront sur les principaux points logistiques : programmation et gestion des données informatiques, programmation robotique, surveillance, logistique/transport, communication, mission de reconnaissance et commandement policier/militaire. Cependant, aucun sabotage ne devra jamais causer de mort humaine, à défaut d'être immédiatement catégorisé (à juste titre) comme acte terroriste par le Système. Bien sûr, le Système créera par lui-même de fausses attaques terroristes qui elles seront meurtrières, afin de maintenir son contrôle sur la masse apeurée, qui demandera toujours plus de sécurité et donc moins de Liberté.

Suite à tous ces actes réalisés par ces nombreux « héros invisibles », l'ogre mondial commencera à montrer des signes de faiblesse. Ces petits sabotages rapprocheront un peu plus chaque jour l'Humanité de sa Libération. Le plus gros point faible de la dictature mondiale étant son inter-connectivité, l'action la plus efficace pour renverser le Régime visera son réseau informatique. Autrement dit, le réseau interconnecté mondial, plus connu sous le nom d'internet (qui sera certainement plus censuré que l'internet pré-effondrement), sera l'interface permettant le contrôle par le Système de tous les êtres-humains-esclaves. Ce réseau informatique est et sera le cerveau qui enregistre toutes les transactions financières, toutes les vidéos de surveillance, toutes les conversations téléphoniques, tous les mails et enfin toutes les localisations GPS des puces RFID. Les pirates informatiques (hackeurs) résistants auront donc un rôle majeur dans la Libération de l'Humanité car ils devront créer une multitude de virus informatiques rendant internet et les autres réseaux informatiques utilisés par la dictature : aveugles, sourds, muets et/ou paralysés. Les hackeurs pourraient même en profiter pour occuper les ondes avec des messages destinés à informer les ignorants de LA réalité de la situation mondiale. Ces piratages permettront de « recruter » de nouveaux résistants-courageux aux quatre coins du monde.

Grâce aux piratages informatiques et à la transmission de la Vérité, les langues commenceront à se délier. La Vérité commencera à se répandre aux oreilles des esclaves même les plus endormis. Il faudra alors grandement se méfier de ceux qui se prétendront être des Résistants, car ils pourront être en réalité des agents infiltrés engagés par le Système. Il faudra également se méfier des leaders de la Résistance, médiatisés ou non, qui pourront être créés de toute pièce par le Système lui-même, afin de démasquer les vrais résistants toujours invisibles et intégrés (malgré eux) au Système.

Au sein des villes, des moyens de communication locaux, non-électroniques et cryptés se mettront en place. Des échanges anonymes et indirects d'eau, de graines, de nourriture et d'armes à feu permettront à chaque résistant de devenir de plus en plus indépendant du Système ; bien qu'en apparence, ils en soient encore totalement dépendants. Des groupes de résistance, composés de moins de 10 personnes, se réuniront clandestinement pour organisés de gros sabotages : utilisation de bombes EMP, vols d'armes militaires, destruction d'antennes TV/radio, explosion de QG de surveillance, explosion de serveurs informatiques,… Les résistants responsables de « gros coups » devront auparavant retirer leurs puces et ensuite prendre le maquis afin de ne pas être capturés. Ceux qui se feront prendre se feront exécuter, mais ils ne seront pas morts en vain car beaucoup d'autres suivront leur exemple. Leur courage permettra de remplacer dans l'esprit des masses la peur du Système, par une rage féroce de Justice et de Liberté. Au lieu de les appeler « terroristes » comme la propagande l'a toujours fait, la masse des futurs-libres les appellera dorénavant les « Libérateurs ».

Par vagues successives, les résistants s'organiseront pour détruire et saboter les derniers points névralgiques permettant à l'ogre mondial de se maintenir debout. Petit à petit, <u>tous enlèveront la puce sous leur peau</u>, symbole de leur esclavage et tous chercheront à créer de nouvelles petites communautés non-contrôlées par le Système. Ces petites communautés indépendantes pousseront alors comme des champignons un peu partout. Petit à petit, l'association des anciens-libres des montagnes/campagnes et des nouveaux-libres des villes scellera le sort de l'ogre mondial. Chacun cultivera son jardin. <u>Plus personne ne participera à ce « collectivisme esclavagiste » et tous préféreront « l'abondance individuelle libératrice ».</u>

Finalement, la non-soumission » furtive » envers le Système, l'abondance des petites communautés autonomes et la solidarité entre les hommes et femmes libres seront les clés de la Libération de l'Humanité. Arrivé à ce niveau d'avancement, un nouveau monde naîtra : un Monde Libre !

Voilà à quoi pourrait ressembler notre avenir commun...

En résumé, voici les phases auxquelles vous devez vous préparer :
- <u>Phase A</u> : Effondrement économico-financier
- <u>Phase B</u> : Coup de pied sur l'échiquier
- <u>Phase C</u> : Instauration d'une dictature mondiale
- <u>Phase D</u> : Libération de l'Humanité

S'il fallait choisir une phrase pour définir ce futur, ce serait certainement celle-ci : « *Si vous voulez avoir une image de l'avenir, imaginez une botte écrasant un visage humain... pour toujours* ». L'auteur de cette citation est Georges Orwell, célèbre auteur des livres *1984* et *La Ferme des Animaux*. La notion importante que je souhaite vous transmettre à travers cette citation est <u>la notion d'action de l'Homme sur l'Homme</u>, symbolisée par la botte. Rappelez-vous qu'Orwell a écrit ce livre en 1948, juste à la fin de la Seconde Guerre Mondiale qui a été la grande crise de son époque. Son récit ne portait donc pas sur la période d'effondrement en tant que telle mais sur la période post-effondrement, d'après-guerre. Il est d'ailleurs étonnant de constater les ressemblances du Parti de *1984* d'Orwell et du Parti communiste chinois de Mao Tsé-Toung qui naîtra par la suite. Peut-être a-t-il écrit ce livre pour nous prévenir de ce régime totalitaire ou d'un autre en préparation... Dans tous les cas, je vous recommande de suivre les recommandations de M. Orwell et de vous protéger de toutes les futures phases (effondrement, transition, reconstruction) mais surtout de celle qui semble la moins dangereuse qui est : la période de reconstruction. Le discours mondialiste sera très attirant et bien présenté grâce à la propagande, cependant, il est très important de se rappeler des conséquences humaines des partis historiques de Staline et de Mao similaires à cette dictature mondiale.

Finalement, les étapes présentées précédemment permettent de visualiser les évènements les plus probables à venir. Les étapes de départ pourraient s'enchaîner relativement rapidement. Les guerres mondiales ont quant à elles pour habitude de toujours durer quelques années. La chronologie future pourrait même être quelque peu différente que celle indiquée mais le schéma global d'effondrement/Libération devrait rester similaire à celui présenté. Dans tous les cas, ne fixez pas votre attention sur le futur mais sur le présent. Qu'est-ce que je peux faire maintenant pour survivre et être libre demain ? Voici la seule question que vous devez vous poser. Une fois votre BAD équipée et votre cerveau remplit de nouvelles compétences utiles, vos besoins primaires seront alors satisfaits indépendamment du Système. Arrivé à ce point, la victoire sera immense et vous pourrez être très fier de vous. Vous et votre communauté vivrez libres. Vous aurez alors le choix d'empêcher que vos enfants soient pucés comme de vulgaires esclaves !

Ensuite, viendra le temps des questions : *« Pourquoi ? Comment ? Dans quel but ? »*.

Pour vous aider dans votre quête de réponse, je vous propose de faire un petit jeu ludique. Vous vous souvenez surement du dessin de la partie sur l'intelligence pour lequel je vous invitais à connecter les points entre eux. Et bien ici, je vous propose de faire exactement la même chose et de connecter, non plus les points mais, des citations officielles de différentes personnes (différentes sources) entre elles.

VII) Ils l'ont dit...

*P*réambule : *En prenant du recul sur toutes les informations précédentes, on comprend alors qu'à l'avenir, la plus grande guerre sera avant tout une guerre d'informations. Les principales armes utilisées pour réaliser cette guerre seront invisibles, comme le sont : le mensonge, l'illusion et la manipulation. En règle générale, il est impossible de constater que l'on a été manipulé, en ne possédant qu'une seule version de la Vérité, d'autant plus si cette version est considérée comme « officielle ». Ce chapitre a pour but de vous apporter des éléments d'information qui vous permettront d'élargir vos horizons de pensée et de réflexion. Vous serez alors à même de lire entre les lignes et de comprendre une autre version de l'Histoire que l'on vous a présenté jusqu'alors. La compréhension du passé, vous permettra à terme de comprendre le futur. Toutes les citations que vous lirez ici proviennent de déclarations officielles, supportées par des preuves sérieuses, vérifiables et vérifiées, qui ne laissent que très peu de place à la remise en question de leur véracité. Toutefois, étant moi-même un intermédiaire dans l'accès aux informations que vous lirez, vous êtes en droit (et je vous invite même) à vérifier l'exactitude de ces informations par vous-même. À terme, je vous invite à connecter les points entre eux...*

Citations « conspirationnistes »

« Quelques-uns croient même que nous (la famille Rockefeller) faisons partie d'une cabale secrète travaillant contre les meilleurs intérêts des États-Unis, caractérisant ma famille et moi-même en tant qu'internationalistes et conspirant avec d'autres autour de la Terre pour construire une politique globale plus intégrée ainsi qu'une structure économique - un seul monde si vous voulez. Si cela est l'accusation, je suis coupable et fier de l'être. »

David Rockefeller, ex-président de la Chase Manhattan Bank, co-fondateur de la Commission Trilatérale et du Groupe Bilderberg, premier directeur du CFR (Council of Foreign Relations), membre exécutif du Club de Rome, membre exécutif du Forum économique mondial, (entre autres), dont la *famille a fait <u>don du terrain</u> (8.5 millions de $) sur lequel se trouve le <u>siège de l'ONU</u> à New York [6], extrait de son livre : Memoirs, page 405, publié le 15 octobre 2002*

« Cette fenêtre d'opportunité actuelle, qui pendant laquelle un véritable Ordre Mondial pacifique et interdépendant peut être construit, ne sera pas ouverte trop longtemps. Il y a déjà des forces puissantes qui menacent de détruire tous nos espoirs et tous nos efforts pour ériger une structure durable d'interdépendance mondiale. »

David Rockefeller (1915-...), lors d'un discours au Business Council for the United Nations (ONU), le 14 septembre 1994 [7]

« Nous sommes reconnaissants au *Washington Post*, au *New York Times*, au *Time Magazine* et d'autres grandes publications dont les directeurs ont assisté à nos réunions et respecté leurs promesses de discrétion depuis presque 40 ans. Il nous aurait été impossible de développer nos plans pour le monde si nous avions été assujettis à l'exposition publique durant toutes ces années. Mais le monde est maintenant plus sophistiqué et préparé à entrer dans un gouvernement mondial. La souveraineté supranationale d'une élite intellectuelle et de banquiers mondiaux est assurément préférable à l'autodétermination nationale pratiquée dans les siècles passés. »

David Rockefeller, lors d'un discours à la Commission Trilatérale, Juin 1991, Baden-Baden, Allemagne, rapporté dans le livre : Matrix of Power, de Jordan Maxwell (2000)

« Le but des Rockefeller et de leurs alliés est de créer un gouvernement mondial unique combinant le Super-capitalisme et le Communisme sous la même bannière et sous leur contrôle.[...] Est-ce que j'entends par là une conspiration ? Oui, en effet. Je suis convaincu qu'il y a un tel complot d'envergure internationale en planification depuis plusieurs générations et de nature incroyablement maléfique. »

Lawrence Patton McDonald (1935-1983), congressiste américain tué dans le crash d'un avion, extrait de

---

[6] www.unmultimedia.org/photo/detail.jsp?id=366/36623&key=8&query=category:%22Secretary-General%22%20NOT%20category:Trips&so=0&sf=date / www.un.org/apps/news/infocus/trygvie-lie.asp

[7] www.youtube.com/watch?v=MM8NpjmXD00&feature=youtu.be / www.youtube.com/watch?v=ClqUcScwnn8

l'introduction du livre : The Rockefeller File, co-écrit avec Gary Allen (1976) [8]

« Lorsqu'un gouvernement est dépendant des banquiers pour l'argent, ce sont ces derniers, et non les dirigeants du gouvernement qui contrôlent la situation, puisque la main qui donne est au-dessus de la main qui reçoit. [...] L'argent n'a pas de patrie ; les financiers n'ont pas de patriotisme et n'ont pas de décence ; leur unique objectif est le gain. »

> *Napoléon Bonaparte (1769-1821), empereur français, source : archives du Huffington Post* [9]

« Donnez-moi le contrôle de la monnaie d'une nation, et je me moque de savoir qui fait ses lois. »

> *Mayer Amschel Rothschild (1743-1812), fondateur de la dynastie bancaire mondiale Rothschild, cité dans le documentaire : The Money Masters de Bill Still* [10]

« Si cette malveillante politique financière provenant de la République nord-américaine devait s'installer pour de bon, alors, ce gouvernement fournira sa propre monnaie sans frais. Il s'acquittera de ses dettes et sera sans aucune dette. Il aura tout l'argent nécessaire pour mener son commerce. Il deviendra prospère à un niveau sans précédent dans toute l'histoire de la civilisation. Ce gouvernement doit être détruit, ou il détruira toute monarchie sur ce globe. »

> *Lord Goschen (1831-1907), porte-parole des financiers britanniques, au sujet de la politique monétaire d'Abraham Lincoln, rapporté dans les livres : Who Rules America de C. K. Howe et : Lincoln Money Martyred du Dr. R. E. Search, cité dans le London Times en 1862*

« J'ai deux grands ennemis, l'armée du Sud devant moi et les banquiers à l'arrière. Des deux, les banquiers sont les pires. »

> *Abraham Lincoln (1809-1865), 16e président des États-Unis, lors d'un discours public en 1863, deux ans avant son*

---

[8] Livre (en anglais) : www.educate-yourself.org/ga/RFcontents.shtml ou : www.whale.to/b/allen_b.html
et preuves que la CIA était « informée » de l'attaque de l'avion : www.youtube.com/watch?v=KzIZ786pSbc +
en bonus quelques interventions vidéos de McDonald : www.mashpedia.com/Larry_McDonald
[9] www.archives-lepost.huffingtonpost.fr/article/2011/11/16/2639772_scandale-histoire-de-la-banque-de-france.html
[10] www.youtube.com/watch?v=pYvQoXFfJ_k

assassinat, rapporté dans le livre : sous le signe de l'Abondance (2008), de Louis Even, chap. 49, source : versdemain.org [11]

« Les finances du gouvernement ne subiront aucun préjudice que mon administration ne puisse empêcher. »
James A. Garfield (1831-1881), 20ᵉ président des États-Unis, lors de son discours d'investiture du 4 mars 1881 [12]*, mort assassiné 200 jours plus tard.*

« Notre système de crédit est concentré dans le privé. La croissance de notre nation, en conséquence, ainsi que toutes nos activités, sont entre les mains de quelques hommes. Nous en sommes venus à être un des gouvernements les plus mal dirigés du monde civilisé, un des plus contrôlés et dominés, non pas par la conviction et le vote de la majorité mais par l'opinion et la force d'un petit groupe d'hommes dominants. »
Thomas Woodrow Wilson (1856-1924), 28ᵉ président des États-Unis de 1913 à 1921, cité dans : Taxpayers' message to congress: repeal the Federal Reserve Banks: Pandora's Box of Criminal Acts, de Casimir Frank Gierut (1983), propos de 1916.

« Si vous désirez être les esclaves des banques, et payer pour financer votre propre esclavage, alors laissez les banques créer l'argent. »
Josiah Stamp (1880-1941), ancien gouverneur de la Banque d'Angleterre, cité dans le livre : The legalized crime of banking and a constitutional remedy, de Silas Walter Adams, propos de 1920.

« La véritable menace de notre République est le gouvernement invisible qui, comme une pieuvre géante, étend ses tentacules gluantes sur nos villes, nos États et notre nation. Pour m'éloigner des simples généralisations, je dirais qu'à la tête de cette pieuvre se trouvent les intérêts de la Rockefeller-Standard-Oil [compagnie pétrolière/financière de la famille Rockefeller] et un petit groupe de puissantes maisons bancaires généralement appelées banquiers internationaux.
La petite coterie de puissants banquiers internationaux gère quasiment le gouvernement des États-Unis pour leurs propres fins égoïstes. Ils contrôlent pratiquement les deux partis, écrivent des plateformes

---

[11] www.versdemain.org/articles/credit-social/item/l-histoire-du-controle-bancaire-aux-États-Unis
[12] www.presidency.ucsb.edu/ws/index.php?pid=25823

politiques, font de chats des leaders du parti, utilisent les hommes dirigeants des organisations privées, et recourent à tout dispositif pour mettre en nomination pour les hautes fonctions publiques que les candidats qui seront soumis aux diktats du gros business de la corruption.

Ces banquiers internationaux et les intérêts de la Rockefeller-Standard-Oil contrôlent la majorité des journaux et magazines du pays. Ils utilisent les colonnes de ces journaux pour se soumettre ou chasser des fonctionnaires publics qui refusent de faire l'appel aux puissantes cliques corrompues qui composent le gouvernement invisible. Il fonctionne sous couvert d'un écran auto-créé [qui] saisit nos hauts dirigeants, organes législatifs, écoles, tribunaux, journaux et toutes les agences créées pour la protection du public. »

> *John F. Hylan (1868-1936), maire de New York de 1918 à 1925, lors d'un discours public en 1922, sources : Wikipédia, partiellement cité dans le New York Times du 10 décembre 1922* [13]

« Depuis les jours de Spartacus-Weishaupt à ceux de Karl Marx, en passant par Trotski (Russie), Bela Kùn (Hongrie), Rosa Luxembourg (Allemagne) et Emma Goldman (États-Unis), cette conspiration à l'échelle mondiale pour le renversement de la civilisation et pour la reconstitution de la société sur la base de l'arrêt du développement, de la malveillance envieuse, et de l'impossible égalité, a été en croissance constante. [...] Elle a été le ressort principal de tout mouvement subversif au cours du XIXe siècle ; et maintenant pour finir, cette bande de personnages extraordinaires venus des bas-fonds des grandes villes d'Europe et d'Amérique ont attrapé le peuple russe par les cheveux et sont devenus les maîtres pratiquement incontestés de cet énorme empire. »

> *Winston Churchill (1874-1965), premier ministre de la Grande-Bretagne de 1940 à 1945 et de 1951 à 1955, extrait du Sunday Herald du 8 février 1920* [14]

---

[13] www.en.wikipedia.org/wiki/John_Francis_Hylan
www.query.nytimes.com/mem/archive-free/pdf?res=9F07EED6153AEF33A25753C1A9649D946395D6CF
[14] Article intitulé " Zionism versus Bolchevism " - original scanné :
www.de.metapedia.org/m/images/e/eb/1920-02-08 - Illustrated Sunday Herald - S. 5 - Zionism_versus_Bolshevism.jpeg et dactylographié (en anglais) :
www.de.metapedia.org/wiki/Zionismus_versus_Bolschewismus (rechercher (CTRL-F) : « Weishaupt ») –
Citation très importante confirmant le but réel de la 1e Guerre Mondiale cité dans la lettre d'Albert Pike de 1871

« Cette conjonction entre un immense establishment militaire et une importante industrie privée de l'armement est une nouveauté dans l'histoire américaine. [...] Nous ne pouvons ni ignorer, ni omettre de comprendre la gravité des conséquences d'un tel développement. [...] Nous devons nous prémunir contre l'influence illégitime que le complexe militaro-industriel tente d'acquérir, ouvertement ou de manière cachée. La possibilité existe, et elle persistera, que cette influence connaisse un accroissement injustifié, dans des proportions désastreuses et échappant au contrôle des citoyens. Nous ne devons jamais permettre au poids de cette conjonction d'intérêts de mettre en danger nos libertés ou nos méthodes démocratiques. Rien, en vérité, n'est définitivement garanti. Seuls des citoyens alertes et informés peuvent prendre conscience de la toile d'influence tissée par la gigantesque machinerie militaro-industrielle et la confronter avec nos méthodes et objectifs démocratiques et pacifiques, afin que la sécurité et les libertés puissent fleurir côte à côte. »

Dwight David Eisenhower (1890-1969), 34ᵉ président des États-Unis de 1953 à 1961, lors de son discours télévisé de fin de mandat, prononcé le 17 janvier 1961 [15]

« Le mot *secret* est en lui-même répugnant dans une société libre et ouverte. Et en tant que peuple, par nature et historiquement, nous nous opposons aux sociétés secrètes, aux serments secrets et aux procédures secrètes. Nous sommes confrontés, à travers le monde, à une conspiration monolithique et impitoyable qui compte principalement sur des moyens secrets pour étendre sa sphère d'influence par l'infiltration plutôt que l'invasion, la subversion plutôt que les élections et l'intimidation au lieu du libre arbitre. C'est un système qui a nécessité énormément de ressources humaines et matérielles dans la construction d'une machine étroitement soudée et d'une efficacité remarquable, qui combine des opérations militaires, diplomatiques, de renseignements, économiques, scientifiques et politiques. Leurs planifications sont occultées et non publiées. [...] Je sollicite votre aide dans l'immense tâche qui est d'informer et d'alerter le peuple américain ; [...] avec la certitude qu'avec votre aide l'homme deviendra ce pourquoi il est né : libre et indépendant. »

John Fitzgerald Kennedy (1917-1963), 35ᵉ président des États-Unis de 1961 à 1963, mort assassiné le 22 novembre 1963, ayant signé le 4 juin 1963 l'ordre exécutif n°111 110 visant à mettre fin au monopole d'émission de la monnaie de la Réserve Fédérale et de ses actionnaires privés, lors d'un

---

(relire chap.6 – phase B)

[15] www.youtube.com/watch?v=rd8wwMFmCeE

discours devant l'Association des Agences de Presse, le 27 avril 1961, sources : jfklibrary.org et youtube [16]

« Nous finirons par être jugés et, au fur et à mesure des années, nous nous jugerons sûrement nous-même, sur l'effort que nous avons déployé pour construire une Nouvelle Société Mondiale et sur la mesure dans laquelle nos idéaux et nos objectifs ont façonné cet effort. »

Robert Kennedy (1925-1968), sénateur et candidat à la présidence américaine, lors d'un discours en 1967, assassiné comme son frère John F. Kennedy, source : jfklibrary.org.

« Dire que nous cherchions à mettre en place un gouvernement mondial unique est très exagéré, mais pas totalement absurde. Nous autres à Bilderberg pensions qu'on ne pouvait pas continuer à se faire la guerre éternellement et à tuer des millions de gens pour rien[17]. Donc, nous nous disions qu'une communauté unique mondiale serait une bonne chose. »

Denis Healey (1917-2015), politique britannique, membre exécutif du Groupe Bilderberg[18] pendant 30 ans, extrait de l'article "Who pulls the strings?", The Guardian, du 10 mars 2001 [19]

« Le CFR [Council on Foreign Relations][20] est la branche américaine d'une société qui est à l'origine d'Angleterre et qui croit que les limites nationales devraient être abolies, et un règne mondial unique établi. »

« Je crois que le CFR et ses groupes élitistes auxiliaires sont indifférents au communisme : ils n'ont pas d'ancrages idéologiques, ils sont prêts, dans leur quête d'un Nouvel Ordre Mondial, à traiter sans préjugés avec un État communiste, un État socialiste, un État démocratique, une monarchie, une oligarchie - c'est tous les mêmes pour eux. »

« Quand un nouveau président vient à bord, il y a un grand turnover dans le personnel, mais aucun changement dans la politique. Exemple : au cours des années Nixon, Henry Kissinger, membre du CFR et protégé de Nelson Rockefeller, était chargé de la politique étrangère. Quand

---

[16] www.youtube.com/watch?v=5c7eVxure0Y ou www.youtube.com/watch?v=zdMbmdFOvTs et en bonus : www.youtube.com/watch?v=VSXQYvm57YM / www.youtube.com/watch?v=fBe2coQlG2g (sous-titrage en français possible)

[17] Rappel important : toutes les Guerres Mondiales ont toutes été préméditées (cf lettre d'Albert Pike de 1871)

[18] www.fr.wikipedia.org/wiki/Groupe_Bilderberg#cite_note-13

[19] www.theguardian.com/books/2001/mar/10/extract1

[20] www.cfr.org/about/corporate/roster.html

Jimmy Carter a été élu, Kissinger a été remplacé par Zbigniew Brzezinski, membre du CFR et protégé de David Rockefeller. »

Barry Goldwater (1909-1998), élu 5 fois sénateur de l'Arizona, extrait de son livre : With No Apologies, pp.128-278-279, paru en 1997

« Le CFR a pour but l'immersion de la souveraineté américaine et de l'indépendance nationale en un tout-puissant gouvernement mondial ... cette envie de céder la souveraineté et l'indépendance des États-Unis est omniprésente dans la plupart des membres ... Dans tout le lexique CFR, il n'y a pas de terme de révulsion portant un sens aussi profond que 'America First' [l'Amérique d'Abord]. »

« Une fois que les membres dirigeants du CFR ont décidé que le gouvernement américain devrait adopter une politique particulière, les très importantes installations de recherche du CFR sont mises à contribution pour développer des arguments, intellectuels et émotionnels, pour soutenir la nouvelle politique et confondre et discréditer, intellectuellement et politiquement, toute opposition. »

Chester Ward, contre-amiral, ancien juge-avocat général de la marine de 1956 à 1960, membre du CFR pendant 20 ans, dans son livre : Kissinger on the Couch, pp.151-144, paru en 1975.

« Les pouvoirs du capitalisme financier ont un autre but de grande envergure, rien de moins que de créer un système mondial de contrôle financier dans des mains privées capables de dominer le système politique de chaque pays et l'économie du monde dans son ensemble. »

« Il existe, et a existé depuis une génération, un réseau anglophile international qui fonctionne, dans une certaine mesure, de la manière dont la droite radicale croit en l'acte communiste. En fait, ce réseau, que nous pouvons identifier comme les Groupes de la Table Ronde [comparable au CFR ?!], n'a aucune aversion à coopérer avec les communistes, ou tout autre groupe, et le fait fréquemment. Je connais le fonctionnement de ce réseau parce que ... pendant deux ans, au début des années 1960, j'ai été autorisé à examiner ses papiers et ses dossiers secrets. »

Carroll Quigley (1910-1977), historien, professeur à l'École de Service à l'Étranger (SFS) de la Georgetown University, mentor de Bill Clinton, membre du CFR, auteur du livre : The Anglo-American Establishment, extraits de son autre livre : Tragedy and Hope, pp.324-950, paru en 1966.

« Et d'ailleurs, j'ai posé la question à d'autres membres du CFR, pour voir s'ils pensaient comme lui. Beaucoup pensent simplement faire le bien et croient que le socialisme est le meilleur chemin. Ils pensent faire le bien, mais ceux qui dirigent, eux seuls connaissent la vérité. [...] Il y a beaucoup de personnes au CFR, 2000 ou 3000 je ne sais plus, mais ils ne savent pas de quoi il retourne clairement. Ils ont rejoint le CFR parce que c'est prestigieux. Ils pensent que c'est bon pour le business, mais ne savent pas ce qu'il se passe vraiment et toutes les mauvaises intentions qui se cachent derrière. »

> *Aaron Russo (1943-2007), réalisateur américain de : America: From Freedom to Fascism, qui a été invité à intégrer le CFR par Nicholas Rockefeller, extrait d'une interview en 2007* [21]

« Nous aurons un gouvernement mondial, que nous le voulions ou non. La seule question est à savoir si le gouvernement mondial sera instauré par l'adhésion ou par la conquête. »

> *James Paul Warburg (1896-1969), conseiller financier du président F. D. Roosevelt et membre du CFR, fils d'un fondateur de la Banque « Fédérale », discours devant le sénat américain du 17 février 1950* [22]

« Nous nous trouvons aujourd'hui à un moment exceptionnel et extraordinaire. La crise dans le golfe Persique, malgré sa gravité, offre une occasion rare pour s'orienter vers une période historique de coopération. De cette période difficile, notre cinquième objectif, un Nouvel Ordre Mondial, peut voir le jour : une nouvelle ère, moins menacée par la terreur, plus forte dans la recherche de la justice et plus sûre dans la quête de la paix. »

« Les Nations Unies peuvent contribuer à créer un nouveau jour, un jour où ces armes terribles et les terribles despotes qui les utilisent sont une chose du passé. Il est entre nos mains de laisser ces machines sombres derrière, dans les âges sombres où elles appartiennent, et d'aller de l'avant pour coiffer un mouvement historique vers un Nouvel Ordre Mondial et une longue ère de paix. »

« Nous avons devant nous l'opportunité de forger pour nous-mêmes et pour les générations futures un Nouvel Ordre Mondial, un monde où les règles de la loi et non les règles de la jungle, gouvernent la conduite des nations. Quand nous serons victorieux - et nous le serons - nous aurons une vraie chance pour ce Nouvel Ordre Mondial, un ordre dans

---

[21] www.youtube.com/watch?v=IdM8UN2aG_E

[22]

www.en.wikisource.org/wiki/James_Warburg before the Subcommittee on Revision of the United Nations Charter lequel des Nations Unies crédibles pourraient utiliser leur rôle de maintien de la paix pour réaliser la promesse et la vision des fondateurs des Nations Unies. »

« Ce qui est en jeu, c'est plus qu'un petit pays. C'est une grande idée : un Nouvel Ordre Mondial, où diverses nations sont rassemblées dans une cause commune pour atteindre les aspirations universelles de l'homme : la paix et la sécurité, la liberté et la primauté du droit. Tel est un monde digne de notre lutte et digne de l'avenir de nos enfants. »

« Maintenant, nous pouvons voir un nouveau monde à venir en vue. Un monde dans lequel il y a la vraie perspective d'un Nouvel Ordre Mondial. Selon Winston Churchill, un Ordre Mondial dans lequel «les principes de la justice et du fair-play protègent les faibles contre les forts ...». Un monde où l'ONU, libérée de l'impasse de la guerre froide, est prête à remplir la vision historique de ses fondateurs. Un monde où la liberté et le respect des droits de l'homme trouvent refuge dans toutes les nations. La guerre du Golfe a donné à ce nouveau monde son premier test. »

> *George W. Bush Père (1924-...), 41ᵉ président des États-Unis de 1989 à 1993, ambassadeur des USA à l'ONU de 1971 à 1973, directeur de la CIA en 1976, respectivement lors d'un discours :*
> - *au Congrès des États-Unis, le 11 septembre 1990 (début de la guerre)* [23]
> - *à l'assemblée générale de l'ONU, le 1ᵉʳ octobre 1990* [24]
> - *à la télévision, le 16 janvier 1991* [25]
> - *au Congrès des États-Unis, le 29 janvier 1991* [26]
> - *au Congrès des États-Unis, le 6 mars 1991 (fin de la guerre)* [27]

« La France ne le sait pas, mais nous sommes en guerre contre les États-Unis. Une guerre permanente, économique, une guerre sans morts. [...] Oui, ils sont très durs les Américains, ils sont voraces, ils

---

[23] www.youtube.com/watch?v=7iUX3yP9M8g / www.millercenter.org/president/bush/speeches/speech-3425
[24] www.youtube.com/watch?v=GGYhmFX62UY / www.presidency.ucsb.edu/ws/index.php?pid=18883
[25] www.youtube.com/watch?v=IFrnQHaQWoA / www.millercenter.org/president/speeches/speech-3428
[26] www.youtube.com/watch?v=D-HkxV8N2UE / www.presidency.ucsb.edu/ws/?pid=19253
[27] www.youtube.com/watch?v=BuEsuoU7mpU / www.millercenter.org/president/bush/speeches/speech-3430
Résumé historique (en anglais) de la 1ère guerre d'Irak (ou guerre du Golfe) de Bush père (1990-1991), avant la suivante de Bush fils (2003-...), faisant suite aux attentats du 11 septembre 2001, 11 ans plus tard :
www.millercenter.org/president/biography/bush-foreign-affairs / www.presidency.ucsb.edu/ws/?pid=58057

veulent un pouvoir sans partage sur le monde. Une guerre inconnue, une guerre permanente, sans morts apparemment, et pourtant une guerre à mort. »

> *François Mitterrand (1916-1996), 21ᵉ président de la France de 1981 à 1995, lors d'un entretien privé avant sa mort, cité dans le livre : le Dernier Mitterrand, de G-M Benamou, paru en 2005.*

« Nous sommes convaincus que nous créons le début d'un Nouvel Ordre Mondial, qui émerge de l'effondrement des antagonismes Américains-Soviétiques. »

> *Brent Scowcroft (1925-…), conseiller à la Sécurité Nationale Américaine sous les présidents Georges W. Bush père et Gerald Ford (dont le vice-président était Nelson A. Rockefeller), membre du CFR, cité dans le Washington Post du 26 mai 1991*[28]

« La menace d'une crise environnementale sera la « catastrophe internationale clé » qui débloquera le Nouvel Ordre Mondial. »

> *Mikhaïl Gorbatchev (1931-…), dernier président de l'URSS de 1985 à 1991 avant son effondrement, membre du Club de Rome, cité dans : « Un rapport spécial: Le projet des zones sauvages libère sa guerre sur l'humanité », par Marilyn Brannan, Monetary & Economic Review, p.5, paru en 1996*

« [Le Sommet de la Terre jouera un rôle important dans] la réforme et le renforcement de l'ONU comme la pièce maîtresse du système émergent de gouvernance mondiale démocratique. »
« Le concept de souveraineté nationale a été un principe immuable, voire sacré, des relations internationales : c'est un principe qui n'aboutira que lentement et avec réticence aux nouveaux impératifs de la coopération environnementale mondiale. Il n'est tout simplement pas possible que la souveraineté s'exerce unilatéralement par des États-nations individuels, même si puissants. La communauté mondiale doit être assurée de la sécurité environnementale. »
« N'est-ce pas le seul espoir pour la planète que les civilisations industrialisées s'effondrent ? N'est-ce pas notre responsabilité d'apporter cela ? »

> *Maurice Strong (1929-2015), dirigeant de deux compagnies pétrolières canadiennes, devenu membre exécutif de la fondation Rockefeller et directeur exécutif du Programme des*

---

[28] www.washingtonpost.com/archive/politics/1991/05/26/bushs-talk-of-a-new-world-order-foreign-policy-tool-or-mere-slogan/7d6dd1a2-7ad2-4b90-a206-f6fcd75a6e26/

Nations Unies pour l'Environnement (PNUE) -le tout- en 1972, mentor d'Al Gore, membre exécutif du Club de Rome, co-fondateur de l'Agenda 21 et du GIEC [groupe d'» experts » prônant la causalité : CO_2 -> réchauffement climatique], lors d'un discours tenu au « Sommet de la Terre » ou Conférence des Nations Unies sur l'Environnement et le Développement (UNCED), Rio de Janeiro, Brésil, juin 1992 [29]

« En plus de l'amélioration de la roquette, des multi-missiles, et des bombes plus puissantes et plus précises, les futures développements pourront très bien inclure des navires de guerre spatiaux automatisés ou habités, des installations en eaux profondes, des armes chimiques et biologiques, des rayons de la mort, et encore d'autres formes de guerre - même le climat peut être altéré. »

« Non seulement de nouvelles armes ont été développées, mais certains des concepts basiques de géographie et de stratégie ont été fondamentalement altérés ; l'espace et le contrôle du climat ont remplacé Suez ou Gibraltar comme éléments clé de la stratégie. »

Zbigniew Brzezinski (1928-...), conseiller national à la sécurité sous Jimmy Carter, membres des services secrets sous Ronald Reagan et Bush père, co-fondateur de la Commission Trilatérale, membre du CFR, conseiller en politique étrangère de Barack Obama, protégé de David Rockefeller (selon Goldwater), extrait de son livre : Between Two Ages : America's Role in the Technetronic Era, p.28, paru en 1970.

« Même si la théorie du réchauffement climatique est fausse, avoir abordé le réchauffement climatique comme s'il est réel signifie la conservation de l'énergie, nous ferons donc la bonne chose en termes de politique économique et de politique environnementale. »

Timothy Endicott "Tim" Wirth, membre du CFR et du Club de Rome, sénateur du Colorado (1987-1993), premier sous-secrétaire pour les Affaires Globales et Démocratiques (1994-1997) sous Bill Clinton, ayant travaillé avec le vice-président Al Gore sur le réchauffement climatique, supporter du Protocole de Kyoto (1997), 1er président de la Fondation des Nations Unies (1998-2013), cité dans l'article : REPORTS - Less Burning, No Tears, de Rochelle L. Stanfield, National Journal, paru le 13 août 1988.

---

[29] www.americanalertnews.com/mauricestrongspeaks1992.htm /
www.youtube.com/watch?v=VhP2F2jTFxI

« Nous sommes trop nombreux, voilà pourquoi nous avons le réchauffement climatique. »

> Ted Turner (1938-...), fondateur de la Fondation des Nations Unies (1998) et de la chaîne télévisé CNN, membre du Club de Rome, lors d'une interview le 1er avril 2008 [30]

« Dans sa forme actuelle, la démocratie n'est plus adaptée pour la tâche à venir. »

« En quête d'un nouvel ennemi pour que nous nous unissions tous, nous en sommes venus à l'idée que pour régler la surpopulation, la menace du réchauffement climatique, la pénurie d'eau, les famines et choses du genre seraient adéquates. En déclarant la guerre au réchauffement climatique par exemple, nous nous trompons en attaquant le symptôme plutôt que corriger la cause. Tous ces dangers sont le résultat de l'homme et de ses interventions et c'est uniquement en changeant d'attitudes et de comportements que nous vaincrons notre pire ennemi, à savoir l'humanité. »

> Alexander King, Bertrand Schneider, respectivement fondateur et secrétaire général du Club de Rome, extrait du livre : The First Global Revolution, pp.71-75, paru en 1991

« L'amélioration de la santé publique a fait baisser de 66% la mortalité infantile dans le monde au cours des 40 dernières années. Dans la même période, l'espérance de vie moyenne mondiale a augmenté de 46 ans dans les années 1950 à 63 ans aujourd'hui ; c'est un développement qui a implosé l'économie individuelle. Toutefois, le résultat de ces mesures positives est que la population mondiale a augmenté, pendant cette même période de temps, géométriquement à environ 6 milliards de personnes et pourrait facilement dépasser 8 milliards en 2020. L'impact négatif de la croissance de la population dans tout notre écosystème planétaire est apparemment évident. [...] Les Nations Unies peuvent et doivent jouer un rôle essentiel pour aider le monde à trouver une manière satisfaisante de stabiliser la population mondiale et de stimuler le développement économique, d'une manière qui soit sensible aux considérations religieuses et morales. »

> David Rockefeller (1915-...), membre exécutif du Club de Rome, lors d'un discours au Business Council for the United Nations (ONU), le 14 septembre 1994 [31]

---

[30] www.charlierose.com/videos/19588
[31] www.c-span.org/video/?60201-1/annual-ambassadors-dinner

« L'expérience sociale en Chine sous la direction du président Mao est l'une des plus importantes et des plus réussies de l'histoire de l'humanité. L'ampleur de l'ouverture de la Chine et la façon dont le monde interprète et réagit aux innovations sociales et aux styles de vie qu'elle a développé aura certainement un impact profond sur l'avenir de nombreuses nations. »

> *David Rockefeller, cité dans un article du New York Times du 10 août 1973* [32]

« Toutes les misères de ce monde sont imputables au fait que l'on permet aux irresponsables ignorants, illettrés et pauvres de se reproduire sans que nous ayons la moindre maîtrise sur leur fécondité. »

> *Margaret Sanger (1876-1966), précurseur de l'eugénisme [principe de la manipulation génétique soutenu par Hitler et le régime NAZI], fondatrice de l'American Birth Control League [devenu le Planning Familial légal américain (Planned Parenthood en anglais)], cité dans : Margaret Sanger, father of modern society, de Elasah Drogin, paru en 1985.*

« Plus probablement, il faudrait peut-être des efforts mal-conçus pour entreprendre des traitements drastiques qui pourraient être pires que la maladie, par exemple, des efforts pour changer le climat en essayant de faire fondre la calotte glaciaire arctique. Dans les zones pauvres et impuissantes, la population devrait chuter à des niveaux qui pourraient être supportés. Les subventions alimentaires et l'aide extérieure, si généreux que soient les donateurs, seraient insuffisantes. [...] Le « problème » de la population serait [alors] résolu de lui-même, de la manière la plus désagréable qui soit. »

> *Henry Kissinger (1923-...), diplomate américain, prix Nobel de la Paix en 1973, membre du Bilderberg du CFR et du Club de Rome, protégé de Nelson Rockefeller (selon Goldwater), extrait de son mémo NSSM200 (déclassifié par la CIA) alors qu'il était directeur du NSC, pp.41-42, 1974* [33]

« Il y a 6,8 milliards de gens sur la Terre, bientôt 9 milliards ; maintenant, si l'on fait vraiment un super boulot avec les nouveaux

---

[32] www.nytimes.com/1973/08/10/archives/from-a-china-traveler.html
Rappel : le régime politique de Mao Tsé-Tung a causé la mort de 50 à 70 millions de chinois en temps de « Paix ».
[33] Liens de téléchargement :
www.documents.theblackvault.com/documents/environment/potentialtrends.pdf ou
www.pdf.usaid.gov/pdf_docs/PCAAB500.pdf

vaccins, les services de santé reproductive, on pourrait réduire ces chiffres de 10 à 15 %. »

> *Bill Gates (1955-...), fondateur de Microsoft et d'une fondation « humanitaire » : Gates Foundation qui elle est soutenu par la Fondation des Nations Unies et la Banque Mondiale, lors d'une conférence Ted Talks intitulé : Innovating to zero!, 2010.[34]*

« [...] Le but final est que tout le monde ait une puce pour contrôler la population entière ; et que les banquiers et les gens de l'élite contrôlent le monde. »

« Et un jour dans la conversation, il m'a parlé de la diminution de la population mondiale, car il y a trop de personnes dans le monde. [...] Et donc il m'a dit qu'ils souhaitaient réduire la population mondiale, et même de moitié. »

> *Aaron Russo (1943-2007), réalisateur américain de : America: From Freedom to Fascism, qui à été invité à intégrer le CFR par Nicholas Rockefeller, extrait d'une interview en 2007 [35]*

« En résumé, la population mondiale continuera à croître tant que le taux de natalité dépasse le taux de mortalité ; c'est aussi simple que ça. Quand elle cesse de croître ou commence à diminuer, cela signifie que le taux de natalité a diminué ou que le taux de mortalité a augmenté ou une combinaison des deux. Fondamentalement, il n'y a donc que deux sortes de solutions au problème de la population. L'une est une « solution de taux de natalité », dans laquelle nous trouvons des moyens de réduire le taux de natalité. L'autre est une « solution de taux de mortalité », dans laquelle des façons d'augmenter le taux de mortalité - la guerre, la famine, la peste - nous trouvons. Le problème aurait pu être évité par le contrôle de la population, dans lequel l'humanité a consciemment ajusté le taux de natalité, de sorte qu'une « solution de taux de mortalité » n'ait pas due se produire. »

« Un cancer est une multiplication incontrôlée de cellules ; l'explosion démographique est une multiplication incontrôlée de personnes. Traiter seulement les symptômes du cancer peut rendre la victime plus à l'aise au début, mais à la fin il meurt - souvent horriblement. Un sort semblable attend un monde avec une explosion démographique si seulement les symptômes sont traités. Nous devons changer nos efforts du traitement des symptômes à la coupe du cancer. L'opération exigera beaucoup de décisions apparemment brutales et sans cœur. La douleur peut être intense. Mais la maladie est si avancée que c'est

---

[34] www.ted.com/talks/bill_gates
[35] www.youtube.com/watch?v=IdM8UN2aG_E

seulement avec une chirurgie radicale que le patient a une chance de survie. »

> *Paul R. Ehrlich (1932-...), biologiste, collaborateur du <u>Club de Rome</u>, connu pour ses travaux sur la croissance démographique et ses recommandations pour la contrôler, extrait de son livre : The Population Bomb, pp.34-166, paru en 1968.*

« Il semble que (environ) un milliard de personnes est la population maximale supportable par le système agricole et industriel actuel du monde aux niveaux d'abondance des États-Unis. »

« Un programme de stérilisation des femmes après leur deuxième ou troisième enfant [...] pourrait être plus facile à mettre en œuvre que d'essayer de stériliser les hommes. [...] La capsule pourrait être implantée à la puberté et pourrait être amovible, avec l'autorisation officielle, pour un nombre limité de naissance. »

« Si un droit de la mer devait être établi avec succès, il pourrait servir de modèle pour une future loi de l'atmosphère pour réglementer l'utilisation de l'espace aérien, surveiller le changement climatique et la pollution atmosphérique. Peut-être ces agences, combinées avec le PNUE [Programme des Nations-Unis pour l'Environnement ; UNEP en anglais] et les Agences de la population des Nations Unies, pourrait éventuellement devenir un Régime Planétaire – une sorte de Super-Agence internationale pour la population, les ressources et l'environnement. »

« Le Régime Planétaire pourrait être chargé de déterminer la population optimale pour le monde et pour chaque région et pour arbitrer les parts des différents pays dans leurs limites régionales. Le contrôle de la taille de la population demeure la responsabilité de chaque gouvernement, mais le Régime devrait avoir un certain pouvoir pour faire respecter les limites convenues. »

> *John P. Holdren (1944-...), conseiller scientifique et technologique <u>officiel</u> du président Barack Obama, membre du CFR, défenseur de la géo-ingénierie [manipulation technologique du climat], extrait de son livre co-écrit avec Anne H. Ehrlich et <u>Paul R. Ehrlich</u> : Ecoscience – Population, Resources, Environment, pp.1093-1202-1434, paru en 1977*

« [...] Même s'il est tout à fait vrai que toute politique eugénique radicale sera pendant de nombreuses années politiquement et psychologiquement impossible, il sera important pour l'UNESCO [Organisation des Nations Unies pour l'Éducation, la Science et la Culture] de voir que le problème eugénique soit examiné avec le plus grand soin, et que l'esprit du public soit informé des enjeux de sorte que beaucoup de ce qui est maintenant impensable peut au moins devenir pensable. »

« [...] Dans le passé, les grandes religions ont unifié les pensées et les attitudes des grandes régions à la surface de la Terre ; et récemment, la science, tant directement par ses idées qu'indirectement à travers ses applications dans la réduction du monde, a été un facteur puissant pour diriger les pensées des hommes vers les possibilités et la nécessité d'une pleine unité du monde. »

> *Julian Huxley (1887-1975), 1ᵉʳ président de l'UNESCO, fondateur de la World Wild Foundation (WWF), précurseur de l'eugénisme/transhumanisme, frère d'Aldous Huxley (lui auteur de : Le Meilleur des Mondes), extrait de son livre : UNESCO, Its Purpose And Its Philosophy, pp.21-17, 1946* [36]

« Les Nations Unies jouent un rôle vital dans le développement d'un système international fonctionnel. »

« L'ONU correspond, finalement, au symbole de l'Ordre Mondial qui sera un jour construit. »

« Les intérêts de l'Amérique et le rôle qu'elle est appelée à jouer dans toutes les parties du monde l'obligent à œuvrer pour l'élimination de la race et de la couleur en tant que facteurs importants dans un Nouvel Ordre Mondial. »

> *Extrait du livre : Prospect for America: the Rockefeller Panel reports, du Rockefeller Brothers Fund, pp.34-35-72, paru en 1961* [37]

« Pour mettre en place un gouvernement mondial, il est nécessaire de retirer des esprits leur individualisme, leur loyauté envers les traditions familiales, leur patriotisme national, et leurs dogmes religieux. »

> *George Brock Chisholm (1896-1971), 1ᵉʳ directeur de l'Organisation Mondiale de la Santé (OMS) de 1948 à 1953, cité dans le livre : Going Home to School de Davis Llewellyn, p.69, paru en 1991.*

« Dieu agit de plusieurs manières, à travers de nombreuses fois et agences religieuses ; c'est une des raisons de l'élimination des doctrines non essentielles. En soulignant les doctrines essentielles et dans leur union, la plénitude de la vérité sera révélée. Ceci, la nouvelle

---

[36] Livre important (lien de téléchargement) :
https://unesdoc.unesco.org/images/0006/000681/068197eo.pdf
[37] www.youtube.com/watch?v=NHGm49hhOmw

religion mondiale et sa mise en œuvre, se fera rapidement après la réapparition du Christ. »

> *Conclusion de la page de présentation : the New World Religion (la Nouvelle Religion Mondiale)* [38]*, source : lucistrust.org, site internet de l'institut « Lucis Trust », anciennement Lucifer Publishing Company* [39]*, créé par Alice Bailey (1880-1949), mère de la religion New Age, et son mari Foster*
> *Bailey, lui franc-maçon au 33e degré et auteur du livre : L'esprit de la Franc-Maçonnerie. La Lucis Trust se définit comme une organisation spiritualiste dont le but est d'apporter une solution aux problèmes de l'humanité par l'unification planétaire sous l'égide d'un gouvernement mondial, et... la préparation de la venue du Christ - aussi appelé « Imam Mahdi » ou « Maitreya »* [40]*- qui serait l'instructeur d'une religion mondiale.*
> *La Luci[fer] Trust se définit elle-même comme consultante auprès des Nations Unies (ONU) à travers son ONG : World Goodwill (Bonne Volonté Mondiale)* [41]

« La vraie lumière de Lucifer ne peut être vue par la tristesse, par les ténèbres, par le rejet. La vraie lumière de ce grand être ne peut être reconnue que lorsque ses propres yeux peuvent voir avec la lumière du Christ, la lumière du soleil intérieur. Lucifer opère en chacun de nous pour nous apporter la plénitude, et comme nous entrons dans un Nouvel Age [New Age, en anglais], qui est l'Age de l'intégrité de l'homme, chacun d'entre nous, est en quelque sorte amené à ce point que je nomme l'initiation luciférienne, par lequel l'individu doit passer s'il veut être pleinement dans la présence de sa lumière et de sa plénitude... Lucifer vient pour nous donner le dernier don de la plénitude, si nous l'acceptons, alors il est libre et nous sommes libres. C'est cela l'initiation luciférienne. C'est à cette initiation que maintenant beaucoup de personnes, et dans les jours futurs, devront se confronter, car c'est une initiation dans le Nouvel Age. C'est une initiation à quitter le passé et à s'installer dans le nouveau, à délaisser nos peines et nos craintes, nos inquiétudes, nos besoins, nos tentations, et à devenir ensemble et en paix parce que nous avons

---

[38] www.lucistrust.org/fr/world_goodwill/key_concepts/the_new_world_religion1
[39] www.lucistrust.org/fr/arcane_school/talks_and_articles/the_esoteric_meaning_lucifer
[40] Encyclopédie des Mouvements des Nouvelles Religions de Peter Clarke (en anglais) : www.bit.ly/2jG97Fx
 (idées de recherche de mots clés :
« Maitreya »/» Goodwill »/» Aquarius »/» Findhorn »/» Spangler »)
[41] www.lucistrust.org/fr/world_goodwill/un_wg

reconnu notre lumière intérieure et la lumière qui nous enveloppe, la lumière de Dieu. »

« Ce qui n'était autrefois que de l'idéalisme mystique est devenu la réalité politique des Nations Unies de la Terre. »

> *David Spangler (1945-...), père de la religion New Age, participant en 1975 au programme de l'ONU : Planetary Citizens [42], membre de la Findhorn Foundation, extraits de ses livres : Reflections on the Christ (1978), pp.44-45, et : Reimagination of the World (1991), p.211 (dernière phrase du livre)*

« Comment créer de la valeur au XXIe siècle ? Comment créer des ponts pour une approche systémique globale de l'administration planétaire et fusionner efficacement la diversité ? Qu'on le craigne ou l'accueille, il y a un « Nouvel Ordre Mondial » qui émerge. Comment pouvons-nous, en tant que citoyens planétaires, nous assurer que l'élan nous amène à vivre comme UN - un peuple, une planète, un temps ? »

« Contrairement à l'une des principales formes de pensée concurrentes, un « Nouvel Ordre Mondial » ne signifie pas la poursuite du statu quo et le contrôle de l'économie mondiale par la corporatocratie, bien que l'un conduit nécessairement à l'autre au fil du temps comme l'auto-organisation de fractales évolutives. Un véritable « Nouvel Ordre Mondial » émerge alors que l'humanité entre dans les profondeurs de ce qui nous garde apeuré, en colère, ignorant et immobile et transcende toutes ces notions. »

« L'harmonie entre les gens et la planète est la négociation réussie et la transcendance du chaos que nous vivons dans un Nouvel Ordre Mondial de considération et de responsabilité envers les besoins humains et planétaires pour la durabilité. »

« Notre plan est de montrer les gens, les lieux et les choses qui contribuent au processus d'établissement d'un Nouvel Ordre Mondial d'harmonie entre les gens et la planète. Les efforts passés et les efforts futurs aboutiront à une action concertée. Les citoyens planétaires comprennent que le terme « Nouvel Ordre Mondial » a des perspectives émotionnelles mélangées. Notre monde a besoin d'un Nouvel Ordre. Notre avenir est malléable et inconnu même avec le meilleur logiciel prédictif. La planification pour un scénario catastrophe peut être sage, mais la recherche de modèles qui révèlent une auto-organisation naturelle peut aider encore plus. »

---

[42] www.bit.ly/2k7Gosk - archive Planetary Citizens de l'ONU - n° : S-0985-0005-05-00001 - 10/01/1975 (rechercher (CTRL-F) dans le document le nom des auteurs : « Spangler »/» Keys »/ » Cousins »)

« La Déclaration des Nations Unies sur les droits des peuples autochtones est également un document principal qui fournit un code d'éthique pour le comportement général. L'humanité est diverse à travers de nombreuses perspectives, néanmoins nous considérons tout le monde comme des citoyens planétaires de manière à ce que chacun puisse grandement profiter de la sagesse de cette déclaration. Nous pouvons voir que les ressources malmenées, la mauvaise gestion fiscale et les populations réprimées ont engendré du chaos dans le monde. Nous soutenons la prise de sens dans la promotion d'une activité responsable dans tous les systèmes existants, créant un Nouvel Ordre Mondial d'harmonie entre les gens et la planète. Nos frères et sœurs d'internet, amis et parents aident à créer une atmosphère de pensée de bonne volonté [good will, en anglais][43]. »

> *Extraits de la page d'accueil du site internet de Planetary Citizens (Citoyens Planétaires), programme officiel de l'ONU en partenariat avec le Club de Rome, l'UNESCO et l'UNEP, source : planetarycitizens.net [44]*

« Nous avons des méditations aux Nations Unies deux fois par semaine. Le chef de la méditation est Sri Chinmoy, et voici ce c'est ce qu'il a dit à propos de cette situation [collaboration ONU/» spiritualité »] : *«L'ONU est l'instrument choisi de Dieu... un messager divin portant la bannière de la vision intérieure et de la manifestation extérieure de Dieu. Un jour, le monde va chérir... l'âme des Nations-Unies comme elle-même avec énormément de fierté, car cette âme est pleinement aimante, pleinement nourricière et pleine d'accomplissements.».»*

> *Donald F. Keys, fondateur/président du programme Planetary Citizens de l'ONU, co-dirigeant de la Nouvelle Alliance Mondiale (NWA)[45], représentant du Mouvement Fédéraliste Mondial (WFM)[46] au Nations Unies (1969-1982), collaborateur de l'Aquarian Age Community (Communauté de l'Age du*

---

[43] Peut-être s'agit-il de la même Bonne Volonté Mondiale (World Goodwill) que la Luci[fer] Trust d'Alice Bailey [?]

[44] www.planetarycitizens.net

[45] www.newworldalliance.net - référence en page d'accueil au « vrai "Ordre des Ages" ("ORDER OF THE AGES") »

[46] www.wfm-igp.org/content/our-funders - financé par la Fondation Ford [financeur historique du Bilderberg] et financé par le World Service Meditation Group (pour la justice, la paix et la démocratie) qui est également membre du réseau mondial des « Serviteurs » [?!] de la Luci[fer] Trust :
www.lucistrust.org/fr/worldwide_network/list_of_groups/americas/world_service_meditation_group
et partageant une volonté commune qui est : www.lucistrust.org/fr/resources/meditation

Verseau) [47], co-auteur du livre : Earth at Omega : Passage to Planetization [48], publié par <u>Findhorn</u> Press, propos extrait de l'article intitulé : Une Nouvelle Religion Mondiale, par W. F. Jasper, p.21, New American Magazine du 19 octobre 1992, également cité dans : Garland of Nation-Souls (Guirlande des Âmes-Nations) [49], de Sri Chinmoy (ex-gourou officiel de l'ONU), p.68, 1972

« O HOMME, HOMME ! DE QUOI NE POUVEZ-VOUS PAS ÊTRE PERSUADÉ. Qui aurait imaginé que je devais être le fondateur d'une nouvelle religion. »

« De tous les moyens que je connaisse pour commander les hommes, le plus efficace est un mystère dissimulé : l'envie de l'esprit [de croire en quelque chose][50] est irrésistible. Et lorsqu'un homme a [admis une croyance], il est alors impossible de la faire sortir de sa tête, que cela soit par l'argumentation ou par l'expérience. Et ensuite, nous pouvons changer les notions simplement en changeant un mot... Quoi de plus méprisable que le *fanatisme ;* mais appelez-le *enthousiasme ;* puis ajoutez le petit mot *noble,* et vous pouvez le commander à travers le monde. »

Adam Weishaupt [51] (1748-1830), fondateur de la société secrète : l'Ordre des Illuminés ou Illuminati (ayant infiltré tous les groupes de pouvoir existant [Franc-Maçonnerie, Église, pouvoir économique, pouvoir politique, etc.] et représentant la tête de l'élite mondiale actuelle), lors d'une réunion secrète des dirigeants de l'Ordre, cité dans le livre : Proofs of a Conspiracy (Preuves d'une Conspiration), rédigé par John Robison (1739-1805), professeur de philosophie et secrétaire de la société royale d'Édimbourg, pp.86-129, paru en 1798.

---

[47] Communauté New Age inspirée d'Alice Bailey (Luci[fer] Trust) en collaboration directe avec l'ONU – voir article de Keys : <u>Spiritualité aux Nations Unies,</u> sur leur site officiel : <u>www.aquaac.org/un/sprtatun.html</u>

[48] <u>Livre important</u> traitant du rôle des Nations Unies dans la réalisation du « Point Omega », qui est le Nouvel Ordre Mondial : <u>www.bit.ly/2iXxgc2</u> (en anglais) (idées de recherche de mots clés : « Spangler »/» Cousins »/ « Club of Rome »/» UNESCO »/» New World Order »/» New Age »/» <u>Aquarian Conspiracy</u> »/» Point Omega »)

[49] <u>www.srichinmoylibrary.com/gns</u>

[50] Comprendre : le besoin de comprendre, de connaître LA vérité + notion de croyance, de foi, d'égo (spirituel)

[51] Il s'agit du même Weishaupt (dit « Spartacus ») que celui cité par Winston Churchill (rèf. de bas de page n°14)

CITATIONS INSTRUCTIVES

« Il est plus facile de tromper les gens que de les convaincre qu'ils ont été trompés. »

« L'Histoire de notre espèce, tout comme l'expérience de chaque individu, sont remplies des preuves qu'une vérité n'est pas difficile à tuer, alors qu'un mensonge bien présenté est immortel. »

« Si vous ne lisez pas le journal, vous n'êtes pas informé. Si vous lisez le journal, vous êtes mal informé. »

« Le danger, ce n'est pas ce qu'on ignore, c'est ce que l'on tient pour certain et qui ne l'est pas. »

Mark Twain, écrivain essayiste et humoriste américain

« Toute vérité franchit trois étapes. D'abord, elle est ridiculisée. Ensuite, elle subit une forte opposition. Puis, elle est considérée comme avoir toujours été une évidence. »

Arthur Schopenhauer, philosophe allemand

« Parfois les gens ont des croyances extrêmement fortes… Quand ils sont confrontés à une preuve qui va à l'encontre de leurs croyances, ils ne peuvent pas l'accepter car cela crée un sentiment très désagréable appelé : dissonance cognitive. »

Frantz Fanon, psychiatre et essayiste français

« L'intelligence est l'aptitude à s'aventurer stratégiquement dans l'incertain, l'ambigu, l'aléatoire en recherchant et en utilisant le maximum de certitudes, de précisions, d'informations. L'intelligence est la vertu d'un sujet qui ne se laisse pas duper par les habitudes, craintes, souhaits subjectifs. C'est la vertu de ne pas se laisser prendre aux apparences. C'est la vertu qui se développe dans la lutte permanente et multiforme contre l'illusion et l'erreur. »

Edgar Morin, sociologue et philosophe français, extrait du livre : La Méthode, 1986

« On ne peut pas dire la vérité à la télé, il y a trop de gens qui regardent. »

Coluche, humoriste et critique politique français, candidat à la présidence française, mort « accidentellement »

« […] Le métier de TF1 [première chaîne de télévision française], c'est d'aider Coca-Cola, par exemple, à vendre son produit.[…] Or pour qu'un message publicitaire soit perçu, il faut que le cerveau du téléspectateur soit disponible. Nos émissions ont pour vocation de le rendre disponible : c'est-à-dire de le divertir, de le détendre pour le préparer entre deux messages. Ce que nous vendons à Coca-Cola, c'est du temps de cerveau humain disponible. »

Patrick Le Lay (1942-...), ancien président de TF1, haut-gradé franc-maçon, cité dans le livre : Les dirigeants face au changement, 2004.

« N'oubliez pas une chose : les gens sont des cons ! »

François Hollande, président français, s'adressant à des députes socialistes, cité par un journaliste du magazine Le Point, le 10 octobre 2013

« Internet représente une menace pour ceux qui savent et décident. Parce qu'il donne accès au savoir autrement que par le cursus hiérarchique. »

Jacques Attali, ancien ministre et écrivain français, partisan d'un État-Monde, d'un « Village Mondial ».

« La seule chose qui m'ennuie le plus, c'est que le public pense que la FDA le protège, alors qu'il n'en est rien. Ce que fait la FDA et ce que le public croit qu'elle fait, c'est le jour et la nuit. »

Dr Herbert Ley (1923-2001), commissaire principal de la FDA[52] de 1968 à 1969 [53]

« Le réchauffement climatique est un problème, non... J'ai dit cela à Obama : excusez-moi, Monsieur le Président, mais vous avez tort... totalement tort ! »

Dr. Ivar Giaever, prix Nobel de physique en 1973, rapporté par : Fox news et Climate Depot (entre autres), le 8 juillet 2015.[54]

---

[52] La FDA (Food and Drug Administration) est l'organisme public aux États-Unis chargé de validité la commercialisation des aliments et des médicaments sur le marché national.

[53] Sources : Richard D. Lyons (December 31, 1969). Ousted F.D.A. Chief Charges 'Pressure' From Drug Industry . New York Times + Jennifer Ross-Nazzal. "From Farm to Fork": How Space Food Standards Impacted the Food Industry and Changed Food Safety Standards p.226. NASA History Division. Retrieved August 25, 2013.

[54] Sources : www.foxnews.com/tech/2011/09/14/nobel-prize-winning-physicist-resigns-from-top-physics-group-over-global.html / http://www.climatedepot.com/2015/07/06/nobel-prize-winning-scientist-who-endorsed-obama-now-says-prez-is-ridiculous-dead-wrong-on-global-warming/

« L'opinion publique est la clé. Avec l'opinion publique, rien ne peut faillir. Sans lui, rien ne peut réussir. Celui qui manipule les opinions est plus important que celui qui applique les lois. »
Abraham Lincoln (1809-1865), 16ᵉ président des États-Unis d'Amérique.

« Quand vous commencez à penser par vous-mêmes, vous leur faites peur et ils s'efforceront de vous interdire tout contact avec l'opinion publique, de peur que si l'opinion publique vous écoute, elle ne veuille plus les écouter. »
Malcom X, activiste américain

« La guerre, un massacre de gens qui ne se connaissent pas, au profit de gens qui se connaissent mais ne se massacrent pas. »
Paul Valéry, écrivain français.

« Bien sûr que les peuples ne souhaitent pas la guerre, ni les russes, ni les anglais, ni les américains, ni les allemands puisque c'est notre sujet ici. On est d'accord. Mais il est toujours possible d'entraîner les gens vers les souhaits de leurs dirigeants. C'est facile. Tout ce que vous avez à faire est de leur dire qu'ils sont attaqués, de dénoncer les pacifistes pour leur manque de patriotisme et d'exposer le pays au danger. Cela fonctionne de la même manière dans tous les pays. »
Herman Goering, cadre du régime NAZI, pendant le procès de Nuremberg

« Un danger existe qui menace chaque homme, femme et enfant de notre grande nation. Nous devons prendre des mesures pour assurer notre sécurité intérieure et protéger le pays. »
Adolf Hitler, lors d'un discours proposant la création de la Gestapo dans l'Allemagne NA-ZI (pour NAtional-soZIalismus ou NAtional-ZIonismus (Sionisme en français) [?])

« Si l'on permet le déclenchement de la Troisième Guerre Mondiale, la dévastation sera si considérable que les internationalistes en arriveront à prétendre que seul un gouvernement mondial soutenu par une force de police internationale permettra de résoudre les différents problèmes nationaux et internationaux, rendant impossible de nouvelles guerres. Cet argument paraîtra logique à de nombreuses personnes... »
Jean Lombard, auteur et historien, extrait du livre : La Face Cachée de l'Histoire Moderne, 1984

« Ce qu'il y a de vraiment effrayant dans le totalitarisme, ce n'est pas qu'il commette des atrocités mais qu'il s'attaque au concept de vérité objective. »

« Le ministère de la Paix s'occupe de la guerre, celui de la Vérité, des mensonges, celui de l'Amour, de la torture, celui de l'Abondance, de la famine. »

« [...] L'effrayant était que tout pouvait être vrai. Que le Parti puisse étendre le bras vers le passé et dire d'un évènement : "cela ne fut jamais", c'était bien plus effrayant que la simple torture ou que la mort. »

« Comment un homme s'assure-t-il de son pouvoir sur un autre, Winston ? [...] En le faisant souffrir. L'obéissance ne suffit pas. [...] Le pouvoir est d'infliger des souffrances et des humiliations. Le pouvoir est de déchirer l'esprit humain en morceaux que l'on rassemble ensuite sous de nouvelles formes que l'on a choisies. »

« La guerre c'est la paix, la liberté c'est l'esclavage, l'ignorance c'est la force. »

« Parler de liberté n'a de sens qu'à condition que ce soit la liberté de dire aux gens ce qu'ils n'ont pas envie d'entendre. »

« Le fusil accroché au mur du pavillon du fermier ou de l'appartement de l'ouvrier est le symbole de la démocratie. C'est notre devoir de faire en sorte qu'il y reste. »

« Il ne s'agit pas de gagner la guerre mais de la prolonger indéfiniment. »

« L'acte essentiel de la guerre est la destruction, pas nécessairement de vies humaines, mais des produits du travail humain. La guerre est le moyen de briser [...] les matériaux qui, autrement, pourraient être employés à donner trop de confort aux masses et, partant, trop d'intelligence en fin de compte. »

« Si tous, en effet, jouissaient de la même façon de loisirs et de sécurité, la grande masse d'êtres humains qui est normalement abrutie par la pauvreté pourrait s'instruire et apprendre à réfléchir par elle-même, elle s'apercevrait alors tôt ou tard que la minorité privilégiée n'a aucune raison d'être et la balaierait. En résumé, une société hiérarchisée n'était possible que sur la base de la pauvreté et de l'ignorance. »

« La dictature s'épanouit sur le terreau de l'ignorance. »

« Les masses ne se révoltent jamais de leur propre mouvement, et elles ne se révoltent jamais par le seul fait qu'elles sont opprimées. Aussi longtemps qu'elles n'ont pas d'élément de comparaison, elles ne se rendent jamais compte qu'elles sont opprimées. »

« À une époque de supercherie universelle, dire la vérité est un acte révolutionnaire. »

Georges Orwell, extraits du livre : 1984 et interview

« L'inconvénient majeur des mensonges est de s'interposer, voire parfois de nous détourner de nos efforts naturels pour appréhender la réalité des choses. Ils sont conçus pour nous empêcher de rester en contact avec le déroulement de la vie réelle. En nous mentant, notre interlocuteur essaie de nous faire croire que les faits diffèrent de ce qu'ils sont vraiment. Il cherche à nous imposer sa volonté. Il veut nous faire croire que son invention est un reflet fidèle du monde réel. »

« Les mensonges ont pour but de fausser notre perception de la réalité, et donc, au sens propre, de nous rendre fous. Si nous leur prêtons foi, notre esprit est envahi et dominé par des fictions, des fables et des illusions concoctées par le menteur à notre intention. »

Harry G. Frankfurt, philosophe américain

« Le conditionnement produira ainsi de lui-même une telle intégration que la seule peur - qu'il faudra entretenir - sera celle d'être exclus du système et donc de ne plus pouvoir accéder aux conditions nécessaires au bonheur. L'homme de masse, ainsi produit, doit être traité comme ce qu'il est : un veau, et il doit être surveillé comme doit l'être un troupeau. Tout ce qui permet d'endormir sa lucidité est bon socialement, ce qui menacerait de l'éveiller doit être ridiculisé, étouffé, combattu.

« Toute doctrine mettant en cause le système doit d'abord être désignée comme subversive et terroriste et ceux qui la soutienne devront ensuite être traités comme tels. On observe cependant, qu'il est très facile de corrompre un individu subversif : il suffit de lui proposer de l'argent et du pouvoir. »

« La philosophie nous enseigne à douter de ce qui nous paraît évident. La propagande, au contraire, nous enseigne à accepter pour évident ce dont il serait raisonnable de douter. »

Aldous Huxley, extrait du livre : Le Meilleur des Mondes

« L'argent[-métal] est notre meilleure arme contre les microbes. »

Dr Harry Margraf, enseignant chercheur à la Washington University, St Louis, USA

« L'argent[-métal] tue même les souches résistantes aux antibiotiques et stimule la cicatrisation de la peau. »

Dr Robert Becker, enseignant chercheur à la Syracuse University, New York

« Les journaux renferment d'excellentes vérités au milieu des plus grossiers mensonges, ce sont quelques pièces d'or enveloppées de papier-monnaie. »

Johann Paul Friedrich Richter, écrivain allemand

« Pour croire que l'on peut avoir une croissance infinie dans un monde fini, il faut soit être fou, soit économiste. »
Kenneth Boulding, économiste, Philosophe, Théoricien des systèmes.

« La dette nationale est la plus grande menace à la sécurité nationale. »
Amiral Mike Mulien, amiral de l'armée des États-Unis d'Amérique.

« La dette est partout et toujours l'anti-chambre de la faillite. »
Ludwig von Mises, économiste autrichien, adversaire de son confrère Keynes

« Une monnaie papier, basée sur la seule confiance dans le gouvernement qui l'imprime, finit toujours par retourner à sa valeur intrinsèque, c'est-à-dire zéro. »
Voltaire, philosophe et écrivain français

« Il est appréciable que le peuple de cette nation ne comprenne rien au système bancaire et monétaire, car si tel était le cas, je pense que nous serions confronté à une révolution avant demain matin. »
Henry Ford, chef d'entreprise, fondateur du « Fordisme »

« La réserve fédérale américaine, n'est ni une réserve, ni fédérale, ni américaine. »
Eustace C. Mullins, écrivain américain

« Si l'argent jeté par un hélicoptère avait été une option de politique monétaire viable, elle aurait été découverte il y a très longtemps et nous vivrions tous dans un monde de prospérité infinie aujourd'hui. »
Richard Duncan, analyste financier et auteur du livre : The Dollar Crisis

« L'inflation, c'est comme la pâte de dentifrice. Une fois qu'elle est sortie du tube, il est impossible de l'y faire rentrer. »
Karl Otto Pohl, économiste allemand

« Le banquier peut créer de la monnaie sans se faire traiter de faussaire. Il peut prêter ce qu'il n'a pas sans se faire traiter d'escroc. C'est son droit, c'est même l'essentiel de sa fonction. »

Jean-Marie Albertini, auteur de : Des sous et des hommes

« D'où vient l'argent ? De rien, du vide, du pouvoir du créateur, le banquier. »

Bernard Maris, auteur de : Antimanuel d'économie

« Celui qui contrôle le pétrole, contrôle les nations. Celui qui contrôle la nourriture, contrôle les peuples. Celui qui contrôle la monnaie, contrôle le monde ».

Henry Kissinger

« La pauvreté n'est pas un accident. Comme l'apartheid, elle a été faite par l'homme et peut être supprimée par des actions communes de l'humanité. »

Nelson Mandela, président et activiste anti-apartheid sud-africain

« Tant qu'un homme pourra mourir de faim à la porte d'un palais où tout regorge, il n'y aura rien de stable dans les institutions humaines. »

Eugène Varlin, ouvrier imprimeur membre de la Commune de Paris, 1871

« Contrôle s'ils mangent et leurs cœurs et leurs esprits suivront. »

David Icke, journaliste d'investigation britannique

« Une solution rapide et sans douleur n'existe pas. »

Jeroen Dijsselbloem, président de l'Eurogroupe

« Dans les temps à venir, nous allons expérimenter l'enfer. »

Richard Heinberg, journaliste américain, 2003

« Ordo ab Chao – l'Ordre naît du Chaos. »

Adage franc-maçon

« Il ne pleuvait pas encore lorsque Noé a construit son arche. »

Howard Ruff, conseiller financier américain, 2008

« Je vais te dire pourquoi tu es là. Tu es là parce que tu as un savoir. Un savoir que tu ne t'expliques pas, mais qui t'habite. Un savoir que tu as ressenti toute ta vie. Tu sais que le monde ne tourne pas rond sans comprendre pourquoi, mais tu le sais, comme un implant dans ton esprit, de quoi te rendre malade ! C'est ce sentiment qui t'a amené jusqu'à moi. Sais-tu exactement de quoi je parle ? ... De la matrice... Est-ce que tu veux également savoir ce qu'elle est ?... La matrice est universelle, elle est omniprésente, elle est présente avec nous en ce moment même. Tu la vois à chaque fois que tu regardes par la fenêtre ou lorsque tu allumes la télévision, tu ressens sa présence quand tu pars au travail, quand tu vas à l'église ou quand tu paies tes factures. Elle est le monde qu'on superpose à ton regard pour t'empêcher de voir la vérité. Quelle vérité ? ... Le fait que tu es un esclave Néo, comme tous les autres tu es né enchaîné. Le monde est une prison où il n'y a ni espoir, ni saveur, ni odeur, une prison pour ton esprit... Et il faut que tu saches que malheureusement, si tu veux découvrir ce qu'est la matrice, tu devras l'explorer toi-même ! »

« La matrice est un système, Néo. Et ce système est notre ennemi. Quand on est à l'intérieur qu'est-ce qu'on voit partout : des hommes d'affaire, des enseignants, des avocats, des charpentiers. C'est avec leur esprit qu'on communique pour essayer de les sauver. Mais en attendant, tous ces gens font quand même partie de ce système, ce qui fait d'eux nos ennemis. Ce qu'il faut que tu comprennes, c'est que pour la plupart, ils ne sont pas prêts à se laisser débrancher. Bon nombre d'entre eux sont tellement inconscients et désespérément dépendants du système qu'ils vont même jusqu'à se battre pour le protéger. »

Morpheus, film : The Matrix, 1999

« Je souhaiterai vous faire part d'une révélation surprenante... J'ai longtemps observé les humains, et ce qui m'est apparu quand j'ai tenté de qualifier votre espèce, c'est que vous n'étiez pas réellement des mammifères. Tous les mammifères sur cette planète ont contribué au développement naturel d'un équilibre avec le reste de leur environnement. Mais vous les humains vous êtes différents. Vous vous installez quelque part et vous vous multipliez. Vous vous multipliez jusqu'à ce que toutes vos ressources naturelles soient épuisées et votre seul espoir de réussir à survivre, c'est de vous déplacer à un autre endroit. Il y a d'autres organismes sur cette planète qui ont adopté cette méthode. Vous savez lesquels ? Les virus... Les humains sont une maladie contagieuse, le cancer de la planète. Vous êtes la peste, et nous, nous sommes l'antidote ! »

Agent Smith, film : The Matrix, 1999

CITATIONS LUMINEUSES

Préambule : _Afin de ne pas trop vous faire déprimer, je vous propose de continuer « la connexion des points » avec des citations que je qualifie cette fois de : « lumineuses ». Il est en effet fondamental de toujours compenser des informations négatives par des positives, afin de toujours garder un certain équilibre psychologique et énergétique. Mais avant de lire les citations suivantes, il y a un point absolument fondamental à comprendre. La « lumière » dont il est question dans cette partie est l'exact opposé de la « lumière » citée précédemment par les fondateurs de la religion « New Age », qui ont l'air d'être inscrit au fan club d'un certains : Lucifer, plus communément appelé : Satan. Au passage, que vous croyez ou pas en l'existence d'un Dieu et/ou d'un Diable n'a aucune importance ici. L'important, c'est de bien comprendre que : EUX y croient, et pas qu'un peu ! Et comme, aux dernières nouvelles, ce sont EUX qui dominent ce monde (et donc votre survie et votre vie), il est bon de ne pas rejeter certaines des informations reçues sous prétexte que la théorie rapportée modifie certaines croyances personnelles. Encore une fois, même si vous n'y croyez pas, l'important c'est de comprendre que : EUX y croient !_

De plus, vous vous doutez bien que la « lumière » en lien avec le terme de « Lucifer », qui signifie étymologiquement « porteur de lumière », camoufle une « énergie/intention destructrice ». Alors qu'à l'inverse, les citations « lumineuses » de cette partie sous-tendent « une énergie/intention constructrice ». Pour bien faire la différence en ces deux notions totalement opposées, nous utiliserons à l'avenir les termes de » fausse-lumière » (qui représente en réalité la Noirceur) et de « vraie-Lumière » ou de « Lumière » tout simplement. Les citations suivantes font donc référence à cette « vraie-Lumière » positive et constructrice. Et, en plus de vous remonter un peu le moral (du moins je l'espère), elles pourront vous apporter des informations précieuses sur « le sens de la vie » ou sur « quoi faire avec vos nouvelles connaissances ». Bonne douche Lumineuse (avec de la vraie-Lumière, promis) !

> « Il y avait la vérité, il y avait le mensonge, et si l'on s'accrochait à la vérité, même contre le monde entier, on n'était pas fou. »
>
> _Georges Orwell_

« Vincit Omnia Veritas – La Vérité triomphe de tout. »

Locution latine

« On est les enfants oubliés de l'Histoire, mes amis. On n'a pas de but, ni de vraie place. On n'a pas de grande guerre, pas de grande dépression. Notre grande guerre est spirituelle, notre grande dépression, c'est nos vies. »

« Ceci est votre vie, et elle se termine une minute après l'autre. »

Tyler Durden, film : Fight Club, 1996

« Le succès, c'est s'aimer, aimer ce qu'on fait, et aimer comment on le fait. »

Emma Seppala, Ph D, auteur et directeur scientifique à la Stanford University

« L'inquiétude ne protège jamais des chagrins de demain, mais éclipse toujours la joie du moment présent. »

Léo Buscaglia

« L'important n'est pas ce qui t'arrive, mais ta réaction à ce qui t'arrive ! »

Auteur inconnu

« Essayons d'être heureux, ne serait-ce que pour donner l'exemple. »

Jacques Prévert, poète français

« L'égo domine le monde… L'égo est ce que les gens appellent le Diable. L'égo est le Diable. L'égo est cette petite voix dans votre tête qui vous dit que vous n'êtes pas aussi bon qu'une autre personne, que vous devez faire mieux, faire autre chose pour vous sentir mieux avec vous-mêmes. C'est cette voix qui vous dit que si les autres apprennent ce vous pensez ou ressentez, vous serez anéanti ; ils sauront que vous êtes brisé, que vous êtes moins bien qu'eux. L'égo parvient à vous persuader que vous êtes moins que les autres ou même que vous pouvez laisser une trace à jamais dans ce monde. L'égo est très dangereux dans le sens où il nous persuade que nous recherchons une immortalité que nous possédons déjà. [...] L'égo nous empêche, vous et moi, nous tous, d'apprécier la vie. C'est le travail de l'égo : nous empêcher de profiter de la vie ! »

Jim Carrey, acteur américain, lors d'une interview de présentation sur le film : Le nombre 23, source : youtube

« Une pensée indigne n'y peut pas plus germer qu'une ortie sur un glacier. L'âme haute et sereine, inaccessible aux passions et aux émotions vulgaires, dominant les nuées et les ombres de ce monde, les folies, les mensonges, les haines, les vanités, les misères, habite le bleu du ciel, et ne sent plus que les ébranlements profonds et souterrains de la destinée, comme le haut des montagnes sent les tremblements de terre. »

Victor Hugo, auteur et poète français, extrait de : Les Misérables

« Le bonheur de votre vie dépend de la qualité de vos pensées. »

Marc Aurèle, empereur et philosophe romain

« Si tu peux voir détruit l'ouvrage de ta vie
Et sans dire un seul mot te mettre à rebâtir,
Ou perdre en un seul coup le gain de cent parties
Sans un geste et sans un soupir ;

Si tu peux être amant sans être fou d'amour,
Si tu peux être fort sans cesser d'être tendre,
Et, te sentant haï, sans haïr à ton tour,
Pourtant lutter et te défendre ;

Si tu peux supporter d'entendre tes paroles
Travesties par des gueux pour exciter des sots,
Et d'entendre mentir sur toi leurs bouches folles
Sans mentir toi-même d'un mot ;

Si tu peux rester digne en étant populaire,
Si tu peux rester peuple en conseillant les rois,
Et si tu peux aimer tous tes amis en frère,
Sans qu'aucun d'eux soit tout pour toi ;

Si tu sais méditer, observer et connaître,
Sans jamais devenir sceptique ou destructeur,
Rêver, mais sans laisser ton rêve être ton maître,
Penser sans n'être qu'un penseur ;

Si tu peux être dur sans jamais être en rage,
Si tu peux être brave et jamais imprudent,
Si tu sais être bon, si tu sais être sage,
Sans être moral ni pédant ;

Si tu peux rencontrer Triomphe après Défaite
Et recevoir ces deux menteurs d'un même front,
Si tu peux conserver ton courage et ta tête
Quand tous les autres les perdront,

Alors les Rois, les Dieux, la Chance et la Victoire
Seront à tout jamais tes esclaves soumis,
Et, ce qui vaut mieux que les Rois et la Gloire
Tu seras un homme, mon fils. »

Poème "Si" de Rudyard Kipling, 1910

« Les personnes les plus formidables sont celles qui ont connu l'échec, la souffrance, le combat intérieur, la perte et qui ont su surmonter leur détresse. Ces personnes ont une sensibilité, une compréhension de la vie qui les remplit de compassion, de douceur et d'amour... La bonté ne vient jamais de nulle part... »

Auteur inconnu

« Je continuerai à croire, même si tout le monde perd espoir.
Je continuerai à aimer, même si les autres distillent la haine.
Je continuerai à construire, même si les autres détruisent.
Je continuerai à parler de paix, même au milieu d'une guerre.
Je continuerai à illuminer, même au milieu de l'obscurité.
Je continuerai à semer, même si les autres piétinent la récolte.
Et je continuerai à crier, même si les autres se taisent.
Et je dessinerai des sourires sur des visages en larmes.
Et j'apporterai le soulagement, quand on verra la douleur.
Et j'offrirai des motifs de joie là où il n'y a que tristesse.
J'inviterai à marcher celui qui a décidé de s'arrêter...
Et je tendrai les bras à ceux qui se sentent épuisés. »

Poème "Je continuerai" de l'Abbé Pierre, religieux français, créateur de plusieurs associations sociales et caritatives.

« Les gens sont souvent déraisonnables, illogiques et centrés sur eux-mêmes,
Pardonne leur quand même...
Si tu es gentil, les gens peuvent t'accuser d'être égoïste et d'avoir des arrière-pensées,
Sois gentil quand même...
Si tu réussis, tu trouveras des faux amis et des vrais ennemis,
Réussis quand même...
Si tu es honnête et franc, il se peut que les gens abusent de toi,
Sois honnête et franc quand même...

Ce que tu as mis des années à construire, quelqu'un pourrait le détruire en une nuit,
Construis quand même...
Si tu trouves la sérénité et la joie, ils pourraient être jaloux,
Sois heureux quand même...
Le bien que tu fais aujourd'hui, les gens l'auront souvent oublié demain,
Fais le bien quand même...
Donne au monde le meilleur que tu as, et il se pourrait que cela ne soit jamais assez,
Donne au monde le meilleur que tu as quand même...
Tu vois, en faisant une analyse finale, c'est une histoire entre toi et Dieu,
cela n'a jamais été entre eux et toi. »

Poème "Fais le quand même" de Mère Térésa de Calcutta

« La vie est une chance, saisis-la.
La vie est beauté, admire-la.
La vie est béatitude, savoure-la.
La vie est un rêve, fais-en une réalité.
La vie est un défi, fais-lui face.
La vie est un devoir, accomplis-le.
La vie est un jeu, joue-le.
La vie est précieuse, prends-en soin.
La vie est une richesse, conserve-la.
La vie est amour, jouis-en.
La vie est un mystère, perce-le.
La vie est promesse, remplis-la.
La vie est tristesse, surmonte-la.
La vie est un hymne, chante-le.
La vie est un combat, accepte-le.
La vie est une tragédie, prends-là à bras le corps.
La vie est une aventure, ose-la.
La vie est bonheur, mérite-le.
La vie est la vie, défends-la. »

Poème "La vie" de Mère Térésa de Calcutta

« Désormais, la plus haute, la plus belle performance que devra réaliser l'humanité sera de répondre à ses besoins vitaux avec les moyens les plus simples et les plus sains. Cultiver son jardin ou s'adonner à n'importe quelle activité créatrice d'autonomie sera considéré comme un acte politique, un acte de légitime résistance à la dépendance et à l'asservissement de la personne humaine. »

Pierre Rabhi, agriculteur, auteur et philosophe français

« Quand le dernier arbre aura été abattu, quand la dernière rivière aura été empoisonnée, quand le dernier poisson aura été péché, alors l'homme blanc aura compris que l'argent ne se mange pas. »
Geronimo, chef Apache

« Faire pousser sa propre nourriture, c'est comme imprimer son propre argent ! »
Ron Finley, artiste et activiste américain

« Le monde ne sera sauvé, s'il peut l'être, que par des insoumis. »
André Gide, écrivain français

« Quand le gouvernement viole les droits du peuple, l'insurrection est, pour le peuple et pour chaque portion du peuple, le plus sacré des droits et le plus indispensable des devoirs. »
Article 35, Déclaration des Droits de l'Homme et du Citoyen de 1793, France

« Vous avez cru jusqu'à ce jour qu'il y avait des tyrans ? Eh bien, vous vous êtes trompés, il n'y a que des esclaves : là où nul n'obéit, personne ne commande. »
Anselme Belleguarrigue, penseur anarchiste

« La rébellion c'est quand on regarde la société droit dans les yeux en disant : je comprends ce que tu veux que je sois mais je vais te montrer qui je suis réellement. »
Anthony Anaxagoron, auteur et poète

« Historiquement, les plus terribles choses : guerre, génocide, et esclavage, ne résultent pas de la désobéissance, mais bien de l'obéissance. »
Howard Zinn, historien politologue et activiste social américain

« Dès qu'on parle de désobéissance civile, on se dit que le problème, c'est la désobéissance civile. Ce n'est pas cela notre problème... notre problème, c'est l'obéissance civile ! Notre problème, c'est le nombre incalculable de gens qui ont obéi aux diktats de leurs dirigeants et qui sont partis en guerre partout dans le monde entier, et que cette obéissance s'est traduite par des millions de morts. »
Matt Damon, acteur américain, dans un discours comprenant des extraits du discours de 1970 de son ami de longue date

Howard Zinn, le 31 Janvier 2012 dans le cadre d'un événement
appelé « The People Speak, Live! », source : youtube

« Ce que l'homme ne veut pas apprendre par la sagesse, il l'apprendra par la souffrance. »

Melchisédech, personnage biblique

« Le monde ne sera pas détruit par ceux qui font le mal mais par ceux qui les regardent sans rien faire. »

Albert Einstein, scientifique allemand

« Celui qui sait la vérité et ne gueule pas la vérité se fait le complice des escrocs et des faussaires. »

Charles Péguy, écrivain et poète français

« C'est en gardant le silence quand ils devraient hurler que les hommes deviennent des lâches. »

Abraham Lincoln (1809-1865), 16ᵉ président des États-Unis

« Qui ne dit mot consent. »

Proverbe français

« Rien n'est plus puissant qu'une idée dont l'heure est venue. »

Victor Hugo

« L'éducation est l'arme la plus efficace qu'on puisse utiliser pour changer le monde. »
« Notre mission sur Terre est de libérer notre Lumière pour devenir une source de Lumière pour les autres. »

Nelson Mandela

« La noirceur ne peut pas chasser la noirceur, seule la Lumière le peut. »

Martin Luther King, pasteur et activiste pour l'égalité des races
aux États-Unis

« Toute âme qui s'élève, élève le monde. »
« Ma vie est mon message. »
« Soyez le changement que voulez voir dans le monde. »
« Quand je désespère, je me souviens qu'à travers toute l'Histoire, les chemins de la Vérité et de l'Amour ont toujours triomphé. Il y a eu des

tyrans et des meurtriers, et parfois ils ont semblé invincibles, mais à la fin, ils sont toujours tombés. Pensez toujours à cela... »

« À l'instant où l'esclave décide qu'il ne sera plus esclave, ses chaînes tombent. »

Mahatma Gandhi, chef du mouvement de l'indépendance de l'Inde

« La grandeur d'un homme ne réside pas dans la quantité de richesse qu'il acquiert, mais dans son intégrité et dans sa capacité à affecter ceux qui l'entourent de façon positive. »

Bob Marley, chanteur jamaïcain

« La seule chose que vous et moi pouvons changer, afin de nous accorder une chance de survie et donner une chance à nos enfants de connaître une forme de vie civilisée... c'est notre esprit ! Vous devez croire – non pas souhaiter, espérer, prier ou supplier – vous devez juste croire qu'on peut s'en sortir, et que vous trouverez le chemin. »

« Qui êtes-vous pour me dire qu'il aurait été plus facile de me détourner ? Vous n'êtes pas dans ma peau. Il n'a jamais été facile pour moi de me détourner. Me détourner aurait été me compromettre. Me détourner aurait été me vendre ! »

Michael Ruppert, ex-policier américain, auteur et journaliste d'investigation pendant plus de 30 ans sur les causes de l'effondrement, extraits du film : Collapse (2009), source : youtube

« Celui qui est maître de lui-même est plus puissant que le maître du monde. »

« La nuit la plus sombre est l'ignorance. »

Bouddha, guide spirituel du bouddhisme

« Mon peuple périt, faute de connaissance. »

Osée 4-6, extrait de la Bible

« Sont-ils égaux, ceux qui savent et ceux qui ne savent pas ? »

Soorat az-Zumar(39), Ayah 9, extrait du Coran

« Les combats entre les individus, aussi bien qu'entre les gouvernements et les nations, sont l'invariable résultat de l'incompréhension dans l'interprétation la plus large de ces termes. Les malentendus sont toujours causés par l'incapacité à apprécier le point de vue d'autrui. Et cela est due à l'ignorance de ceux qui sont concernés, pas seulement dans leur champs propre, mais dans leurs domaines communs. Le danger d'un choc est aggravé par un sens plus ou moins prédominant de combativité, représenté par chaque être humain. Pour résister à cette tendance inhérente à la lutte, la meilleure manière est de dissiper l'ignorance des actes des autres par la propagation systématique de la connaissance générale. Avec cet objectif en vue, le plus important est de faciliter l'échange des pensées et des relations. »

« Si votre haine pouvait être transformée en électricité, cette dernière éclairerait le monde entier. »

« Tout le monde devrait considérer son corps comme un don inestimable de la part de l'Un, celui qui aime par-dessus tout, c'est une merveille artistique, d'une indescriptible beauté, et d'un mystère au-delà de toute conception humaine, si délicat qu'un simple mot, un souffle, un regard, que dis-je, une pensée peut lui nuire. »

« De toutes les choses, celles que je préfère sont les livres. »

« Le jour où la science commencera à étudier les phénomènes non physiques, elle fera plus de progrès en une décennie que dans tous les siècles précédents de son existence. »

« Mon cerveau n'est qu'un récepteur, dans l'Univers il y a un cœur duquel on obtient la connaissance, la force et l'inspiration. Je n'ai pas pénétré dans les secrets de ce cœur, mais je sais qu'il existe. »

« Si vous voulez trouver les secrets de l'Univers, pensez en termes d'énergie, de fréquence et de vibration. »

Nikola Tesla (1856–1943), physicien, auteur de plus de 200 brevets, inventeur-découvreur de la radio, du courant alternatif, du moteur à induction, entre autres...

« Tout ce qui est considéré comme spirituel, métaphysique ou paranormal, n'est généralement que de la physique que nous n'avons pas encore comprise. »

Nassim Haramein, docteur en physique quantique

« Si vous voulez savoir ce que vous étiez dans les vies antérieures, regardez ce que vous êtes actuellement. Si vous voulez savoir ce que vous deviendrez dans les vies futures, regardez ce que vous faites maintenant. »

Proverbe tibétain

« Le temps n'a pas d'importance, seule la Vie est importante. »

Prêtre Cornelius, film : Le Cinquième Élément, 1997

« Le secret du bonheur, c'est la Liberté. Le secret de la Liberté, c'est le courage. »

Thucydide (460 av. J.-C. - 400 av. J.-C.), général et historien
athénien

« Le prix de la Liberté est la vigilance éternelle. »
Thomas Jefferson (1743-1826), 3e président des États-Unis

« La Liberté est la propriété de seuls ceux qui ont le courage de la défendre. »
Périclès (495 av. J.-C. - 429 av. J.-C.), stratège, orateur et
homme d'État athénien

« Le bon combat est celui engagé parce que notre cœur le demande. »
Paulo Coelho, extrait du livre : Le pèlerin de Compostelle

« Un Homme doit choisir. En cela réside sa force : le pouvoir de prendre des décisions. »
Paulo Coelho, extrait du livre : O Monte Cinci

« Le Guerrier de Lumière se réveille maintenant de son rêve. Il pense : *« Je ne sais pas affronter cette Lumière qui me fait grandir. »* La Lumière, cependant ne disparaît pas. Il se demande : *« Est-ce que des changements, que je n'ai pas la volonté de réaliser, sont nécessaires ? ».* La Lumière est toujours là, parce que la volonté est un mot plein de ruse. Alors les yeux et le cœur du Guerrier commencent à s'accoutumer à la Lumière. Elle lui fait de moins en moins peur. Il se met à accepter sa Légende, même si cela implique de courir des risques. Le Guerrier a dormi longtemps. Il est naturel qu'il se réveille petit à petit. »
« Parfois le Guerrier de Lumière a l'impression de vivre deux vies en parallèle. Dans l'une, il est obligé de faire tout ce qu'il ne veut pas, de lutter pour des idées auxquelles il ne croit pas. Mais il existe une autre vie, et il la découvre dans ses rêves, ses lectures, ses rencontres avec des êtres qui pensent comme lui. Le Guerrier permet à ses deux vies de se rapprocher. Il y a un pont qui relie ce que je fais et ce que j'aimerais faire, pense-t-il. Peu à peu, ses rêves envahissent sa routine, jusqu'au moment où il se sent prêt pour ce qu'il a toujours désiré. Alors il suffit d'un peu d'audace, et les deux vies ne font plus qu'une. »
Paulo Coelho, extraits du livre : Manuel du Guerrier de Lumière

« Je n'ai pas peur de mourir, j'ai simplement peur de ne pas avoir assez vécu. »
William Wallace, film : Braveheart, 1995

« Notre peur la plus profonde n'est pas que nous ne soyons pas à la hauteur. Notre peur la plus profonde est que nous soyons puissants au-delà de toutes limites. C'est notre Lumière et non nos ténèbres qui nous effraient le plus. Nous nous demandons : *« Qui suis-je pour être brillant, magnifique, talentueux et fabuleux ? »* En fait, qui es-tu pour ne pas l'être ? Tu es un enfant de Dieu. Te restreindre et voir petit, ne rend pas service au monde. Il n'y a rien de brillant à se diminuer afin que les autres ne puissent pas se sentir menacés autour de toi. Nous sommes tous nés pour briller, comme des enfants le font. Nous sommes nés pour rendre manifeste la gloire de Dieu qui est en nous. Elle n'est pas seulement chez certains d'entre nous, elle est en chacun de nous. Alors que nous laissons notre propre Lumière briller, inconsciemment nous donnons aux autres la permission d'en faire de même. Alors que nous nous libérons de notre propre peur, notre présence libère automatiquement les autres. »

Marianne Williamson, écrivaine américaine

« La mort n'est pas la plus grande perte que nous subissons au cours de notre vie. La plus grande perte, c'est ce qui meurt en nous pendant que nous vivons. »
« Ma mère avait toujours l'habitude de me dire : si tu ne peux pas trouver quelque chose pour laquelle vivre, tu ferais mieux de trouver quelque chose pour laquelle mourir. »
« Je préfère mourir comme un homme, plutôt que vivre comme un lâche. »

Tupac Shakur, rappeur américain

« On ne meurt jamais vraiment. »

Lucy , film : Lucy, 2015

« La mort nous sourit à tous, la seule chose que l'on peut faire c'est sourire à la mort. »
« Rien n'arrive à quelqu'un qu'il n'est pas apte à supporter naturellement. »
« Ce que l'on fait dans sa vie résonne dans l'éternité ! »

Maximus, film : Gladiator, 2000

VIII) Quelques techniques de manipulation des masses

N
ous voilà arrivé au plus grand tournant de ce livre et peut-être même, au plus grand tournant de votre Vie...

Comme vous avez pu le constater par vous-même, de très nombreuses sources d'informations confirment que les effondrements énergétiques, économiques, environnementaux et démographiques ont tous largement été « anticipés » depuis 40 ans (années 60-70). De plus, en connectant les points, vous avez désormais compris que l'effondrement des nations ne sera qu'une étape supplémentaire dans la mise en place d'un projet plus global et plus ambitieux. Dès lors, l'effondrement des nations n'est pas une chose qui arrive par hasard. Penser l'inverse reviendrait à grandement sous-estimer l'intelligence des (vraies) élites qui nous dirigent. Avant de continuer, vous devez être au clair sur ce point : un effondrement de cette nature n'arrive pas par hasard, il est un acte prémédité de longue date. Si les intentions de nos élites officielles et non-officielles étaient bonnes à notre égard alors, cela ferait longtemps qu'ils auraient trouvé des solutions pour éviter les conséquences tragiques d'un tel effondrement... Depuis 40 ans, n'aurait-il pas été possible de mettre en place quelques solutions (favorables pour l'humanité) ?

Mais, vous savez également maintenant que la réalité est toute autre. Les personnes qui dirigent (réellement) ce monde ne sont pas des personnes publiques, elles avancent leurs pions et tirent les ficelles dans l'ombre, en coulisse et dans le secret le plus total. Leur Grand Plan étant d'instaurer une dictature mondiale, un Nouvel Ordre Mondial comme « ils » l'appellent. Par ailleurs, vous savez qu'un tel plan ne date pas d'hier, car il a au minimum vu le jour au XVIIIe siècle (création de l'Ordre des Illuminati par Adam Weishaupt le 1er mai 1776). Ce plan a ensuite largement été étudié et mis en œuvre au XIXe siècle (lettre d'Albert Pike de 1871), afin d'atteindre sa phase intermédiaire au XXe et sa phase finale, en ce début de XXIe siècle.

Alors non, il ne s'agit pas de « théorie du complot » qui est devenu le terme à la mode pour les gens qui ne se sont jamais donné la peine de rechercher par eux même la Vérité, en dehors du journal télévisé ou de la radio ; qui sont au passage la propriété d'un très petit nombre d'individus. Les personnes employant ce terme se trompent sur un point en particulier : le complot n'en est plus à la phase de la « théorie » mais bien à la phase de « <u>mise en pratique (finale)</u> ». Pour conclure rapidement sur ce point, il vous faut savoir que le terme de « théorie du complot » (ou « *conspiracy theory* » en anglais) est l'illustration parfaite de la technique de manipulation visant : « la décrédibilisation de sujets importants par la moquerie et le rire ». Cependant, comme maintenant la conscience collective associe les termes *on-ne-peut-plus* sérieux de « conspiration » et « complot » aux termes décrédibilisés de « théorie du complot », le mal est déjà fait et la manipulation a porté ses fruits... Les termes de « conspiration » et de « complot » sont ainsi devenus des termes « casse-figure » qu'il faut éviter d'employer avec n'importe qui, sans quoi, vous serez directement mis dans la case « malade mental ». Ceci n'est d'ailleurs pas qu'une simple métaphore car <u>tout ce que la conscience collective permet et autorise devient à terme la norme (légale)</u>.

Par exemple, saviez-vous que la « non-conformité » et la « libre-pensée » sont désormais <u>officiellement</u> considérées comme des maladies mentales[55] ? En effet, d'après la dernière édition du Manuel Diagnostique et Statistique des troubles mentaux (DSM-IV) est considéré « malade mental » toute personne qui ose s'écarter de ce que les autorités disent être la norme ! Ce n'est pas une blague, cette nouvelle maladie nommée « *Trouble Oppositionnel avec Provocation* » (TOP, ou ODD en anglais, pour « *Oppositional Defiant Disorder* ») est définie comme : « *un schéma continu de désobéissance, d'hostilité et de provocation et les symptômes comprennent la remise en question de l'autorité, la négativité, la défiance, la contradiction, et le fait d'être facilement agacé* ». Il est d'ailleurs très révélateur de voir que cette technique de manipulation correspond exactement aux techniques utilisées par les dictatures communistes russes et chinoises du siècle dernier ; sauf que cette fois, c'est le monde entier qui est concerné... Voilà dans quel monde nous vivons mes amis, un monde similaire à celui qu'Orwell a décrit dans *1984*, où « réfléchir par soi-même » est maintenant considéré comme étant une » maladie mentale ». Au

---

[55] Voir lien ci-dessous rapporté du très bon livre : La guerre secrète contre les peuples de Claire Séverac :
www.naturalnews.com/044862_psychiatrists_mental_illness_oppositional_defiant_disorder.html

passage, je suis navré de vous apprendre que vous avez (peut-être) un cerveau malade… mais si cela peut vous rassurer, vous n'êtes pas le seul !

Bien qu'avant l'effondrement des nations, les vérités mettant en lumière « le complot mondial et mondialiste » ne sont que très peu entendues par la masse, cela devrait grandement changer à l'avenir. Cependant, pour la majorité des personnes encore « endormies », seuls les premiers signes visibles de l'effondrement serviront de « preuves suffisantes » pour comprendre qu'elles ont attribué leur confiance aux mauvaises personnes pour protéger leurs proches. Alors en attendant, ne perdez pas votre temps à essayer de convaincre ou de persuader les autres sur ces sujets, ce n'est pas votre priorité. <u>Votre priorité, c'est de survivre</u> et maintenant, vous savez exactement comment faire ! Une fois votre survie optimisée au maximum, vous pourrez commencer calmement et tranquillement à communiquer sur les informations qui vous semblent importantes. Il vous faudra alors être vigilant à ce que vous direz et surtout à qui vous le direz. Et pour prendre le contre-pied des personnes qui vous rétorqueront encore : « *je ne crois pas en la théorie du complot* », vous pourrez alors leur citer les propos de M. Fillon, rapportés par M. de Villiers, tous deux hommes politiques français, au sujet de la participation de ce premier au groupe Bilderberg de 2013 : « *Ils n'ont pas besoin de comploter, ils ont le pouvoir* » [56].

À la suite de vos démonstrations, la question que l'on vous posera surement, sera la même que vous pouvez être amené à vous poser en ce moment, si toutes ces informations sont nouvelles pour vous :

« *Pourquoi font-ils ou feraient-ils cela ?* »

Si vous lisez ces mots, ou si vous tentez de parler de la conspiration à d'autres <u>avant l'effondrement</u>, vous pouvez être déconcerté, ou rendre au même titre votre interlocuteur confus. Vous pouvez vous dire, ou on pourra vous rétorquer, que tout ne va pas (encore) si mal, qu'il est (encore) possible de manger à sa faim, d'avoir des aides du gouvernement, des soins médicaux,… etc.

« *Tiens, c'est vrai ça après tout, si des élites secrètes voulaient vraiment nous exterminer alors, pourquoi diable les gouvernements, donneraient-ils (encore) des aides sociales, éducatives ou médicales, pour*

---

[56] www.youtube.com/watch?v=XhAuCSDAy_w
www.bfmtv.com/international/groupe-bilderberg-se-reunit-a-londres-532762.html

aider les citoyens dans leur vie de tous les jours. Pourquoi est-ce qu'ils nous aideraient alors que finalement, les élites qui les contrôlent ont pour volonté de nous exterminer ? Qu'est-ce que tu as à répondre à ça ? »

Pour comprendre cet argument tout à fait perspicace et pertinent, il est bon d'utiliser une métaphore. Imaginons que l'élite mondiale est un éleveur et que nous tous, la populace, soyons son bétail. Pour la réussite de la métaphore, vous pouvez choisir de vous (ré)incarner au choix entre : vache à lait, vache à viande, veau, cochon, mouton ou chaton [?!]. Finalement dans un élevage, quel est le but de l'éleveur ? Le propre de l'éleveur est de « bichonner » ces tendres et mignons animaux, avant de les envoyer… à l'abattoir ! Si vous avez choisi d'être une « vache à lait », pas de peau, car dans ce cas, ils vous prendront votre lait et tueront régulièrement vos enfants (qu'ils auront pris soin de vous inséminer de force), heureusement dans quelques années, quand vous serez trop épuisée, on vous coupera en morceaux. Pour la deuxième version de la « vache à lait » (ah oui, il y a deux versions, je ne vous avais pas dit), ce processus se fera sous forme de « vol organisé » par l'intermédiaire d'impôts et taxes diverses, sur de l'argent-papier durement gagné (mais qui peut être créé du néant par des banques). Bref, dans les deux cas : être une « vache à lait », ce n'est pas la vie rêvée… Alors finalement, ce n'est pas parce que l'éleveur propose à son bétail : un toit et du chauffage en hiver, des soins médicaux (vaccins, antibiotiques, etc.), de l'eau, de la nourriture et même parfois de la musique classique pour les détendre (car le lait et la chair sont ainsi meilleurs), qu'au final, les animaux n'iront pas à l'abattoir. Et si le monde actuel était un élevage géant ? Et si, nous, animaux-humains n'étions que du bétail pour cette élite ? Peut-être que c'est complétement faux, c'est possible… mais si c'était vrai, qu'elle serait la prochaine étape ?

« N'importe quoi !!! J'en ai entendu des conneries dans ma vie, mais des comme ça… Alors qu'est-ce qu'ils y gagnent au final tes Illuminati ? Quel est le but ultime de ta « conspiration » ? Tes éleveurs là, ils ne sont quand même pas cannibales, ils ne vont pas nous « bouffer », alors pourquoi faire de nous son bétail ? »

La première réponse qui pourrait venir à l'esprit serait de se dire que tout cela est fait pour l'argent (« vache à lait »)… Mais cette réponse est erronée. En effet, le but final n'est pas l'argent-papier, car les vraies élites de ce monde contrôlent la création monétaire à travers les différentes banques centrales et privées du monde. Autrement dit, ils créent autant d'argent qu'ils désirent. Alors qu'est-ce que peuvent bien vouloir des hommes ayant déjà un pouvoir (financier) considérable ? La réponse courte est : encore plus de pouvoir. N'est-ce pas le but de toutes les dictatures depuis la nuit des temps que de vouloir contrôler le monde entier ? Les exemples historiques sont pourtant nombreux : l'empire mongole, l'empire romain, l'empire perse, l'empire britannique, le régime NAZI et bien d'autres encore. Ce qu'aucun empire et aucune dictature totalitaire n'est parvenu à faire par la force dans le passé, l'élite mondialiste, en se jouant de l'ultra-capitalisme et du communisme, y arrivera par la ruse, la manipulation et surtout grâce leur arme la plus puissante : le secret. Et lorsque l'on y réfléchit, il est vrai qu'il est beaucoup plus facile de contrôler un humain ou un animal, s'il n'est même pas au courant qu'il est contrôlé. Et pour ce faire, il est nécessaire de lui rendre son enfermement un peu près confortable ; exemple : musique classique pour le bétail. Comment pourrait-on sortir d'une prison (physique) de laquelle nous ne voyons même pas (psychologiquement) les barreaux ? La dictature la plus efficace n'est en effet pas la « dictature physique visible », par les armes et la violence, mais bien la « dictature psychologique invisible », par des techniques de manipulation mentales et émotionnelles. Alors certes, c'est beaucoup plus long à mettre en place, mais c'est aussi beaucoup plus efficace. Et puis de toute manière le temps importe peu, ce qui importe : c'est d'avoir le contrôle !

« Mais dans ce cas, pourquoi au final nous exterminer (en partie) si leur but est de tous nous contrôler ? »

La réponse courte est : parce qu'il est tout simplement plus facile, d'un point de vue logistique, de contrôler un petit nombre de personnes (4 milliards, 3 milliards ou 1 milliard [?]) qu'un grand nombre (plus de 7, et bientôt 9, milliards...).

La réponse longue se décompose en deux points principaux. Pour comprendre le premier point, il faut être conscient que la Terre est contrôlée par des sociétés secrètes (les Illuminati étant la principale) depuis déjà plusieurs siècles. Leur contrôle sur nos vies de tous les jours, bien qu'invisible pour la plupart des personnes, est bien réel et total ! Ensuite, il faut savoir que la période que nous vivons actuellement (première moitié du XXIe siècle) correspond à une période très spéciale pour la Terre. À notre époque, la Terre arrive à la fin d'un cycle important de son évolution. En effet, la fin du cycle physique terrestre en cours s'illustre notamment par :

- la fin du pétrole pas cher (pic pétrolier entre 2012-2020 + surconsommation),

- la fin du modèle économique prônant la croissance infinie (surendettements des États),
- la fin de la destruction de la Nature (problèmes environnementaux et « climatiques »),
- la fin d'une croissance démographique exponentielle dans un monde fini (surpopulation).

Toutes ces « fins de cycles » (énergétique, économique, environnementale et démographique) ont été **encouragées voire créées de toute pièce** par l'élite mondiale afin d'être utilisées comme prétextes ou excuses à l'instauration de leur dictature mondiale, qui elle aura pour principale mission de gérer les conséquences des différentes fins de cycles (auto-créées). Ils créent le chaos afin de bâtir les fondations d'un Nouvel Ordre (« *Ordo ab Chao* »). Ils organisent une Tragédie et insufflent l'Espoir du renouveau [57]. Ils causent un Problème et en amène la Solution. Nous reviendrons par la suite plus en détail sur cette technique de manipulation régulièrement utilisée. Mais pour le moment, utilisons une métaphore pour mieux comprendre notre propos.

Ce qui nous amène à notre deuxième point. Zbigniew Brzezinski, qui est l'auteur du livre : *The Grand Chessboard (Le Grand Échiquier),* que vous connaissez déjà en tant que Monsieur Météo (ou promoteur de la géo-ingénierie), vous dirait que le monde est un grand jeu d'échec dont le seul et unique but est de : savoir conserver son pouvoir. Or, pour gagner une partie d'échec, vous devez savoir qu'il faut avant tout « manger » tous les pions de l'adversaire... Moins l'adversaire a de pions (cavaliers, fous, tours, reine, etc.), moins il est puissant et moins il a de chance de gagner. Mais, pour garder le contrôle sur son adversaire le plus longtemps possible, il faut évidemment faire durer la partie dans le temps. Or, s'il n'y a plus d'adversaire (« échec et mat »), la partie est terminée et donc le gagnant perd sa position de pouvoir. Alors pour garder le contrôle sur l'adversaire au maximum, le but du jeu est donc de maintenir son nombre de pions à un certain équilibre, de sorte que votre adversaire ne puisse pas vous battre, mais que la partie puisse tout de même durer le plus longtemps possible.

Pour résumé ce qui vient d'être dit, la Terre arrive à la fin inéluctable d'un cycle physique global. Bien qu'en partie désirée et créée, cette fin

---

[57] Référence au titre du livre de Carroll Quigley, membre du CFR et mentor de Bill Clinton : Tragedy and Hope (Tragédie et Espoir)

de cycle impose des changements de « tactique de contrôle » pour l'élite. L'extermination d'une partie de la population mondiale fait partie de cette adaptation à ce changement de cycle. À terme, un nouvel équilibre contrôle/démographie doit être trouvé afin de maintenir le pouvoir de l'élite à son paroxysme, pendant tout le nouveau cycle. Ce nouveau cycle ou « Nouvel Age » ou « Nouvel Ordre » pourra alors soit ressembler à l'ancien cycle d'élevage-esclavage, soit à l'inverse, devenir libérateur pour l'Humanité...

Vous êtes toujours là ? Vous n'avez pas encore fuis ?

Si c'est le cas... BRAVO... car je suis bien conscient que je ne vous épargne pas ! J'espère simplement que ce jeu de questions/réponses vous aura permis de trouver des réponses à d'éventuels questionnements encore non élucidés. Ces réponses vous serviront également de base d'argumentation pour vos futurs interlocuteurs.

Alors, je sais très bien que si certaines des informations précédentes sont nouvelles pour vous, le choc psychologique peut être très violent. Je suis moi-même passé par là et c'était dur, très dur ! Tout comme moi, il vous faudra probablement beaucoup de temps (plusieurs mois) pour assimiler toutes ces (nouvelles) informations. Ce « temps de digestion » de l'information est tout à fait normal alors, prenez le temps qu'il vous faut ! Mais malheureusement pour certaines personnes, l'acceptation intellectuelle et surtout psychologique des informations précédentes seront tout simplement impossible, même en prenant le temps nécessaire... Elles ne parviendront pas à dépasser la phase de psychologie du choc correspondant au : déni. Or, pour survivre, il est important que chacun comprenne que les techniques de manipulation du passé seront encore largement utilisées à l'avenir, à votre insu. Ainsi, afin d'augmenter votre sens critique, qui est sans aucun doute déjà très développé, et afin de vous permettre de prendre les meilleures décisions possibles en terme de survie, il est important de savoir reconnaître certaines de ces techniques. Finalement, le but de cette démarche est d'éviter que vous vous retrouviez à « l'abattoir » ou en « prison psychologique et/ou intellectuelle »... sans même vous en rendre compte ! Cette partie arrive donc en complément du point n°8 sur l'intelligence portant sur l'auto-défense intellectuelle. Les trois techniques de manipulation des masses que nous étudieront ici sont :
- Le totalitarisme progressif
- La perte de sens du vocabulaire
- Le False Flag

La première méthode est relativement difficile à reconnaître car elle consiste à « diluer » une action totalitaire sur une longue durée. Cette technique peut être appelée le « totalitarisme progressif » ou encore « totalitarisme sur la pointe des pieds ». Le principe est relativement simple à comprendre. Au lieu de faire passer une loi totalitaire ou de commettre une action totalitaire de A à Z d'un seul coup, les dirigeants vont passer de A à B, puis vont patienter quelques années, ensuite ils passeront de B à C, etc., etc.. Cette technique permet de réaliser des actions totalitaires totalement furtivement. Lorsque le peuple se réveille et dit : « *attendez votre loi peut mener à des actions totalitaires ?!* », les dirigeants arrivent en disant : « *ne vous inquiétez pas, cette loi sera seulement validée dans 5 ans* ». Cela permet de « diluer » la perception de la sévérité de l'action dans l'esprit humain. Pour le peuple, l'effort n'est pas à faire pour tout de suite, donc dans l'inconscient collectif, c'est moins grave. Cette technique peut être illustrée par l'histoire de la grenouille jetée dans l'eau bouillante. Si vous jetez une grenouille dans de l'eau bouillante, une fois en contact avec l'eau, elle bondira hors de la casserole. En revanche, si vous mettez la grenouille dans la casserole remplit d'eau froide et que vous augmentez progressivement la température de l'eau, la grenouille ne va jamais constater le changement progressif de la température et donc elle mourra sans même savoir pourquoi.

La deuxième méthode de manipulation que nous analyserons ici porte sur le changement de la nature des mots ou la modification du champ lexical d'un langage. Petite question : comment voulez-vous vous libérer de quelque chose si vous n'avez même pas de mot qui exprime votre idée de Liberté ? Cela semble compliqué n'est-ce pas ? En effet, la richesse du vocabulaire fait la richesse d'un peuple. Les mots sont plus que des mots car ils permettent de transmettre des connaissances mais surtout des idées. Le mot « Liberté » véhicule une idée forte, qui fait intervenir d'autres concepts, principes et connaissances. Le pouvoir des mots est un pouvoir extrêmement puissant que les politiques savent très bien utiliser dans leur discours, par exemple. C'est également pour cela que j'utilise le terme de « dictature mondiale », car le terme de « gouvernement mondial » n'est pas suffisamment représentatif du projet réel. Le terme gouvernement laisse croire que le peuple a encore une chance de donner son avis alors qu'en réalité il n'en n'est rien. Ce gouvernement mondial n'est pas un gouvernement mais une <u>dictature</u> mondiale. Je vous invite à utiliser ce terme qui est plus révélateur de la nature du projet en cours. Pour votre survie future, il est essentiel de savoir reconnaître cette technique de manipulation du langage afin ne pas se faire attirer par le « chant des sirènes » (propagande) de la nouvelle dictature mondiale, qui sera sur le papier à coup sûr : Humaniste, Écologiste, Fraternelle, Lumineuse, Pacifique, Divine, Libératrice, Égalitaire,… Le Meilleur des Mondes en somme…

Pour rester libre, il est fondamental de garder la vraie définition des mots véhiculant des idées importantes et de toujours faire preuve d'intelligence. Ne vous laissez pas endormir et soyez vigilant aux « trop beaux » discours, surtout s'ils sont transmis par les médias dominants…

Un autre exemple révélateur est celui du mot « démocratie ». Le terme de démocratie que nous utilisons tous les jours est déjà complétement perverti. La démocratie primaire du temps des Anciens Grecs était une assemblée constituante représentative du peuple dont la sélection des membres se faisait par tirage au sort au sein même des gens du peuple. La démocratie, qui signifie étymologiquement « le pouvoir du peuple », signifie le pouvoir du peuple PAR le peuple lui-même et non pas, par des représentants sélectionnés au départ et ensuite vaguement élus. Par définition, l'élection n'est pas synonyme de démocratie et nous le voyons maintenant clairement dans notre monde pré-effondrement.

La troisième et dernière méthode de manipulation des masses que nous analyserons est le « False Flag » ou « attentat sous faux drapeaux », en français. Nous utiliserons ici le terme de False Flag, car malgré la grande beauté de la langue française, les anglophones savent faire court. Un False Flag est l'élément clé d'un système PRS : Problème–Réaction–Solution, aussi appelé dialectique hégélienne. Le fonctionnement est très simple à comprendre. Vous êtes le dirigeant d'un pays et vous voulez agir de manière totalitaire. Mais vous ne pouvez pas officiellement déclarer votre intention au grand public car sinon ils vont se douter que vous êtes le responsable de cette action et vont s'y opposer et vous combattre. Cette action totalitaire peut être par exemple l'invasion d'un pays étranger pour ces ressources ou la validation d'une loi visant à espionner les citoyens du pays (pour plus de sécurité). Pour arriver à vos fins, vous utilisez alors une ruse : le système PRS.

Tout d'abord, il vous faut créer un Problème. Vous allez donc organiser un attentat meurtrier contre votre propre peuple (False Flag). Ensuite, la population sera bien évidemment choquée de cet acte, ce qui est normal car il y a eu mort d'Hommes. Vous attendez alors la Réaction émotionnelle de la population ; la peur ou la colère en général. Enfin, vous informez votre population que vous avez trouvé le coupable (imaginaire) de votre attentat et que vous devez mettre en place des mesures pour éviter que cela se reproduise. Vous n'avez plus qu'à imposer votre <u>Solution totalitaire</u> que vous souhaitiez faire passer au départ. Plutôt que d'avoir le refus de la population, vous avez maintenant sa totale acceptation de l'action totalitaire préméditée. Vous pouvez alors envahir le pays que vous voulez parce qu'un des terroristes (imaginaires) habite là-bas ou vous pouvez faire passer tranquillement votre loi sur l'espionnage de la population, dans le but de détecter et/ou neutraliser les prochains terroristes (imaginaires). Finalement, le False Flag se rapproche du principe du « pompier pyromane » : j'allume un incendie, pour connaître « la gloire » de pouvoir l'éteindre…

Par ailleurs, vous avez surement déjà remarqué que lorsque les choses vont mal, en temps de crise par exemple, l'Humain a facilement tendance à rechercher un coupable autre que lui-même. Les personnes au Pouvoir ont bien compris ce fonctionnement immature et irresponsable de l'Humain. Et un False Flag est l'illustration parfaite de cette compréhension de leur part. Le False Flag est une arme très efficace pour un régime politique, qu'il soit national ou mondial, pour imposer ses actions totalitaires de manière furtive.

Pour votre information, pré-effondrement plus de 90% de tous les attentats commis dans le monde sont des False Flags. Historiquement, le False Flag le plus marquant reste celui du 11 septembre 2001 sur les 3 bâtiments du World Trade Center à New York… (Oui j'ai bien dit 3 bâtiments, il y avait 2 avions mais ce sont bien 2 tours <u>ET</u> 1 immeuble qui se sont effondrés (en chute libre) ce jour-là ; cf. bibliographie pour plus de détails et commencer vos recherches[58]). Il y aurait bien sûr énormément de chose à dire sur ce sujet, en commençant par la construction des bâtiments qui étrangement fût initié par un certains… David Rockefeller. Mais l'étude de ce sujet demande beaucoup de temps. De nombreuses personnes, très courageuses et très compétentes dans leur domaine (architectes, ingénieurs du bâtiment, pilotes d'avions, etc.), se sont d'ailleurs déjà exprimées sur ce sujet *(cf. bibliographie)*. Et comme il est difficile de parler d'un tel sujet sans un emballement émotionnel et déraisonné de la plupart des personnes, il est important d'être clair et précis sur le sujet de la « remise en question de la version officielle ». Personne ne remet en question le fait qu'il y ait eu des

---

[58] <u>Recommandation</u> : voir résumé vidéo « en 5 minutes » de la théorie officielle (avec une petite pointe d'humour) : www.youtube.com/watch?v=vnEgFiaQSBA / www.youtube.com/watch?v=1MR8MZXTyIo

innocents morts ou même des attentats ce jour-là. La remise en question porte uniquement sur le fait de dire que les terroristes de ces attentats, annoncés comme « officiels », ne sont pas les vrais responsables de ce carnage. Le but final de cette remise en question est que la Vérité soit enfin reconnue par tous et que les vrais criminels qui ont commis cela (et qui ont surement d'autres idées en tête) soient jugés pour leurs actes odieux et mis hors d'état de nuire. La remise en question porte donc uniquement sur <u>les causes annoncées par la version officielle</u> et non sur les conséquences de l'attentat, qui elles sont tragiques, bien réelles et non-contredites.

Pour plus d'exemples sur cette technique de manipulation vieille comme le monde, vous pourrez également trouver un lien internet dans la bibliographie vous indiquant une liste de 42 attentats False Flags <u>officiellement reconnus</u> par les États, à la fois victime et responsable.

Finalement, le but d'un False Flag est de « faire porter le chapeau » à un faux coupable/agresseur créé par les dirigeants du pays, à la fois victime et responsable. Ainsi, le peuple du pays attaqué accepte sans difficulté la mise en œuvre d'une action totalitaire contre lui. L'idée principale étant d'instaurer un climat d'insécurité et de peur permanente, le False Flag est un moyen très efficace pour réduire les libertés individuelles et donc pour gagner en pouvoir. Cette citation de Benjamin Franklin résume bien l'idée générale des False Flags : *« Un peuple prêt à sacrifier un peu de liberté pour un peu de sécurité ne mérite ni l'une ni l'autre, et finira par perdre les deux »*.

Sécurité VS Liberté

Pour éviter de se faire avoir par les False Flags, il existe plusieurs approches à mettre en œuvre :
- ne pas réagir émotionnellement aux événements tragiques et/ou dangereux
- faire preuve d'intelligence (varier ces sources d'informations et connecter les points)
- rechercher la vérité dans les faits réels (et non à partir des données de la théorie officielle)
- suivre l'argent
- se demander : à qui profite le crime ?
- se méfier des évidences ou des réactions de groupe « logiques »

Après la théorie, place à la pratique. Essayons donc maintenant de regrouper nos nouvelles connaissances sur les False Flags et ce que nous anticipons pour l'avenir. Vous savez qu'une étape importante du programme d'effondrement mondial vise à détruire les économies nationales, afin d'instaurer un nouveau système économique mondial, électronique et centralisé. Alors, en couplant les trois ingrédients indispensables pour qu'un False Flag soit réussi et les informations que nous anticipons sur le déroulement de l'effondrement économique, nous obtenons :
- Problème : effondrement économique et ses conséquences
- Réaction : attente des peuples d'une solution au problème
- Solution : nouveau modèle économique et nouvelle monnaie mondiale unique virtuelle

Nous avons bien les trois éléments caractéristiques d'un False Flag. Nous en arrivons donc à la conclusion que l'effondrement économique est lui-même, ni plus ni moins qu'un False Flag traditionnel de l'élite mondiale dirigeante contre les peuples du monde. Les seules spécificités de celui-ci sont : sa taille (mondiale) et sa durée d'opération (longue). L'effondrement économique progressif est donc un False Flag à échelle mondiale. Cependant, il reste encore un ingrédient important pour que le False Flag soit tout à fait réussi, il faut désigner officiellement un coupable/responsable (imaginaire) du problème. Dans le cas de l'effondrement économique, le grand coupable implicite sera : « l'incompétence des peuples à gérer leur finance par eux-mêmes ». Le remède à cette incompétence des nations sera la maîtrise par un contrôle « d'experts » technocrates, à l'aide d'un modèle électronique et centralisé, des questions liées à l'économie du monde. Pour rappel, le camarade américain Zbigniew Brzezinski, qui lui est expert en domination des peuples, en plus de son titre de Monsieur Météo, pense que nous arrivons dans « l'ère technétronique », qui représente la fusion des termes : technocratique et électronique.

Voici comment il est facile d'obtenir un unique modèle économique mondial, composé d'une seule banque centrale et d'une seule monnaie. L'effondrement économique des nations servira de prétexte parfait pour apporter leur Solution. Malheureusement, l'effondrement économique sera uniquement perçu par la plupart des peuples comme étant une conséquence d'un problème (l'endettement des États et des banques), ce qui n'est pas faux en réalité. Mais la majorité ne comprendra pas que les problèmes causant l'effondrement économique auront été prémédités et conçus de toute pièce depuis de nombreuses années pour arriver au résultat désiré.

À ce stade, la première étape, visant le contrôle de la gestion économico-financière, sera théoriquement prête à être mise en pratique. Ensuite, la deuxième étape pour la mise en place de la dictature mondiale consiste à imposer un régime politique mondial.

Pour voir comment cela peut être instauré, je vous propose un petit jeu de rôle. Ce jeu consiste à inverser les rôles entre élites mondialistes et peuples du monde. Vous êtes donc maintenant un membre de l'élite « militaro-industrielo-commercialo-médicalo-médiatico-judiciero-économico-financière » (on respire !) de ce monde. Vous devenez du même coup multi-trillionnaire, génial ! Par contre, vous vous transformer dans le même temps en une sorte de « sataniste/luciférien » (oui, c'est bizarre mais c'est leur truc), psychopathe sans empathie, avec un niveau de conscience extrêmement faible, capable de violer et tuer des enfants pour le plaisir... Bref, vous perdez au change et pas qu'un peu, car vous y perdez ce que vous avez de plus précieux : votre âme. Mais je vous rassure, ce n'est heureusement pas pour de vrai ! Ce jeu de rôle a pour unique but de « rentrer dans la tête » des principaux ennemis de votre survie. Le jeu commence juste avant que l'effondrement des nations n'ait totalement lieu (phase A).

Alors M. ou Mme Illuminati, êtes-vous prêt ? C'est partis...

Le premier False Flag mondial, qui correspond à l'effondrement économique progressif des nations, étant en cours, les peuples du monde sont d'ores-et-déjà à votre merci. D'ici très peu de temps, vous aurez votre banque mondiale et votre monnaie mondiale, le plan initial suit son cours... Maintenant, votre objectif est d'obtenir un régime politique mondial, sans que cela soit perçu comme étant une dictature aux yeux des peuples. Comme, pour l'instauration de cette Solution, la soumission des peuples doit être totale et comme vous êtes, par définition, un psychopathe, vous pourriez faire ce que vous savez faire de mieux, c'est à dire : <u>créer du chaos</u> ! Après la destruction économique des nations, place donc cette fois à leurs destructions physique et matérielle, par l'intermédiaire de conflits nationaux et mondiaux. Heureusement, votre laquai (les États-Unis d'Amérique) a déjà bien préparé le terrain, grâce à ses guerres officielles (armée) et officieuses (services secrets), qui ont rendu la situation suffisamment explosive au Moyen-Orient (Afghanistan, Iraq, Lybie, Syrie, Iran [?], etc.). De plus, en jouant sur de fausses rivalités entre les deux grands blocs : Occident et Orient, il ne vous restera plus qu'à inventer un prétexte bidon (exemples : fausse attaque militaire, bombardement, etc.), le tout saupoudré d'une bonne grosse dose de propagande médiatique, pour engager les plus grandes nations du monde dans un conflit mondial.

<u>Les destructions</u> matérielles et humaines qui s'en suivront correspondront au <u>Problème</u> de votre <u>deuxième False Flag mondial</u>. Comme vous êtes efficace, arrivé à ce stade le monde sera plongé dans des guerres civiles et des guerres entre nations. Tous les peuples du monde attendront alors une « solution miracle » pour mettre fin au chaos universel. Les Problèmes seront tellement importants et répandus (récessions, guerres, etc.) que seule une Solution mondiale pourrait les résoudre...

Comme prévu, la création d'un nouveau gouvernement central et mondial sera perçue par tous les survivants aux conflits comme la solution la plus rapide et efficace pour que le monde revienne à une situation de Paix et de stabilité. Après tout vous n'en n'êtes pas à votre coup d'essai, souvenez-vous du temps où vous et vos collègues psychopathes aviez créés la banque mondiale (BRI), le FMI, l'UNESCO et l'ONU -le tout- en 1944-1945, <u>juste à la sortie de la Seconde Guerre Mondiale</u>. Sans oublier le projet de création d'Union Européenne qui a vu le jour en 1950, seulement 5 ans après la fin de la guerre. Alors, pourquoi changerait-on les méthodes qui ont déjà fait leurs preuves par le passé ? D'un point de vue politique, vous savez donc que votre plan va fonctionner. Apporter la Solution désirée pour résoudre des Problèmes que vous avez-vous-même créés, cela fonctionne à tous les coups...

Mais comme vous êtes un peu taquin et que vous méprisez au plus haut point tous les êtres humains de cette planète, vous vous dîtes que vous pourriez rajouter encore un peu plus de peur dans leurs esprits afin que votre projet de dictature mondiale paraisse encore plus « indispensable » auprès de l'opinion publique, sur le long-terme. Par exemple, vous pourriez présenter aux yeux de tous, l'urgence et le danger du « réchauffement climatique » causé par les rejets de CO_2 des productions/consommations humaines dont les principales sont : les moyens de transport, les moyens de chauffage et la permanente et pourtant très nuisible habitude qu'ils ont pris de... respirer. Pendant ce temps, Zbigniew (alias M. Météo) et ses compères déclencheront ici et là quelques ouragans ou inondations pour manipuler l'opinion publique. Le prétexte de la gestion du CO_2 renforcera alors l'idée qu'une gestion mondiale et centrale de la situation est indispensable pour : « *sauver la planète* ». Votre gouvernement mondial devra voter alors des lois mondiales <u>contre</u> les nations du monde pour résoudre ce « Problème »... L'instauration d'une taxe carbone sur toutes les transactions financières pourrait d'ailleurs être promulguée comme étant une des meilleures Solution à ce problème *(cf. « vache à lait »)*. Quant aux responsables/coupables du Problème, ils seront désignés d'office comme étant : « l'incompétence des peuples à se gouverner par eux-mêmes » en plus de « leur incapacité à prendre soin de la planète ». En complément de la peur, cela permettra d'inséminer un peu de <u>culpabilité</u> dans l'esprit de ce bétail-humain. *(Voir détails et preuves scientifiques en bibliographie sur « l'arnaque/propagande climatique » due au CO_2)*

Voilà pour ce qu'il en est de votre programme <u>politique</u> mondialiste.

Tout est en place sauf que maintenant, il vous faut rapidement contrôler toutes les armées nationales afin qu'elles ne puissent pas combattre votre projet de gouvernance mondiale. Les armées nationales devront donc être dissoutes au sein de l'armée unique mondiale déjà sous votre contrôle : <u>les casques bleus de l'ONU</u>. Votre plus gros problème sera alors les quelques personnes qui réfléchiront un minimum et se demanderont :

« *Avec une seule armée mondiale, qui nous protégera du gouvernement mondial lui-même ?* »

« *Une fois que toutes les armées du monde recevront les mêmes ordres, qui pourra s'opposer aux décisions prises ?* »

« *Qui pourra déstabiliser l'ogre militaire mondial, une fois formé ?* »

Cette opposition, qui pourra facilement et rapidement se répandre, pourrait créer des sursauts nationalistes militaires qui viendraient alors combattre votre projet d'armée unique. À ce moment-là, le plus gros problème sera finalement de faire adhérer les populations au fait qu'une armée unique est nécessaire pour la propre sécurité des peuples, mais comment faire ?

Avec votre expérience, vous savez que les False Flags sont particulièrement efficaces pour faire approuver par les peuples une action contre leurs propres intérêts. Alors, vous optez encore une fois pour cette solution : après tout, on ne change pas une équipe qui gagne ! Vos trois ingrédients indispensables donnent donc :
- Problème : ???
- Réaction : attente des peuples d'une solution au problème
- Solution : construction d'une armée mondiale unique

Comme le principe de l'armée est de (normalement) défendre la population nationale d'un <u>ennemi extérieur</u>, vous devez inventer un ennemi planétaire à combattre. Votre coupable idéal doit créer une terreur importante et dans l'idéal permanente, chez tous les peuples du monde. L'armée mondiale doit être vu, par tous, comme étant la meilleure Solution pour combattre ce nouveau terroriste mondial. Pour <u>votre troisième super False Flag mondial</u>, il vous faut donc un <u>agresseur/terroriste mondial</u>.

Arrivé à ce niveau de réflexion, les principales questions à se poser sont donc :

« Quel pourrait être cet agresseur mondial créant la terreur dans l'esprit de tous, sur le long terme ? »

« Quelle menace pourrait assurer, sans équivoque, la volonté des peuples de créer une armée mondiale unique, visant à les protéger ? »

« Quel ennemi (extérieur) à l'État-Monde pourrait faire l'affaire ? »
Vous l'avez... ?

La réponse est que l'ennemi imaginaire doit provenir de l'extérieur... de la Terre...

Seule une attaque extérieure et « étrangère » à la Terre permettrait <u>une fusion rapide, totale et volontaire des nations et de leurs armées</u> au sein d'un gouvernement (totalitaire) mondial et d'une armée unique.

Logiquement et d'après notre réflexion constructive, ce troisième grand False Flag mondial pourrait donc être <u>une simulation d'attaque extra-terrestre contre la Terre</u>. Face à une telle menace, les peuples du monde approuveraient facilement la création du nouveau gouvernement militarisé mondial visant à les « protéger ». D'un point de vue logistique, avec des médias de masse complaisants (propagande) et quelques jeux de son et lumière de haute-qualité dans le ciel, à plusieurs endroits du monde en simultané, cela devrait passer comme une lettre à la poste... Cette nouvelle fausse-menace, originale et pleine d'imagination je vous l'accorde, sera très efficace car imaginez deux minutes la panique qu'une attaque d'aliens pourrait déclencher au niveau mondial. Tous ceux qui y croiront seront alors totalement apeurés et demanderont aux dirigeants mondiaux de faire quelque chose.

En résumé, vous avez un troisième False Flag qui tient la route composés d'un(e) :

- Problème : fausse attaque extra-terrestre contre la Terre
- Réaction : attente des peuples d'une solution au problème
- Solution : construction d'une armée mondiale unique (pour combattre le nouvel ennemi imaginaire)

L'avenir nous dira si notre réflexion aura été pertinente sur ce False Flag mondial. Dans le pire des cas, si cela arrive, vous penserez à votre lecture d'aujourd'hui et vous ne serez pas surpris. Vous comprendrez ce qui ce passe et surtout <u>vous n'aurez pas peur</u> ! Vous ne vous tromperez pas d'ennemi contrairement à 99% des survivants de l'effondrement des nations. La prochaine fois que vous verrez (ou croyez voir) un OVNI au-dessus de votre tête, <u>rappelez-vous de votre lecture</u> !

Si vous pensez qu'un tel scénario, à la Walt Disney, est impossible ou n'aura pas l'effet escompté, il faut savoir qu'un fait historique prouve exactement le contraire. À la veille d'Halloween 1938, Orson Welles, un présentateur d'une radio new-yorkaise, a diffusé une histoire relatant une invasion extra-terrestre. Le but de départ était simplement de retranscrire à l'oral le scénario du livre *la Guerre des Mondes*. Les personnes ayant allumé leur radio à ce moment-là ont été très vite convaincues que l'histoire racontée était la réalité. Le résultat a été que des milliers de personnes ont fui New-York persuadées que cette attaque extra-terrestre avait vraiment lieu. Des scènes de panique, d'agression et de violence ont également émergées à travers toute l'Amérique. Alors, si vous rajoutez, en plus de la radio, des effets spéciaux issus de technologies militaires alors croyez-moi, tout le monde tombera dans le panneau ! Cet exemple historique est encore un bon exemple illustrant l'importance de la sélection de l'information que nous laissons rentrer dans nos têtes (télévision, radio, films, etc.). D'ailleurs, lorsque vous observez la filmographie hollywoodienne, la très grande majorité des films traitant d'extra-terrestre les présentent comme des « méchants envahisseurs » voulant prendre le contrôle de la Terre et exterminer sa population. Est-ce le fait du hasard ? Est-ce parce que ce genre de scénario fait plus vendre ? Est-ce pour nous préparer psychologiquement à cette possibilité (totalitarisme progressif) ? Bien que j'aie ma petite idée sur la question, je n'ai aucune preuve à vous donner, donc aucune réponse à vous apporter sur ce point… Dans tous les cas, maintenant que vous êtes informé sur ce sujet, je suis certains que votre réaction à un tel évènement, s'il devait avoir lieu, serait très différente des réactions « standard » présentées dans les films hollywoodiens du genre : *Mars Attacks!, Independance Day* ou encore la *Guerre des Mondes…*

Au passage, Herbert George Wells (1866-1946), l'auteur du livre *la Guerre des Mondes*, publié en 1898, est également l'auteur d'un autre livre, publié lui en 1940, s'intitulant… *The New World Order* (*Le Nouvel Ordre Mondial*). Est-ce le fruit du hasard ? Pour répondre au mieux à cette question, il faut savoir que l'auteur a également participé à la rédaction de la Charte des Nations-Unies, admirait Joseph Staline et était membre dirigeant de la Société Fabienne (Fabian Society en anglais). D'après Pierre Hillard, docteur en science politique français, la Société Fabienne est : » *un institut britannique, créé en 1884, […] qui défend le principe d'une société sans classe devant conduire à la synthèse du socialisme (l'État providence) et du capitalisme (les lois du marché), le tout devant aboutir à la mise en forme d'une économie monopolistique dans un cadre étatique mondial* ». Certains disent même que *1984* d'Orwell est une sorte de satire du monde promu par la Société Fabienne. Mais ce n'est pas tout car Wells est également l'auteur du livre méconnu paru en 1914 intitulé *The War That Will End War* (*La Destruction Libératrice* est le titre français) qui rappelle beaucoup le dicton maçonnique : « *Ordo ab Chao* ». Ce bouquin raconte l'histoire d'une guerre généralisée aboutissant à la création d'un État mondial constitué en 10 blocs (« 10 circonscriptions » selon sa formule). C'est également dans cet ouvrage qu'il fait référence pour la première fois au terme de « Nouvel Ordre Mondial ». Plus tard, en 1928, il publia un autre livre lui intitulé *Open Conspiracy: Blue Prints for a World Revolution* (*Conspiration Ouverte : Plan pour une Révolution Mondiale*) qui fût renommé en 1931 par *What are we to do with our Lives ? (Que devons-nous faire de nos Vies ?)*. Dans ce livre-ci, il prône un État mondial sans classe, qui contrôle tout (« une nouvelle communauté humaine » selon son expression) et qui encourage la réduction drastique de la population mondiale et la pratique de l'eugénisme. D'ailleurs, en 1907, Wells est également devenu membre de la société anglaise d'eugénisme car il s'intéressa de près à l'eugénisme « négatif ». Pour information, en 1922 la société américaine d'eugénisme a officiellement été financé par John D. Rockefeller. Alors... hasard ou pas hasard ?

Pour en revenir à notre scénario de « *Guerre des Mondes* », bien qu'à première vue il puisse prêter à sourire, de très nombreux autres éléments convergent sur un tel projet de manipulation mondiale. Le scénario de notre jeu de rôle correspond en effet parfaitement avec les recherches d'un journaliste d'investigation québécois du nom de Serge Monast ayant fait des déclarations sur un certain projet *Blue Beam* (*Rayon Bleu*), en 1994. Malheureusement, Serge Monast est mort à l'âge de 46 ans d'une « crise cardiaque », deux années après avoir fait ses déclarations et après avoir subi, selon ses dires, « *de nombreuses pressions et intimidations* ». Je vous conseille chaudement de faire vos propres recherches sur ce fameux projet *Blue Beam*. Pour commencer, vous trouverez en annexe un petit résumé du travail de ce journaliste. Mais Serge Monast n'est pas le seul à avoir découvert et révélé ce genre d'informations. Bien d'autres spécialistes de la NASA et d'anciens haut gradés de l'armée américaine ont également évoqué des expériences et des informations allant dans le sens de cette théorie d'une fausse invasion extra-terrestre contre la Terre. Les plus célèbres d'entre eux sont Wernher von Braun et Milton William "Bill" Cooper. Wernher von Braun, ancien ingénieur aéronautique NAZI récupéré par les États-Unis à la fin de la Seconde Guerre Mondiale (opération Paperclip), devint directeur d'un centre de vol de la NASA dès sa création, en 1958. Selon le Dr. Carol Rosin, proche de l'ingénieur, von Braun lui aurait confié que le prétexte d'une fausse invasion extra-terrestre serait « *la dernière carte* » utilisé par la NASA, afin d'instaurer une dictature mondiale contre les peuples. Même conclusion pour Bill Cooper, auteur de *Behold a Pale Horse,* qui lui était un ancien haut gradé de l'US Navy qui a investigué sur la conspiration mondiale pendant plus de 20 ans. De par ses contacts en interne et ses nombreuses années de recherche, il possédait des informations très précises sur « le gouvernement de l'ombre ». En outre, le 28 juin 2001, Bill Cooper alerta l'opinion publique à la radio qu'une grave attaque terroriste allait être menée contre les États-Unis. Il a même signalé que cette attaque serait attribuée à Oussama Ben Laden. Vous connaissez la suite de l'histoire... Moins de 4 mois après ses prédictions et moins de 2 mois après le 11 septembre, le 6 novembre 2001, Bill Cooper est mort, abattu à son domicile par des policiers[59]. Il était accusé par le gouvernement américain de fraude fiscale…

Il vous sera possible de trouver en bibliographie encore quelques sources et liens vers des documents <u>officiels</u> qui montrent, sans équivoque, que le scénario de « menace extra-terrestre » a largement été admis comme étant un des meilleurs scénarios pour « unir les peuples du monde autour d'un gouvernement (totalitaire) mondial ».

La dernière référence que je partagerai avec vous sur ce sujet est celle du 40ᵉ président américain Ronald Reagan lui-même. Pendant son mandat, Reagan a fait <u>six références</u> à une éventuelle invasion d'aliens dans ses discours, dont un qu'il prononça le 21 septembre 1987 devant l'Assemblée générale des Nations Unies à New York, où il a dit ceci :

« *Dans notre obsession des antagonismes du moment, nous oublions souvent combien tous les membres de l'humanité peuvent être unis. Peut-être avons-nous besoin d'une menace extérieure universelle pour prendre conscience de ce lien. Je pense parfois combien nos différences de par le monde disparaîtraient si nous avions à faire face à une menace étrangère provenant de l'extérieur de ce monde. Encore que, je pose la question : une force étrangère n'est-elle pas déjà parmi nous ? […]* » [60]

Vous en conviendrez que ce discours est plutôt très étrange provenant de la bouche du président de la première puissance économique et militaire du monde. En tout cas, ce n'est pas très rassurant voire même effrayant ; d'ailleurs, peut-être que c'est le but recherché…

D'un point de vue plus pratique, il vous faut savoir également que les technologies militaires pour mettre en œuvre un tel projet existent et sont bien réelles. Les armes qui pourront être utilisées pour la réalisation de ce plan sont bien plus performantes technologiquement et furtives que les armes militaires officielles actuelles. Les hologrammes, qui sont des projections visuelles et sonores 3D, tiennent d'ailleurs une place importante dans les armes militaires de nouvelle génération. Pour mieux vous rendre compte des résultats qui peuvent être obtenus à l'heure actuelle avec des hologrammes utilisant une technologie non-militaire, rendez-vous en bibliographie. Vous pourrez également trouver bon

---

[59] Rapport d'autopsie officiel de Milton William Cooper : www.hourofthetime.com/1-LF/Bill_autopsy_report_07Nov2001.pdf
[60] Source : www.youtube.com/watch?v=Gr7t-cSjIDE – citation à partir de la 29ᵉ minute

nombre d'autres exemples en tapant « hologramme » dans Youtube. Dans un autre registre, l'US Air Force et l'US Navy disposent également, de manière tout à fait <u>officielle</u>, des armes électromagnétiques permettant de contrôler le climat, comme l'illustre parfaitement le champ d'antennes émettrice situé en Alaska, plus connu sous le nom de HAARP (High Frequency Active Auroral Research Program). Par le passé, les États-Unis ont d'ailleurs <u>officiellement</u> expérimenté une technologie permettant de modifier le climat pendant la guerre du Vietnam en 1967 et l'expérience a fonctionné ! Certaines armes électromagnétiques, comme HAARP notamment, ont même la capacité de créer un « <u>contrôle mental</u> » en envoyant des informations, sous forme d'ondes basses fréquences, dans les cerveaux humains[61]. Le rapport intitulé *An Operational Analysis for Air Force 2025 : An Application of Value-Focused Thinking to Future Air and Space Capabilities (Une analyse opérationnelle pour Air Force 2025: une application de la pensée optimisée des futures capacités aériennes et spatiales)*, rédigé par l'armée américaine, prouve également qu'en 1996, plusieurs dizaines de technologies militaires <u>spatiales</u> ont été <u>officiellement</u> étudiées. Bien que de telles informations ne soient pas diffusées à la télévision, encore que parfois il est possible de trouver de très bon reportage sur ces sujets *(cf. bibliographie)*, il est clair que ces technologies militaires nouvelle génération ont été étudiées et existent. Lorsque vous commencez à étudier sérieusement le sujet, cela ne fait aucun doute ! La seule question à se poser est : <u>pourquoi ces technologies ont-elles vraiment été étudiées et créées</u> ?

Selon moi et d'autres chercheurs très bien informées, je vous ai exposé les théories les plus probables pour répondre à cette question. Bien que ces théories s'appuient sur un grand nombre d'information provenant de nombreuses sources différentes, elles n'en restent pas moins des prédictions hypothétiques. Cependant, dans une démarche prônant le « *mieux vaut prévenir que guérir* », je vous invite à ne pas oublier les précédentes informations et à prévoir de quoi vous protéger des armes électromagnétiques, qui pourront être utilisées dans le futur contre les populations du monde. Pour rappel, pour vous protéger des ondes électromagnétiques, vous devrez utiliser une cage de Faraday. Il existe différent modèle de ces cages allant de l'armoire industrielle à la tente/barnum composée d'un tissu en fibre métallique. Ces filtres anti-ondes peuvent s'acheter dans certains magasins de bricolage ou sur

---

[61] Lien de téléchargement et résumé Brevet US : Silent Subliminal Présentation System - 27 octobre 1992 - n° US 5.159.703 : www.google.com/patents/US5159703 / www.stopthecrime.net/ssss.pdf / www.whale.to/b/wall2.html

COMMENT S'ADAPTER À L'EFFONDREMENT DES NATIONS

internet. De manière plus artisanale, un grillage à maille métallique conductrice, connecté à la (prise de) terre, peut grandement réduire l'exposition aux ondes. La résistivité de votre prise de terre générale ne devra alors pas excéder 50 Ω (Ohms). Vous pourrez également vous bricoler une sorte de casque/cagoule avec un tissus spécial anti-ondes basses et hautes fréquences, à utiliser lors de vos déplacements hors de la cage de Faraday. L'idée ici est de protéger votre corps des ondes électromagnétiques exactement comme vous devez le faire pour vos équipements électroniques avec un caisson anti-EMP. La partie de votre corps à protéger en priorité est votre cerveau. Après le refus de la puce RFID, ce dernier conseil est l'un des plus important à garder à l'esprit pour <u>rester au maximum maître de vos actions dans le futur</u>.

Pour revenir à notre sujet de départ, il faut savoir que bien d'autres techniques de manipulations tant physiques que psychologiques sont largement utilisées contre les peuples du monde à notre époque. Certaines de ces techniques sont clairement présentées dans le rapport estampillé « Top Secret » intitulé : *Silent weapons for quiet war (Armes silencieuses pour guerre sans bruit)*, représentant le fruit du travail du Groupe Bilderberg dès l'année 1954. Parmi ces techniques, il serait encore possible de citer :
- La stratégie de la division
- La stratégie de la dégradation
- La stratégie de l'infantilisation
- La stratégie de l'émotionnel
- La stratégie de la médiocrité
- La stratégie de la culpabilité
- La stratégie du contrôle mental des enfants
- La stratégie de la non-diffusion des connaissances libératrices

Arrivé à ce point, vous devez maintenant comprendre qu'il y a deux types de survie qui s'offrent à vous:
- la survie en tant qu'esclave d'une dictature mondiale
- la survie en tant qu'homme ou femme libre

Je vais être très honnête avec vous, le type de survie que vous choisirez ne dépend que de vous. Malgré toutes les informations que je vous ai données, tant sur la survie que sur la réalité de ce monde et de notre avenir commun, <u>vous êtes le seul maître à bord</u> ! À ce stade, vous avez le pouvoir de choisir entre « croire » ou « ne pas croire ». Mais vous savez également que croire ne suffit pas, il faut surtout comprendre, et pour cela il faut rechercher les informations par soi-même. En temps normal et si nous avions le temps, je vous recommanderai de ne pas croire un seul mot de tout ce que je viens de vous raconter sur le complot mondial, la manipulation des masses, les False Flag,... Et je vous dirais de faire vos recherches par vous-mêmes. Malheureusement, le temps est un luxe que nous n'avons plus ! D'après moi, les premières graves conséquences de l'effondrement des nations seront déclenchées avant 2020. Ensuite, un chaos mondial s'en suivra (guerres civiles et inter-nations, famines, etc.) pendant plusieurs années. Enfin, de nombreux rapports de la NASA et de l'US Air Force pointent sur l'année 2025, sans explications particulières. S'il a lieu, il est donc probable que le grand show spatial (projet *Blue Beam*) ait lieu aux alentours et/ou à partir de l'année 2025. Cette période marquerait alors la fin des conflits entre nations et l'établissement officiel de la dictature mondiale (phase C). Ceux qui parviendront à survivre à l'effondrement des nations se dirigeront alors tout droit vers ce fameux Nouvel Ordre Mondial. Pour le reste du XXIe siècle et des siècles suivants, le monde sera dirigé d'une main de fer par les politiques des Nations Unies, sous couvert de son programme « humaniste », comme celui déjà en application (totalitarisme progressif) prénommé : Agenda 21. Mais, il reste cependant de l'espoir... L'espoir que certaines personnes appliquent et/ou transmettent les informations qu'elles auront reçues par la lecture de ce livre !

Pour conclure, j'aurais pu ne pas prendre le risque de paraître pour un « fou-paranoïaque-conspirationniste » parlant d'une éventuelle « fausse-attaque d'extra-terrestres » auprès de certains de mes lecteurs mais, j'ai fait la promesse au début de ce livre de vous apporter toutes les informations essentielles à votre survie. Connaître précisément notre avenir et les vraies raisons de l'effondrement des nations ainsi que ses très probables conséquences sont des éléments vitaux à garder en mémoire. La survie à l'effondrement est une chose, mais la survie post-effondrement en est une autre. Ne pas posséder certaines des informations que vous venez d'avoir rend votre survie post-effondrement tout simplement impossible ! Ce que je viens de vous dire est loin de sortir de nulle part, j'ai lu et visionné des centaines de sources d'informations différentes : livres, documents top secret officiels déclassifiés, témoignages écrits, témoignages vidéos,... Et j'étudie ce sujet depuis déjà de très nombreuses années pour dire que les informations que vous venez de recevoir sont véridiques. Après, c'est à vous de juger… Vous avez l'information, vous êtes maître dans faire ce que vous voulez…

Si pour le moment la croyance de complot ou de manipulation mondiale est encore difficile à admettre pour vous et bien ce n'est pas bien grave ! En revanche, il est très important que vous ne rejetiez pas toutes les informations sur la survie que vous avez apprises jusqu'à maintenant pour le seul fait que vous n'êtes pas en accord avec 1% des informations que vous avez lu jusqu'ici. Si les dernières informations vous dérangent où vous chamboulent trop alors, oubliez-les pour le moment. Laissez-les dans un petit coin de votre tête et vous reviendrez sur le sujet plus tard, lorsque la mise en pratique de votre stratégie de survie aura bien avancé. Si vous êtes sceptique ou dans le doute, préparez-vous en basant votre raisonnement uniquement sur des causes secondaires de l'effondrement des nations (dettes des banques et des nations, dépendances aux énergies non-renouvelables, épuisement des ressources naturelles, modèle économique de la croissance infinie dans un monde fini, etc.). Dans tous les cas, ne tardez pas à commencer votre préparation car une fois que les conséquences de l'effondrement seront vraiment perceptibles, les évènements s'accélèreront rapidement et il sera alors beaucoup plus difficile de se préparer correctement. Si vous savez ou même ressentez que les évènements vont mal tourner prochainement, sans forcément être en adéquation avec toutes les informations reçues ici, alors écoutez-vous et : <u>préparez-vous dès maintenant</u> !

Quoiqu'il en soit, je vous invite à vivement finir votre lecture car, vous n'êtes plus très loin de la fin, <u>COURAGE</u> ! Vous savez maintenant tout ce que vous avez à savoir sur le côté « négatif » de ce monde. Les prochaines informations seront beaucoup plus positives et lumineuses (promis !). N'oubliez jamais que toutes les informations transmises dans cet ouvrage, positives comme négatives, ne le sont que dans un seul but : <u>survivre tout en ayant la possibilité de prospérer et de vivre libre dans les années futures</u>.

IX) Pourquoi et comment vivre libre ?

Avant de voir comment mettre en place rapidement votre stratégie de survie, il est très important de définir : votre pourquoi. En effet, au cours de votre survie, vous vous poserez très certainement toutes les questions suivantes :

« À quoi bon survivre ? Pourquoi essayer de survivre lorsqu'il serait tellement plus simple et plus rapide de mourir ? Pourquoi vivre lorsque tout ce que l'on croyait solide et acquis, s'effondre ou disparait ? Quel est le but ultime de tout cela ? »

Si l'effondrement des nations est déjà bien avancé lorsque vous lisez ces mots, vous vous êtes déjà certainement pausé une de ces questions. Pour répondre à tous ces questionnements, je voudrais commencer par citer John F. Kennedy, qui a dit :

« L'important n'est pas de rajouter des années à sa vie, mais de rajouter de la vie à ses années. »

Je trouve cette phrase d'une profonde sagesse et comme vous avez pu le constater son auteur a agit conformément à ses idées. Pour être vraiment heureux dans sa vie, ce point me semble essentiel à comprendre. Pour paraphraser JFK, avoir du temps, c'est bien, mais en faire quelque chose, c'est mieux !

Le but ultime de la vie ne serait donc pas de survivre (de rajouter des années à sa vie) mais d'avoir une vie de qualité, une vie pleine de sens. Alors certes, pour pouvoir mettre de la qualité dans votre vie, il vous faut déjà être en vie et avoir un minimum de temps à disposition. C'est d'ailleurs le but de toutes les informations que vous avez apprises jusqu'à maintenant. Ici nous nous intéressons donc d'avantage à la notion de « qualité » et à la fameuse question : comment avoir une vie de qualité ?

Pour mettre de la qualité dans votre vie, vous devez d'abord définir ce qu'est la qualité pour vous. Pour vous aider dans votre réflexion et sans trop m'avancer, il est possible de dire que la qualité d'une vie correspond à ce qui rend heureux. La qualité de vie serait donc synonyme de bonheur, de joie. Finalement, pour avoir une vie de qualité, vous devez « suivre votre joie ». Je ne vous parle pas seulement ici de petits plaisirs de la vie, je vous parle d'une joie qui transcende qui vous êtes physiquement, il s'agit du feu qui brûle à l'intérieur de vous ! Pour trouver votre joie, ce qui vous fait « vibrer » (terme faisant référence à l'énergie), vous devez vous demander :

Quel est le message que je souhaite transmettre au monde avant de mourir ?

Voilà la question à vous poser si vous souhaitez avoir une vie de qualité. Mais faites attention à ne pas tenter de répondre à cette question de manière analytique (par les pensées), mais plus d'une manière intuitive (par les émotions). Si l'argent-papier n'existait pas, quel message transmis vous remplirait de bonheur, de joie ? Si l'inspiration vous manque, tentez de cibler à qui votre éventuel message s'adresserait en priorité ? Prenez quelques minutes pour répondre à ces questionnements...

Une fois que vous aurez vos réponses, écrivez-les bien, car elles vous rapprocheront de votre « bonheur » et peut-être même de la connaissance de votre « mission de vie ». Le fait d'avoir un but à atteindre dans sa vie, le fait d'avoir « une mission de vie » est l'un des plus beaux cadeaux que la Vie nous donne. Ce terme de « mission de vie » est d'ailleurs très similaire au « message à transmettre ». Le but final de ces réflexions est : <u>d'exprimer qui vous êtes en réalité au fond de vous-même</u>. En effet, le but premier de la Vie est d'exprimer qui l'on est, de s'affirmer. L'important dans la vie n'est pas d'arriver le plus loin possible, l'important c'est d'évoluer ! C'est le chemin qui rend la vie intéressante, pas la ligne d'arrivée, qui correspond à la mort physique. Nous vivons une réalité physique où le temps dirige nos vies et ce n'est pas par hasard. Nous devons utiliser ce temps pour aujourd'hui être une meilleure version de nous-même, comparé à hier. L'ingrédient principal pour avoir une vie de qualité est donc : <u>l'évolution</u>. Soyez tel un arbre qui ne cesse jamais de croître pendant toute sa vie. La non-évolution, la stagnation ou l'ennui représentent la mort intérieure de l'individu, avant même sa mort physique ; idée qui est d'ailleurs reprise et imagée par le concept de « mort-vivant ».

Cependant, l'évolution humaine n'est pas toujours possible. L'évolution personnelle n'est possible qu'en étant libre. Si vous êtes esclaves, vous n'êtes plus maître de vos choix et vous n'avez plus cette capacité d'évolution nécessaire à votre « recherche du bonheur ». La Liberté est donc un élément essentiel pour toute personne désirant vivre une vie de qualité, pleine de sens et d'accomplissement personnel. La Liberté est en effet fondamentale à l'évolution de la Vie car sans Liberté, vous ne devenez plus le créateur de votre propre réalité et donc vous existez certes, mais pour quelqu'un d'autre. Vous ne vivez donc plus personnellement, vous « sous-traitez » votre « Pouvoir Vital » personnel. Vous donnez volontairement votre Énergie à votre maître...

J'espère que toutes les personnes lisant ce livre auront assez d'estime pour elles-mêmes, pour ne jamais accepter d'être l'esclave d'un autre. D'ailleurs, l'objectif de cette formation, en plus de vous apprendre à survivre, est de vous permettre de <u>vivre libre</u>. De mon point de vue, une vie d'esclave n'a aucun intérêt à être vécue, mais cela n'est qu'une opinion personnelle. Le pouvoir et le contrôle des autres ne m'intéressant pas, je ne vais pas choisir pour vous car... votre Liberté m'est fondamentale. Le choix que vous ferez doit venir de vous et uniquement de vous. Alors... <u>faites votre choix</u> !

Le choix est d'ailleurs la conséquence directe de la Liberté. Si, en lisant ces mots vous êtes encore libre alors, vous avez encore le choix ! Ce choix porte sur le fait de conserver votre Liberté ou de l'abandonner. Ce choix n'est pas facile, c'est même la chose la plus difficile et la plus importante que vous aurez à faire dans votre vie. Mais vous devez le faire ici et maintenant ! Soit vous choisissez de conserver votre Liberté et alors vous aurez encore la possibilité de faire des choix, soit vous choisissez de la céder à quelqu'un d'autre, de l'abandonner et dans ce cas, ce choix sera un de vos derniers. À terme, vous perdrez votre capacité de choisir et donc votre Liberté individuelle. Gardez à l'esprit que ce choix impactera également l'avenir des personnes sous votre responsabilité, à savoir tous les membres de votre famille, en commençant bien sûr par vos enfants si vous en avez.

Personnellement, j'ai fait mon choix... (roulements de tambours)... de conserver ma Liberté ! Surprenant n'est-ce pas ?

D'après moi, la Liberté est le droit le plus précieux que nous avons. Cependant, tout droit entraine un devoir. Le devoir associé à la Liberté est le fait de simplement conserver ce droit de naissance. Toutes personnes désirant rester libre doit tout mettre en œuvre pour conserver sa Liberté. Ce devoir est par définition un devoir individuel car vous ne pouvez pas déléguer ou « sous-traiter » votre responsabilité/devoir de Liberté à quelqu'un d'autre car si vous le faîte, vous abandonnez au même moment votre droit d'être libre et donc vous devenez esclave de votre sous-traitant.

Pour tous les affamés de Liberté qui liront ces mots, voici une définition de la Liberté individuelle qui me semble pertinente :

Liberté individuelle = Capital global illimité

Liberté individuelle = Abondance matérielle + Abondance immatérielle
Liberté individuelle = Équipements (BAD, graines, armes, etc.) + Intelligence individuelle

Vous comprenez certainement mieux maintenant l'importance d'avoir un capital global illimité ! Avoir une BAD et comprendre la notion d'intelligence sont les principales fondations pour accroître tant la quantité (la survie), que la qualité (« la sur-vie ») des années qu'il vous reste à vivre.

Comme indiqué dans l'équation, l'ingrédient principal pour conserver sa Liberté est l'Abondance. Le contraire de l'Abondance est la rareté. La rareté est le moyen le plus efficace pour rendre dépendant quelqu'un de vous-même. Grâce à la dépendance, vous avez du Pouvoir sur une personne. Vous pouvez alors contrôler sa vie et elle devient alors votre esclave. Sans rareté, pas de pouvoir, sans pouvoir, pas d'esclavage. Retenez-bien que la rareté des ressources matérielles (eau, nourriture, etc.) ET immatérielles (informations, connaissances, etc.) sont les principaux ennemis de votre Liberté. La rareté des informations/connaissances est d'ailleurs souvent la cause de la rareté matérielle. Mais le pire ennemi de la Liberté n'est pas la rareté, c'est la « fausse-liberté ». La fausse-liberté est une forme « d'esclavage invisible » possible à cause de manipulations et de mensonges. La fausse-liberté crée une illusion de Liberté dans les esprits des victimes de la manipulation. Cette pratique pourrait être comparée à un « esclavage psychologique » qui s'avère bien plus efficace et vicieux que le simple « esclavage physique ». Cette notion de fausse-liberté ou d'illusion de Liberté est très bien résumée par le poète allemand Johann Wolfgang Von Goethe lorsqu'il affirme que :

« Nuls ne sont plus désespérément esclaves que ceux faussement convaincus d'être libres. »

La seule possibilité pour déjouer le piège de la fausse-liberté est de faire preuve d'intelligence, tant à titre personnel que collectif et tant intérieurement qu'extérieurement. C'est d'ailleurs pourquoi toute la stratégie de survie proposée dans cette formation se veut à la fois efficiente ET intelligente :

➢ La BAD vous permet de faire les liens entre tous vos besoins fondamentaux (physiologiques, sécurité, sociaux). Une BAD performante dispose également de systèmes automatisés ou semi-automatisés vous permettant de vous dégager du temps pour résoudre d'autres problèmes.

➢ Ensuite, vous devrez être capable de vous défendre des personnes ayant pour but de réduire votre capital global et donc votre Liberté. De nombreuses techniques, tant passives qu'actives, ont été étudiées pour conserver vos acquis.

➢ Enfin, pour être et rester libre encore faut-il savoir ce que cela signifie mais, maintenant vous le savez ! Votre intelligence individuelle vous permettra de faire les liens entre vos informations/connaissances afin de savoir séparer le vrai du faux en faisant toujours très attention aux filtres ! Vos capacités d'auto-défense intellectuelles couplées à un bon lien social permettront ainsi à votre « meute » d'éviter de devenir esclave de cette fausse-liberté.

Si avoir un petit groupe de personne libre c'est bien, vous en conviendrez qu'avoir une planète entièrement libérée, c'est mieux ! Et pour que le monde entier devienne libre, il ne suffit pas que tous les individus soient libérés car la Liberté collective nécessite un ingrédient supplémentaire. Pour mieux comprendre cet ingrédient manquant, voici une petite fable qui se prénomme *La fable du Colibri* :

« Un terrible incendie venait de démarrer dans la forêt. Tous les animaux étaient soit paniqués soit paralysés par la peur, sauf un, qui était un tout petit colibri. Ce colibri lui, s'efforçait à la tâche. Il allait chercher de l'eau à la rivière qu'il prenait dans son bec et qu'il versait sur le feu, mais son petit bec ne lui permettait que de prendre une goutte d'eau à la fois. Le tatoo atterré l'observait et lui dit : » Colibri, tu ne penses tout de même pas que tu vas arriver à éteindre l'incendie comme cela ». Le Colibri le fixa droit dans les yeux et lui répondit fièrement : » Je le sais bien, mais je fais ma part ! ».

L'ingrédient manquant entre Liberté individuelle et collective est de... « faire sa part » !

Voici à quoi pourrait ressembler une définition théorique de cette notion de Liberté collective :

Liberté collective = $\sum$ (Libertés individuelles) + Solidarité

Liberté collective = $\sum$ (Libertés individuelles) + Échange de biens, de connaissances, d'idées

Cette équation signifie simplement que la Liberté collective correspond à l'interaction des forces de chaque individu libre, ou en phase de le devenir. La solidarité, à travers les échanges de biens, de compétences, d'idées et d'informations, est en effet indispensable à la Liberté collective. Ce processus de solidarité et d'entraide ne devra pas être adopté de force, il devra se mettre en place naturellement grâce à l'abondance et l'auto-production matérielle et immatérielle, présente dans les différentes BAD du monde.

La solidarité, qui n'est que la concrétisation d'un lien social vraiment sincère, est l'élément qui permet de créer un « effet de lever collectif ». La solidarité permet de connecter les individus entre eux et non plus les individus à un Système. À terme, le partage, l'entraide, la solidarité sont des éléments indispensables qu'il vous faudra mettre en œuvre si vous souhaitez participer à la Libération de la planète. La solidarité fait donc également référence à une notion de responsabilité de l'individu face au groupe. Cette notion de responsabilité ou de sagesse renvoie directement à la notion de conscience humaine ; conscience humaine qui peut d'ailleurs être considérée individuellement et collectivement.

Dans la pratique, la Liberté collective doit être mise en place par ordre de distance et de priorité. La première échelle est la plus importante, c'est celle de la « communauté familiale », représentée par la BAD. La deuxième échelle porte sur l'échange entre les BAD à l'échelle locale (éco-village). Et la troisième porte sur la création de zone de « villages interconnectés » mais non interdépendants, permettant un maintien minimum de vie privée, de taille équivalente à un département, une région ou un canton.

L'économie et la finance étant les principales composantes du système d'échange mondial, leurs effondrements auront pour résultat de dérègler ce système d'échange (afin de mieux le contrôler par la suite). Pour les nouveaux-libres, il sera alors plus difficile d'échanger et d'obtenir des objets physiques. Les seuls échanges possibles qui pourront s'effectuer sans trop de restriction et de contrôle seront les échanges sans monnaie. Le troc permettra cette solidarité physique qui sauvera l'Humanité. Mais les échanges de capitaux matériels ne seront pas les plus importants. Les échanges de capitaux immatériels comme les connaissances, les compétences et surtout les idées devront être majoritaires et seront bien plus efficaces (efficients) pour atteindre une Libération collective rapide. Pourquoi ? Car ces capitaux peuvent être partagé sans perte de richesse par celui qui les donne. Autrement dit, les personnes seront plus enclin à partager (gratuitement) des connaissances et idées que des aliments ou des objets physiques. Nous entrerons dans une économie de la connaissance. Voilà, pourquoi l'intelligence est tellement importante pour notre avenir commun. Voilà pourquoi, une grande partie de votre richesse doit se trouver avant tout dans votre tête !

Ne croyez pas que l'apprentissage de nouvelles connaissances est une chose pénible : vous êtes né pour cela ! Vous êtes né pour apprendre de nouvelles choses, découvrir, vous émerveiller de la magie de la vie et de toutes ses formes énergétiques diverses et variées. Vous êtes né pour évoluer et votre corps est la meilleure illustration de ce constat. Tout est changement, tout est toujours en évolution ! Vous êtes vous-même en constante évolution. Le « Vous » de maintenant possède un capital global bien plus conséquent que le « Vous » au démarrage de cette lecture. Avoir les connaissances que vous venez d'acquérir est d'une importance capitale ! Ces informations sont non seulement essentielles pour votre propre survie, mais également pour la survie de toutes les personnes avec lesquelles vous partagerez ces informations, car elles aideront ces personnes à survivre à la fois à l'effondrement des nations et aux autres manipulations qui en découleront.

Peut-être que vous ne vous rendez pas encore compte du pouvoir que vous avez entre les mains, ou plutôt entre les deux oreilles. Vous avez le pouvoir de directement choisir le monde dans lequel vous souhaitez vivre demain et surtout le pouvoir de choisir quel monde vous voulez laisser aux générations futures ! Vous avez le choix et le pouvoir, pendant qu'il est encore temps, de partager ces informations au maximum de personne possible notamment grâce à internet. Si vous souhaitez participer à la propagation de ce message d'espoir et de cette base de connaissance nécessaire à la Libération de l'Humanité, je vous en remercie sincèrement ! Je souhaiterai même vous donner la possibilité de gagner votre vie grâce au partage de toutes ces informations par l'intermédiaire de la vente de cet ouvrage. Pour plus d'informations sur comment gagner votre vie tout en diffusant les informations précieuses que vous venez de lire, je vous invite à vous rendre à la fin de l'ouvrage à la partie s'intitulant : Note sur l'affiliation. Vous y trouverez toutes les informations pour « faire votre part » et « recevoir votre part ».

Pour conclure ce chapitre consacré au thème de la Liberté, voici les mots d'un homme qui a eu le temps de réfléchir à ces questions, pendant ses 27 années passées en prison. Nelson Mandela a dit un jour :

« Être libre, ce n'est pas juste se libérer de ses chaînes, mais c'est vivre d'une façon qui respecte et améliore la liberté des autres. »

X) PLAN D'ACTION RAPIDE

Vous devez garder à l'esprit que la stratégie qu'il est nécessaire de mettre en œuvre pour survivre est un processus long et pas toujours très amusant. La bonne nouvelle, c'est que <u>si vous voulez vivre libre, vous n'avez pas le choix</u> ! Peu importe d'où vous partez, vos moyens financiers, votre âge, votre sexe, etc., si vous voulez survivre, vous devez appliquer ce que vous venez d'apprendre sans plus attendre.

Sachez également que personne n'est jamais assez préparé à ce genre d'évènement. Vous ne pourrez jamais être prêt à 100%. Les premiers pourcentages sont les plus difficiles à obtenir, après une fois lancé, il deviendra difficile de vous arrêter dans votre « quête ». L'idée n'est donc pas de rechercher à être prêt à 100% mais simplement de progresser chaque jour un petit peu vers votre objectif d'autonomie totale. Voici un plan d'action rapide pour mettre en œuvre votre stratégie de survie long-terme de manière la plus efficiente qui soit.

> **Étape 1 : Choix de « vos » BAD**

<u>Cette étape est la plus importante</u> ! N'hésitez pas à passer beaucoup de temps dans la recherche de la meilleure BAD pour vous et votre communauté. Le temps investi dans la recherche d'une bonne BAD, située sur un lieu stratégique, vous fera <u>gagner beaucoup de temps</u> dans la mise en œuvre de votre stratégie globale. Survivre librement sans BAD est impossible alors, si vous n'en avez pas actuellement, trouvez-en une rapidement !

L'idéal est bien sûr de disposer déjà d'une habitation qui peut faire office de BAD (ferme de campagne, chalet de montagne, etc.). Si vous n'y vivez pas à l'année, le fait de louer sa BAD occasionnellement à des particuliers (touristes, groupes, etc.) peut vous faire un revenu complémentaire.

Si vous ne disposez pas vous-même d'une potentielle BAD et que vous ne pouvez pas en acquérir, par manque de moyen financier ou de temps, vous devez rechercher qui dans votre entourage possède une habitation principale ou secondaire qui pourrait remplir ce rôle. Il est également possible de demander à votre second cercle d'entourage (ex : amis d'amis ou amis d'un membre de la famille). Les personnes âgées sont souvent une bonne piste de recherche car elles sont en général propriétaire de leur logement. Et dans tous les cas, les personnes âgées isolées de votre entourage auront besoin de votre aide pour survivre et plus particulièrement pour assurer leur protection. Une colocation multigénérationnelle peut donc être un excellent compromis pour pallier aux faiblesses de chacun.

Si vous êtes toujours sans rien malgré les recherches précédentes alors, vous pourrez vous associer à plusieurs pour acheter un terrain ou une ferme à rénover. L'achat groupé permet de grandement réduire les frais d'acquisition d'une BAD. Mais dans ce cas, je vous conseille fortement de vous associer avec des personnes de votre famille ou avec des amis très proches. En général, l'association avec des inconnus est une solution qui ne fonctionne pas très bien sur le long-terme, bien qu'elle reste « l'option de la dernière chance ». En dernier recours donc, vous pourrez par exemple déposer une annonce sur un forum « survivaliste », sur des sites d'annonces généralistes ou même dans un journal local, pour « proposer vos services » à une communauté existante, à une famille « un peu perdu niveau survie » ou à des retraités qui s'ennuient… Vous pourriez d'ailleurs proposer des services traditionnels (ex : plomberie, taille de haies, co-voiturage, cours du soir, etc.) « gratuitement » mais en l'échange d'un contrat moral écrit, qu'en cas d'effondrement, vous pourriez intégrer la potentielle BAD repérée.

Dans le cas où vous n'êtes pas propriétaire de la BAD, vous devez à tout prix rechercher à avoir un contrat moral écrit avec le propriétaire, ou à défaut oral, portant sur votre acceptation dans la BAD, en cas de début d'effondrement sociétal (émeutes, pénuries, guerres, etc.). Un contrat moral ne valant pas grand-chose, surtout en période d'effondrement, prévoyez toujours un plan B, un plan C, un plan D et un plan E. Ciblez une BAD principale et au strict minimum deux BAD de secours. Dans tous les cas, il vous sera obligatoire d'apporter de la valeur soit matérielle soit immatérielle, pour être accepté au sein d'une BAD. Pour effectuer vos « demandes d'acceptation », préparez correctement votre discours. Mieux vous saurez expliquer votre démarche, plus la réponse a de chance d'être positive. Dans vos arguments, vous devrez surtout rassurer le propriétaire de la BAD sur le travail à effectuer. Dites-lui que vous vous occuperez de tout et que ça ne lui coutera pas un seul centime. Montrez que la situation est grave et urgente mais accentuez également sur le côté positif : « *expérimenter un projet d'autonomie* totale » plutôt que « *survivre à l'effondrement des nations* ». Ayez également un discours hiérarchisé et progressif : « *la première semaine, vous avez juste besoin de stocker quelques affaires dans le garage (cuisinière à bois, serres), la deuxième semaine, voir où et comment installer le matériel, ...etc.* ». Vous devrez adapter votre discours en fonction de la réceptivité, de la compréhension du sujet et de l'éventuelle participation des propriétaires. Créer une relation de confiance est essentiel : tenez vos engagements et ne faites pas de fausses promesses. Mais surtout, n'ayez jamais peur de demander car dans le pire des cas, vous reviendrez tout simplement à votre situation initiale. Qui ne tente rien, n'a rien, alors tentez : osez demander !!!

Si vous vous retrouvez sans BAD alors que les premiers signes d'effondrement impactent directement votre vie, vous n'aurez pas le choix et devrez rapidement intégrer une BAD existante. Les « conditions d'entrée » seront alors les mêmes que précédemment. Mais vous devrez être d'autant plus persuasif que la situation extérieure vous l'impose ! Pour être légitimement accepter dans une communauté existante en période d'effondrement avéré, vous devez paraître indispensable aux yeux des propriétaires de la BAD. Tout d'abord, disposer de capitaux matériels utiles à la survie sera un plus non-négligeable. Ensuite, pour prouver votre motivation, vos compétences et votre bonne foi, vous pouvez apporter comme preuve ce livre et indiquer que vous vous préparez déjà à l'effondrement depuis de nombreuses années mais que vous avez dû fuir votre BAD existante parce qu'elle a été endommagée ou encore, parce qu'elle se trouve dans une zone finalement inadaptée à la survie ; adaptez votre « excuse » à la situation que vous vivrez. La « demande d'acceptation » sera similaire à un entretien d'embauche classique. Pourquoi le propriétaire devrait vous intégrer dans sa BAD ? Si vous arrivez à répondre correctement à cette question, vous et votre famille serez « embauchés ». Cependant, gardez à l'esprit qu'en phase d'effondrement, la demande de BAD sera très nettement supérieure à l'offre. La probabilité d'être accepté dans une BAD existante sera donc très faible mais, elle sera toujours plus élevée que la probabilité de survivre libre sans BAD. Alors, s'il vous plaît, anticipez et trouvez au minimum une BAD, AVANT que la demande n'explose !

Pour choisir la meilleure BAD qui soit, vous pouvez relire le point n°1.

Le pire des cas : si, après avoir répété plusieurs fois toutes les actions précédentes, aucune n'aboutit alors, la seule solution qui vous reste est d'adapter au mieux votre domicile actuel pour faire en sorte qu'il se rapproche au maximum d'une BAD. Mais, je ne vais pas vous mentir, vos *probabilités de survie seront alors beaucoup plus faibles que ceux possédant une véritable BAD, totalement autonome et indépendante, en particulier si vous habitez dans un appartement en ville.*

> ## Étape 2 : Choix des membres de votre communauté

La chose la plus importante à avoir dans une communauté est un bon lien social. L'amitié, la solidarité, l'entraide sont les valeurs que chacun de vos futurs partenaires doivent posséder. Pour ce faire, il est nécessaire que chacun fasse sa part de travail. Pour créer votre communauté, vous devez donc choisir en priorité « des bosseurs » ou des personnes curieuses d'apprendre de nouvelles choses. Préférez également des personnes ouvertes aux changements et relativement réalistes, ni trop pessimistes, ni trop rêveur-optimiste. Surtout évitez les égoïstes, les hypocrites, les prétentieux, les voleurs et les menteurs. Préférez des gens simples et humbles. Le fait de choisir des gens fort physiquement n'est pas un critère prioritaire. Vos futurs membres doivent surtout être des personnes sérieuses qui seront capables de vous écouter. En étant une personne qui a anticipé les événements ou étant certainement le plus préparé à ce qui arrive, vous deviendrez naturellement le leader de votre communauté. Votre rôle sera central ! Vous devrez être capable de faire en sorte que chacun donne le meilleur de lui-même, au nom du bien collectif. N'oubliez pas de vous occuper des plus faibles présents dans votre entourage (enfants, personnes âgées, handicapés physiques et mentaux, etc.). Vérifiez bien que vous disposez d'un nombre de matelas identique au nombre final de personne prévu dans « votre » BAD.

Si vous intégrez une BAD dont vous n'êtes pas le propriétaire, vous n'aurez surement pas votre mot à dire sur la composition de la communauté. Essayez toutefois d'être le plus au clair possible sur le futur nombre de personne présent dans la BAD. Communiquez correctement sur ce point avec les propriétaires et évaluez si les quantités d'eau et de nourriture, stockées et produites, sont en adéquation avec le nombre de personnes. Si ce n'est pas le cas alors, il faudra agir vite et efficacement soit en réduisant les consommations journalières par des restrictions (jeûne, etc.), soit en augmentant les productions.

Enfin, sachez qu'il y aura surement des réfugiés de dernière minute qui « s'incrusteront ». Comptabilisez tous les matelas dans « votre » BAD et majorez de 30 à 50% ce nombre, il correspondra au nombre d'occupant « virtuel » qu'il faudra prendre pour référence pour tous vos stocks et productions d'eau, de nourriture et d'énergie. Dans la formation, cette majoration est déjà prise en compte notamment pour le stock alimentaire de secours. Cette majoration signifie également que, si vous les acceptez dans votre BAD, les personnes « non-prévues » n'auront pas de matelas pour dormir, à moins d'en fabriquer (pailles, feuilles mortes, etc.) ou de dormir sur le sol !

Le dernier point à prendre en compte et à « imprimer dans sa tête » est le fait que <u>vous ne pourrez pas sauver tout le monde</u>. Aussi horrible que cela puisse être, <u>vous devrez faire des choix</u>, vous devrez <u>apprendre à dire NON</u> et à en accepter les conséquences, car au final, c'est la vie de tous les membres de votre communauté qui en dépendront. Vous ne pourrez pas sauver tout le monde !!!

Pour plus de détails sur le lien social et la communauté, vous pouvez relire le point n°9.

➢ Étape 3 : Faire un bilan de ce que votre communauté possède

Prenez un crayon et une feuille blanche. Faites un tableau à deux colonnes. Dans la première, inscrivez tous les capitaux matériels utiles à la survie que vous possédez. Dans la deuxième, inscrivez tous les capitaux immatériels (connaissances, compétences, savoir-faire, talent, etc.) utiles à la survie que vous possédez.

Ensuite, faites le même exercice pour tous les membres de « votre » BAD principale.

Enfin, surlignez ou soulignez d'une même couleur tous les éléments qui apparaissent plusieurs fois.

Ce bilan vous permettra de connaître les « plus » et les « moins » du capital global de départ de votre BAD/communauté. Les « plus » devront être maintenu à niveau voire optimisé, alors que les « moins » eux devront être grandement améliorés et rapidement...

➢ Étape 4 : Mettre la théorie en pratique

Avant toute chose, je vous invite à recopier ou imprimer les deux tableaux en <u>annexe n°13</u> et de les remplir régulièrement du mieux possible en fonction de votre avancement.

Les capitaux matériels :

Commencez par vous constituer un stock d'eau et un stock alimentaire de secours (riz, pâtes, boîtes de conserve, sacs de sel,...). Achetez des semences bio en quantité ! Si vous en avez trop, vous pourrez toujours les troquer contre d'autres biens importants. Achetez en priorité des serres pour cultiver en période froide, des lampes torches/frontales, des piles, des bougies et des pierres à feu/briquets/allumettes. Achetez également des livres sur la survie, sur l'agriculture, les plantes sauvages, les champignons, la pêche, la chasse, le tir. Prévoyez également de disposer de quelques monnaies d'échange physiques chez vous (argent-papier, pièces d'argent-métal et d'or). Prévoyez également des bidons de carburant. Achetez les équipements pour assurer la cuisson, le chauffage en période froide (cuisinière à bois, etc.) et à terme éventuellement de quoi produire de l'électricité. Achetez des armes pour vous défendre et un stock important de munitions et apprenez à vous en servir régulièrement. Vérifiez bien que vous avez les principaux équipements pour faire survivre <u>TOUTE</u> votre communauté (humains comme animaux) sur <u>le long-terme</u> (cf. annexes).

Les capitaux immatériels :

Par votre lecture, la grande force que vous avez est que vous savez précisément quelles connaissances et compétences avoir, pour survivre et même prospérer aux événements futurs. Ces connaissances théoriques doivent vous aider à savoir dans quelle direction vous allez engager votre énergie. Cette vue d'ensemble vous aidera à rapidement obtenir des résultats de vos efforts. Pensez toujours à tester vos connaissances théoriques dans la pratique, c'est très important !

Apprenez en priorité l'agriculture biologique et l'aquaponie ainsi que les techniques passives de conservation de vos récoltes (mise en bocal, mise en conserve, séchage, lacto-fermentation, etc.). Ensuite, développez au minimum une autre compétence qui aidera un maximum de personne à survivre demain ; mention spéciale toutefois à la fabrication d'argent colloïdal. Si vous manquez d'inspiration, relisez les fins de partie évoquant les métiers de demain. L'idée de départ n'est pas d'être expert dans un domaine mais de connaître la base dans chaque domaine. Ensuite, avec l'entrainement, vous deviendrez progressivement de plus en compétent dans chacun des domaines de survie choisi. Quand ce que vous êtes en train de faire ou d'apprendre vous paraîtra suffisamment acquis (toujours après vérification pratique : tests, entrainements, récitations, etc.), passez au niveau supérieur ou à un autre sujet d'étude. À terme, vous serez plus qualifié que le plupart des gens et vous aurez acquis l'autorité nécessaire pour louer ou troquer vos connaissances/compétences aux autres. Vous ne devez jamais vous ennuyez ou ne rien n'avoir à faire ! Bien sûr, il y a un temps pour le travail et un temps pour le repos, mais vous ne devez jamais manquer d'idée, sur la prochaine chose que vous allez apprendre ou expérimenter. N'ayez pas peur de découvrir de nouveaux horizons et surtout n'ayez pas peur de vous tromper ou de faire des erreurs. Vous devez repousser vos limites et garder toujours le cap ! Une fois cette étape commencée, elle ne doit se terminer que quand vous serez... mort ! Autrement dit, ne cessez jamais de vous former, d'apprendre, de lire et de tester de nouvelles choses ! Découvrez et émerveillez-vous de la magie de la vie qui se trouve même dans les choses les plus simples ; exemple : plantez des graines et les voir pousser ! Encore une fois, apprenez en priorité <u>les choses les plus simples ET les plus vitales</u> pour votre communauté (cf. annexes et sections : *Les métiers*).

N'oubliez pas d'utiliser les deux tableaux en <u>annexe n°13</u>, ils sont fait pour être utilisés !

> ### Étape 5 : Créer une routine vertueuse d'évolution individuelle ET collective

Anticipez un petit peu l'avenir mais, <u>travaillez dur dans le moment présent</u>. Votre évolution personnelle doit devenir votre premier objectif de vie. Vous devez prendre soin de vous car vous êtes le premier « apporteur de richesse » pour vous et votre communauté. Passez du temps seul, pour apprendre à vous connaître et à faire le bilan sur vos forces et vos faiblesses. Soyez honnête avec vous-même. Devenez votre meilleur allié !

Au lieu de regarder la télévision, optimisez votre temps libre pour faire des petites actions régulières. Avec l'entrainement et la régularité, vous ferez des progrès immenses rapidement et sans vous en rendre compte. Au final, ce qui vous semblait insurmontable aura été réalisé facilement. <u>Seuls ceux qui passent à l'action survivront</u>, les autres emmèneront toutes leurs connaissances dans la tombe ! Votre stratégie de survie doit faire partie de vous-même. Elle doit être votre « bébé intérieur », que vous éduquez et aidez à croître de la meilleure des manières, pour qu'un jour, ce soit elle (votre stratégie de survie) qui vous maintienne en vie, presque sans effort de votre part et... sur le long-terme. Vous devez beaucoup donner au départ, pour recevoir en retour par la suite. Votre survie, en tant qu'homme ou femme libre, sera surement le plus grand projet de votre vie alors, mettez-y tout votre cœur et toute votre âme ! Par votre engagement et votre discipline, vous servirez de modèle aux autres. Vous incarnerez l'exemple de ce qu'il faut faire et les autres membres ne pourront que s'en inspirer. Ils chercheront donc à leur tour à briller, pour la survie de la communauté. Une communauté, où chacun donne le meilleur de lui-même, pour lui-même et pour les autres, est une communauté durable et vertueuse !

Finalement, le plus important à retenir du plan d'action rapide est de se mettre en action <u>calmement et surtout rapidement</u> ! Cela semble évident et pourtant c'est loin d'être si simple. La mise en action, la mise en pratique est <u>le plus difficile</u>. Suivez ce plan dans l'ordre, commencez par les premières étapes. Le meilleur moyen d'atteindre le succès est de faire les choses sereinement <u>étape par étape</u>. Soyez fort mais humble ! Laissez tomber votre égo ! Personnalisez votre stratégie mais ne cherchez pas à réinventer la roue. Le chemin est balisé, suivez-le... Ne vous laissez pas paralyser par la peur et ne cherchez pas d'excuses. Encore une fois, suivez ce plan et appliquez ces recommandations les unes après les autres. Si vous faites cela, tout ira pour le mieux, vous verrez... Passez à l'action <u>MAINTENANT sans stress</u> et relisez très régulièrement ce plan d'action rapide.

Pour vous motiver, vous pouvez vous répéter tous les matins cette phrase :
> *« Seul est digne de la Vie, celui qui chaque jour, part pour elle au combat. »*

Vous allez y arriver !

CONCLUSION

Nous arrivons à la fin de notre aventure commune. J'aimerai tout d'abord vous adresser un immense <u>BRAVO</u> ! Sachez que vous pouvez être très fier de vous car vous êtes, selon moi, théoriquement « blindés » à 99.99 % pour survivre aux événements futurs. Peut-être que vous êtes reconnaissant d'avoir reçu ces toutes ces informations ou, à l'inverse, peut-être que vous me détestez parce que je suis « l'apporteur de mauvaises nouvelles » dans votre vie. Dans tous les cas, votre ressenti émotionnel actuel n'a que peu d'importance car il évoluera avec le temps. À terme, la plupart d'entre vous accepteront ces (nouvelles) informations comme étant des évidences et comme faisant partie de LA réalité. Le plus important est donc que vous ayez les informations. Pour ma part, j'ai tenu ma promesse de départ de vous donner toutes les informations nécessaires afin que vous et vos proches puissiez survivre librement et même prospérer dans les années qui viennent.

Pour conclure, j'aimerai balayer très rapidement les notions essentielles à bien garder à l'esprit dans la mise en place de votre stratégie globale.

Comprendre le but du jeu

Par votre lecture, vous avez en votre possession la très grande majorité des connaissances pour survivre à l'effondrement des nations et au Nouvel Ordre Mondial. Par ailleurs, vous connaissez plus de choses que 99% des gens sur ce sujet. Ne minimisez pas l'importance de tout ce que vous avez acquis, vous avez de « l'or en barre » dans la tête. Désormais, vous comprenez les règles du jeu (de Monopoly) auquel vous participez. Vous savez maintenant que votre objectif principal est d'augmenter votre capital global, tant matériel qu'immatériel, et vous savez très précisément comment y parvenir.

La plus grande de votre richesse étant <u>votre vie</u>, vous devrez d'abord reprendre le contrôle total de votre temps pour reprendre le contrôle de votre vie. Pour ce faire, il vous faudra devenir au maximum autonome et indépendant du Système ; Système, qui est aujourd'hui officiellement représenté par votre gouvernement national mais, qui le sera demain, par une dictature mondiale. Commencez dès maintenant à CRÉER de la valeur PAR vous-même et POUR vous-même ! Souvenez-vous qu'il vous faudra : créer, stocker et enfin échanger !

De manière plus concrète, le but du jeu est d'arriver à vivre sans avoir à dépenser d'argent. Sans dépense d'argent-papier, aucun besoin d'en recevoir et donc aucune utilité d'avoir une puce sous-cutané. Si vous parvenez à réduire vos dépenses de consommation de base et vos factures à seulement quelques dizaines d'euros/dollars par an, voire même à zéro, alors ce sera la preuve que vous avez atteint votre objectif ! Faites le choix de la « sobriété heureuse » et du « consommer moins, moins loin et mieux » ! Peu importe que vous ayez beaucoup ou peu d'argent-papier, le plus important est d'en dépenser le moins possible. Et lorsque vous en dépenserez, veillez à ce que cela soit pour acheter des capitaux « vitaux » et dans l'idéal productifs !

Visez au maximum l'indépendance du Système ! Recopiez l'Univers : faites en sorte que votre capital global devienne illimité ! Vous récolterez ainsi le fruit de l'Abondance qui est : la Liberté !

« L'Abondance-gratuité est le prix de la vraie-Liberté. »

Choisir entre diversité et uniformité

Il y aura un effondrement et il est bien trop tard pour l'empêcher. En revanche, après l'effondrement, il y aura un nouveau système à reconstruire. Dans ce nouveau système, il ne devra pas y avoir un seul gouvernement mais plusieurs millions de gouvernement. Cela dépendra du nombre de personnes survivantes de l'effondrement, nous serons peut-être 4 milliard, peut-être 2 milliard ou peut-être moins... Ce qui est fort probable, c'est que vous ferez partie de ces survivants. Et en étant un futur survivant, il est indispensable que vous compreniez l'importance de rejeter le modèle politique et économique officiel qui sera proposé par la dictature mondiale.

Le fait d'avoir un gouvernement mondial unique permet un contrôle accru de la population. L'uniformisation de la population facilite grandement le contrôle ; contrôle qui est nécessaire à toute dictature. Une fois que tout le monde reçoit les mêmes leçons scolaires, que tout le monde a les même lois, que tout le monde mange pareil, que tout le monde regarde les même journaux télévisés et que la police et l'armée, qui sont normalement censés protéger de l'oppression, reçoivent leurs ordres des élites qui oppressent les peuples... et bien à la fin, tout le monde pense et agit pareil ! Et là, c'est bingo ! Vous avez une dictature des corps, par une guerre permanente et automatisée contre les esprits. Vous contrôlez les esprits, vous contrôlez le monde !

Chacun à ces forces, chacun à ces faiblesses et c'est nos individualités exprimées qui nous rendent libre. La diversité rend libre ! Sans cela, nous devenons des rats dans une course de rats, nous devenons un troupeau de mouton se dirigeant vers une falaise ou directement à l'abattoir... Par l'uniformisation, nous devenons une masse d'esclave « morts-vivants » au sein d'un Système, d'une boîte, dont il est impossible de s'extirper...

L'uniformité permet de dominer facilement un large groupe de personne, il suffit pour cela de définir « le style de vie », que les gens choisiront d'eux-mêmes pour ne pas se sentir trop différent de la masse. La propagande, le mensonge, l'illusion, la manipulation d'informations libératrices et le « regard des autres » étant les principales armes utilisées pour créer le modèle de société désiré, afin de maintenir tout ce bétail-humain en cage. Par ailleurs, l'élément principal de la religion « New Age » est : l'Amour inconditionnel. Autrement dit, il faut aimer tout le monde sans exception : « *Tout est Un* », « *le Bien et le Mal n'existe pas* », etc.. Cette religion sera celle utilisée pour atteindre cette « uniformisation égalitaire » qui sera en réalité une « uniformisation totalitaire », visant à réduire les possibilités de choix de l'être humain. Même si la cage peut paraître dorée, elle n'en reste pas moins une cage...

La seule cage, case ou boîte dans laquelle vous devez vous « enfermer » est : votre capital global ! Mais dans notre cas, il n'y a plus aucune notion d'enfermement surtout si votre capital global, votre boîte est de taille illimitée ! Il est impossible d'emprisonner quelque chose d'infini, d'illimité... Aucune prison physique ou psychologique n'est assez grande pour cela !

Par définition, la Liberté permet de faire du Bien ou du Mal mais le libre-arbitre est une règle fondamentale dans l'Univers. La diversité, c'est la Liberté de faire des choix... L'uniformité, c'est la dictature, c'est l'esclavage, c'est la privation du choix ! Sortez mentalement de la masse et préparez-vous à en sortir physiquement lorsque cela deviendra vraiment nécessaire. Soyez individualiste avant d'être solidaire, car vous ne pourrez pas aider les esclaves ou les pauvres, si vous en faites partie.

Utilisez votre individualité et votre personnalité pour réinventer le monde de demain de manière à rendre les autres plus libres. Faites le choix d'être différent, faites le choix d'être libre, peu importe ce que les autres diront sur vous ! Il faudra néanmoins faire preuve de tempérance, il est inutile de tomber dans l'excentrique ou dans la provocation. Il est vrai qu'il faut toujours préférer « l'individualisme créateur de richesse » plutôt que « l'uniformité/égalité source de pauvreté et d'esclavage », mais cependant, il vous faudra toujours agir de manière progressive et réfléchie et jamais sur un coup de tête. Conservez toujours une certaine sécurité (d'emploi, financière, de santé,...) avant d'agir comme vous le voulez personnellement. Malgré toutes vos connaissances et compétences, vous ne savez pas tout et... l'erreur est humaine. Ne brûlez jamais tous vos bateaux avant d'attaquer un nouveau projet. Soyez individualiste, sans être égoïste. Soyez un individualiste calme, patient, intelligent et raisonné. C'est le seul moyen pour, à terme, être solidaire et aider les autres !

De plus, *diversité* ne devra jamais rimer avec *division* mais bien avec *unité*. Bien que cela puisse paraître au départ contradictoire, c'est l'uniformisation (« *Tout est Un... Bisounours* ») qui crée la division entre les Hommes, en les empêchant d'exprimer leur plein potentiel individuel, pourtant nécessaire à leurs évolutions d'Homme et d'âme. Il vous faudra donc savoir faire la différence entre : diversité vs uniformité, et entre : division vs unité/union. À l'avenir, l'union (libératrice) des peuples, ou même des nations, devra se faire sous le signe de la diversité, sans toutefois jamais tomber dans l'excès (équilibre, juste milieu, tempérance, justice, sagesse). L'union ne devra jamais être un pont pour l'uniformisation ; uniformisation, qui est d'ailleurs le but premier de la dictature des « Nations Unies », qui serait plus révélateur d'appeler : les « Nations Uniformisées ».

Avant de vouloir être *Un*, cherchez à être *Vous* !

« Connais-toi toi-même et tu connaîtras l'Univers et ses dieux. »

Se méfier des évidences, des effets de groupe et des « modes »

La cabale dirigeante de ce monde jouent depuis tout temps sur les deux tableaux et représentent les deux joueurs d'une même partie d'échec. Ne vous laissez pas duper par les « bonnes nouvelles » ou les « sauveurs » qui viendront. Tout est organisé et planifié pour vous nuire ! D'ailleurs, parfois les joueurs d'échec ou de poker perfectionné laissent croire que les choses s'arrangent à leurs adversaires, pour qu'ils relâchent leur attention, afin de mieux les battre au final...

Pour eux, vous n'êtes que des pions qu'ils déplacent où bon leur semblent. Enfin cela s'était avant, car maintenant vous êtes informé et vous savez exactement quoi faire, comment le faire et pourquoi le faire !

Vous devenez donc un joueur de la partie et non plus un pion qu'il est possible de manipuler. Pour devenir un joueur très performant (libre), il vous faudra faire le tri entre les informations vraies et fausses, entre les informations destinées à vous libérer et celles destinées à vous rendre esclave. Pour cela, vous devrez faire preuve de <u>discernement</u> et <u>d'intelligence</u>. Vous devrez vous méfier des réactions de groupes « logiques ».

Les conséquences de l'ignorance collective et de l'effet de groupe

Post-effondrement, lorsqu'ils vont réécrire les règles du jeu, ils vont vous forceront à rentrer dans la case des « pions ». À vous de vous extirper de cette case pour rentrer dans la case « joueur de la nouvelle partie ». Ne soyez pas sur l'échiquier, en réagissant de manière émotionnelle aux évènements (<u>effets de groupe</u>). Restez calme, serein, prenez de la hauteur et voyez l'échiquier total. C'est en anticipant les coups de votre adversaire et surtout en comprenant le Grand Plan que vous pourrez remporter la partie !

Malheureusement, la plupart des personnes tomberont dans tous les pièges, manipulations et autres « modes » mis sur leur route. La plupart accepteront dans leur vie, de manière directe ou indirecte, les pièges du puçage RFID, de l'eugénisme (manipulation/amélioration génétique), du transhumanisme (association Homme-machine), de la robotisation, du tout-numérique-virtuel et de l'Intelligence Artificielle. La majorité se fera happer par cette « <u>fausse-lumière</u> » et en deviendront rapidement <u>esclave</u>.

Dans cet ouvrage, vous avez surement remarqué qu'il a beaucoup été question de « lumière », que cela soit à travers des termes positifs comme « Guerrier de Lumière » ou des termes négatifs comme « Lucifer », qui signifie étymologiquement « porteur de lumière ». Cependant ici, il n'est pas question de la même lumière... En réalité, ces termes sont diamétralement opposés, tout comme le sont le jour et la nuit, ou encore le Bien et le Mal.

Savoir différencier la vraie et la fausse Lumière

Pour bien comprendre cette subtilité fondamentale, partons du principe de base que : <u>énergie = lumière = information</u>. Au départ, une information est quelque chose de neutre. Mais en fonction de l'INTENTION ou de la VOLONTE avec laquelle elle est utilisée/donnée, une information deviendra soit « positive » et servira à aider, construire et libérer, soit à l'inverse, « négative » et servira alors à nuire, détruire et manipuler/esclavagiser. Vous savez également que les buts du « jeu énergétique » de toute vie, que ce soit pour l'Univers ou un humain, sont : <u>de survivre et d'évoluer</u>. Pour ce faire, le seul moyen qui existe est de : <u>recevoir un maximum d'énergie</u>. C'est le même principe que de faire le plein d'essence d'une voiture ; sans carburant, la voiture ne roule pas. Et c'est la même chose pour nous humains, qui avons tous besoin d'énergie pour survivre (calories alimentaires, etc.) ET d'informations (qui ne sont rien qu'une autre forme d'énergie) pour nous accomplir pleinement. C'est exactement le même principe que celui : <u>d'augmenter son capital global</u>, que vous connaissez maintenant parfaitement. Dès lors, certains, que l'on appellera les « gentils », obtiennent leur énergie honnêtement et n'ont aucune volonté de « voler » l'énergie des autres. Les « méchants » eux en revanche, recherchent toujours plus d'énergie (plus de pouvoir). Pour ce faire, ils volent l'énergie des « gentils », qui sont en général ignorants de ce fait ou, simplement trop gentils/bons pour dire quoi que soit. Le dicton français : « *trop bon, trop con* » résume alors bien cette situation. Ici encore, tout est question d'énergie, alors lorsqu'il est question « d'information » ou de « lumière », il est en réalité question « d'énergie » et plus précisément, de la manière et de l'INTENTION de son échange... Qui en émet ? Qui en reçoit ? <u>Qui en vole à qui</u> ?

Vous n'êtes d'ailleurs pas sans savoir que le but principal de l'élite mondiale est : d'avoir encore plus de pouvoir et donc : encore plus d'énergie ; mais surtout... la VOTRE, par l'intermédiaire de : votre argent, votre temps (de travail), votre force physique, vos pensées [?], vos émotions [?],... Toute forme d'énergie est bonne à prendre, lorsque l'on souhaite avoir un maximum de pouvoir...

Le but premier des « méchants » mondialistes et de leur nouvelle religion mondiale est donc de : voler votre énergie, ce qui a pour conséquence directe de vous rendre esclave. En outre, cette religion New Age, ou « *doctrine de Lucifer* » comme ils l'appellent entre eux, est d'une sournoiserie sans nom, parce qu'en apparence « *tout le monde il est beau* » et « *tout le monde il est gentil* » et tout semble « *parfaitement lumineux* ». Alors qu'en réalité, ce n'est que de la fausse-lumière et donc de la fausse-liberté et donc de l'esclavage (psychologique et donc à terme, physique).

Si à court terme, tomber dans le panneau n'est pas très grave, à moyen terme, c'est très mauvais pour vous, votre famille et même pour le monde entier ! Alors certes, il y a beaucoup de vérités dans la religion New Age, c'est tout à fait juste, mais ce qui est certains c'est que l'INTENTION (cachée) derrière la révélation de ces vérités, qui seront associées à de vrais et gros mensonges, est de vous asservir ! C'est en mélangeant les deux, vérités et mensonges, que cela deviendra une immense et gigantesque manipulation de masse.

Prenons un exemple pour mieux comprendre ce point. Imaginez que vous utilisez un ingrédient complétement périmé, pourri et moisi pour faire un gâteau. Alors, même si tous les autres ingrédients utilisés pour faire le gâteau sont consommables et très savoureux et même si vous soignez la présentation (la forme) du gâteau, ce seul ingrédient suffira à vous rendre malade, si vous y goutez. Le mélange d'ingrédient pourri et comestible (le gâteau) devient donc immangeable, voire mortel. La religion New Age représente ce gâteau que l'on vous servira à l'avenir : il sera beau dans sa présentation, sa forme, mais pourri dans le fond !

Pour prendre une autre métaphore, la religion New Age sera la drogue officielle et légale du XXIe siècle ! À faible dose et au début, vous penserez que c'est la meilleure chose qui n'a jamais été inventée. Mais à plus forte dose et sur le long terme, cela vous rendra dépendant et soumis à votre dealer (la dictature mondiale) et donc rapidement son esclave. À terme, cela vous fera vivre et/ou mourir dans d'atroces conditions ; conditions similaires à celle d'une vraie dictature totalitaire.

Sélectionnez les informations importantes qui vous semblent véridiques du New Age mais surtout, <u>associez ces informations avec celles qui vous ont été transmises dans cette formation</u>. Connectez les points et comprenez <u>l'INTENTION</u> générale derrière les révélations de cette religion. Ne vous complaisez pas dans leur « *doctrine de Lucifer* » et sa fausse-lumière. Passez-y mais n'y restez pas : ne soyez pas un mouton-drogué, mais soyez un être humain énergétiquement (spirituellement, intellectuellement, psychologiquement et physiquement) <u>indépendant !</u> Si lorsque vous lisez ces mots vous êtes déjà drogué ou esclave de cette religion alors, la seule technique de désintoxication qui existe pour cette drogue-dure est d'opter pour : <u>une vraie information</u>, pour la vraie Lumière. Et cette vraie Lumière, qui correspond finalement à <u>LA Vérité</u>, vous la possédez déjà en vous grâce à votre lecture. Maintenant que vous possédez la majorité des « informations libératrices » qu'il vous faut, vous pourrez : <u>vivre libre</u> ! Vous avez le bon mode d'emploi, il ne vous restera plus qu'à savoir comment monter les pièces d'assemblages entre elles (faire les liens) et surtout à passer à la phase de construction (énergétique) tant intérieure, qu'extérieure à vous-même.

Finalement, la phase de contemplation/méditation <u>passive et irresponsable</u> du « New Age » devra être <u>rapidement dépassé</u> par la phase de compréhension/communication <u>active et responsable</u> de « mise en Lumière de la dictature mondiale et de ses techniques de manipulation ».

Bien que toutes ces notions peuvent être étiquetées comme étant « spirituelles », elles n'en restent pas moins vitales pour celui ou celle qui souhaite survivre et vivre libre. Par ce fait même, à l'avenir le monde sera séparé en deux. Il y aura les libres, non-pucés, intelligents et indépendants du Système et les autres. Il y aura ceux qui œuvreront pour la vraie-Lumière, qui correspond à l'Énergie Originelle (celle créatrice de <u>Vie</u>) et il y aura les autres, qui auront fait le choix (souvent par ignorance) de l'<u>Anti-Vie</u>, de la fausse-lumière, de l'Ombre. Pour prendre l'analogie des films Star Wars, ceux-là passeront du « *côté obscur de la Force* ». Même si encore une fois, en apparence, tout pourra sembler lumineux...

« Que la Force soit avec vous ! »

Cette célèbre phrase prononcée dans les films Star Wars est d'ailleurs très révélatrice du « pouvoir énergétique » que chaque être humain possède. Chacun est en effet libre d'utiliser sa Force soit pour faire « le Bien », soit pour faire « le Mal ». Si le résultat final est important (surtout lorsqu'il est question de survie), le plus important reste l'INTENTION/la VOLONTE avec laquelle on utilise son pouvoir énergétique. Tous vos actes et vos intentions/volontés nourrissent soit la Vie, soit l'Anti-Vie.

Pour les plus sceptiques ou les moins réceptifs d'entre vous sur ces sujets, sachez que ces explications n'ont rien de vaudou ou de religieux et ne sont en rien de la science-fiction... c'est juste de la science, de la physique, que l'on appelle plus communément : <u>physique quantique</u>. Cette science se traduit d'ailleurs directement d'un point de vue corporelle et même génétique (gênes, ADN, etc.) à travers les phénomènes que la science officielle actuelle qualifie » d'épigénétiques » [62].

En résumé, souvenez-vous que :

- Lumière = informations avec intention créatrice = Vérité = Liberté = indépendance énergétique (spirituelle, intellectuelle, psychologique et physique) = niveau de Conscience élevé = Vie = « côté Lumineux de la Force » = énergie dite « Christique » = « le Bien ».

- fausse-lumière = informations avec intention destructrice = manque d'information (mensonge, manipulation, ignorance, etc.) = fausse-liberté (esclavage) = uniformisation/dépendance énergétique (religion New Age) = niveau de Conscience faible = Anti-Vie = « côté obscur de la Force » = « Satan/Lucifer » = « le Mal ».

Quoiqu'il en soit, n'ayez crainte car avec ce que vous avez maintenant dans la tête, il vous sera très difficile de tomber vers ce *« côté obscur de la Force »* ; même s'il vous faudra toujours rester <u>vigilant,</u> car les vraies dirigeants de ce monde excellent dans la manipulation. Ils arrivent à faire passer des mensonges, pour des vérités et des gentils, pour des

---

[62] <u>Définition officielle</u> : l'épigénétique (du grec ancien ἐπί, épi, « au-dessus de », et de génétique) est la discipline de la biologie qui étudie les mécanismes moléculaires qui modulent l'expression du patrimoine génétique en fonction du contexte, de l'environnement extérieur.

<u>Note</u> : Autrement dit, l'Homme est capable par son environnement -intérieur et extérieur- d'auto-modifier sa génétique et notamment son ADN, s'il en émet <u>l'INTENTION</u>. La science démontre donc que votre « ordinateur corporel » peut se modifier naturellement ! Aucune manipulation/modification <u>artificielle</u> (eugénisme et autre transhumanisme) n'est donc nécessaire pour accroître les performances humaines. Tout peut et doit être fait <u>naturellement</u> ! (cf. Point 8 – Augmenter son intelligence)

méchants. Et si vous ne faites pas attention, ils vous persuaderont que les solutions aux problèmes sont les problèmes eux-mêmes et que vos alliés sont en réalité vos ennemis. Ils vous inventeront des « Sauveurs » et même des ennemis imaginaires...

Ne pas se tromper d'ennemis

Pendant l'effondrement, la plupart des personnes autour de vous seront déstabilisées, paniquées, assoiffées et/ou affamées. Certains d'entre eux chercheront d'ailleurs peut-être à vous agresser ou vous tuer. Le côté sombre de l'Homme resurgira et ce sera moche, très moche ! Toutefois, vous devrez toujours garder une vue d'ensemble de la situation et prendre le maximum de recul possible. Les gens du peuple, les « affamés » ne sont en aucune manière les « méchants » dans l'histoire. Bien sûr, ils pourront être des adversaires momentanés, mais ils ne représentent en rien votre adversaire principal. Les petits gens du peuple veulent simplement survivre et protéger leur famille tout comme vous. Ils n'ont pas pour volonté de vous nuire personnellement, ils ont seulement la volonté de survivre.

En revanche, les ennemis actuels de l'Humanité sont ceux qui ont travaillé sur ce projet de domination depuis longtemps. Ils vont obtenir ce que tous les dictateurs ont toujours rêvé d'acquérir par la violence, mais eux, l'obtiendront tranquillement grâce à l'ignorance des peuples. Ces vrais ennemis de votre Liberté sont ceux qui tirent les ficelles en coulisse. Il n'y a pas de hasard, les personnes qui dirigent ce monde savent exactement ce qu'elles font. Cette élite au Pouvoir est en effet composée de personnes très intelligentes mais, comme tout le monde, ces personnes font des erreurs. Pour votre information, le nombre d'erreur que cette élite a fait par le passé, pour faire avancer son projet, est considérable (False Flags ratés, fuites d'information, etc.). Ils auraient déjà pu être arrêté milles fois et leur projet « mis en Lumière » et stoppé dans la foulée. Cette élite n'est donc pas invincible, loin de là ! Alors certes, ils ont la technologie et ils contrôlent la monnaie, la finance et la politique mais nous, nous avons : le nombre ! Nous sommes bien plus nombreux qu'eux et même après l'effondrement, ce sera toujours le cas. Ce n'est d'ailleurs pas par hasard qu'ils essayent de réduire notre nombre. Ils savent très bien qu'à terme <u>notre force, c'est notre nombre</u> ! Si nous arrivons à communiquer, à travailler de manière intelligente et à construire ensemble alors, <u>nous réussirons</u> !

Il n'est pas question ici de prendre les armes et de faire une révolution violente, c'est même tout le contraire. Une révolution unique et violente serait contre-productive pour s'opposer au Système en place. En revanche, travailler sur son indépendance aux Systèmes (pré et post-effondrement) est LA révolution silencieuse que chacun doit entreprendre dès maintenant. Cette révolution doit d'abord se faire de manière individuelle, puis ensuite à échelle communautaire. Pour rendre possible la victoire, il sera nécessaire d'avoir plusieurs millions de révolutions pacifiques, locales, individuelles et secrètes/discrètes. Imaginez deux minutes un monde avec plusieurs millions de BAD totalement libres et indépendantes...

Par ailleurs, les faits historiques officiels évoqués dans ce livre nous montrent que les gouvernements sont les plus grands criminels de l'Histoire. Demain, le pouvoir politique, qui est à la base le « médecin généraliste du peuple » chargé de prévenir et/ou guérir les problèmes de la cité, devra être décentralisé et démultiplié au maximum. En d'autres termes, la seule et unique démocratie possible doit être « populaire » et se faire en priorité de manière locale voire communautaire. C'est le meilleur moyen pour conserver au maximum les libertés individuelles de chacun ! Tracez votre propre chemin et ne suivez pas l'autoroute que l'on vous proposera ! N'essayez pas de libérer le monde entier, essayez seulement d'être libre vous-même et d'offrir cette Liberté à vos proches en les intégrant dans votre communauté. Il n'est pas question de combattre de front le Système car... nous sommes le Système ! Plus précisément, nous sommes « le carburant » et « la boussole » du Système ! Là où nous allons, le Système ira !

Lutter pour le Bien

Lorsque l'Humain fait face à un « Mal » ou à un évènement négatif, deux approches sont souvent mises en œuvre : « la fuite » ou « le combat contre le Mal ». Cependant, il existe une troisième voie qui elle est encore bien trop peu utilisée, il s'agit du « combat pour le Bien » ; et non pas « contre le Mal ». La différence entre ces deux angles d'attaque est fondamentale à percevoir car dans un cas, vous utilisez votre Énergie intérieure pour détruire quelque chose et dans l'autre cas, vous l'utilisez pour construire.

« *Ne combattons pas le Mauvais, luttons pour le Bien.* »

Par ailleurs, il est courant de dire que l'on ne combat pas l'Ombre par l'Ombre, ni la violence par la violence. Le seul moyen pour vaincre l'Ombre, c'est en utilisant de la Lumière. Mais qu'est-ce que cela signifie concrètement ? Et comment se forme au départ ces deux Forces ?

En réalité, l'Ombre, le vrai « Mal » provient principalement d'un seul ingrédient : l'ignorance. La plupart de ceux qui font du Mal, le fait non pas par volonté, mais par ignorance. Ils font du Mal parce qu'ils ne comprennent pas vraiment les conséquences de leurs actes sur un Plan Supérieur. Ils ne savent pas que le but de la Vie est de construire et non de détruire. S'ils le savaient, s'ils comprenaient, peut-être qu'ils agiraient différemment ; peut-être, car il y a toujours le libre-arbitre : le choix. Chacun est libre (tant qu'il est réellement libre et non illusoirement) de choisir d'orienter sa vie et alors d'impacter le monde comme il le souhaite. Au final, une fois l'ignorance amoindrie, le choix est la seule variable que nous maîtrisons vraiment. Le choix est la conséquence directe de la Liberté. Pour œuvrer pour le Bien, vous disposez donc de : la connaissance et le choix. La connaissance vous éclaire les routes qui se proposent à vous, le choix lui, vous permet de décider quelle route emprunter.

Afin d'être capable de choisir la meilleure route, voici trois définitions personnelles qui m'ont grandement aidées à comprendre ce que nous faisions tous sur cette planète :
- Liberté : volonté de se connaître soi-même et capacité de vivre ses choix
- Honneur / Dignité (envers la Vie) : volonté de défendre et de respecter la Vie
- Amour : volonté d'harmoniser les Énergies

Peut-être que vous ne me croirez pas, mais sachez que je suis très optimiste pour l'avenir de l'Humanité. L'Humanité arrivera à surmonter les pièges et les épreuves mis sur son chemin. Ce ne sera pas simple, loin de là, mais nous y arriverons tous ensemble ! Nous y arriverons car parmi la masse, il y a des personnes comme vous. Parmi la masse, il y aura des personnes qui sauront faire preuve de discernement et qui resteront sans peur. La majorité de ces « Guerriers de Lumière » seront des personnes très humbles, qui n'auront que pour seul but de « cultiver leur jardin » tant intérieur qu'extérieur. D'ailleurs, si vous avez lu cet ouvrage, survivre est peut-être votre « mission de vie ». Si vous parvenez à survivre à l'effondrement alors, peut-être que vous arriverez à apporter un peu de votre Lumière à un monde obscurci par l'ignorance. D'après moi, une seule personne peut faire la différence, une seule personne peut tout changer, à condition que cette personne ait reçu suffisamment d'informations (constructrices et véridiques). Alors, imaginez le résultat avec plusieurs milliers de personnes en possession de ces informations...

Propager la Vérité

Tout d'abord, vous devez savoir que je ne souhaite pas que l'effondrement ait lieu car il causera beaucoup de souffrances envers des personnes et des familles innocentes. Néanmoins, comme il aura lieu, je pense qu'il sera préférable de l'utiliser à des fins positives et constructrices, plutôt qu'à des fins négatives et destructrices. La principale utilité positive de l'effondrement sera celle de pouvoir transmettre l'information à un maximum de personne afin d'éviter de repartir dans un autre cycle « victime/bourreau-sauveur » ou « 99%/1% » comme nous l'avons connu jusqu'ici.

Le constat est simple : à l'avenir, les personnes ayant peur de mourir rechercheront des solutions pour survivre. Le but sera alors de non seulement transmettre des informations liées à la survie, mais également, des informations qui permettront de contrecarrer les manipulations de toutes sortes qui seront rencontrées à l'avenir. Cet ouvrage sera d'ailleurs un outil majeur dans la participation de ce processus de « Libération de l'Humanité ». Les périodes d'avant et après l'effondrement seront en outre les périodes clés pour transmettre ces informations, car la population arrêtera (pendant un temps) de croire ce que les mensonges des médias ou des politiques. La préparation à la survie représente donc « l'opportunité » pour mettre en Lumière une importante Vérité de ce monde. Tout le monde doit maintenant savoir : il est grand temps ! Après, il sera trop tard...

Chacun doit maintenant comprendre comment réduire au maximum les probabilités d'être trompé et manipulé. C'est pour cela que les notions d'intelligence et de prise d'information ont largement été expliquées et détaillées dans cette formation. Par ailleurs, mon but étant de vous libérer, et non de vous manipuler ou de vous apeurer, vous savez que je vous invite grandement à faire vos propres recherches et à remettre en question ce que vous venez de lire. Mais, souvenez-vous aussi que ces recherches m'ont pris beaucoup de temps et comme vous le savez le temps presse... Alors, soit vous me faites confiance et vous appliquez sans attendre tout ce que vous venez d'apprendre, soit vous avez encore un doute ou deux et vous prenez du temps à comprendre : *le pourquoi du comment des causes de l'effondrement des nations et de* l'éventuel création de ce Nouvel-Ordre-Mondial-New-Age et du projet de dictature mondiale en préparation... Le plus simple et rapide étant tout de même de connecter entre elles les citations du chapitre 6 : *Ils l'ont dit...* et de vérifier leur exactitude.

À l'heure où vous lisez ces mots, si vous avez (encore) le choix, je ne peux que vous conseiller de choisir vite et (même si cela ne veut rien dire) de choisir bien ! Vous pouvez fixer votre attention sur les problèmes et perdre votre vie et votre temps à savoir si ceci ou cela se passera exactement comme-ci ou comme-ça. Ou bien, vous pouvez fixer votre attention sur les solutions et les appliquer dans la foulée. Être intelligent c'est bien, mais être intelligent ET en vie, c'est mieux ! <u>Soyez donc un intelligent avec le sens des priorités qui met toujours la théorie en pratique</u> !

Si certaines informations reçues sont (trop) nouvelles pour vous et que vous êtes encore dans une phase émotionnelle de déni, cela ne veut pas forcément dire que vous n'êtes pas intelligent, bien au contraire. Si vous êtes dans ce cas de figure, le problème se situe surement plus au niveau psychologique qu'autre chose. Alors, pas de panique, vous y arriverez ! Il ne vous restera probablement plus qu'à traverser toutes les autres phases émotionnelles, pour atteindre au minimum la phase d'acceptation. La démarche à suivre est clairement explicitée dans l'ouvrage : *Survivre, commence dans la tête* !

Pour survivre et vivre libre dans un monde où le mensonge règne, <u>l'intelligence est plus qu'essentielle</u>. Pour « <u>faire votre part</u> » dans ce processus d'augmentation de l'intelligence collective, n'oubliez pas que vous pouvez recommander cette formation à vos proches et même à des inconnus, tout en augmentant facilement et de manière semi-automatisée votre capital global, grâce à la vente de cette formation, grâce au principe de l'affiliation *(cf. note sur l'affiliation).*

« La connaissance libère ! »

Devenir le Héros de votre propre Vie

Se préparer au pire fait comprendre que la vie est fragile et qu'il faut vivre pleinement ici et maintenant. La vie est courte, n'oubliez pas de bien vivre tout simplement. Profitez de ceux que vous aimez. Préparez-vous au pire et vivez, dans le moment présent, le meilleur. Vous devez comprendre que vous êtes maintenant capable d'énormément de choses. Peut-être est-ce le fruit du hasard si vous avez lu ce livre ? Mais si ce n'était pas le cas... Et si vous étiez né pour survivre à l'effondrement ? Et si vous étiez né pour vivre libre post-effondrement ? Et si vous étiez né pour partager cette Liberté avec les autres ? Il n'y a qu'une seule personne sur cette planète capable de répondre au mieux à ces questions : <u>vous-même</u> !

N'oubliez pas également que si vous avez une grande et difficile épreuve à vivre (et vous l'aurez surement), c'est que vous êtes probablement quelqu'un de très évolué (énergétiquement/spirituellement). Dans la Vie, en règle générale, chaque personne reçoit les épreuves qu'il est naturellement capable de surmonter, autrement dit :

« Dieu donne ses plus durs combats à ses plus braves Guerriers. »

« C'est dans les grandes batailles que l'on reconnait les Grands Guerriers. »

Devenez le Héros de vos enfants et des générations futures ! Devenez le Héros de votre propre Vie !

Ne pas avoir peur et rester positif/constructif ! (TRÈS IMPORTANT)

Il est tout à fait vrai que vous pouvez devenir le Héros de votre Vie. Toutefois, s'il fallait choisir le principal ennemi de votre survie à l'avenir, je dirais qu'il s'agit de : <u>vous-même</u> ! Au même titre que vous pouvez devenir votre plus grand allié, vous pouvez également devenir votre pire ennemi. Et l'arme la plus simple que vous pourrez utiliser pour vous nuire sera : <u>la peur</u> ! La peur est de très loin le pire des fléaux qui règne(ra) sur cette planète. Pourquoi ? Car la peur vous empêche d'être vraiment vous-même. La peur vous rend victime de votre monde extérieur au lieu d'en devenir l'acteur principal. Il est impossible de devenir pleinement maître de ses capacités physiques ou intellectuelles en ayant peur. Il vous faudra donc régulièrement vous « nettoyer » de la peur que vous aurez accumulée en vous et principalement dans la partie gauche de votre cerveau, qui est le siège de l'égo. La méditation (individuelle) peut grandement contribuer à cette « purification intérieure ».

Bien sûr, il y a différents types de peurs et certaines d'entre elles sont même très utiles à la survie, comme par exemple la « peur-réflexe ». En revanche, une peur permanente et non-soignée va avoir pour conséquence de vous transformer en quelqu'un d'autres que vous-même. Vous allez devenir esclave de votre peur, tomber dans un monde de négativité et ainsi faire baisser votre niveau d'énergie interne et votre niveau d'activité. Tout cela aura pour conséquence directe d'impacter négativement votre monde extérieur. Le premier ennemi de votre Liberté n'est donc ni l'esclavage, ni la rareté, ni même la fausse-lumière mais : la peur ! Cette même peur que vous avez le pouvoir de créer ou… de ne pas créer !

Finalement, le plus important est de se souvenir que vous êtes le créateur de votre vie. Pour mettre cette vérité en pratique, recentrez-vous sur vous-même ! Comme chaque être Humain, vous êtes bien plus qu'un simple corps physique. Vous êtes fait de la même substance que l'Univers, vous êtes cosmique alors, visez les étoiles, tout en gardant toujours bien les pieds sur Terre. En tant qu'êtres énergétiques, nous sommes venus expérimenter une réalité physique dans le but de progresser alors… progressons ! Évidemment, les résultats extérieurs n'arrivent pas par magie, il faut travailler très dur pour que nos volontés se manifestent. Mais, si vous gardez l'envie et surtout si vous n'abandonnez pas en cours de route, vous y arriverez, c'est une certitude ! Croyez en vous ! Croyez en notre réussite commune ! D'ailleurs, l'intérieur (la psychologie) est directement en lien avec l'extérieur. En changeant son niveau d'énergie interne, l'humain est capable de changer sa réalité lorsqu'il en émet l'intention et le souhaite fortement. C'est en se transformant d'abord en dedans, que l'Humain est capable de créer la réalité qu'il désire ! Devenez un soleil, inspirez et rayonnez la Force. Rayonnez la Liberté ! Rayonnez la Vie !

« Aide-toi et le Ciel t'aidera »

Dans cette citation, il est d'ailleurs possible de remplacer le verbe *Aider* par n'importe quel verbe, mon préféré étant le verbe : *Aimer*. Essayez, vous verrez, vous allez (vous) aimer…

À l'avenir, la peur sera largement présente dans votre vie et sera l'une des conséquences premières d'un éventuel abandon de votre part. En ayant peur, vous vous « auto-sabotez » soit en vous dispersant (panique), soit en ne faisant rien (paralysie). Il vous faudra alors faire preuve de : courage. Ce que l'on appelle « le courage » correspond en grande partie au sentiment d'Amour. L'Amour véritable est en effet un moyen très efficace pour supprimer la peur. Ainsi, à chaque fois que vous la ressentirez, remplacez la peur par une forme d'Amour de vous-même et/ou des autres. Grâce à cet Amour, grâce à cette Force intérieure, vous pourrez déplacer des montagnes !

Pour vous mettre en condition, imaginez que vous vous faites dominer par une peur paralysante de l'avenir et que l'idée d'abandonner naît dans votre esprit. Il vous faudra alors regarder votre enfant, votre petit neveu ou petite nièce ou n'importe quel enfant de votre communauté droit dans les yeux… et lui dire que vous n'avez pas le courage… Dîtes lui que vous avez trop peur… Dîtes lui que vous avez fait le choix de les abandonner à leurs sorts… Dîtes lui que vous acceptez qu'il ou elle vive comme du bétail, comme un esclave ! Et surtout dîtes lui, droit dans les yeux : « je suis responsable de tout cela » ! Certes, vous n'êtes pas coupable, mais responsable, oui vous l'êtes, tout comme moi, tout comme chacun d'entre nous… Vous serez d'ailleurs d'autant plus responsable si vous abandonnez… Responsable, de ne pas avoir au moins essayé un jour de plus… Responsable, de ne pas au moins avoir réussi une action bénéfique pour laisser une chance à l'enfant en face de vous de vivre libre !

Quelle sera l'énergie/l'intention dominante du message que vous laisserez aux générations futures ? Est-ce que ce sera un message imprégné de lâcheté et de peur ou bien sera-t-il au contraire remplis de courage et d'Amour ?

Si vous faites cet exercice sérieusement, vous ressentirez normalement votre cœur se remplir d'une puissante et belle énergie d'Amour. L'Amour ressenti devra alors être rapidement transformé en envie de réussir ! Avec vos connaissances, il vous sera alors impossible d'échouer. Le seul moyen pour ne pas arriver à vos fins serait d'abandonner avant d'avoir réussi. Abandonner, avant d'avoir réussi, est le seul moyen d'échouer ! Mais maintenant, avec l'Amour que vous ressentez envers vous-même et/ou envers vos proches, associé à une forte envie de réussir et de passer à l'action, il vous est impossible d'abandonner. Peu importe le temps que vous mettrez, battez-vous et relevez-vous à chaque fois que vous vous retrouverez à terre. N'abandonnez jamais ! Choisissez l'Amour et non la peur, vous en avez le pouvoir ! Quotidiennement, rappelez-vous POURQUOI vous faites cela et répétez-vous :

« Aucune peur, aucun doute, juste de l'envie ! »

Agir maintenant ! (TRÈS IMPORTANT)

Ce que vous venez de lire n'est pas un roman ou une fiction, c'est une formation pratique et technique à la survie dans le monde réel. Alors, finis les grands discours et les vues abstraites de l'esprit… la philosophie n'aidant pas à remplir l'assiette ! Maintenant, la plus grande erreur que vous pourriez faire serait : de ne rien faire. Si les conséquences de l'effondrement ou de la dictature n'impactent pas encore directement votre vie, cela ne serait tarder. Par ailleurs, si vous lisez ce livre et que l'effondrement a déjà eu lieu alors, vous devez accélérer votre préparation pour survivre à la suite. Comme vous le savez, l'effondrement n'est que le démarrage d'autre chose. À l'avenir, le monde va fortement changer, c'est une certitude ! Est-ce que la planète en sortira grandit ? Est-ce que vous, vous en ressortirez (grandit) ? Seules vos actions d'aujourd'hui répondront à ces questions.

Changer le monde est difficile alors que se changer soi-même est beaucoup plus simple et rapide ! Focalisez-vous sur le moment présent et AGISSEZ de manière concrète, ici et maintenant. Ne vous dispersez pas dès le début, commencez par le plus important et suivez un plan d'action hiérarchisé (cf. plan d'action rapide). Soyez efficient et faites en sorte que votre démarche de survie ne fasse plus qu'un avec vous-même ! La survie de votre famille, est VOTRE responsabilité. Personne ne vous viendra en aide alors, aidez-vous vous-même ! Anticipez et embrassez le changement, pour ne pas le subir.

Comme votre temps est limité, vous devez définir vos priorités. Votre priorité n°1 doit être : d'appliquer la théorie que vous venez d'apprendre. Aucune excuse ne justifie l'inaction ! Peu importe votre situation financière, peu importe votre situation familiale, peu importe si l'effondrement a déjà largement commencé, aucune excuse n'est valable lorsqu'il est question : de ne rien faire ! Aucune excuse n'est valable alors : AGISSEZ !

En survie, seuls les actions et les résultats comptent. La démarche que vous entamez maintenant nécessite des efforts très réguliers. La survie est un marathon et non un sprint. Chaque jour, engagez-vous à faire une petite action (achat, apprentissage, test, etc.). Prenez le temps qu'il faudra mais n'abandonnez jamais. Trouvez la routine qui vous correspond le mieux et, une fois que vous en avez une qui fonctionne, ne la lâchez surtout pas. Si vous voulez être apte à survivre sur le long terme alors, relisez quotidiennement votre plan d'action rapide, jusqu'à ce que vous ayez finis de le mettre en pratique. N'oubliez pas de lire et de gribouiller les annexes (ci-après). Faites régulièrement le bilan de votre évolution et adaptez vos actions si besoin.

Mais, pour le moment, concentrez-vous sur les actions prioritaires à mettre en œuvre. Pour ce faire, suivez votre plan d'action rapide A LA LETTRE !

Passez à l'action MAINTENANT pour vous et vos proches !

Foncez !!!

Que la Force, l'Honneur, la Liberté et l'Amour vous guident.

À PROPOS DE L'AUTEUR

Il y a quelques années, j'ai compris que le futur qui nous attendait s'annonçait sombre. Une telle convergence de signaux de crise ne pouvait mener qu'à un effondrement généralisé de nos sociétés modernes. Lorsque vous reliez les points entre eux, ce constat est un fait mathématique et est incontestable. Voilà pourquoi il m'a semblé important de partager mon travail de recherche de solutions avec ceux qui sont apte à le comprendre et à l'appliquer. Je ne pouvais pas rester les bras croisés en attendant que cela arrive, je devais agir ! Cette formation est en quelque sorte ma modeste contribution au bien-être et à l'évolution de l'Humanité. J'ai souhaité « faire ma part » comme je le pouvais… J'espère que les informations acquises vous auront été utiles et qu'elles vous permettront de protéger ceux que vous aimez.

Je vous souhaite très sincèrement de vivre les années qui vous reste (qui je l'espère seront nombreuses) en tant qu'homme et femme libre !

Marc Terranova,
un homme parmi d'autre,
qui a souhaité faire (en partie) sa part…

Remerciements

À tous les Indignés, les Résistants, les Chercheurs de Vérité et à tous les Travailleurs, Guerriers et Gladiateurs de Lumière qui, ont déjà fait ou, feront leur part !

Note sur l'affiliation

Si vous avez lu cet ouvrage, vous savez que votre objectif premier doit être d'augmenter votre capital global. Pour ce faire, vous devrez passer à l'action et vous former. Selon moi, la première formation à suivre est celle pour devenir « agriculteur ». Ensuite, si vous avez un emploi traditionnel comme salarié, vous serez surement contraint par les événements de créer votre propre entreprise, d'une manière ou d'une autre, pour gagner votre vie. Si vous le pouvez et si vous le souhaitez, il vous est possible d'arrondir vos fins de mois, et même de très bien gagner votre vie, grâce au principe de l'affiliation sur internet.

L'affiliation consiste à vendre des produits numériques ou physiques d'autres personnes et de toucher une commission sur chaque vente effectuée. Vous avez simplement à gérer le côté marketing (faire des ventes). Et, comme vous n'avez pas à créer votre propre produit, vous gagnez un temps précieux et pouvez très rapidement gagner vos premières commissions. De plus, ce métier est extrêmement gratifiant car, si l'on prend l'exemple de cet ouvrage, vous pouvez gagner votre vie en aidant les autres à survivre pendant et après l'effondrement des nations. Vous pourrez ainsi contribuer au projet de Libération de l'Humanité dans cette phase difficile de son Histoire, tout en étant rémunéré pour cela.

ANNEXES

ANNEXE N°1 – LA BAD

Outillage et équipements généraux :

Pièces de rechange générales (vitres, planches en bois, robinets, poignées, etc.)

Grands rouleaux de film plastique

Caisses à outils traditionnelle complètes

Clous/vis/chevilles en bois

Pinces monseigneur

Clés pour écrous

Pinces multifonction

Tenailles

Tournevis (cruciformes et plats)

Mètres-mesureurs

Niveaux

Équerres

Perceuses

Outils de soudure et éléments associées (bouteilles, tige métalliques, etc.)

Équipements de protection (lunettes, tabliers, casques, gants anti-coupure, chaussures de protection, etc.)

Sacs poubelle de 100L

Grandes bâches en plastique opaques et transparentes

Gros scotch

Échelles/escabeaux

Seaux

Brouettes

Chargeurs de piles manuel (dynamo)

Scies à bois (toutes tailles)

Ficelles

Cordes paracord

Fil de fer galvanisé

Câbles électrique
Scies à métaux
Extracteurs de vis
Forets métalliques à étage
Brise-vis
Caisson anti-EMP remplis (cf. point n°1)
Outils de ferronnerie

ANNEXE N°2 – L'AIR

Matériel « court terme » :
Masques à gaz avec recharge
Combinaisons NBC
Pastilles d'iodure de potassium
Bouteilles et équipements de plongée (optionnel)

Matériel « long terme » :
Bâches plastiques étanches
Gros scotch étanche à l'air type Illbruck, Siga, etc.
Panneaux en bois OSB ou panneaux métalliques
Détecteurs de fumées
Détecteurs de CO (monoxyde carbone)
Compteurs Geiger
Purificateur d'air (optionnel)
Analyseur chimique de la composition de l'air (optionnel)

Analyse des mesures de radioactivité :

au delà de 10 Sv	très fortes doses
2 Sv à 10 Sv	fortes doses
200 mSv à 2000 mSv (2 Sv)	doses moyennes
20 à 200 mSv	faibles doses
0 à 20 mSv	très faibles doses

UNSCEAR
UNITED NATIONS SCIENTIFIC COMMITTEE
ON THE EFFECTS OF ATOMIC RADIATIONS

© OMIRIS 2004

Note : Pour les prises de mesures de la radioactivité, il est important de différencier deux unités de mesure :
- Le Becquerel (Bq), qui est l'unité de mesure de l'activité d'une source radioactive.
- Le Sivert (Sv), qui l'unité de dose de radioactivité à partir de laquelle peut être évalué l'impact biologique d'un rayonnement (ionisant) sur l'Homme.

Autrement dit, le Becquerel consiste à mesurer la radioactivité d'un élément alors que le Sivert prend en compte les radiations issues de la radioactivité ET leurs effets sur la santé humaine. Pour la survie, le Sivert est donc l'unité qui doit vous intéresser en priorité. Les dangers de la contamination en terme de radioactivité est à prendre en compte sur le long terme. D'après les dernières études scientifiques sur le sujet, les risques de cancer sont officiellement reconnus à partir de 100 mSv par heure (= 0.1 Sv/h). La dose mortelle instantanée étant 6 Sv/h. Les appareils sont généralement calibrés en Sv/h. Toutefois, il est possible de trouver également des mesures en Sv/an, même si cela reste rare. Méfiez-vous tout autant des problèmes de santé liés à une exposition prolongée à faible dose, qu'à une exposition brève à forte dose.

ANNEXE N°3 – L'EAU

Équipements pour obtenir de l'eau :
Baguette de sourcier, pendule
Gourdes métalliques
Condenseur de l'humidité de l'air passif et/ou actif
Petits sacs plastique
Bâches plastiques étanches
Fours solaires ou à défaut du papier aluminium
Pompe à eau manuelle
Pompes à eau électrique
Béliers hydrauliques (optionnel)
Poulies + cordes + seaux
Réservoirs à enterrer
Bidons supérieur à 30L avec robinet
Bidons/jerrican inférieur à 30L avec poignet pour le transport
Entonnoir/tête de bouteille plastique

Équipements pour le traitement de l'eau :
Équipements de chauffe (cuisinière à gaz, à bois, etc.)
Récipients pour la cuisson

Filtres à sédiment, tamis
Filtres à charbon actif ou en céramique
Sable
Argent colloïdal
Eau de Javel non-parfumée
Hydroclonazone
Teinture d'iode
Permanganate de potassium

ANNEXE N°4 – LA NOURRITURE

Équipements pour la production de nourriture/jardinage :
Semences/graines pour le culture (5kg/personne/mois)
Serres (toutes tailles : grandes « camouflées », moyennes et petites)
Système de culture hors-sol (aquaponie)
Équipements pour la germination (germoirs, ouate de cellulose, coupelles, etc.)
Équipements pour les semis (godets en plastique, pots de yaourt, fond de bouteilles plastiques, etc.)
Équipements d'agriculture énergétique (électroculture) : petite et grande pyramide en cuivre pour dynamiser les semences et les plants, dynamiseurs d'eau pour augmenter les rendements, etc.)
Équipement pour l'arrosage (arrosoir, tuyaux, pistolet, robinet, coupelle (capillarité), etc.)
Tamis, chinois, passoires à mailles fines
Gants de jardinage
Pioches, Piochons
Faux, Faucilles
Grelinettes
Brouettes
Fourches
Râteaux
Bêches
Pelles
Seaux

Liste détaillée du stock alimentaire de secours :

Type	Quantité	PAR PERSONNE et PAR MOIS	Durée de conservation
Légumes en conserve	1kg	10	10-15 ans
Pâtes/semoule de blé	1kg	10	Pratiquement illimitée
Légumineuses sèches (lentilles, pois chiche, haricot, etc.)	1kg	5	Pratiquement illimitée
Riz	1kg	5	Pratiquement illimitée
Fruits en conserve	1kg	3	10-15 ans
Viande/poisson en conserve	1kg	2	10-15 ans
Graines de Blé	1kg	1	3-5 ans
Graines d'Avoine	1kg	1	3-5 ans
Graines de Maïs	1kg	1	3-5 ans
Graines de Tournesol	1kg	1	3-5 ans
Graines à germer au choix *(cf. point 4)*	1kg	1	3-5 ans
Huiles végétales	1l	2	3-5 ans
Noix, amandes, noisettes	500g	1	3-5 ans
Sel pur	1kg	4	Pratiquement illimitée
Sel iodé	1kg	1	Pratiquement illimitée
Café soluble	1kg	1	Pratiquement illimitée
Thés, tisanes	200g	1	10 ans
Moutardes	1kg	1	10-15 ans
Sauces tomate	1kg	1	10-15 ans
Épices	100g	1	Pratiquement illimitée
Cubes de	100g	1	Pratiquement

bouillon			illimitée
Confitures	500g	4	Pratiquement illimitée
Sucres	1kg	1	Pratiquement illimitée
Miels	1kg	1	Pratiquement illimitée
Chocolats noirs	1kg	2	Pratiquement illimitée
Pommes de terre	1kg	5	1-2 ans (dans un lieu sec à T° constante et faible)
Spiruline	500g	1	Pratiquement illimitée si sèche (poudre ou granulés) 1-2 ans si liquide
Biscuits	1kg	1	1-2 ans
Biscottes	1kg	1	1-2 ans
Vinaigres	1l	1	Pratiquement illimitée
Vins	1l	5	Pratiquement illimitée
Alcools forts	1l	1	Pratiquement illimitée
Bières	1l	1	10-15 ans
Lait en poudre	500g	1	3-5 ans
Fromages en meule	1kg	1	1 an
Œufs en poudre	1kg	1	2-3 ans
Jus de fruit	1l	1	1 an

Suppléments nutritifs :

Minéraux : magnésium, calcium, phosphore, potassium, sodium, iode, zinc, fer, etc.

Vitamines : A, B1, B2, B3, B4, B5, B6, B7, B8, B9, B12, B17 (Laétrile), C, D, E, K, carotène, etc.

Suppléments en hormones, huiles et graisses : Oméga 3, oméga 6, DHEA, GNRH, etc.

Tous les suppléments naturels : plantes, herbes, feuilles, racines, etc.

Recommandation : attention à bien connaître tous les effets sur la santé des suppléments, qu'ils soient naturels ou artificiels

Matériel pour la cueillette des plantes et des champignons sauvages :
Livres imagés répertoriant toutes les espèces et variétés de votre région

Matériel pour la chasse et la pêche :
Livres avec démonstration imagées
Cordes, ficelles, cordes à piano, crin de cheval, filets
Cannes à pêche, fil de pêche, hameçons, plombs, bouchons, épuisettes, bourriches, etc.

Matériel pour la cuisine :
Cuisinières à bois
Plaques électriques (dans caisson anti-EMP)
Bouteilles de gaz + gazinières (à défaut modèle réduit type camping)
Ustensiles de base (assiettes, fourchettes, couteaux, cuillères, tasses, poêles, casseroles, etc.)
Marmites en fonte et en inox
Sacs poubelles
Petits sacs de congélation et sac plastique (mise sous vide)
Bocaux sous-vide
Bocaux à vis
Gros bidon étanche (pour stockage/conservation des aliments)
Râpes à fromages et à légumes
Hachoir/mixeur/moulinette/presse-purée (électriques et surtout manuels)
Cocotte-minute (attention à la température de cuisson pour ne pas perdre les nutriments des aliments)
Infuseurs à thé, théière
Boîtes à biscuit
Papier aluminium (peut servir pour fabriquer un four solaire et au troc - à éviter en contact direct avec la nourriture)
Ouvre-boîtes, tire-bouchons, décapsuleurs
Carafes d'eau
Fours solaires

ANNEXE N°5 – LA SANTÉ

Les consommables indispensables :

Éléments	Quantité	PAR PERSONNE et PAR AN	Durée de conservation
Bouteille d'argent colloïdal et ses équipements de fabrication : - eau distillée ou déminéralisée, - argent-métal pur à 99.99% (morceau, lingot, pièce, etc.) - pile/générateur DC - testeur de densité, - fils électriques - pinces crocodiles	1l	12	Sous forme liquide : 2 ans (à l'abri de la lumière et des ondes) Avant préparation (= matières premières) : pratiquement illimitée
Graines/plants spécifiques d'aliments médicinaux : Ail, oignon, piment, curcuma, gingembre, etc.	Sachet de 10g	1	1-5 ans
Miel et ses équipements de fabrication : - ruches - équipements pour la récolte - équipements de protection - bocaux	1l	6	Pour le miel : pratiquement illimitée Pour les ruches : très variable (5-25 ans)

Eau de Javel non-parfumée et/ou ses équipements de fabrication : - sel non-iodé - pile/générateur DC - fils électrique - pinces crocodile - électrodes en graphite/carbone	1l	10	1-2 ans
Huiles essentielles (au choix, mais au minimum : menthe poivrée, citron et clou de girofle)	Flacon de 10ml	30	3-5 ans
Générateur d'onde type Zappers ou Pulser (+ formation technique)	1	Pour tout le monde	10-15 ans
Rouleaux de papier toilette *(solution temporaire)*	1	120	Très variable
Gants de toilette	1	100	Très variable (selon qualité/utilisation/entretien)
Bassine d'eau / Seau d'eau	1	5	Pratiquement illimitée
Argile verte ou autres (santé et dentifrice)	1kg	5	Pratiquement illimitée (si conservé au sec)
Bicarbonate de soude alimentaire (santé, nettoyage et dentifrice)	1kg	5	Pratiquement illimitée (si conservé au sec)
Savons (de Marseille, d'Alep, etc.)	200g	12	Pratiquement illimitée
Vinaigre blanc (nettoyage)	1l	5	Pratiquement illimitée

Brosses à dents	1	12	Très variable (selon qualité/utilisation/entretien)

Matelas, habits et chaussures :
Matelas adaptés à la corpulence du dormeur
Couettes / Polaires
Draps et taies d'oreiller
Habits et équipements chauds de couleurs sombres (doudounes, gants, bonnets, bouillotes, etc.)
Habits et équipements étanches de couleurs sombres (fuseau, poncho, etc.)
Habits respirant pour l'été et équipements de protection (chapeau, casquette, etc.)
Habits de protection pour les travaux manuels (tabliers, vêtements anti-coupure, etc.)
Pantoufles
Tongs
Souliers d'extérieur
Chaussures-Basket
Chaussures de marche / Rangers
Chaussures de sécurité
Bottes

Note : Pour les enfants et adolescents encore en croissance, faites attention à prévoir des habits et des chaussures de différentes tailles/pointures, selon leurs âges, pour qu'ils puissent être habillés et chaussés convenablement jusqu'à ce qu'ils atteignent leur taille adulte.

Les équipements hygiéniques :
Sacs poubelles (toutes tailles)
Éponges (pour vaisselle et ménage)
Serviettes de bain
Fil dentaire
Cups de menstruation
Serviettes hygiéniques
Coton-tiges
Rasoirs jetables
Rasoir à l'ancienne + blaireau
Tondeuse à cheveux manuelle
Ciseaux de coiffeur
Liquide vaisselle « bio » ou fait-maison
Brosses, grattoirs et gants pour vaisselle/nettoyage

Serpillères, balais-serpillère
Balayettes, balais-brosses
Solutions hydro-alcooliques
Aspirateurs
Lessive

Les équipements d'optimisation/de protection visuelle et sonore :

Paire de lunettes de vues principale + deux paires de lunettes de vues de secours
Solutions aqueuses pour lentilles, lentilles de contact
Appareil auditif principal + deux appareils de rechange + stock de pile de rechange
Lunettes de soleil
Lunettes de protection
Bouchons d'oreille, casques anti-bruit

Les équipements médicaux de base :

Désinfectants
Alcool à 90%
Béquilles (à hauteur variable)
Bandages, bandes (toutes tailles)
Compresses, gazes (toutes tailles et formes)
Épingles à nourrice
Pansements, sparadrap
Cotons
Pommade à l'arnica
Brancard ou civière (acheté ou auto-fabriquée)
Attelles pour : bras, pouces, poignet, genou, cheville (toutes tailles).
Minerves

Les livres et autres supports de formation :

Livre imagée sur les soins de premiers secours
Livre imagée d'anatomie générale
Livre imagée d'acupuncture (montrant les méridiens énergétiques du corps humains)
Where there is no doctor (Là où il n'y a pas de docteur), de David Werner, 1977
Where there is no dentist (Là où il n'y a pas de dentiste), de Murray Dickson, 1983

Des humains-spécialistes :

Chirurgiens
Médecins spécialistes
Médecins généralistes
Sages-femmes
Infirmières
Note : _optionnel, mais à compenser par : vous et vos propres connaissances !_

Les équipements chirurgicaux :
Trousse de suture (fil et aiguilles stériles)
Compresses stériles
Pinces / Ciseaux
Scalpels
Thermomètres
Stéthoscopes
Grattoirs et petits miroirs (pour les dents)
Écarteurs / Forceps dentaires
Écarteurs / Forceps traditionnels
Garrots homéostatiques
Gants en plastiques
Blouses d'opération
Masques en feutre
Lunettes de protection
Charlottes
Marqueurs / stylos
Carnets / étiquettes
Aiguilles stériles
Flacons en verre
Seringues
Systèmes d'intraveineuse
Outils de succion (pailles)
Bâches plastiques

Autres :
Trousses de premier soin
Zéolithe (forme liquide, en poudre, en comprimés, en morceaux concassés)
Aspi-venin
Essuie-tout
Linges de cuisine
Mouchoirs en tissu
Mouchoirs en papier
Préservatifs
Habits pour bébé

COMMENT S'ADAPTER À L'EFFONDREMENT DES NATIONS

Lingette de toilette pour bébé
Couches en tissus lavables (en quantité)
Couches en papier jetables
Crèmes hydratantes « bio »
Toiles anti-onde / Isolants en fibre métallique

Les médicaments industriels :
Liste principale :
Antibiotiques : type Co-amoxicilline/Pénicilline
Anti-douleurs : type Morphine ou Paracétamol
Anesthésiants : type Morphine, Sufentanil (Sufenta®), Fentanyl, Lidocaïne ou Procaïne
(Attention au dosage administré en fonction du produit utilisé ; par exemples : le Sufentanil est 1000 fois plus puissant que la Morphine)

Liste généraliste non-exhaustive des principales familles de médicament industriel existantes :

Indications	Type de médicament
Allergie / urticaire	Antihistaminique / Loratadine ou Cetirizine
Asthme	B-Sympatomimétique (Salbutamol) ou Glucocoirticoide (Ciclésonide / Budésonide / Flutacasone)
Conjonctivite	Aminoglycoside / Tobramycine (sous forme de collyre, pommade ou gel ophtalmique)
Contracture musculaire	Myorelaxant / Tizanidine
Diabète	Insuline
Diarrhées aigues	Lopéramide
Douleurs légères	Paracétamol / Diclofénac
Douleurs moyennes	Tramadol / Buprénorphine / Codéine
Douleurs fortes	Morphine
Goutte / mono-arthrite aigue	Ibuprofène / Colchine / Prednisone
Hypertension	Hydrochlorothiazide / Lisinopril / Nifédipine / Enalapril
Infection	Co-amoxiciline

Infection urinaire	Nitrofuranes / Nitrifurantoine
Infection de la peau	Céphalosporine / Céfuroxine
Maladie de Lyme (morsure de tique)	Pénicilline / Amoxiciline Tétracycline / Doycydine
Infection bactérienne – gastroentérite	Quinolone / Norfloxacine Macrolide / Azithromycine
Infection – herpès	Valacivlovir (ou Valacyclovir)
Infection – otite	Ibuprofène (sous forme de collyre)
Infection – pharyngite à straptocoques	Pénicilline V ou Macrolide
Infection – pneumonie	Céphalosporine / céfuroxime Tétracycline / Doxycycline
Infection – sinusite	Ibuprofène
Infection – urêtre	Ceftriaxone / Cefixime / Macrolide / Azithomycine
Infection – varicelle	Valaciclovir
Insuffisance cardiaque	Métroprolol / Lisinopril / Torasémide / Spironolactone / Carvedilol / Enalapril / Valsartan / Furosémide / Eplérénol
Morsure de serpent venimeux	Serum adapté (par exemple, ViperFab à base d'immunoglobuline équine, contre le venin de vipère aspic)
Nausées – vomissements	Dompéridone / Métoclopramide
Vers parasitaires	Anthelminthiques : - Mébendazole contre les verts ronds (nématodes), ascaris, trichure, ankylostome, etc.. - Triclabendazole contre les vers plats (plathlminthes, cestodes et trématodes), ténias, dipylidium, échinocoque, etc..

Note : *Les durées de conservation des médicaments industriels ne dépassent que très rarement les 2 ans. N'oubliez pas d'adapter votre stock en fonction des membres de votre communauté et de leur état de santé actuel et de leur terrain génétique à risque. Chaque cas étant particulier, vérifiez toujours les antécédents et allergies du patient et/ou demandez conseil à un professionnel de santé avant toute administration de médicaments, quel qu'ils soient. Pour les médicaments nécessitant une ordonnance médicale, comme les antibiotiques ou la morphine, il vous faudra soit expliquer votre projet à un médecin susceptible de vous faire confiance, soit convaincre un pharmacien. Le prétexte d'un voyage ou d'un déménagement en Afrique centrale peut également s'avérer pertinent.*

Nanoparticules et additifs alimentaires :

Additifs alimentaires généralement répertoriés comme dangereux (cancérigène ou autre) :
E102, E110, E123, E124, E127, E131, E142, E154, E160, E163, E174, E210, E211, E212, E213, E214, E215, E216, E217, E218, E239, E249, E250, E251, E252, E551, E620, E621, E625, E905, E907, E926.

Additifs alimentaires à éviter :
E120, E173, E175, E220, E221, E222, E223, E224, E225, E226, E227, E270, E290, E311, E312, E320, E321, E341, E403, E405, E407, E925, E951 (aspartame). Ferrocyanure de sodium, Ferrocyanure de potassium, Manganitrile de fer.

Additifs alimentaires suspects :
E104, E122, E123, E124, E127, E131, E132, E141, E142, E150, E151, E171.

Additifs alimentaires allergisants :
E102, E110, E120, E123, E124, E125, E126, E330 (acide citrique), E331, E332, E333.

Additifs alimentaires contrariant la fixation de la vitamine B :
E220, E221, E222, E223, E224, E225, E226, E227.

Additifs alimentaires élevant la cholestérolémie :
E320, E321.

Additifs alimentaires irritant pour le tube digestif :
E220, E221, E222, E223, E224, E225, E226, E227, E460, E461, E462, E463, E464, E465, E466, E470, E471, E472, E473, E474, E475, E476, E477

Additifs alimentaires qui ralentissent la digestion :
E290, E338, E339, E340, E341, E450, E460, E461, E462, E463, E464, E465,
E466, E470, E471, E472, E473, E474, E475, E476, E477.

Additifs alimentaires qui provoquent une sensibilité cutanée :
E311, E312, E330, E331, E332, E333.

Additifs alimentaires dont on ne doit pas abuser :
E300, E301, E302, E303, E304, E310, E330, E331, E332, E333, E450, E460,
E461, E462, E463, E464, E465, E466, E470, E471, E472, E473, E474, E475,
E476, E477, E500, E507, E570, Glutamate de sodium.

Additifs autorisés en alimentation/agriculture « biologique »
(réglementation française) :
E170, E330, E333, E334, E335, E290, E296, E300, E306, E322, E330, E333,
E334, E335, E336, E341, E400, E401, E402, E406, E407, E410, E412, E413,
E414, E415, E416, E440, E500, E501, E503, E504, E516, E524, E938, E941,
E948.

Source : www.univers-nature.com/durable-co/sante/additif-alimentaire-1-
51401.html

Pollutions électromagnétiques (champs, ondes, rayonnements) :

Unités de mesure et valeurs de référence :

Pour les champs magnétiques : 1µT (micro-Tesla) = 1000nT (nano-Tesla) ou
1mG (milli-Gauss) = 100nT

Pour les champs électriques : V/m (Volts/mètre). En Haute Fréquence (HF),
on peut aussi mesurer la densité de puissance en µW/m² .

Valeurs de référence à respecter :

	Non significatif	Faiblement significatif	Fortement significatif	Extrêmement significatif
Champ Électrique 50Hz (V/m) : (mesure rapportée à la terre)	< 1	1- 5	5 - 50	> 50

Champ Électrique 50Hz (V/m) : (mesure en champ non perturbé)	< 0.3	0.3 - 1.5	1.5 - 10	> 10
Champ Magnétique BF - 50Hz (nT) :	< 20	20 - 100	100 - 500	> 500
Champ Magnétique BF - 50Hz (mG) :	< 0.2	0.2 - 1	1 - 5	> 5
Ondes HF Pulsées (µW/m²) :	< 0.1	0.1 - 10	10 - 1000	> 1000
Ondes HF Pulsées (V/m) :	< 0.006	0.006 - 0.061	0.061 – 0.61	> 0.61

Valeurs indicatives établies par la Baubiologie (« la biologie de l'habitat ») pour les zones de repos SBM-2015

Source : www.baubiologie.fr/Valeurs-indicatives-en-baubiologie-SBM-2015-pour-les-zones-de-repos.html

Pour le choix des appareils de mesure, voir l'étude détaillée et comparative suivante *(lien de téléchargement) :* www.electrosmog.info/IMG/pdf/Appareils-Mesure.pdf

Exemple d'agence nationale & base de données des sources émettrices officielles (pour la France) : www.anfr.fr / www.cartoradio.fr

Note : Les données ci-dessus sont cohérentes avec celles de la littérature épidémiologique mondialement reconnue, issus de plusieurs campagnes de test, qui a vu le jour en 1979 par l'étude menée des Dr Wertheimer et Leeper. Littérature épidémiologique qui a d'ailleurs été reprise par l'OMS. OMS, qui a officiellement établi en 2002 que l'exposition aux **champs électromagnétiques BF supérieurs à une valeur de 0.4 µT (= 400nT)**, *pour une exposition moyenne de 24 heures, sont «* **peut-être cancérogènes pour l'Homme** ». *Ces champs semblent en effet être un facteur déclenchant et/ou aggravant de leucémie, principalement auprès des enfants. D'après l'Institut National [français] du Cancer (INCA), la leucémie est une maladie qui se caractérise par la production d'un grand nombre de globules blancs immatures qui, s'ils quittent la moelle osseuse et circulent dans le sang, peuvent envahir tous les organes. La leucémie est généralement assimilée comme étant un « cancer du sang ».*

Source (lien de téléchargement) :
www.social-
sante.gouv.fr/IMG/pdf/Champs_electromagnetiques_extremement_basse_freq
uence_DGS_2014.pdf

Liens généraux sur le sujet : www.electrosmog.info / www.baubiologie.fr / www.clefdeschamps.info

ANNEXE N°6 - L'ÉNERGIE

Point de départ : optimisation de la sobriété du bâtiment (isolation, orientation des fenêtres, etc.)
Point de départ : optimisation de l'efficacité de la production et de la consommation
Cuisinière à bois + stock de bois pour 2 ans (+ forêt à proximité)
Turbine à eau + cours d'eau à proximité
Panneaux solaires thermiques + ballon à eau + équipements : de connexion (tuyaux), de circulation (pompes) ou système de circulation passif (thermosiphon).
Panneaux photovoltaïques et/ou éoliennes + équipements : de connexion (câbles), de régulation (onduleur, etc.) et de stockage (batterie, etc.).
Puit canadien/provençal
Centrale de biogaz (méthanisation)
Fours solaires
Bouillotes
Papiers journaux, feuilles mortes, petit bois secs
Pierres-à-feu, allumettes, briquets
Lampes avec chargeur solaire intégré (dans caisson EMP)
Piles rechargeables (dans caisson EMP)
Chargeurs à pile (dans caisson EMP)
Chargeurs solaires portatifs (dans caisson EMP)
Petits convecteurs électriques (dans caisson EMP)
Câble électrique, rallonge, multi-prises
Stock de batterie chimique (à stocker vide)
Tronçonneuses mécaniques + stock de carburant
Tronçonneuses électriques
Haches, hachettes, machettes, scies (toutes tailles), merlins, masses, coings, équipements de rechange
Équipement de fauche manuels et mécaniques (faux, faucilles, etc.)
Pompes à chaleur
Chaudière au bois (à buches dans l'idéal)

Chaudière de secours/groupe électrogène à énergie non-renouvelable (fioul, gaz)
Ampoules, néons
Tenue vestimentaire adaptée à la saison

ANNEXE N°7- LA DÉFENSE

Armes à feu

Fusils auto ou semi-auto en 5.56mm et/ou 7.62mm	+ 6000 munitions + 10 chargeurs
Fusils à pompe et/ou de chasse calibre 12	+ 1500 munitions (diverses)
Carabines .22 Long Rife	+ 1500 munitions + 5 chargeurs
Pistolets .22 Long Rife	+ 1000 munitions + 5 chargeurs
Pistolets 9mm	+ 1000 munitions + 5 chargeurs
Carabines à plomb	+ 30 boîtes de 500 plombs

Note : les quantités de munitions indiquées correspondent au stock minimal souhaitable. Les munitions utilisées régulièrement pour les entrainements, ne sont pas prises en compte ici et devront donc être ajoutées en fonction des possibilités/volontés de chacun.

Armes blanches
Lames courtes (multi-outil, couteau de combat, couteau de brousse, couteau suisse, etc.)
Lames longues (machettes, hachettes)
Pierres à aiguiser

Armes diverses
Poches de tir / Arcs / Arbalètes

Shockers électriques / Taser
Sprays répulsifs au poivre/piment
Matraques télescopiques
Stylos d'auto-défense

Équipements tactiques
Treillis, tenue de camouflage
Lampes torches/frontales
Bandoulières pour armes d'épaule
Holsters/étuis pour armes de poing
Portes-chargeur
Ceintures de combat
Lunettes de visée
Gros colliers ryslan, gros scotch (pour menotter, bâillonner, immobiliser)
Équipements de vision nocturne

Équipements de protection
Lunettes de protection
Bouchons d'oreilles / Casque anti-bruit
Gilets par balle niveau IIIA
Plaques métalliques de 3mm minimum en acier et/ou en titane
Casques en kevlar
Coquilles (pour l'entrejambe)
Genouillères, coudières, protèges-tibia, protèges-avant-bras,
Chaussures de sécurité, rangers
Vêtements/équipements contre le froid (bonnets, gants, bouillotes, etc.)
Vêtements/équipements contre l'eau (sacs étanches, ponchos, sacs poubelle, etc.)
Vêtements/équipements contre le soleil (casquettes, chapeaux, boue en guise de crème solaire, etc.)

Équipements de défense passive
Ficelles/Cordelettes
Cordes et sangles de longueur et de diamètre différents
Clochettes/Cloches/Boîtes de conserves vides
Filets
Sacs de sable
Fil barbelé
Taisons de bouteilles en verre
Clôtures électrifiées
Troncs d'arbre
Blocs de béton
Pelles et pioches (pour creuser des trous et des tranchées)

Chaînes et cadenas, anti-vols
Détecteurs de mouvement électroniques (infrarouge, alarme, lumière, etc.)

ANNEXE N°8 - L'INTELLIGENCE

Les livres :
Ce livre en version papier et/ou numérique (sur disque dur/clef USB)
(IMPORTANT)
Livres de survie généraux et spécifiques à un sujet particulier (cf.
bibliographie)
Dictionnaire/cours de langues étrangères (anglais, français, espagnol,
chinois/mandarin, russe, etc.)
Livres de philosophie ancienne et récente (Marc-Aurèle, Platon, Spinoza,
Socrate, Albert Jacquard, Frédéric Lenoir, etc.)
Livres sur le développement personnel, les chakras, la méditation (Tholle,
Coehlo, Werber, etc.)
Livres sur l'entreprenariat (Hill, Kyosaki, etc.)
Livres de culture générale
Romans
Bandes dessinées
Livres de conte pour enfants
Livres religieux (Bible, Coran, etc.)

Les moyens d'information et de communication :
Téléphones portables/Smart phones + batteries de rechange + chargeurs
solaires
Radio portative à piles rechargeables (+ chargeurs solaires) ou à dynamo
Télévisions filaires fixes
Télévisions portatives à piles rechargeables
Ordinateurs portables personnels avec chargeurs solaires
Enveloppes, timbres, papiers, stylos
Talkie-walkie
Radio CB
Téléphone satellite
Ordinateur portable aux normes militaires (rugged)
Pigeonnier (avec pigeons voyageurs)

ANNEXE N°9 - LE LIEN SOCIAL

Les divertissements :
Carabine à plomb et munitions (en quantité)
Arc et/ou poche de tir et flèches/projectiles (en quantité)
Jeux d'échec/de dames
Jeux de société
Jeux de cartes
Filet de volley/badminton
Ballons/balles/volants et raquettes associées
Boules de pétanque/Mölkky
Papier/Bloc-note (en quantité)
Crayons papier/Stylos/Crayons de couleur/Feutres
Équipements pour tour de magie
Instruments de musique (guitare, flûte, harmonica, etc.)
Liste de films sur disque dur ou en DVD
Liste de musiques sur CD/MP3/clef USB/ordinateur
Lecteur MP3/Walkman
Chaîne Hifi filaire et à piles rechargeables
Etc....

Les monnaies :
Un stock d'argent-papier liquide dans la devise de votre pays (>2000€/$), dans 4-5 cachettes au domicile
Un stock d'argent-papier liquide d'autres devises (franc suisse, dollar US, euro, yuan/renminbi chinois, rouble russe)
Un stock de pièces d'or et d'argent-métal, caché au domicile et/ou dans un coffre privé, hors système bancaire et hors pays de résidence
Le reste des fonds rapidement disponible et retirable à un distributeur automatique

ANNEXE N°10 – LES DÉPLACEMENTS

Le kit administratif :
Une sacoche/portefeuille avec carte d'identité, passeport, permis de conduire (national et international)
Une feuille/un calepin comprenant tous les mots de passe (crypté) pour accéder à vos informations informatiques (personnelles, financières, juridiques, administratives, etc.)

Une pochette comportant tous les documents généralement demandés par l'administration ou les banques : RIB, justificatif de domicile, fiche d'imposition, derniers bulletins de salaire, etc.

Les moyens de transport :
1 VTT taille adulte par personne, avec les équipements de réparation associés (pompes, chambre à air, rustines, etc.)
Un stock du même carburant que celui de votre voiture (bidons, cuves enterrées)
Une voiture et équipements/pièces détachées pour les réparations
Des batteries électriques (à stocker vide)
Un quad électrique / une voiturette électrique
Des animaux de trait / de transport (chevaux, ânes, bœufs, chameaux, chiens de traineau, etc.)

Le sac d'évacuation d'urgence :
1 sac à dos par personne *(volume à adapter en fonction des aptitudes physiques du porteur)*
1 couvre sac étanche
1 ou 2 gourdes métalliques et 1 poche d'eau
1 peau de chamois synthétique *(détails dans partie suivante)*
1 serviette de bain type « séchage rapide »
1 paille filtre à eau de type Lifestraw® ou Sawyer®
2-3 rouleaux de grands sacs poubelle de 110L
Des pastilles purificatrice d'eau
1 trousse médical d'urgence
2-3 rouleaux de papier toilette
Du sucre ou du miel en sachet
Du sel en sachet
Quelques sachets de nourriture déshydratée ou des barres céréales
1 petit réchaud gaz
1 marmite en inox
2-3 sacs de riz de 1 kilo
2-3 sacs de lentilles vertes de 1 kilo
Des gamelles en métal
Des cuillères en métal
1 pierre à feu
2-3 briquets
1 boîte étanche
1 boîte d'allumette (dans boite étanche)
1 petite bouteille de gel inflammable (surtout pas d'essence)
1 boîte de pile AA (dans boîte étanche)
1 sachet de pastille démarre-feu

1 carte routière de votre pays
1 carte de randonnée de votre région
1 petite radio portative à pile et/ou à dynamo
1 paire de jumelles
1 grosse lampe torche
1 petite lampe torche à pile et/ou à dynamo
1 lampe frontale
Des bâtons lumineux (« Light Stick »)
1 boussole
1 chargeur solaire pour téléphone portable et piles
1 couteau de combat
1 machette
1 sifflet
1 petit miroir
1 loupe
1 paracorde 50 mètres
1 rouleau de ficelle
1 rouleau de gros scotch
1 pelle pliable
1 couvre sol
1 sac de couchage/duvet
3 paires de chaussettes
2 sous-vêtements de rechange
1 couverture de survie
1 bâche étanche
1 tente
Des sardines (pour la tente)
1 pince multifonction
2-3 bougies
Des crayons et des stylos (dans boite étanche)
1 bloc note (dans boite étanche)
Des colliers ryslan
2-3 fusées éclairantes (dans boite étanche)
Des gants de jardinage ou mitaines
1 scie à fil
1 ou plusieurs armes toutes catégories confondues

ANNEXE N°11 - SÉLECTION ET GESTION DES INFORMATIONS

Par la lecture de cette formation, vous avez reçu énormément d'informations et votre esprit est peut-être « embrouillé », ce qui est tout à fait normal, rassurez-vous ! Il est en effet important de prendre le temps de calmement « digérer » toutes ces (nouvelles) informations. Vous êtes peut-être d'autant plus embrouillé que vous avez reçu à la fois des informations « positives » sur comment survivre/vivre et des informations « négatives » sur l'effondrement, le complot et la manipulation. Sachez cependant, que toutes les informations « négatives » communiquées n'ont pas été transmises dans le but de vous faire peur ou de vous manipuler... Au contraire, l'INTENTION derrière ces révélations d'informations » négatives » est-elle : POSITIVE.

Il faut savoir que pour se rapprocher de la Vérité (énergie/intention positive et constructrice), il est nécessaire de recevoir des informations tant « positives » que « négatives ». Comme il est souvent dit : « *on apprend plus dans la défaite que dans la victoire* » et comme le but de la Vie est d'évoluer et d'apprendre, il vous faut vous confronter également à ces informations « négatives », car elles sont un passage obligé pour toute personne voulant vivre libre à l'avenir ; la Liberté étant elle-même un passage obligé pour une réelle évolution personnelle (« quête du bonheur »).

Pour vous confronter à ces informations « négatives » sans tomber dans la négativité, vous devrez faire des allers-retours entre informations « positives » et « négatives » et trouver un certain équilibre. Les informations « négatives » transmises dans cet ouvrage étant « très négatives », il est bon de les étudier rapidement, afin de ne pas sombrer dans la dépression ou le négativisme. Comme le temps d'étude doit être court, il est donc judicieux d'être exigeant sur la qualité des informations intégrées. Les informations « négatives » sélectionnées doivent donc être à la fois précise et révélatrice du projet de cette élite. Ce travail de sélection de l'information, nécessaire à mettre en œuvre, vous a d'ailleurs été facilité dans le chapitre n°7 : *Ils l'ont dit...*

À terme, l'objectif principal à atteindre est cet équilibre intellectuel entre informations « négatives » et « positives », afin d'être au maximum conscient, responsable et acteur : de sa survie, de sa réalité et de sa Vie.

ANNEXE N°12 - Le Projet Blue Beam

Résumé des phases du projet :

Première phase

La première phase du projet Blue Beam concerne l'effondrement de toutes les connaissances archéologiques, religieuses et conceptions scientifiques classiques. De nouvelles découvertes démontreraient aux gens l'erreur fondamentale des doctrines religieuses traditionnelles. Ces révélations auront pour but de convaincre tous les peuples que leurs enseignements religieux ont été mal interprétés et détournés depuis des siècles. Il s'agit d'une phase de préparation psychologique visant à détruire les fondements des religions traditionnelles. Cette phase consiste à tirer violemment de certaines illusions les populations, de leur faire perdre pieds en supprimant tous repères, et enfin de leur offrir « la seule vraie religion qui réconcilie, soulage et apaise tout le monde ». Il s'agira d'une sorte de religion unitaire absorbant toutes les disciplines et tous les courants de pensées dans un paradigme très large et où tous y trouvent leur compte.

Deuxième phase

La seconde phase du projet Blue Beam correspondra à une gigantesque mise en scène spatiale à l'aide de projections d'images holographiques en trois dimensions, optiques et sonores, en divers endroits du monde. Chacun recevra une image en accord avec la Foi dominante de son pays. La nouvelle « Voix de Dieu » parlera dans toutes les langues, depuis le ciel, et chacun l'entendra clairement avec les mots de son conditionnement culturel et religieux. Le show spatial, c'est-à-dire la projection d'images holographiques dans le ciel, sera utilisé pour simuler la fin des temps parmi les nations. Les peuples seront témoins de scènes représentants les prophéties et les évènements que chacun a eu le désir de vérifier. Ces images, musiques et sons seront projetés depuis un vaste réseau de satellites, approximativement à une centaine de kilomètres au-dessus de la Terre. Avec cette animation visuelle et sonore provenant de la profondeur même de l'espace, les fidèles de diverses croyances, fortement impressionnés, seront témoins du retour de leur Sauveur comme une réalité vivante. Après que l'on aura expliqué le mystère des révélations religieuses et de leurs mauvaises interprétations, les projections de tous les grands maîtres religieux ou spirituels tel que Jésus, Mahomet, Bouddha, Krishna, etc.... se fondront en une seule figure. Le but de ces représentations scéniques est de faire apparaître aux yeux du monde un « Nouveau Christ », le nouveau messie du nom de Maitreya [même nom que le « Christ New Age » attendu par la Luci[fer] Trust d'Alice Bailey]. Le projet Blue Beam, dans sa conception, dispose d'un stratagème si perfectionné qu'il plongera un nombre considérable de personnes dans un état de ravissement quasi-extatique, les faisant entrer dans une réalité de substitution. La pseudo « venue du messie » prétendra être l'accomplissement des anciennes prophéties, l'évènement majeur depuis 2000 ans. Ce faux-messie apportera un message d'amour et de réconciliation des peuples après une période difficile pour l'Humanité. Cette divinité unique sera en réalité l'Anté-Christ [symbole de l'Anti-Vie des chrétiens, aussi appelé « Dajjal » dans le Coran] qui expliquera que les différentes écritures sacrées ont été mal interprétées et incomprises, et que les vieilles religions sont responsables d'avoir dressées l'homme contre l'homme. Cette grande manipulation mentale aura pour effet de générer un désordre social, politique, culturel et religieux.

Troisième phase

La troisième phase de Blue Beam conjuguera la télépathie avec l'électronique. Les systèmes d'émission/réception où les ondes ELF, VLF et LF pourront atteindre chaque personne à l'intérieur de sa conscience en vue de persuader que c'est son propre « Dieu » qui lui parle depuis les profondeurs de son âme. De tels rayonnements, envoyés par les satellites et autres antennes terrestres, pourront s'entremêler avec la pensée pour former ce qu'on appelle : « la pensée artificielle diffuse ». Des expérimentations à ce propos ont eu lieu dans différents pays déjà depuis les années 1970. Dans certaines circonstances, une impulsion à basse fréquence peut produire des signaux auditifs pour un seul individu alors qu'ils demeurent inaudibles pour les autres.

Quatrième phase

La quatrième phase concernera des manifestations surnaturelles. Cette phase comportera trois leurres différents :
- Le premier consistera à faire croire aux êtres humains qu'une invasion extra-terrestre néfaste va survenir dans chaque grande ville du monde.
- Le second leurre sera de faire croire aux chrétiens qu'un merveilleux évènement va survenir sous la forme d'une intervention extra-terrestre bénéfique dans le but de protéger les terriens d'un démon impitoyable. Le but de cette manœuvre sera de rassembler d'un seul coup tous les opposants à l'ordre mondial juste avant le début du spectacle céleste (show spatial de la phase 3).
- Le troisième point de cette quatrième phase est l'usage global de tous les moyens de communication moderne pour diffuser des ondes visant à déstabiliser psychiquement les populations aux moyens d'hallucinations individuelles et collectives.

Après la « nuit des mille étoiles » (show spatial), et tous les bouleversements mondiaux suscités par cet évènement, la population mondiale sera prête pour accueillir le nouveau faux-messie en chair et en os. On le suppliera de rétablir l'ordre et la paix à n'importe quel prix, mais surtout au prix de notre liberté individuelle. L'instauration physique de la dictature se rapprochera de l'instauration du régime communiste de l'URSS [opposition à la propriété privée]. Toutes les nouvelles technologies [dont l'argent électronique et les micro-puces] seront utilisées pour assurer le maintien du gouvernement totalitaire mondial et débusquer les opposants au régime. Le but de cette dictature sera de maintenir, le contrôle, par la surveillance et la dépendance, de tous les habitants de la planète.

Note : *Afin d'avoir la vision la plus précise qui soit de l'avenir, vous trouverez ci-après une chronologie détaillée et réorganisée des phases du projet Blue Beam à laquelle ont été intégrées d'autres informations provenant de diverses autres sources, que vous reconnaîtrez d'ailleurs surement (lettre d'Albert Pike, témoignages, citations livres, etc.).*

Phases détaillées probables de l'instauration/destruction du « Nouvel Ordre Mondial » :

1) Effondrement économique des nations : perte de valeur des monnaies nationales et suppression de l'argent-papier liquide (cash).
2) Recrudescence des tremblements de terre partout sur la planète.
3) Démarrage de la 3e Guerre Mondiale :

- Combat entre musulmans (Iran, etc.) et sionistes (Israël) -> destruction mutuelle
- Combat entre Orient (Russie/Chine) et Occident (pays de l'OTAN) -> destruction mutuelle
- Possibilités de frappes nucléaires ou utilisation d'armes « nouvelle génération » (laser, ondes, satellites, etc.).

4) Révélations officielles de « nouvelles » découvertes remettant en cause le fondement des anciennes religions (révélations sur les pyramides, révélations de l'existence d'anciennes civilisations humaines [Atlantide, Lémurie, etc.], révélations de l'existence des [vrais] extra-terrestres [négatifs et/ou positifs], etc.) dans le but de détruire toutes les religions, l'athéisme et le nihilisme.

***

5) Fausse arrivée d'une civilisation extra-terrestre pacifique pour rassembler la population : émerveillement de la population (hologrammes via avions militaires et satellites).
6) **Arrivée du Faux-messie (« Anté-Christ ») (hologrammes via avions militaires et satellites).**

7) **Instauration d'une nouvelle religion mondiale type « New Age ».**

8) **Fausse invasion extra-terrestre <u>hostile</u> (hologrammes et/ou soucoupes volantes physiques).**

9) Contrôle mental et transmissions télépathiques dans les cerveaux (HAARP, etc.).

10) Manifestations d'événements surnaturels pour convaincre les derniers sceptiques (HAARP, armes climatiques, satellites, transmissions via équipements électriques divers).

11) Combat des peuples du monde contre les nouveaux ennemis <u>imaginaires</u> extra-terrestres (possibilité de frappes nucléaires).

***

12) Création d'une dictature mondiale capitalo-communiste : les <u>Nations Unies</u>, composée d'une armée et d'une religion unique.

13) Stabilisation progressive de la situation et mise en place de la propagande mondialiste/New Age.

14) Promotion de l'intelligence artificielle, du tout-numérique (« Big Data », « Smart Meter », « Smart Grid », « Smart City », surveillance des données, monnaie virtuelle, etc.), de la robotisation (agriculture, armée/police, prostitution, etc.), de la réalité virtuelle (jeux vidéo, réseaux sociaux, vie par procuration/simulation virtuelle, etc.), du transhumanisme (Homme-machine), de l'eugénisme (contrôle/manipulation génétique) et de l'ectogénèse (naissance par utérus artificiel).

15) Implantation obligatoire d'une puce RFID pour tous les êtres vivants de la planète.

16) Asservissement de la population mondiale par le contrôle : de la monnaie, des ressources, des biens privés, des corps et des esprits humains, du langage (création d'une langue mondiale) et par l'endoctrinement des enfants (endoctrinement militaro-scolaire et destruction du couple, de la famille, du sentiment de parentalité, etc.). Le tout sous-tendu par <u>une centralisation des flux (physiques et virtuels)</u> et une « <u>uniformisation égalitaire</u> » (esclavage).

17) <u>Opposition secrète et individuelle envers la dictature :</u>

Intelligence individuelle (naturelle), refus de se faire pucer, autonomie/indépendance matérielle totale, stocks clandestins (eau, graines, nourritures, armes), partage <u>indirect</u> des informations de ce livre, gros piratages informatiques, petits sabotages « par inadvertance », distribution <u>indirecte</u> de tracts, graffitis, coupure de câbles, destructions d'antennes radio et de caméras de surveillance, non-consentement, non-participation, non-délation des opposants au Système, ...

18) <u>Opposition secrète et groupée (5 personnes max.</u>) envers la dictature :

Troc, « marché noir », « réunions secrètes », « solidarité secrète », création de monnaies-papiers locales, enseignements/formations aux solutions alternatives *(cf Les métiers)*, …

19) <u>Opposition discrète et groupée (10 personnes max.) envers la dictature</u> :

Campagnes de dépuçage, gros sabotages *(cf Chap. 6 - Phase D)*, constructions de BAD, créations de milices armées résistantes, diffusions en masse et <u>en direct</u> de l'information (problèmes-manipulations et leurs solutions), …

20) Affaiblissement progressif du Pouvoir centralisé (perte de contrôle et de surveillance).
21) **Point de bascule : Accès à l'information et compréhension des Peuples du monde de la supercherie mondialiste/New Age et du projet Blue Beam (s'il a vraiment lieu) => Réveil et prise de conscience collective.**
22) <u>Propositions de solutions locales indépendantes + Solidarité</u> => Actions collectives concrètes.
23) **Processus de Libération de l'Humanité en marche !**

Conclusion :

En regroupant les diverses informations provenant de diverses sources, il est possible d'entrevoir les points communs et les phases importantes de la mise en œuvre de la nouvelle dictature mondiale. Par exemple, la nouvelle religion promis par Adam Weishaupt en 1798, « *la doctrine de Lucifer* » décrite par Albert Pike dans sa lettre de 1871, la nouvelle religion mondiale « New Age » soutenu par l'ONU et la Luci[fer] Trust et l'apparition éventuelle de « *l'Antéchrist* » (holographique) du projet Blue Beam semblent se confondre en une seule et même <u>INTENTION NEGATIVE</u> contre les âmes de cette planète ! Cette nouvelle « spiritualité » ou religion apparaîtra surement comme évidente et souhaitable suite aux nombreux conflits qui auront eu lieu sur la Terre. Si une telle solution peut paraître idéale au départ, cette dictature mondiale faussement-divine montrera rapidement son vrai visage, le but final de ce projet étant de garder la population sous contrôle. Pour cela, tous les peuples doivent restés démunis, ignorants, non-armés et au maximum dépendant de leurs bourreaux et du nouveau Système qu'ils auront créés.

En 2016, l'endettement des États nous rapproche rapidement du terme de l'effondrement économico-financier mondial. Pendant ce temps, les volontés mondialistes naissent de plus en plus dans les discours de nombreux dirigeants politiques nationaux et les monnaies tendent à se numériser rapidement. Par l'exposition du Projet Blue Beam, fomenté en partie avec l'aide de la NASA, Serge Monast signala déjà en 1994 que l'une des premières étapes du Plan sera un effondrement économique mondial et que <u>la fin du cash (argent liquide) sera l'un des premiers signes annonciateurs</u>. Tout ce qui a été rapporté il y a déjà plus de 20 ans par certains « chercheurs de Vérité » semble se concrétiser dans nos vies de tous les jours… <u>L'effondrement des nations est un des objectifs principaux de cette élite</u> car un soulèvement national et/ou régional par une armée indépendante ferait « effet domino » et marquerait la fin de leur projet de domination mondiale. Ces craintes sont clairement énoncées par les mondialistes dans *Les Protocoles de Toronto*, révélés également par Serge Monast.

Finalement, peu importe votre situation actuelle ou l'époque à laquelle vous lirez ces mots, agissez sans plus attendre ! Votre vie et celles de vos proches dépendent directement de votre volonté et de votre capacité à vous préparer et à agir aujourd'hui ! Passez à l'action calmement <u>maintenant</u> !

ANNEXE N°13 – ÉVOLUTION DE VOTRE PLAN D'ACTION RAPIDE

Les tableaux suivants ont pour but de situer l'avancement de votre préparation. Vous aurez alors une vue d'ensemble du chemin déjà accompli et de celui qui reste à accomplir. Les listes suivantes présentent les points clés à traiter en priorité pour survivre. N'hésitez pas à rajouter les équipements manquants qui vous semblent indispensables dans votre cas de figure et à barrer les moins pertinents selon vous. La survie est votre responsabilité, c'est donc <u>VOTRE</u> stratégie !

État d'évolution de mon capital matériel		
Capital matériel	Partiellement acquis	Entièrement acquis
Santé et forme physique personnelle		
BAD avec estimation des risques de pollution de l'air (industries, centrales nucléaires à proximité, etc.) + Équipements pour le confinement/quarantaine		
BAD avec source d'eau NATURELLE principale à proximité		
BAD avec réserve d'eau pour 3 à 6 mois + bidons vides prêts à l'emploi		
BAD avec terre cultivable à proximité et/ou système de culture hors-sol (aquaponie)		
BAD avec stock alimentaire de secours pour 12 mois minimum		
BAD avec (res)sources d'énergie renouvelables (bois, hydraulique, soleil, vent, géothermie, méthanisation)		
Stock de bûches de bois (pour 2 ans)		
Cuisinière à bois achetée ou auto-fabriquée (intérieure ou extérieure)		
Four solaire acheté ou auto-fabriqué		
Argent-papier liquide chez soi (minimum 2000€/$)		
Sachets de semences, graines (en quantité) + plusieurs tamis (pour récupération des graines)		

Plusieurs serres de toutes tailles (petites, moyennes et grandes « camouflées »)		
Livres utiles à la survie (plantes, champignons, pêche, chasse,…)		
Équipements/outils manuels pour le jardinage		
Équipements/outils manuels pour la germination des graines		
Équipements/outils manuels pour la coupe du bois		
Équipements/outils pour démarrer un feu (papier journaux, briquets, pierres à feu,…)		
Bougies fonctionnelles ou éléments pour en fabriquer		
Toilette à eau autonome et/ou toilette sèche (intérieure et/ou extérieure)		
Sacs de sciure ou de feuilles mortes (en quantité, pour les toilettes sèches)		
Grands bidons étanches (pour confinement)		
Gants de toilette (en très grande quantité)		
Bassines/seaux d'eau (en quantité)		
Seaux, récipients, bidons, jerrican de qualité alimentaire (30L maxi.)		
Sacs de sel (pur principalement)		
Stock de vêtement/couverture/lingerie de maison pour toute la communauté		
Chaussures de marche de rechange pour toute la communauté		
Chaussures-basket de rechange pour toute la communauté		

Ruches et équipements pour la production, la récolte et le stockage du miel		
Argent colloïdal et équipements de fabrication		
Eau de Javel et équipements de fabrication		
Argile (verte, rouge, jaune, etc.)		
Bicarbonate de soude alimentaire		
Stock de savon		
Stock de remèdes/médicaments complété		
Armes blanches		
Armes diverses		
Armes à feu		
Pièces d'or		
Pièces d'argent-métal		
1 vélo (VTT) par personne		
Pompes à air, rustines, chambres à air		
Équipements d'information et de communication (radio au minimum)		
1 sac d'évacuation d'urgence par personne		
Équipements/ustensiles de cuisine et de table		
Équipements/outils et matières premières pour réparations/bricolage (planches en bois, vitres, etc.)		
Stock de carburant pour véhicules (bidons + cuves)		
Stock de batteries électriques		
Caisson anti-EMP remplis (lampe torche, piles rechargeables, chargeurs de		

piles, chargeurs solaires,…)		
Tente/barnum type cage de Faraday et équipements individuels anti-ondes (casques/cagoules, gilets, etc.)		

État d'évolution de mon capital immatériel		
Connaissances/compétences	**Acquis en théorie**	**Confirmation par la pratique (entrainement, mise en situation, résultat concret)**
Préparation psychologique / Gestion du stress		
Stratégie de survie générale à suivre	X	
Règles de base de survie	X	
Stratégie et techniques d'accès à un air respirable (confinement, etc.)	X	
Stratégie et techniques d'accès à une eau potable (source, stockage, etc.)	X	
Agriculture biologique / Permaculture / Agriculture énergétique		
Aquaponie		
Techniques de stockage des produits frais, le(s) citer :	X	
Stratégie de stockage du stock artificiel de secours	X	
Culture de graines germées	X	
Culture des champignons		
Culture de la spriruline		
Fabrication du pain		
Élevage de volailles pondeuses	X	
Apiculture		

Techniques de gestion du manque de nourriture	X	
Pêche		
Chasse		
Stratégie et techniques pour rester en bonne santé	X	
Soins de premier secours		
Notions d'hygiène de base	X	
Médecine généraliste	X	
Fabrication d'argent colloïdal	X	
Fabrication d'eau de Javel	X	
Chirurgie		
Couture/tissage de plaies et d'habits		
Tricot		
Fabrication de bougies		
Stratégie et techniques pour être autonome en énergie	X	
Coupe et stockage du bois		
Techniques en installation/ fonctionnement d'équipements d'énergie renouvelable, le(s) citer :		
Stratégie et techniques de défense de la BAD et personnelles	X	
Entrainement psychologique à une agression, à prendre des coups et à la mort (d'un proche et/ou d'un assaillants)		
Entrainement aux arts martiaux		
Entrainement au tir		
Compréhension de la notion d'intelligence	X	
Stratégie et techniques d'auto-défense intellectuelle	X	
Stratégie et techniques permettant d'augmenter son intelligence	X	
Stratégie et techniques pour	X	

maintenir un bon lien social		
Connaissances en psychologie humaine	X	
Stratégie et techniques pour commercer, sans danger	X	
Techniques de stockage des monnaies d'échange (pièces, bijoux, etc.).	X	
Stratégie et techniques à utiliser lors des déplacements	X	
Survie en milieu naturel	X	
Ouverture d'esprit / « humilité intellectuelle » / pas (trop) de croyances dures		
Compréhension (partielle) de la version « non-officielle » de l'Histoire du monde (complot, sociétés secrètes, etc.)		
Compréhension des volontés futures (cachées) de ceux qui contrôlent cette planète (dictature mondiale « New Age »)		
Connaissances des principales techniques de manipulations des masses	X	
Connaissances des besoins humains inférieurs (vitaux) et supérieurs (évolution personnelle)	X	
Compréhension de la notion de capital global		
Compréhension du « Pouvoir énergétique » de l'Humain (chakras, ondes-pensées, ondes-émotions, spectre électromagnétique, etc.)		

Note générale : N'hésitez surtout pas à compléter ces tableaux par vous-même et plus spécifiquement ce dernier. Recherchez comment transformer vos connaissances/compétences actuels en connaissances/compétences utiles à la survie des autres. Comprenez quelles sont les souffrances des personnes. Observez autour de vous les plaintes. Une personne qui se plaint est l'illustration d'un problème. Si vous recherchez à réduire les problèmes des personnes autour de vous, vous aurez alors de nombreux « clients » à qui louer vos compétences ou vendre/louer les produits créés grâce à vos compétences. L'important est toujours de proposer des services ou des biens <u>de qualité</u>, car un « client » satisfait revient et en parle autour de lui !

<u>Notes personnelles</u> :

BIBLIOGRAPHIE

➤ **Effondrement**

Ouvrages :

The Limits to Growth, Club de Rome, 1972
Crossing the Rubicon: The Decline of the American Empire at the End of the Age of Oil, 2004
A Presidential Energy Policy, Michael C. Ruppert, 2009
Confronting Collapse: The Crisis of Energy and Money in a Post Peak Oil World, Chelsea Green Publishing, Michael C. Ruppert, 2009
The Five Stages Of Collapse, Dmitry Orlov, 2008
Reinventing Collapse. The Soviet Exprerience and American Prospecs Revised & Updated. Dmitry Orlov, 2011
Propaganda, Edward Bernays, 1928
The Great Crash 1929, John K. Galbraith, 1954
Turbo Capitalism, Winners and Losers in the global economy, Edward Luttwak, 1999
The Great Crash - How this stock market crash of 1929 plunged the world into depression, Selwyn Parker, 2008
The Panic of 1907 - Lessons learned from market's perfect storm, Robert F. Sean, 2007
Six Days in October - The Stock Market Crash of 1929, Karen Blumenthal, 2002
Risk. The Science and Politics of Fear, Dan Gardner, 2009
The End of America, Letter of warning to young patriot, Naomi Wolf, 2007
Resource Wars. The New Landscape of Global Conflict. Michael T. Klare, 2002
The Party's Over. Oil, War and the fate of industrial Societies, Richard, Heinberg, 2005
Modern Money Mechanics, Federal Reserve Bank of Chicago, 1995
The Dollar Crisis, Richard Duncan, 2005
The Coming Collapse of the dollar and how to profit from it : make a fortune by investing in gold and other hard assets, James Turk, 2008

The Crash Course, Chris Martenson, 2011
Néo-fascisme et idéologie du désir, Michel Clouscard, 1973
Critique du Libéralisme Libertaire – généalogie de contrerévolution, Michel Clouscard, 2005
La dette publique, une affaire rentable : à qui profite le système ?, André-Jacques Holbegq, 2008
La Crise du Monde Moderne, René Guénon, 1994
L'Amérique qui tombe : Comment les politiques ont trahi le rêve américain et abandonné la classe moyenne, Ariana Huffington, 2011
Effondrement - Comment les sociétés décident de leur disparition ou de leur survie, Jared Diamond, 2006
La Stratégie du Choc : La montée d'un capitalisme du désastre, Noami Klein, 2008
Les Faux-Monnayeurs : Sortir du chaos monétaire mondial pour éviter la ruine. Pierre Leconte, 2008
La Tiers-mondialisation de la Planète, Bernard Conte, 2009
Le Cygne Noir. La puissance de l'imprévisible, Nassim Taleb, 2010
Une Brève Histoire de l'Avenir, Jacques Attali, 2011
L'Effondrement des Sociétés Complexes, Joseph Tainter, 2013
La Mystique de la Décroissance, Dominique Méda, 2013
La Troisième Révolution Industrielle, Jérémy Rifkin, 2013
Petit Manuel de la Transition, Association ATTAC, 2013
Comment tout peut s'effondrer, Pablo Servigne, Raphael Stevens, 2015

Liens généraux :

www.collapsenet.org
www.fromthewilderness.com
www.crisisofcivilization.com
www.negawatt.org
www.peak-oil.org
www.peakoil.com
www.energywatchgroup.org
www.oxfam.org
www.imf.org
www.fao.org
www.un.org
www.ipcc.ch
www.web.unep.org

www.iaea.org
www.attac.org
www.noesunacrisis.framasoft.org
www.occupywallst.org
www.shtfplan.com
www.theeconomiccollapseblog.com
www.businessbourse.com
www.insolentiae.com
www.leseconoclastes.fr
www.les-crises.fr
www.jancovici.com
www.reseauinternational.net
www.jovanovic.com/blog.htm
www.leretourauxsources.com
www.kontrekulture.com
www.mrmondialisation.com
www.4emesinge.com

➢   **Complots et manipulations :**

Ouvrages :

Proofs of a Conspiracy by John Robison, 1798
Morals and Dogma, Albert Pike, 1871
Conspirators' Hierarchy - The Story of The Committee of 300, Dr. John Coleman, 1993
Open Conspiracy: Blue Prints for a World Revolution, H. G. Wells, 1928 *(informations romancées)*
The New World Order, H. G. Wells, 1940
The Illuminati facts and fiction, Mark Dice, 2009
The Creature from Jekyll Island, Edward G. Griffin, 5ᵉ édition, 2010
Prospect for America : the Rockefeller Panel reports, Rockefeller Brothers Fund, 1961
Tragedy and Hope, Caroll Quigley, 1966
Ecoscience, John P. Holdren, 1977
The Unseen Hand, Ralph Epperson, 1985
The First Global Revolution, Club de Rome, 1991
The Global 2000 Report to the President, Gerald O. Barney, 1988
Between Two Ages : America's Role in the Technetronic Era, Zbigniew Brzezinski, 1970

The Grand Chessboard, Zbigniew Brzezinski, 1997

Memoires, David Rockefeller, 2002

The Pentagon's New Map, Thomas P. M. Barnett, 2004

Confessions of an Economic Hit Man, John Perkins, 2005

NASA's Blue Beam Project, Serge Monast, 1994

Report of the Commission on Global Governance, Oxford University Press, 1995

Behold a Pale Horse, Milton William Cooper, 1991

An Operational Analysis for Air Force 2025 : An Application of Value-Focused Thinking to Future Air and Space Capabilities, US Air Force

The Future is Now Futur Strategic Issues/Future Warfare [Circa 2025], Dennis M.Bushnell, Chief Scientist NASA Langley Research Center

Potential Implications of Trends in World Population Food Production, and Climate, rapport déclassifié de la CIA, août 1974 *(Mémorandum rédigé sous la direction d'Henry Kissinger)* :

www.documents.theblackvault.com/documents/environment/potentialtrends.pdf

Report from Iron Mountain: on the possibility and desirability peace, 1967 : www.stopthecrime.net/docs/Report_from_Iron_Mountain.pdf - *Note : le document précédent est très révélateur sur de nombreux sujets dont celui de la « fausse-menace extra-terrestre » ; pour voir références spécifiques, rechercher (CTRL-F) : « outer space »)*

Weather as a Force Multiplier: Owning the Weather in 2025, Air Force 2025, 1996

Global Horizons - Final Report - US Air Force - Global Science and Technology Vision, 2013

The Birth of the World Governement, Michael S. Coffman, 2005

Taking Liberty, How private property in America is being abolished. Michael S. Coffman, Ph.D., 2005

The Franklin Cover-up, Child Abuse, Satanism, and murder in Nebraska, John W. Decamp, 2011

Adolf Hitler – Founder of Israel – Israel in war with Jews, Kardel, 1996

Bloodlines of the Illuminati, Fritz Springmeier, 1995

UNESCO, Its Purpose And Its Philosophy, Julian Huxley, 1946

Towards a New Humanism, Julian Huxley, 1957

New Bottles for New Wine – Transhumanism, Julian Huxley, 1958

The Coming New Religion of Humanism, Julian Huxley, 1962

Les Problèmes de l'humanité, Alice Bailey, 1947

Le Retour du Christ, Alice Bailey, 1948

La Destinée des nations, Alice Bailey, 1949

Éducation dans le Nouvel Âge, Alice Bailey, 1954

L'Extériorisation de la Hiérarchie, Alice Bailey, 1957

Les Sociétés Secrètes et leur pouvoir au XXe siècle, Jan Van Helsing, 1995

Histoire Secrète de l'Oligarchie Anglo-Américaine, Carroll Quigley, 1985

Des Pions sur l'Échiquier, William Guy Carr, réédition de 2010

Le Poison du Diable, l'asservissement par la fluoration ou la vérité sur le fluor, William Guy Carr, 1955

Complot Mondial contre la santé, Claire Séverac, 2010

La Guerre Secrète contre les Peuples, Claire Séverac, 2015

La marche irrésistible du Nouvel Ordre Mondial, Pierre Hillard, 2008

Les pires ennemis de nos peuples, Jean Boyer, 1979

Le gouvernement de L'antéchrist, Serge Monast, réédition de 2013

Le corps mystique de l'antéchrist, René Bergeron, 1940

La fabrication du consentement. Noam Chomsky et Edward Herman, 2008

La Destruction Libératrice, H. G. Wells, 1914 *(informations romancées)*

Le complot de la Réserve Fédérale, Antony Sutton, 2009

Les secrets de la banque centrale américaine, Eustace Mullins, 2010

Sous le signe de l'Abondance, Louis Even, réédition de 2008

Comprendre l'Empire, Alain Soral, 2011

La Face Cachée de l'Histoire Moderne, Jean Lombard Coeurderoy, 1984

Les protocoles de Toronto, Aurore Rouge, Serge Monast, 1985-1991

Crimes de guerre à l'OTAN, Pierre-Henri Brunel, 2001

Menaces islamistes, Pierre-Henri Brunel, 2001

Proche-Orient : Une guerre mondiale, Pierre-Henri Brunel, 2004

L'Effroyable Imposture, Thierry Meyssan, 2002

Le Pentagate, Thierry Meyssan, 2002

Des sous et des hommes, Jean-Marie Albertini, 1985

Antimanuel d'économie 1 et 2, Bernard Maris, 2015

MK - Abus Rituels et Contrôle Mental, Alexandre Lebreton, 2016

La Ferme des Animaux, Georges Orwell, 1947 *(informations romancées)*

1984, Georges Orwell, 1994 *(informations romancées)*

Le Meilleur des Mondes, Aldous Huxley, réédition de 2002 *(informations romancées)*

➢ **Documentaires/films :**

Levez-vous, Tragedy and Hope & Le 4e singe, 2014 :
www.youtube.com/watch?v=HQ7pOCO0Zak

Le Rêve Américain, Tad Lumpkin et Harold Uhl, 2011 :
www.youtube.com/watch?v=QNbCAzzXw14
The Money Masters, Bill Still, 1996 :
www.youtube.com/watch?v=pYvQoXFfJ_k
Collapse, Chris Smith, 2009 : www.youtube.com/watch?v=J9-EITW3p4E
Thrive, Foster Gamble, 2012 : www.youtube.com/watch?v=QIU0BUyZ0-A
X-Files : Aux frontières du réel, saison 10, épisode 1 :
www.youtube.com/watch?v=pMn6xuaThWE
Les Rothschild, Erich Wascnheck, 1940
Forces Occultes, Jean Mamy, 1942
America: From Freedom to Fascism, Aaron Russo
Holes In Heaven : Haarp and Advances In Tesla Technology
Géo-ingénierie : évidence d'un danger immédiat, Dane Wigington, 2014
The Great American Psy-Opera (9/11), 2014
Megiddo I, II et III, Adullam Films

> **Liens généraux :**

       www.thrivemovement.com
       www.thirdworldtraveler.com
       www.conspiracyarchive.com
       www.beforeitsnews.com
       www.sputniknews.com
       www.rt.com
       www.lifesitenews.com
       www.wearethechange.org
       www.takingliberty.us
       www.spreadthetruth.com
       www.aquarianconspiracy.com
       www.davidicke.com
       www.infowars.com
       www.larouchepub.com
       www.cuttingedge.org
       www.globalgrey.co.uk
       www.911truth.org
       www.pilotsfor911truth.org/index.html
       www.ae911truth.org
       www.geoengineeeringwatch.com
       www.stopthecrime.net

www.vaxxedthemovie.com
www.wikistrike.com
www.mrmondialisation.com
www.institutdeslibertes.org
www.onsaitcequelonveutquonsache.com
www.agoravox.fr
www.ordo-ab-chao.fr
www.lesmoutonsenrages.com
www.egaliteetreconciliation.com
www.nllefeodalite.canalblog.com
www.chemtrails-france.com
www.cielvoile.fr
www.nouvelordremondial.cc
www.voltairenet.org
www.etienne.chouard.free.fr
www.paulponssot.blogspot.fr
www.lauramarietv.com
www.omnia-veritas.com

> **Liens spécifiques :**

Remise en question de la théorie officielle des attentats du 11 septembre 2001 :
    www.youtube.com/watch?v=vnEgFiaQSBA
    www.youtube.com/watch?v=1MR8MZXTyIo
    www.reopen911.info/11-septembre/l-effondrement-magique-de-la-tour-WTC7/

Précisions et compléments sur les False Flags :
    www.lesmoutonsenrages.fr/2015/02/16/terrorisme-dÉtat-42-attaques-sous-fausse-banniere-admises-par-leurs-auteurs/
    www.chaoscontrole.canalblog.com/archives/2013/11/28/28534970.html

Éléments de réflexion sur « l'arnaque » du réchauffement climatique, due au CO_2 :
    www.youtube.com/watch?v=dPpMdr9VqUY&list=PLNdsQcyqaVgs0iVB65yJjetijbWUPiQbK
    www.youtube.com/watch?v=zBLTDscToOo

Rapports officiels, reportage télé et documents sur la géo-ingénierie (HAARP, etc.) :

> www.europarl.europa.eu/sides/getDoc.do?pubRef=-//EP//TEXT+REPORT+A4-1999-0005+0+DOC+XML+V0//FR#Contentd1241916e335
> www.youtube.com/watch?v=Vk62y2tEKKA#
> www.archivesmillenairesmondiales.wordpress.com/2013/05/24/lutter-contre-le-changement-climatique-grace-a-la-technologie-2/
> www.youtube.com/watch?v=0zXeDFT21ZY

41 rapports déclassifiés - Air Force 2025 :

> http://csat.au.af.mil/2025/
> www.archive.is/csat.au.af.mil

Exemple pré-effondrement d'hologrammes non-militaires :

> www.youtube.com/watch?v=k-Gr7-RQ4-U

Exemples de « fausses-bonnes solutions » ou « fausse-lumière » (manipulations/infiltrations) :

> www.thezeitgeistmovement.com / www.mouvement-zeitgeist.fr
> / www.zeitgeistmovie.com
> www.thevenusproject.com / www.civilisation2.org
> www.un.org / www.unesco.org / www.unicef.org /
> www.undp.org / www.unhcr.org
> www.bis.org / www.imf.org / www.oecd.org / www.unescap.org
> www.fao.org / www.wfp.org / www.fda.gov
> www.unep.org / www.ipcc.ch / www.earthcharter.org /
> www.greenpeace.org / www.sustainabledevelopment.un.org
> www.amnesty.org / www.occupywallst.org
> www.clubofrome.org / www.clubofbudapest.org /
> www.clubdebudapest.org
> www.planetarycitizens.net / www.aquaac.org /
> www.lucistrust.org
> www.iclei.org / www.findhorn.org

Note : _Le slogan du Mouvement Zeitgeist est_ : _« C'est Un Monde... Une famille – Il est temps de grandir ». Zeitgeist est un terme allemand signifiant « l'Esprit de l'Époque » ou « l'Esprit de l'Age ». Le mouvement_ promulgue des solutions (très séduisantes) issues du Projet Vénus, dont son nom vient de _Venus,_ une zone « non-incorporée » de l'État de Floride aux États-Unis, où se trouve leur centre de recherche de 85 000 m². Bien que son fondateur, Jacques Fresco, semble être de bonne volonté, il vous faut néanmoins savoir, qu'au temps des romains, la planète Vénus était appelée « étoile du matin » ou... « Lucifer » (source : _https://fr.wikipedia.org/wiki/Lucifer_). En prenant en compte cette information, le « Projet Vénus » pourrait donc également signifier (pour certains) « Projet (de) Lucifer ».

Dans tous les cas, les solutions proposées par ce Mouvement et ce Projet sont alignées sur les objectifs de l'ONU et de son Agenda 21 « Spiritualo-écolo ». Pour plus d'informations sur les manipulations « New Age » et leur fausse-lumière, vous pouvez visionner les documentaires vidéos de ces organismes sur leurs sites internet. Pour plus de détails sur les liens entre le Projet Vénus et l'ONU, vous pouvez visionner cette vidéo : _www.youtube.com/watch?v=AWloQVjddSg_ (sous-titrage en français possible).

Super-Bonus : Système global des « Nations Uni-formisées » : _www.unsystem.org_ - Voir en bas de page « l'inter-net totalitaire » (ou « tentacules de la pieuvre ») prévu, pour vous et vos proches, en cette première moitié de XXIᵉ siècle. Lien similaire : _www.un.org/en/sections/about-un/funds-programmes-specialized-agencies-and-others/index.html_

> **Survie**

Ouvrages et liens généraux :

Survie générale et vie en autarcie (eau, agriculture, plantes, etc.) :

How To Survive The End Of The World As We Know It, James Wesley Rawles, 2009
Patriots: A Novel of Survival in the Coming Collapse, James Wesley Rawles, 2009
Survivors: A Novel of the Coming Collapse, James Wesley Rawles, 2011
Founders: A Novel of the Coming Collapse, James Wesley Rawles, 2012

Expatriates: A Novel of the Coming Global Collapse, James Wesley Rawles, 2013

Liberators: A Novel of the Coming Global Collapse, James Wesley Rawles, 2014

Food: The History of Taste, Dr. Paul Freedman, 2007

Deep Survival – Who Lives, Who dies, and Why, Laurence Gonzales, 2005

How to Survive Anything, Anywhere – A Handbook of survival skilss for every scenario and environement, Chris Mcnab, 2004

SAS Survival Handbook, John Wiseman, 2009

The NEW self-sufficient gardener – The complete illustrated guide to planning, growing, storing and preserving your own garden produce, Dorling Kindersley, 2008

Emergency Food Storage & Survival handbook, Peggy Layton, 2002

Practical Self Sufficiency, Dick and James Strawbridge, 2010

Seed to Seed – Seed saving and growing techniques for vegetable gardens, Suzanne Ashworth, 2002

Grow your own garden, Carol Klein, 2010

Survivre à l'effondrement économique, Piero San Giorgio, 2011

Rues Barbares, Piero San Giorgio et Volwest, 2012

Aventure et Survie, John Wisseman, 2005

Survivre en ville...quand tout s'arrête, Jade Allègre, 2005

Miracle dans les Andes, Nando Parrado, 2007

Guide de survie des forces spéciales, Chris Mcnab, 2010

Défense civile, Albert Bachman et Georges Grosjean, 1969

Survivre : comment vaincre en milieu hostile, Xavier Maniquet, 1988

Manuel de survie face aux attentats et catastrophes naturelles ou industrielles, Yves Tyrode, Jean-Luc Queyla, Noel Couesnon et Stéphane Bourcet, 2002

Petit manuel à l'usage de ceux qui vivent retirés du monde, Gill Bridgewater, 2002

Le Guide de la Survie Douce en Pleine Nature, François Couplan, 2015

Revivre à la campagne, John Seymour, 1977

Pratiquer la bio-dynamie au jardin : rythmes cosmiques et préparations bio-dynamiques, Maria Thun, 2005

Le traité Rustica de l'Apiculture, Yves Leconte, 2006

Le traité Rustica du Potager, Victor Renaud, 2007

www.survivalblog.com

www.survivalblogs.org

www.transitionculture.org

www.odac-info.org

www.art-survie.com
www.theurbanfarmer.co
www.ecosnippets.com
www.offgridquest.com
www.honeyflow.com
www.lesurvivaliste.blogspot.fr
www.piero.com
www.pierre1911.fr
www.hydroponie.fr
www.hydrodionne.com
www.aquaponie.biz
www.electrocultureandmagnetoculture.com
www.save-irrigation-by-polyter.weebly.com
www.katadyn.com
www.colibris-lemouvement.org
www.indignez-vous.fr
www.lesamanins.com
www.lesconvivialistes.org
www.rustica.fr
www.kokopelli-semences.fr
www.reseau-amap.org
www.versdemain.org
www.institut-economie-circulaire.fr
www.books.google.com
www.wikihow.com
www.lams-21.com
www.nicrunicuit.com
www.lesbrindherbes.org
www.spiruliniersdefrance.fr
www.alsagarden.com
www.autourdupotager.com
www.onpeutlefaire.com
www.permatheque.fr

➢ **Santé :**

Where there is no doctor, David Werner, 1977
Where there is no dentist, Murray Dickson, 1981
68W Advanced Field Craft – Combat Medic Skills, US Army, 2009
US Army Special Forces Medical Handbook, Glenn C. Craig, 1988

NATO Manual on Emergency War Surgery, United States Army, 1992

The Electric Body, Dr Robert O. Becker, 1985

The Micro-Silver Bullet, Dr Paul Farber, 1997

Chinese Medicine Study Guide: Diagnostics, Jia-xu Chen, 2007

Biomedical Acupuncture for Sports and Trauma Rehabilitation: Dry Needling Techniques, Yun-tao Ma, 2010

Zeolite: Nature's Heavy Metal Detoxifier, Dr Howard Peiper, 2006

Les silicates d'alumines (Argiles) en thérapeutique – Thèse de Jade Allègre, 2012

Guide de soins infirmiers, médecine et chirurgie, Brunner, Suddarth et Baughman, 1998

Une Arme Secrète contre la Maladie : l'Argent Colloïdal, Franck Goldman, 2004

L'erreur de Descartes : la raison des émotions, Antonio Damasio, 2008

L'autre moi-même : les nouvelles cartes du cerveau de la conscience et des émotions, Antonio Damasio, 2012

Survivre, commence dans la tête, Marc Terranova, 2016

www.food-info.net

www.breeam.com

www.hesperian.info

www.medscape.com

www.chemtraildetox.info

www.zeolite.com

www.rifesoft.com

www.iarc.fr

www.inrs.fr

www.ineris.fr

www.cnrs.fr

www.e-sante.fr

www.electrocolloïdal.com

www.les-additifs-alimentaires.com

www.additifs-alimentaires.net

www.univers-nature.com

www.nanosante.net

www.agirpourlenvironnement.org

www.amisdelaterre.org

www.clefdeschamps.info

www.electrosmog.info

www.cristaux-sante.com

www.maladie-lyme-traitements.com

www.institut-katharos.com
www.hqegbc.org
www.baubiologie.fr
www.penntybio.com
www.creer-son-bien-etre.org
www.lauramarietv.com

> **Énergie :**

Consumer Guide to Home Energy Savings – save money, save the aarth, Jennifer Thorne Amann, Kathie Ackerly, Alex Wilson, 2007
Solar Power your home for Dummies, Rik Degunther, 2008
Wind Power for Dummies, Ian Woofenden, 2009
Scénario Négawatt 2011, Association Négawatt, 2011
La conception bioclimatique des maisons confortables et économes, Jean-Pierre Oliva et Samuel Courgey, 2006
Une maison écologique et économe, Marie-Pierre Dubois-Pressof, 2009
La rénovation bioclimatique, Guy Loison, 2010
Construire sa maison écologique zéro énergie de A à Z, Julien Fouin, 2010
Le bâtiment à énergie positive, Alain Garnier, 2012
www.aceee.org
www.eceee.org
www.institut-negawatt.com
www.infinite-energy.com
www.mobilesolarpower.net
www.mcphy.com/fr
www.installation-renovation-electrique.com
www.websolaire.com
www.blueenergy.fr
www.greenpowerscience.com
www.magnet-motor.de
www.homebiogas.com
www.jancovici.com
www.ademe.fr
www.certivea.fr
www.edfenr.com/gamme/smartflower
www.secrets-Énergie-libre.com/blog
www.jean-pain.com
www.pierre1911.fr

www.xpair.com
www.eco-habitat.tv

➢ **Défense :**

The Modern Day Gunslinger : The Ultimate Hand gun Training Manual, Don Mann et David Grossman, 2010
The Tactical Shotgun: The best techniques and tactics for employing the shotgun in personal combat, Gabriel Suarez, 1996
Kyusho-Jitsu: The Dillman Method of Pressure Point Fighting, Chris Thomas et George Dillman, réédition de 1992
Protegor – Guide pratique de sécurité personnelle, self-defense et survie urbaine, Frédéric Bouamache et Guillaume Morel, 2008
Émeutes, terrorisme, guérilla… Violence et contre-violence en zone urbaine, Loup Francart et Christian Piroth, 2010
Tir de combat au fusil d'assaut, Philippe Perotti, 2003
Instruction de base au pistolet, Philippe Perotti, 2003
De 1 à 1000 - Techniques de tir au fusil à lunette, Philippe Perotti, 2004
Tireur d'élite, Philippe Perotti, 2005
Combats à l'arme blanche, Fred Perrin, 2005
Techniques d'action immédiate, Philippe Perotti, Didier Valder, Éric Haffray et Alain Baeriswyl, 2003
Manuel de rechargement, René Malfatti, 2004
www.uscav.com
www.511tactical.com
www.blackhawk.com
www.chiefsupply.com
www.thepocketshot.com
www.kyusho.com
www.impactguns.com
www.armurerie-francaise.com
www.armurerie-auxerre.com
www.armurerie-lavaux.com
www.armureriebarraud.com
www.armurerie-pascal.com
www.armureriefmr.com
www.aigle.com
www.auvieuxcampeur.fr
www.amazon.com
www.armes-occasion.com

www.larquebusier.com
www.fredbouammache.blogspot.fr
www.protegor.net

➢ **Lien social, vie en communauté et nouvelle société :**

Manuel of Warrior of Light, Paulo Coelho, 2003
Small is Possible – Life in a Local Economy, Lyle Estill, 1981
The Transition Handbook, Rob Hopkins, 2008
La Troisième Révolution Industrielle, Jérémy Rifkin, 2013
Vers la Sobriété Heureuse, Pierre Rabhi, 2010
Se Changer, Changer le monde, Christophe André, Jon Kabat-Zinn, Pierre Rabhi et Mathieu Ricard, 2013
Sous le Signe de l'Abondance, Louis Even, réédition de 2008

➢ **Films et documentaires recommandés :**

La Cinquième Vague, Armageddon, Demain quand la guerre a commencé, Couvre-feu, World War Z, Le Jour d'Après, La Route, Je suis une Légende, Postman, Les Insurgés, 1984, Hunger Games, Divergente, The Matrix, They Live, Le Meilleur des Mondes, The Island, Minority Report, Transcendance, Terminator, I-robot, Thrive, Demain, En quête de sens, V pour Vendetta, Fight Club, Gladiator, Lucy, Elysium.

➢ **Liens spécifiques :**

Exemple de navigateur internet « pseudo-furtif » à privilégier (à télécharger) :
www.torproject.org

Diverses informations mondiales en direct/semi-direct :
www.wearedata.watchdogs.com/start.php?locale=fr-FR&city=paris
www.in-terre-active.net/?p=587

Simulateur d'impact nucléaire :
www.nuclearsecrecy.com/nukemap

Échantillon de vidéos « Black Friday » :
www.youtube.com/watch?v=-xL8rE9DT4g

www.youtube.com/watch?v=9ZOTo1K_Kp0
www.youtube.com/watch?v=pBkGla-sYis

Exemple d'un système intégré « Agriculture & Énergie » (à télécharger) :
www.ebf-gmbh.de/pdf/Food_and_Energy.pdf

Présentation de la démarche Haute Qualité Environnementale des bâtiments (à télécharger) :
www.ecoresponsabilite.environnement.gouv.fr/IMG/BROCHURE_HQE.pdf

Exemples de BAD :
www.youtube.com/watch?v=QrvYWy57oLI&t=1s
www.youtube.com/watch?v=AQw9NuD5C2M
www.youtube.com/watch?v=NCmTJkZy0rM
www.youtube.com/watch?v=bjpHLq4bQho

OUVRAGES DÉJÀ PARUS

OMNIA VERITAS — Omnia Veritas Ltd présente :

COMMENT S'ADAPTER ET SURVIVRE

par

MARC TERRANOVA

Il ne s'agit pas d'être pessimiste sur le futur qui nous attend mais simplement réaliste

OMNIA VERITAS — Omnia Veritas Ltd présente :

Survivre, commence dans la tête!

Manuel de développement personnel adapté à la gestion psychologique d'un choc

Marc Terranova

La priorité est de savoir contrôler « la psychologie du choc »

OMNIA VERITAS — Omnia Veritas Ltd présente :

Triptyque sur le conditionement de l'homme par la femme *par* ESTHER VILAR

I   II   III

Une analyse des rapports entre hommes et femmes dans les pays occidentaux

MARC TERRANOVA

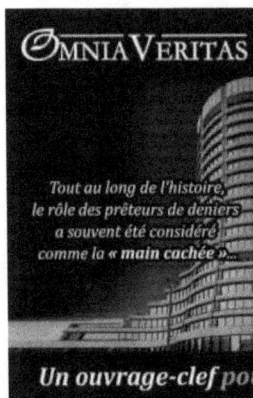

www.ingramcontent.com/pod-product-compliance
Lightning Source LLC
Chambersburg PA
CBHW050548270326
41926CB00012B/1964